高等院校法学实务创新教材

GAODENGYUANXIAO FAXUESHIWU CHUANGXIN JIAOCAI

民事案例研究

第二版

Research on Civil Law Cases

主　编　安宗林
其他参编人员　（以撰写章次为序）
滕淑珍　李学永
李　燕　李　强
王君霞　张迎秀

法律出版社
LAW PRESS·CHINA

图书在版编目(CIP)数据

民事案例研究／安宗林主编. --2版. --北京：法律出版社,2011.8(2018.6重印)
ISBN 978-7-5118-2407-3

Ⅰ.①民… Ⅱ.①安… Ⅲ.①民法-案例-分析-中国-高等学校-教材②民事诉讼法-案例-分析-中国-高等学校-教材 Ⅳ.①D923.05②D925.105

中国版本图书馆CIP数据核字(2011)第163562号

民事案例研究(第二版)
MINSHI ANLI YANJIU (DI-ER BAN)

安宗林 主编

责任编辑 陈 慧
装帧设计 汪奇峰

编辑统筹 法律教育出版分社
出版 法律出版社
开本 720毫米×960毫米 1/16
总发行 中国法律图书有限公司
印张 25
经销 新华书店
字数 407千
印刷 三河市龙大印装有限公司
版本 2011年8月第2版
责任印制 沙 磊
印次 2018年6月第6次印刷

法律出版社/北京市丰台区莲花池西里7号(100073)
网址/www.lawpress.com.cn
投稿邮箱/info@lawpress.com.cn
销售热线/010-63939792
举报维权邮箱/jbwq@lawpress.com.cn
咨询电话/010-63939796

中国法律图书有限公司/北京市丰台区莲花池西里7号(100073)
全国各地中法图分、子公司销售电话：
统一销售客服/400-660-6393
第一法律书店/010-63939781/9782 西安分公司/029-85330678 重庆分公司/023-67453036
上海分公司/021-62071639/1636 深圳分公司/0755-83072995

书号:ISBN 978-7-5118-2407-3 **定价**:36.00元

第二版修订说明

民法是一个国家法律体系中除了国家根本法《宪法》以外最重要的部门法,是规范社会关系的最基本的法律。对于民法的学习,从教学的角度考虑,除了应当重视民法基础知识、基本原理的学习外,鉴于其实践性很强,在广泛的民事活动、司法活动中应用性要求很高,必须对民法的基本原理结合法律规则、法律事实展开应用性教学活动。民事案例研究是对民法展开应用性教学活动的基础性教学。

在"错位竞争,特色发展"战略的指引下,山东政法学院正在努力建设成为一所以普通本科教育为主,以培养应用型人才为基本定位,具有法学教育特色的多科性政法类普通高等院校。基于培养具有较强职业能力的应用型人才的考虑,山东政法学院高度重视教学改革研究,2004 年将法学案例教学作为校级教学改革项目予以立项,分别成立行政法案例研究、民事案例研究、刑事案例研究和经济法案例研究课题组,秉承"具体法律问题、抽象法理论述,微观法律问题、宏观法学叙事,个案法律问题、多元角度分析"的指导思想,组织部分教师编写了相应的教材,并先后于 2005 年、2006 年由法律出版社出版,作为四门必修课程的指定教材在法学专业中使用。

经过多年的案例教学实践,民事案例研究作为学习民法的辅助性教学内容课程,在教学形式、内容、方法、效果方面已经得到基本的肯定。但是,多年的民事案例教学也总结了不少的经验教训,在教学内容、教学方法等方面获得许多有益的东西。近几年以来,我国的民事立法得到进一步的完善, 2007 年 3 月 16 日第十届全国人民代表大会第五次会议通过颁布了《中华人民共和国物权法》并于 2007 年 10 月 1 日实施,2009 年 12 月 26 日第十一届全国人民代表大会常务委员会第十二次会议通过颁布了《中华人民共和国侵权责任法》并于 2010 年 7 月 1 日起施行。这两部法律的颁布实施,更加完善了我国的民事立法体系。鉴于以上的背景,为了使《民事案例研究》的教材更符合教学需要,对其进行修订实属必要。

本次对《民事案例研究》进行的修订主要在以下几个方面:一是重新编写了物权法和侵权责任法部分的教材内容;二是对其他部分的内容做了适当的补充和完善,重点在于更换了大部分的习作案例;三是考虑到体例方面的原因,为了使民事案例研究与民法原理部分的内容能够统一起来,本次修订删去了知识产权部分和民事诉讼法部分的内容。除了上述变化外,本民事案例研究的内容、体例、结构等方面基本保持了初版时的状态。每一部分的课程内容包括了案例研究的内容和方法、典型案例研究、习作案例三部分,其中案例研究的内容和方法部分包括了基本知识和原理的概述、案件种类的分析、案例研究的基本方法的分析、案例研究中应注意的重点问题以及案例研究常规法律规范指引。

本教材是集体研究的成果,力求探索和分析案例研究的一般方法,而不是某个案件的具体结论,因此尽量保留各位作者不同的观点和研究风格。对于书中的不同观点以及错漏之处,恳请读者给予指正。

本教材由安宗林教授任主编并统稿,各章撰稿人为(按撰写章节先后为序):

安宗林:序言,第七编

滕淑珍:第一编

李学永:第二编

李　燕:第三编中的第十一章、第十二章、第十三章,第四编

李　强:第三编中的第十四章、第十五章、第十六章、第十七章第十八章

王君霞:第五编

张迎秀:第六编

2011年6月于济南

目　　录

第三编　债权案例研究

第五编 侵权责任法案例研究

第六编 婚姻家庭案例研究

第七编 继承案例研究

序言 关于民事案例研究的几点思考

众所周知,案例教学已经成为法学教育的基本方法,这是与法律职业面向生活、面向实践的特性密切联系在一起的,要成为一个真正的法律职业者,必须具备扎实的实践操作技能。事实上,在法律职业的发展过程中,实务操作一直是职业训练的主要手段,比如在英美法系出现的师徒相授的培养模式等等。现代专业化、规模化的法学教育也必须以培养学生的实际能力为目标,法学院的教学内容除了基本的法律知识外,更加重视综合职业能力的培养,法学教育环境必须向学习者提供足够的机会和场所以训练和提高他们解决实际问题的能力。

一

案例教学的先河可以追溯到古希腊哲学家苏格拉底创造的问答式教学法。但是,实现案例教学的规范化、科学化,具备流程式的操作体系并形成典范,最终通过实践的检验真正成熟,是由以哈佛大学为代表的美国学校来完成的。案例教学已经成为美国法学院普遍采用的教学方法并逐步为其他国家借鉴和接受。

法学案例教学出现在美国并不是偶然的,与英美法系不注重法律体系的逻辑化、体系化,而重视单个独立的判例这一特点具有密切的关系。所以,案例教学并不强调概念、定义、原理等这类理论的教学,而是通过实际的判例分析讨论来理解法律理论和原则,整个教学都是建立在提高综合职业能力的目标上。注重学生的职业思维能力和驾驭法律信息资源能力的培养,强调法学教学中的启发性、互动性和实践性,以最终培养学生在法律实务中必备的基本职业技能为依归,围绕培养法律人基本专业素质这一目标,形成学生未来从事法律职业的三个方面的能力:(1)准确地分析案件事实,理清各种法律关系,科学进行法律解释,准确地适用法律规则;(2)熟练地运用法律推理,依循法律逻辑,解决实际问题;(3)深入地进行价值考量,理性评判法律规则。最终通过案例教学让学生把握现行法律体系框架,扎实地掌握基本法律概念和法律规则。所以案例教学是与英美法系惯常重视的从一般到抽象、从实践到理论的归纳思维一脉相承的。

由于我国长期以来将法学教育目标定位于理论型的人文学者而不是应用

型的法律人才,过于强调法学知识的体系性、逻辑性而轻视其实践特性,所以,法学教育不在于提供解决问题的技术,而在于对基本概念和原理的教导;法学教育的内容并不是对实际情况的分析而是对法律组成部分的分析。法学教学一直采用我国传统的讲授型教学模式,案例教学并没有成为我国法学教育的主流,即使在理论教学中穿插了一些案例,但由于传统的法学教育重在向学生灌输已经系统化、逻辑化、书本化的纯理论知识,因而也就决定了其所采用的案例的功能仅限于解释和补充说明所讲授的理论内容,只是对所宣讲理论的简单重复。同时,在案例选择上往往也存在着一种对案件事实的简约化和人工化处理倾向,使得案件事实显得过于浅露和直白,学生无须通过自主思维就能把握全案,或者教师干脆虚构事实,臆造案件,通过假设和拟定的虚假人物和事件来构造案例事实,使案例事实远离生活,降低学生的思考兴趣,使课堂教学最终变成纸上谈兵。特别是在教学实施过程中,从案情的介绍、争点的归纳、问题的分析、结果的判断等方面,教师均处于主动地位,学生则只能被动的依附。这不仅消解了学生主动参与的积极性,而且束缚了学生的思维,使学生无法在逼真地近似于真刀真枪的实战中掌握解决问题的方法,更谈不上培养创造性思维。

二

在案例教学过程中,教师首先根据教学内容收集整理一些相关的判例,作为教学资料发给学生。这些选编出来的判例通常都具有代表性,曾经确立过或影响过某一重要法律理论和原则的形成和发展,案例的选取注重案例的典型性、真实性、疑难性、启发性和针对性,推理性强,文字精练。要求学生在课前仔细阅读,认真分析并作出判断。除了这些判例资料,教师还应鼓励学生主动去查找更多的相关判例,尽可能地全面阅读和比较分析,准确理解该判例的法律精神;教师还应在课前提供广泛的参考文献目录,如法规、判例、法学文献目录以及包括法律计算机数据库、法律光盘和法律网络资源站点等有关的电子资源目录。

在课堂上,教师应始终扮演经验丰富的“引导者”角色,组织引导学生分析和讨论案例,去发现和理解案例中的法律观念和法律规范。其要达到的目的不仅仅是要得出一个在法律社会中被普遍接受的某一项法律理念或法律原则,更重要的是要让学生去感受获得这些法律知识的过程,去体验法律职业的思维方法和解决实际问题能力的具体运用,这种职业的体验更多地需要来自于学生自己的主动探索和主动发现的精神,而不是依靠“填鸭式”的灌输。因此,案例教学法就是给学生提供一种认识、分析和解决实际法律问题的模拟实战机会，最后结果往往是要找到解决法律问题的一个或一套方案，所以教师应通过各种手段为学生创造出更多自由发挥的空间，并不轻易地就某一问题得出结论，而是通过各种巧妙提问，引导学生展开讨论，对案例涉及的命题进行思考、辩论和推理，要求学生像律师或是法官那样认真分析案由、找到法律上的争议点，从浩如烟海的法规判例资料中搜索出相关的法规判例，在认真分析比较其效力的范围和权威的大小后，确定适用的法律，并最终对问题作出终结性的判断，概括提炼出自己的基本意见。

在课堂讨论中，围绕案例中的一些事实，教师会提出一连串的问题，学生如同律师在法庭上那样，陈述自己的观点，每当一个学生阐述自己的观点之后，教师往往会立刻提出反证，让各种观点相互碰撞，逐渐达成对基本法律理念和法律原则的共识，并形成新的法律思维视角和方法。所以，案例教学一般并不重视是否得出正确答案，强调的是得出结论的思辨和推理过程。事实上，法律问题的解决也不存在唯一绝对正确的答案，即便是老师在最后告诉学生案例中实际的解决办法，也不意味着这种做法就是唯一的正确答案。案例教学不是例子加理论的简单描述和说明，而是可能正确处理和解决问题的基本思路和具体方法的训练，学生不仅学到了相关理论和知识，更重要的是学会了面对纷繁复杂的情况如何思考决策的方法和过程。

更为重要的是，案例的原生态可以将学生置于具体的社会情境，以相应的社会角色来从事案件事实的认定和法律规定的适用，通过教师的引导和矫正，使学生能够理解自身身份的含义与职责，增强其道德使命感和责任感，培养学生的职业道德修养，完善其主体人格素质，从而达到在阐释学理、提供知识、说明方法、训练思维、积累经验和培养能力的基础上体验职业道德的目的，实现对学生进行法律兴趣和伦理价值层面的引导。

三

案例就其结构特点而言，可以分为可描述性案例和分析性案例。描述性案例是把案件发生、发展和解决过程，像讲故事一样原原本本地、具体生动地描述出来，学生通过阅读这样的案例，了解有关情况，弄懂理论原则，积累实际资料，掌握专业知识，加深对原理的认识。分析性案例，除具有描述特点外，还包含着可供分析讨论的问题，使学生不仅可以了解案件事实，还能锻炼学生观察问题、分析问题、解决问题的能力。既然案例教学的目的在于培养学生解决实际问题的能力，那么案例教学所选取的案例应该是分析性案例，本书即是如此。

案例就其内容特点而言，可以分为专题性案例和综合性案例。专题性案例,针对某一个方面的问题编成案例,以供学生分析某个问题,如本书以前各章中涉及的关于民事权利主体、关于民事法律行为和代理、关于诉讼时效、关于所有权、用益物权和担保物权、关于合同、侵权行为、无因管理和不当得利、关于婚姻和继承等方面的案例及分析。而综合性案例,则是把许多方面的问题综合起来编成案例,供学生思考分析,本章则是针对综合性案例展开分析,为学生解决此类难题提供方法指导。

事实上,丰富多彩的司法实践给学生提出的现实问题远比书本上的案例复杂,生动真实的案例无法进行简单的专题归类,一般而言,一个真实的案例根本无法分割以适应进行某一方面的专题训练的需要,每一个具体案例都涉及方方面面的问题,都需要进行综合分析以把握全案要领,面对一个实际案件,法律职业者必须解决从实体到程序,从生活层面到法律层面,从客观事实到法律事实,从事实到法律各个方面的问题。

就具体案件的解决过程来看,法官裁判的过程就是逻辑的运用过程,它是一个严格的逻辑三段论公式:

T—R,是大前提,是法律规范,T 表示构成要件,R 表示法律后果;

S = T,是小前提,S 是已经查明的本案事实,S = T 表示本案事实符合法律规范中规定的构成要件;

S—R,是判决的结论,由于本案事实符合法律规范中规定的构成要件,所以应该发生规定的法律后果。

这个逻辑公式表现在司法实践中就是"以事实为依据,以法律为准绳"的工作原则,因此一个案件的解决必须完成寻找法律规范和查明符合法定构成要件的案件事实两个方面的工作。但是,就专题案例分析而言,学生的任务仅仅在于建立案件事实与法律的联系而已,案件事实已经给定,已经通过归纳和整理,并且假定为已经经过程序法规范过滤,假定为是在客观事实的基础上依据证据规则再现或建构以后的裁判事实,从规范事实的角度看,这些裁判事实已经依据实体法规范裁剪过,与纷繁复杂的现实相距甚远。专题案例分析的要点仅仅在于找法,建立裁判事实与法律的内在联系,从而实现三段论的推理,得出案件结论。

所以,专题案例分析往往忽视了案件事实的归纳和认定,忽视了学生提炼法律事实的能力和调查取证、审核认定证据、形成证据链条等一系列能力的培养。而事实上,认定事实的过程与方法恰恰在司法实践中具有特别重要的意义,是解决案件的基础和前提。因此,要进行全面的法律职业技能训练,必须着眼于事实与法律,必须着眼于实体与程序,必须对真实的案例综合分析。综合案例相比于专题案例，更能贴近生活，贴近司法实践，所以综合案例要比专题案例更真实、更接近生活的原生态，进行综合案例分析更能全面地培养学生的实践技能。

因此，选取具有典型性、真实性、疑难性、启发性和针对性的综合案例进行分析，不仅可以避免案例研究中经常出现的就事论事的简单分析评说现象，避免案件事实的虚拟化、简约化和对法条的简单注释现象，而且可以在学以致用、从容应对司法实践这一目标指导下，实现基本民法原理和制度的体系化和逻辑化，避免由于理论与实践的距离而造成的法学理论体系的割裂和零散。以学理为骨骼，以案例为皮相，浑然一体，把基本制度、基本理念赋予丰富多彩的案件事实之中；以典型案件来阐述法理，最终实现内容和形式的有机统一，让学生未入社会就已经领略了真刀真枪的法律职业魅力。在解决问题的过程中，不仅让学生学会了法律工作的基本方法，而且在这种逼真的司法实践氛围中，也陶冶了学生法律职业的品性，让其在不知不觉中养成法律职业思维习惯和职业行为模式，易于实现向真实角色的转换。

四

综合案例分析，一般需要从以下几个方面着手，才能全面把握案件处理的全过程，才能全面培养法律操作技能。

（一）兼顾实体和程序

法律并不是仅仅停留在纸面上的文字，而是一整套通过具体案件加以激活的社会运行规则，是一个依照一定程序落实社会主体权利，调整社会秩序的活生生的过程。英美法系基于程序先于权利的传统理念，把程序的重要性提高到了无以复加的程度。随着我国法治建设的进一步推进，开始对重实体、轻程序的传统进行反思并朝着兼顾实体和程序的方向发展，特别是随着审判方式的变革，程序的重要性逐渐被人们认识并通过一些具体的制度在司法实践中得到落实。在司法实务中，程序问题对案件结果已经具有决定性的影响作用，因此一个法律职业者不能无视程序的作用。

程序和实体虽然我们可以从理论上明确区分，但在实践中二者并不是完全可以进行单独考量的，比如要确定一个案子是否属于法院主管范围，能否在法院起诉，这个问题虽然是程序问题，但是并不能就事论事，需要考察法律关系主体的权利性质，这实际上更是一个实体问题，因此案例分析必须兼顾实体和程序两个方面。

一个案件涉及的程序问题非常多，如前所述，案件的解决过程实际上就是程序的推进过程，所以，毫不夸张地说，案件是存在于程序之中的，没有程序就没有案件的形成。但是,民事案例教学选取案例,在充分展现生活丰富多彩的基础上,为了教学的方便,也需要进行审慎的加工,不可能把案件发展每一步的程序问题都作为课堂讨论的话题。而且在司法实践中,许多案件的双方当事人通常情况下对一些程序问题并无多大的争议,程序问题没有成为案件的争点,当然这些问题也不会成为案例教学中分析的对象,但是作为法律职业者必须对案件运行程序烂熟于心,否则面对案件将根本不知如何下手。

有可能成为案件争点的程序问题主要集中在以下几个方面:(1)案件能否被法院受理,案件是否属于法院管辖范围;(2)受理的法院是否拥有管辖权;(3)当事人是否适格等等。这些问题当然应该成为案例分析时讨论的重点,另外还有是否回避,案件是否中止,举证期限安排,保全等问题,这些虽然不能成为案件争点,但仍有关注的必要,站在法官的角度来看尤为必要。

(二)归纳整理生活事实,上升为法律事实

认定案件事实需要经过两次转换,首先是从生活层面向法律层面的转换,其次是从客观事实向裁判事实的转换。

1. 从生活层面到法律层面

法律作为社会生活的调节器,其社会性特点决定了法律必须面向世俗;同时法律作为抽象的行为规则,其规范性特点决定了法律又必须超越世俗。正是面向世俗又超越世俗这个特点,决定了对案件的认识存在两个层面:一是非专业人士的认识,二是法律职业者的认识。前者对案件的认识是零散的、表象的,对案件事实的描述往往会成为一种绘声绘色的文学故事;而后者则会在剔除无效信息的基础上,以法定构成要件为参照,对生活事实进行提炼和归纳,从生活事实上升为法律事实。

比如,一个人身伤害案件的受害人,如果他不是法律专业人士的话,他对侵权过程的描述将会不自觉地落入讲故事的程式之中,不厌其详地叙述事件发生的起因、经过和结果,甚至还会对环境、心理等方面进行适度渲染,时间、地点、人物、事件面面俱到,唯恐遗漏任何一个细节。但如果是一个执业律师,写进诉讼文书的绝不会是生动的暴力故事,而是符合法定构成要件的一般侵权,律师关注的焦点在于:(1)伤害行为;(2)伤害后果;(3)因果关系;(4)过错。如果法定的四个构成要件皆已具备,受害人则完全可以提起侵权之诉,寻求权利救济。在接待受害人、了解案情并进行取证的过程当中,律师已经依据一般侵权的法定构成要件逐步对生活事实进行了归纳整理。

对法律职业者而言,提炼、归纳和加工生活事实的技能是其基本的职业技能,但是仅仅依靠案例教学并不能帮助学生完成从生活层面向法律层面的提升，因为为了满足教学需要而选编的案例，不可能保持未经加工的生活事实的原生态，案例选编的过程就是一个提升的过程，出现在课堂里的案例，是教师运用法学理论对生活事实加工的结果，所以学生要学会从生活事实中提炼法律事实，不能依靠课堂教学，哪怕是案例教学也不行，必须到律所、法院等实践场所，从接待当事人开始，学会从当事人的饶舌和啰唆中发现符合法定构成要件的事实构成。

2. 从客观事实到裁判事实

认定案件事实所追求的目标是真实，但是，由于诉讼活动是事后的对案件事实的回忆，认定案件事实依靠的是人的精神思维活动，因此不可能完全还原曾经发生的事实，因而这个事实不是绝对的，不可能完全是客观事实。追求完全符合案件的客观真相，追求绝对真实可靠只是一种理想。在绝大多数案件中，司法实际上是依据在法定范围内认可的并为一些证据所支持的事实，即法律事实而决定的。尽管法律事实可能与客观事实近似，但并不总是相等，甚至总是不能重合。

所以，在司法实践中，法院据以作出裁判的事实依据不一定是客观事实，而是一种裁判事实。所谓裁判事实是法院通过法定程序，在证据的基础上，对案件涉及的客观事实所作的一种认定或推定。从程序的角度看，裁判事实是经过程序法规范过滤了的事实；从证据的角度看，裁判事实是在客观事实的基础上，依据证据规则再现或建构的事实；从规范事实的角度看，裁判事实则是依据实体法规范裁剪过的事实。因此许多学者认为，法官在法庭中看到和听到的不一定都是事实，即使是法官认定的事实也未必就真是事实，在司法裁判中，严格地讲并不是以事实为依据，而应当是以证据为根据，其实，在法官的眼中，没有事实，只有证据。

因此，法律职业者发现事实的过程实际是取证、质证和认证的过程，案件事实认定主要是对已有证据进行判断并形成完整的证据链条，案例教学应该教会学生对证据进行判断，培育证据判断能力。一般来说，对证据进行判断需要从以下几个方面着手：

（1）合法性判断。符合法律规定，具有证据能力的材料，才可以作为证据使用，才能作为事实认定的依据，从而排除非法证据。

（2）真实性判断。要从证据形成的原因、证据发现的客观环境、证据提供者、证据载体特点等有关方面判断，排除虚假。

（3）关联性判断。把握证据的内容、意义，判断其在本案中所要证明的问题，剔除无关的材料。

(4)证明力判断。如果完全符合证据三要件要求的两个证据之间不是相互印证关系,而是彼此矛盾,则必须对两个证据的证明力进行判断,保留强证据,否定弱证据。

(三)寻找法律

如前所述,案件解决过程是一个逻辑三段论推理过程,是将符合法定构成要件的事实归入现有法律的过程,从而建立法律和事实的内在联系。案件事实认定的目的在于确定小前提,寻找法律则是确定大前提。

确定适用的法律,这是案例分析最重要、最关键的一环,要准确确定案件所适用的法律,要求学生对基本的法律规定烂熟于心。随着我国法制的进一步完善,民法方面的法律、法规、司法解释等有关规定越来越多,越来越详细,内容越来越杂,门类也越来越多,有关规定掌握的难度也越来越大,要求学生不仅要注意分类、对比、归纳、记忆,更为重要的是要掌握检索法律的能力,法律规定浩如烟海,法律人穷其一生也无法全部掌握,如果不能具备检索的技能,将会在法律丛林之中迷失方向。

同时,由于法律是抽象的行为规则,其稳定性、抽象性与不断发展的复杂的社会总会存在距离,再加上作为法律载体的语言的多义性、模糊性,寻找法律并不是一个按图索骥的过程,需要对纸面上的法律进行解释。虽然法律解释不像对文学的解释一样,有一千个读者就有一千个哈姆雷特,但是在司法实践中,法律适用问题确实常常成为当事人双方争论的焦点,法律解释是法学方法论的核心问题,法律人必须掌握法律解释的方法,许多法学家告诫我们,法律不经解释则根本不能适用。

五

法学作为人文科学与自然科学不同,其核心价值在于求善,所以,价值判断常常在法律适用过程中发生作用,人情和伦理渗透和交织,但是,强调法学中的价值因素并不意味着否认法学的客观性,法学作为科学也不能放弃客观性的追求。法学中的科学性主要表现在两个方面,一是法学与自然科学一样必须运用逻辑分析的方法,从一个先验的假设出发运用逻辑规则,可以得出一个必然的结论;二是法学研究和司法实践中存在许多可以透过经验事实加以验证的经验性的命题,依据生活经验可以对此种问题的真伪作出判断,使法学具有更多的客观性。

所以,案例分析也必须从法学的科学性出发,遵循逻辑和生活规律,否则法律会陷入恣意和任性的泥潭,沦为掌权者任情的工具,成为“欲加之罪,何患无辞”的手段,法律的规范性必须依靠科学性来维护。

（一）案例分析要遵循逻辑规律

法律职业技能训练的重点之一就是司法推理能力的培养。一个纠纷的解决过程就是严密的逻辑链条建立的过程：事实认定要求必须以完整的证据链条为基础，而证据链条必须遵循逻辑规则；规范寻找也必须以逻辑为基础，必须保证适用的法律规范统一和谐，符合宪法秩序；而通过事实与法律的连接得出结论更需要以逻辑三段论为基础。因此，一个令人信服的判决必须建立在严格的逻辑之上，它的说理能够经受逻辑推理的检验。作为律师对一个判决决定是否上诉，作为法官对上诉的判决决定是否改判，首要工作就是对判决的逻辑运用进行审查，检查推理前提是否完备、正确，推理过程是否严密，结论是否符合逻辑等，只要在任何一个环节上出现问题，则这个判决就必须被推翻。

由于我国法律职业者大多是文科出身，缺乏研究自然科学必备的抽象思维能力，在逻辑推理中以个人想象填充逻辑链条，情绪代替了理性，往往导致主观臆断。比如，韩愈的名篇《原道》被视为捍卫儒教的雄辩之文，称赞了千年，但是人们却忽略了其中的逻辑混乱。韩愈写道，"古之为民者四，今之为民者六（包括儒、农、工、商，再加上佛、道），古之教者处其一（指儒士），今之教者处其三。农之家一，而食粟之家六。工之家一，而用器之家六。商之家一，而资焉之家六。奈之何民不穷且盗也！"韩愈由世间职业增多，一户生产者养活六家为前提，得出人民生活质量下降，甚至沦为盗匪的结论，这一推理的不够缜密之处在于三个方面。

1. 前提中的一家与六家之比并不是真实数量的反映，当时的中国农户占绝大多数，而不是仅占1/6。

2. 如果整体思路在于以佛道出现，生产者减少，导致人民水平下降，得出捍卫儒家，取消佛道的结论，那么，这一推理还必须具备：

（1）农工商之外吃闲饭的人口数量绝对增多。

（2）佛道的从业人员必须完全是从现有的农工商中分化而来，而不是从儒中或者是从潜在的儒（原本打算成为儒）中分化。

显然，由于佛道需要文化人的支撑，佛道从业者不能排除从儒中分化的可能，这一推理的前提不具备。

3. 导致人民水平下降的原因很多，佛道出现、职业增多、生产者减少，仅仅是一个方面。

在一个房屋产权确认案件中，原告主张其父亲与被告的父亲是亲兄弟，二人成年以后先后进城，共同经营工厂，后来二人共同购买了争讼房屋，但是名字写在被告父亲名下，兄弟两人去世以后，房屋一直没有析产，因此要求法院对共有的房屋进行分割;被告则主张其父作为长兄早先进城开设工厂,而原告之父只不过是工厂学徒,工商登记记载工厂为被告父亲独资所有,购房协议上记载购房人也为被告父亲,因此产权明晰,要求驳回原告的主张。

法院最后支持了原告的主张,认为原告有足够的证据证明原告之父曾向工厂投资,应该认定工厂为共同经营,因此法院判决认为,争讼的6间房屋中,4间构成共有,其中的2间房屋是原告在所购房屋倒塌以后的废墟之上所建,应为原告所有。

分析法院的这个判决,我们会发现,法院的推理缺乏逻辑基础。

1. 从共同经营工厂的事实不能直接推出争讼房屋构成共有的结论,否则会得出合伙企业的合伙人除企业之外的个人财产也构成共有的荒唐结论。要得出争讼房屋共有的结论。除了具备共同经营工厂这个前提之外,还必须三个条件:

(1)购买争讼房屋的款项来自共同经营的工厂;

(2)除工厂以外,兄弟二人没有其他收入来源,也没有其他个人财产;

(3)争讼房屋一直没有析产。

法院没有查明上述三个事实的存在,其推理因此缺乏必要前提,结论当然是荒唐的。

2. 法院的推理自相矛盾,既然法院从共同经营工厂的事实,推出争讼房屋构成共有的结论,那么,其中的2间也必须构成共有,就不能认定为原告个人所有。

(二)案例分析需要生活经验

法学除了利用逻辑法则进行严密推理之外,还可以利用人类的感性经验来实证研究,通过经验事实的验证方法,可以把握法学命题的客观性;法律中的许多问题,可以诉诸人们的生活经验来进行判断。美国大法官霍姆斯的名言"法律的生命不是逻辑而是经验",就道出了生活经验在司法实践中的作用。

案例分析之所以可以利用生活经验,是因为法律具有社会性这一特点。法律面向世俗,面向生活,以人类社会生活、社会现象、社会关系为规范对象,法律是社会生活规范,就应当与社会一般人的生活经验相符,与平常所谓的常理、常情、常识相符,人们可以依据生活常理对法律问题作出判断,对法律后果作出预期。因此,案例分析离不开生活经验,法律职业者不仅要积累生活经验,还要学会将其运用于司法实践。

比如,司法实践中经常出现的啤酒瓶爆炸致人损伤案件,如果原告的主要证据是证人证言，而全部证人是自己的亲朋好友，对这些证据的效力如何认定？是否应该以与当事人有利害关系为由否定这些证据的效力，显然法官在认定证据的过程中必须考虑到这样一个生活事实，即日常生活中的喝酒聚会大多限于亲朋好友这个圈子，在场的目击证人只能是亲朋好友，基于这一认识，法官就不能轻率地否定这些证据，应该考虑是否有相关证据来互相印证，或者有相反的证据证明这些证人证言虚假，从而推翻这些证人证言。

同样是啤酒瓶爆炸致人损伤案件，如果原告无法提供自己眼睛致盲是由于啤酒瓶爆炸的直接证据，只能提供病历，而病历上有原告刚一入院时关于眼睛受损原因的叙述，此证据如何认定？表面上看，病历上的记载只不过是受害人陈述，需要进一步提供证据证明，否则不能以此作为认定案件事实的依据。但是，法官必须考虑到这样的生活经验，即受害人眼睛受伤入院后的当务之急是配合医生治疗保住自己的眼睛，不可能虚构受伤原因，否则会贻误治疗的时机。特别注意的是此时的叙述并不是原告陈述，走上法庭以后，受害人成为原告，这时的原告可能会出于诉讼目的进行不真实的陈述，但在病历上关于病因的叙述应该是真实的。因此，法官也就不能轻率地否定病历上关于病因的记载，也应该考虑是否有相关证据来互相印证，或者有相反的证据推翻这些记载。

再比如，在一个借款合同纠纷中，原告持有被告公司会计出具的借条，记载了被告向原告借款的事实，被告对此证据提出异议，认为此表中的公司印章不真实，要求对印章进行真实性鉴定，鉴定结果显示此表中的公司印章与公司提供的其他文件上的印章不具有同一性。显然，依据此鉴定结论，法院应该否定原告证据的效力，但是，法院在调查中查实，被告公司会计承认自己出具借条的事实，并且说明，在盖印时，印章胶皮脱落，导致在盖印时出现变形，而且公司印章一直由自己保管。因此，法院认为，会计在一直保管印章的情况下，伪造公司印章不合生活常理，据此认为，胶皮脱落导致借条上的印章变形的解释成立，法院最终认定借条的真实性，法院的这一认定就是依据生活经验作出的。

大陆法系国家从理性主义哲学出发，强调逻辑、强调体系，擅长从一般到特殊的演绎推理；而英美法系从经验主义哲学出发，擅长从具体到一般的归纳推理。显然，相比于严格的逻辑推理，依据生活经验归纳的事实，并不具有必然性，其结论虽然可以通过生活经验进行验证，但是，从逻辑上而言，此种经验性命题仍然具有盖然性，不能完全排除相反的结论。因此，要求法律职业者在依据生活经验进行归纳和判断时，必须对整个案件事实进行全面、综合、整体的考察和把握,避免以偏概全。

六

案例分析需要建立一套比较规范的分析方法,民法案例分析的基本方法主要有两种,一是法律关系分析法,二是请求权基础分析法。前者是指通过分析不同的法律关系,确定其要素及变动情况,全面把握案件的性质和权利义务关系,并在此基础上适用法律;后者则是考察当事人的请求权主张,寻求该请求权的规范基础,最终确定请求权是否能够得到支持的裁判结论。两种方法有各自的历史背景和学术传统,在英美法系国家,注重归纳法和论题式的思维,往往采用法律关系分析法;而在大陆法系国家,强调演绎法和体系化的思维,自从萨维尼创建法学方法论以来,一直采取请求权基础分析法来分析案例。

(一)法律关系分析法

法律关系的分析方法是法学最基本的分析方法和框架。此方法分为两步:首先,以争点为核心考察案件事实所涉及的法律关系,明确案件中法律关系的个数、性质、三要素的具体内容、变动以及法律关系之间的关系等等,从而把握案件事实;其次,查找适用的法律规范,以此作为大前提,以案件事实作为小前提,完成逻辑三段论的推理过程,得出判决结果。此种方法有利于对存在多种复杂的法律关系的案件进行条分缕析的分析,把握法律关系主体的各种权利义务,从而找到解决案件的路径。

下面通过案例对这种方法的运用加以说明。

案情:

原告系被告的职工,二者签有为期3年的劳动合同。被告下发文件,鼓励职工向其控股的房地产公司投资,入股采用信托投资方式,职工将入股资金委托给被告定向投资于房地产公司,投资额为5万元以上8万元以下,职工可以交纳入股资金的30%,余下部分由被告通过银行为职工办理贷款。原告向被告交纳了8万元的30%即24,000元入股资金,到年底分红时,其他职工皆领到了应得的投资收益,唯独原告被拒绝。原告提起诉讼,要求被告支付股金收益;被告辩称,原告不符合银行贷款条件,无法得到银行贷款,其投资不到位,因此原告和被告之间不存在信托投资关系,原告无权向被告请求投资分红。

判决:

法院认为,原告符合投资条件,并且在规定的时间里交纳了入股资金,一方已经履行主要义务,并且对方已接受,合同应该成立,但原告交纳了投资的30%,余下部分须由银行提供贷款,因此原告和被告之间的定向资金信托合同属于附条件的合同，由于银行未向原告提供贷款，条件并未成就，所以原告的请求不应被支持。

分析：

本案中存在多种复杂的法律关系，涉及的法律主体包括原告、被告、银行和房地产公司，以原、被告为核心可以形成两大关系网络。

1. 原告、被告和银行的三方关系。被告作为原告的代理人向银行申请贷款，其中原告和被告之间为委托代理关系，原告和银行之间为借贷关系。

2. 原告、被告和房地产公司的三方关系。被告作为原告的受托人向房地产公司投资，其中原告和被告之间为信托关系，被告以自己的名义向房地产公司投资，被告和房地产公司构成投资关系，原告作为委托人和受益人可以收取投资收益，但是不能向房地产公司主张权利，信托关系不同于代理关系。

被告以文件的形式发出与原告建立代理关系（贷款）和信托关系（投资）的两项要约，原告以交纳30%投资款的形式作出承诺，因此代理合同和信托合同关系已经成立，只是由于贷款不成，原告的投资没能全额到位，导致信托投资合同没有实际履行，因此出现了违约责任承担问题，如果是原告违约在先，当然无权要求分红；如果违约的原因在于被告，那么被告必须承担责任。

原告投资不到位，不能简单认定原告违约，而应该考察代理合同的履行情况。银行不同意和原告建立借贷关系，被告作为代理人应该以明示的方式告知原告，使原告有机会采取补救措施，比如，原告可以另筹资金等等。但被告并未告知原告，让原告一直信赖贷款成功，并相信投资行为的完成。因此，导致原告在信托合同中违约的根本原因在于被告在代理合同中的违约，由于两大关系网络都是以原告、被告为核心建立起来的，二者不能割裂，所以被告对原告的损失应该承担责任。

除此两大网络之外，还必须注意到其中的单线关系，比如原告和被告之间的劳动关系。此次投资的目的在于为职工谋福利，被告理应从维护职工的利益出发，最大限度促成投资行为的完成，从劳动者权利倾斜保护的角度来看，被告也不应免责。

法院只看到了本案中的信托关系，忽视了代理关系中的责任问题，所以判决结果有失公正。

（二）请求权基础分析法

请求权是指请求他人为一定行为或不为一定行为的权利，请求权基础分析法通过考察当事人的请求权主张，寻求该请求权的规范基础，从而将小前提归入大前提，最终确定请求权是否能够得到支持的裁判结论。其主要工作在于寻找支持一方当事人向对方主张权利的法律规范基础和依据。有学者将请求权基础的运用称为“找法”,即寻找该请求权的实体法依据,尤其是现行法律依据。

请求权基础分析方法在适用中通常分为如下几个步骤:

第一步,判断请求权的性质。此种方法主要适用于给付之诉,首先判断究竟是确认之诉、形成之诉还是给付之诉,不是给付之诉,则只能采取法律关系分析法;其次要判断请求关系的主体和内容,即原告基于何种理由向被告提出何种请求。

第二步,请求权检索 。列举原告的请求可能涉及的请求权、包括债权的请求权、物权请求权、占有保护请求权、人格权和身份权上的请求权、知识产权上的请求权等几个方面,对可能适用的请求权依据一定的次序进行通盘的检索,逐渐排除一些与案件事实不合的请求权或对原告不利的请求权,初步确定一种或几种对其较为有利的请求权。

第三步,请求权基础的分析。找到赖以支持请求权的法律规范或者合同、遗嘱等具有法律效力的其他法律依据,并对其进行分类和定性,将该规范包含的法定构成要件进行具体的分解,如一般侵权构成的四个要件,最后将认定的案件事实与法定构成要件相对照,如果案件事实对应了法定构成要件,就满足了请求权。

第四步,消极构成要件的检索。消极构成要件是指足以对抗请求权的法定构成要件,如果案件事实对应了消极构成要件,发生抗辩的效果,请求权仍不能成立。

请求权基础分析法的思维步骤和程序是固定的,有利于这种方法的掌握。但是,要求对可能涉及的各种请求权逐项进行检索,往往过于繁杂,有时还会陷入多项请求权之中,必须要熟练各种请求权才能很好地运用,否则难以把握,而且在确认之诉、形成之诉中,由于不涉及请求权,请求权基础分析方法就难有适用的余地。

第一编 民法总论案例研究

民法总论是民法中最抽象的理论体系，理解起来较为困难。它规定民事法律关系带有共同性的问题，是对各种具体的民事法律关系的理论概括，在整个民法中起统率和指导作用。民法总论是各具体民事法律制度的基础，其内容主要包括民法的基本原则、民事主体、民事法律行为、代理、诉讼时效等。由于总论部分的内容比较抽象、概括、涉及面广，所以对总论部分案例的研究一般要和分论结合起来。为了避免与分论重复，总论部分的案例研究相对集中在民事主体、代理和诉讼时效部分，其他内容则可参照分论的相关部分进行研究。

民事主体制度规定哪些“人”可以成为权利主体以及他们在民法上享有何种地位。主体资格问题是民法的核心问题，关系到民法规定的利益落实到谁的问题。现实世界存在多种多样的实体，有自然实体，也有社会实体，民法并不是把现实世界的一切实体都确立为法律关系主体，而是在立法政策指导下，选择一定的实体作为权利主体，赋予其承受法律关系的能力。主体是民事法律关系的首要构成要素，大多数国家的民法典总是在规定各种民事法律关系前首先对民事主体作出规定。我国的民事主体制度主要是由《民法通则》以及各种特别法规定的。在我国民法上，主体主要指自然人和法人，此外，还包括不具有法人资格的其他组织。本书民事主体案例研究主要涉及三部分：自然人案例研究、法人案例研究和合伙案例研究。围绕民事主体发生的纠纷主要涉及主体是否合格的问题，而这个问题又不是孤立的，它往往会与民事法律行为的成立、效力等密切相连，有所交叉。但民事主体案例研究有自己独特的角度和分析方法，其特点就在于以民事主体资格的研究为核心内容。需要说明的是，国家在特定情况下也可以作为民事主体出现，但由于涉及国家的民事纠纷并不普遍，因而，本书没有将此列入研究范围。

现实生活中,无民事行为能力人和限制行为能力人不能或不能完全通过自己的行为为自己设定权利和义务。即使是完全民事行为能力人从事民事行为,主观上受知识和认识能力的限制,客观上受时间和空间的限制,不可能事必躬亲。因而,民法设计了代理制度来补充某些民事主体能力的不足,扩大民事主体的活动范围。我国民法的代理制度主要规定在《民法通则》和《合同法》中,因而在分析研究代理案例时,要以这两部法律的规定为主要依据。

自然人、法人和其他组织的合法民事权利受法律保护。如果民事权利受到侵害,权利人有权请求人民法院强制义务人履行义务或承担其他相应的民事责任。但是,权利人的这种请求保护的权利受诉讼时效的限制。现实生活中,由于诉讼时效关系到权利人的权利是否受到法律保护,义务人的义务是否应强制履行,双方当事人从自身利益考虑,极易为此发生纠纷。这类纠纷的特点是一般不涉及案件的事实,即当事人对其权利义务没有什么争议,只是就权利的保护期限存在不同的意见。我国民法的诉讼时效不仅规定在《民法通则》中,而且还散见于各类特别法中,在分析有关诉讼时效的案例时,要注意,如果特别法有规定的,要依特别法的规定,只有在特别法没有规定时,才依《民法通则》的规定。

第一章 自然人案例研究

第一节 自然人案例研究的内容和方法

一、自然人概述

自然人是相对于法人而言的，指基于自然规律而出生的人，既包括本国自然人，也包括外国人和无国籍人，是民事主体的重要组成部分。

自然人案例研究涉及的基本法律问题有以下几个方面：

（一）自然人的主体资格

1. 民事权利能力

自然人的民事权利能力是指自然人享有民事权利和承担民事义务的资格。这种资格是法律直接赋予的。在我国，每个自然人均有平等的民事权利能力，而不论其性别、年龄、精神健康状况如何。自然人的民事权利能力始于出生，终于死亡。

我国民法在不承认胎儿民事权利能力的前提下，考虑到胎儿将成为婴儿的利益，给予其特殊的保护。《继承法》第 8 条规定："遗产分割时，应保留胎儿的应继承的份额。胎儿出生时是死体的，保留的份额按照法定继承办理。"

我国司法实践中对死者名誉的保护，不是基于死者是民事主体，享有民事权利能力，而是基于社会利益的考虑。据此，不法侵害死者名誉的行为，以及不法侵害死者人格的行为，不仅死者的亲属可以请求法律保护，而且在危害社会整体利益的情况下，社会其他人也可以主张法律追究。

2. 民事行为能力

自然人的民事行为能力是指自然人以自己的行为取得民事权利、承担民事义务的资格。自然人具有民事权利能力，并不意味着每个人都可以自动发生一切民事法律关系。民法相信合理自主能力的具备与自然人个人生理和精神条件具有直接的联系，因而没有赋予一切自然人以完全民事行为能力，而是考虑其生理和精神差别，赋予不同程度的民事行为能力。我国民法把自然人区分为完全民事行为能力人、限制民事行为能力人和无民事行为能力人三种。依《民法通则》的规定，完全民事行为能力人是指 18 周岁以上且精神正常的人;另外,16 周岁以上不满 18 周岁的未成年人,如果以自己的劳动收入为主要生活来源的,也视为完全民事行为能力人。限制民事行为能力人是指 10 周岁以上的未成年人和不能完全辨认自己行为的精神病人(包括痴呆症人)。无民事行为能力人是指不满 10 周岁的未成年人和不能辨认自己行为的精神病人。

(二)失踪人制度

1. 宣告失踪

宣告失踪是指自然人离开自己的住所,下落不明达到一定期限,经利害关系人申请,由人民法院依法宣告其为失踪人,并为之设立财产管理人的法律制度。宣告失踪是对一种确定的自然事实状态的法律确认,目的在于结束失踪人财产关系的不确定状态,保护失踪人的利益和利害关系人的利益。

(1)宣告失踪的条件和程序

条件:①自然人离开自己的住所或居所没有任何音信;②这种无音信状态持续时间满 2 年。

程序:①利害关系人申请。依最高人民法院《关于贯彻执行中华人民共和国民法通则的若干问题的意见》(以下简称《民法通则意见》)第 24 条规定,利害关系人应包括失踪人的配偶、父母、子女、兄弟姐妹、祖父母、外祖父母、孙子女、外孙子女以及其他与被申请人有民事权利义务关系的人。②人民法院受理与宣告。

(2)宣告失踪的效力

自然人被宣告失踪以后,其效力是对其财产的管理和财产义务的履行。依《民法通则》的规定,失踪人的财产由他的配偶、父母、成年子女或关系密切的其他亲属、朋友代管。失踪人所欠的税款、债务和应付的其他费用,由代管人从失踪人的财产中支付。

2. 宣告死亡

宣告死亡是生理死亡的对称,指自然人下落不明达到法定期限,人民法院经利害关系人申请,依法推定失踪的公民为死亡的法律制度。宣告死亡旨在解决因失踪人下落不明而引起的民事关系不确定问题,重在保护利害关系人的利益。

(1)宣告死亡的条件和程序

条件:①自然人离开自己的住所或居所没有任何音信。②这种无音信状态持续时间满 4 年;在意外事故的情况下,自然人下落不明的时间只要求 2 年,若经有关机关证明该自然人不可能生存,则不受 2 年时间的限制。

程序:①利害关系人申请。依《民法通则意见》第25条规定,申请人的顺序为:配偶;父母、子女;兄弟姐妹、祖父母、外祖父母、孙子女、外孙子女;其他与被申请人有民事权利义务关系的人,通常包括受遗赠人、债权人、债务人、人寿保险合同的受益人等。②人民法院受理与宣告。

(2)宣告死亡的效力

自然人被宣告死亡应发生与自然死亡相同的效力,即被宣告死亡人丧失民事主体资格,其民事权利能力和民事行为能力终止;其原先参加的民事法律关系归于消灭;其婚姻关系自然解除;其个人的合法财产变为遗产开始继承。但是,如果被宣告死亡人尚未自然死亡,其实施的民事法律行为与被宣告死亡引起的法律后果相抵触的,则以其实施的民事法律行为为准。

(三)监护

监护是指监护人对无民事行为能力人和限制民事行为能力人的人身、财产和其他合法权益依法进行的监督和保护的民事法律制度。

依《民法通则》的规定,监护分为法定监护和指定监护。法定监护是指由法律在一定范围的人员中直接规定监护人。指定监护是指没有法定监护人,或者对担任监护人有争议的,由有关部门或人民法院指定监护人。

(四)自然人的住所

自然人以他的户籍所在地的居住地为住所,经常居住地与住所不一致的,经常居住地视为住所。

(五)个体工商户、农村承包经营户

个体工商户是指在法律允许的范围内,依法经核准登记,从事工商业经营活动的自然人或家庭。其特征如下:(1)个体工商户是以"户"为单位的个人或家庭,属于个体经济成分;(2)个体工商户须依法到当地工商行政管理机关核准登记,领取营业执照后方可经营;(3)个体工商户应在法律允许的范围内从事工商业经营活动。

农村承包经营户是指在法律允许的范围内,按照承包合同的规定从事商品经营的农村集体经济组织的成员。其特征如下:(1)农村承包经营户是以"户"为单位的农村集体经济组织的成员,属于集体经济成分;(2)农村承包经营户基于承包合同而成立,不需要进行注册登记;(3)农村承包经营户须在法律允许的范围内从事商品经营活动。

二、自然人案件的种类

(一)因民事行为能力而发生的纠纷

由于自然人是否具有相应的民事行为能力关系到其所进行的民事行为的

效力,所以,此方面的纠纷是常见的现象。特别是针对精神病人的民事行为能力和年满16周岁不满18周岁的未成年人的民事行为能力,往往出现当事人从自身利益考虑而坚决否认行为人有民事行为能力或坚持主张行为人有民事行为能力的情况,从而发生纠纷。

(二)宣告失踪、宣告死亡案件

这类纠纷主要表现在:下落不明的人的近亲属或其他利害关系人对是否申请宣告其失踪或死亡意见不一;失踪宣告或者死亡宣告撤销后,当事人对如何处理与被撤销失踪或死亡宣告的人的财产关系和人身关系发生争议。

(三)监护纠纷

这类纠纷的发生主要涉及两个方面的问题:一是监护人资格的认定,也就是指监护权争议,包括行为人有无监护资格,具有监护资格的人之间相互争夺监护权或者相互推诿监护职责,以及变更监护关系;二是监护人责任的认定,包括被监护人侵害他人时,确定监护人责任而引起的纠纷;被监护人受到伤害时,确定侵害人和监护人各自应承担的责任而引起的纠纷。

(四)个体工商户、农村承包经营户

个体工商户方面的纠纷主要是个体工商户在经营过程中与其他民事主体发生的财产责任纠纷以及侵权纠纷,具体表现在:在承担财产责任时,是用其个人财产承担还是家庭共同财产承担。

农村承包经营户方面的纠纷最常见的有两类:一类是农村承包合同纠纷,即农村承包经营户与发包方之间在合同的履行过程中发生的纠纷,如当事人随意变更或终止合同而发生的纠纷,合同条款不完备或含义不清而发生的纠纷,由于国家法律、政策的变更而引起的纠纷,承包时盲目投标造成承包基数高低悬殊而引发的纠纷,因不可抗力造成合同不能完全履行而引发的纠纷等;另一类是农村承包经营户与其他民事主体发生的民事纠纷。

三、自然人案例研究的基本方法

(一)关于确认自然人的民事行为能力案件

由于自然人的民事行为能力与其所实施的民事行为的效力密切相关,所以在实践中,单纯的关于民事行为能力的争议并不多见,往往在认定某民事行为是否有效时涉及。

在认定个案中行为人是否具有相应的民事行为能力时,应把握以下方法:

1. 确定行为人的真实年龄。如不满10周岁、10周岁以上不满18周岁的“不满”意味着什么,应如何确认实际的时间界限,等等。

2. 如果行为人年满18周岁,要进一步确认行为人的精神健康状况,即行为人是否为精神病人、患病程度如何。

3. 如果行为人是限制民事行为能力人，要确认其所从事的民事行为的性质，判断其行为是否与其年龄、智力和精神健康状况相适应，以及是否是纯获利益的行为。

（二）关于宣告失踪、宣告死亡案件

宣告失踪、宣告死亡案件直接关系到自然人的切身利益，研究此类案件时，应把握以下方法：

1. 确认申请人的主体资格

《民法通则》第20条、第23条规定，有资格申请宣告失踪、宣告死亡的人必须是被申请宣告失踪、宣告死亡人的利害关系人。《民法通则意见》对利害关系人又进一步作了规定，并对申请宣告死亡的利害关系人规定了顺序。研究此类案件时，除了应掌握以上法律规定外，还应注意，实践中，如果下落不明人的所在单位以人员增减、人事变动、工资报酬等问题为由提出宣告失踪或宣告死亡申请的，根据最高人民法院[1986]民他字第28号批复的精神，该单位不宜作为利害关系人向人民法院申请宣告失踪或宣告死亡，但可以根据国家的有关行政法规和劳动法规作出相应的处理。如果下落不明人与所在单位有债权债务等民事上的权利义务关系时，其所在单位就可以作为利害关系人向人民法院提出宣告失踪或宣告死亡的申请。

2. 查清自然人下落不明的原因。自然人下落不明的原因可以是多种多样的，如地震、泥石流、水灾、战争、军事行动、勘探、探险、狩猎、失散等，经多方寻找无下落，并达到法定期间，就可以推定其为失踪或死亡。但是，如果某人为躲避债务或为逃避对犯下的某种罪行的惩罚而隐匿、躲藏，虽然无法查清其下落，也不宜作为推定此人失踪或死亡的事实。

3. 查清下落不明人的财产情况。在确认自然人下落不明之后，查清其财产状况就可以为案件的进一步处理奠定良好的基础。由于宣告失踪，特别是宣告死亡，要引起民事法律关系的发生、变更和消灭，与之相适应，其财产状况也要发生相应的变化。所以，查清下落不明人的财产范围和状况是必要的。财产情况，除包括下落不明人的固定资产和流动资金之外，还包括其债权、债务。

（三）关于监护案件

研究监护方面的案件时，应把握以下基本方法：

1. 确认案件中的监护的对象，即是对未成年人的监护还是对精神病人的监护，以便于确认监护人的范围。

2. 确定监护人的范围和资格。对于监护人的范围和资格,《民法通则》第16条、第17条作了明确规定,如果是未成年人,其法定监护人包括:父母;祖父母、外祖父母;、兄、姐;关系密切的其他亲属、朋友愿意承担监护责任,经未成年人父母的所在单位或者未成年人住所地的居委会、村委会同意的。没有以上监护人的,由未成年人父母的所在单位或者未成年人住所地的居委会、村委会或者民政部门担任监护人。如果是精神病人,其法定监护人包括:配偶;父母;成年子女;其他近亲属;关系密切的其他亲属、朋友愿意承担监护责任,经精神病人的所在单位或者住所地的居委会、村委会同意的。没有以上监护人的,由精神病人所在单位或住所地的居委会、村委会或者民政部门担任监护人。

3. 确定监护人的顺序。《民法通则》在充分考虑了监护人与被监护人的血缘关系远近、社会职责大小等因素的基础上,规定了监护顺序,所以在确定监护人时,首先应考虑顺序在先的监护人。

4. 认定监护人的监护能力。《民法通则》虽规定了监护顺序,但并非像继承顺序那样固定不变,因为这里涉及监护人的具体情况,顺序在先的监护人未必有监护能力。所以在具体确定监护人时,除了考虑顺序以外,还应考虑监护人的身体健康状况、经济条件以及与被监护人在生活上的联系状况等情况。在变更监护关系时也应遵循以上原则。

四、自然人案例研究应注意的问题

(一)关于自然人的民事行为能力

除了掌握上述一般方法之外,在具体认定自然人的民事行为能力时,还应注意以下问题:

1. 在年龄问题上,应特别考虑一个特殊的年龄段,即16周岁以上不满18周岁的自然人,这部分人虽未成年,一般不具有完全民事行为能力,但是如果他们能以自己的劳动收入为主要生活来源,在法律上也视为完全民事行为能力人。所谓能以自己的劳动收入为主要生活来源,是指能依靠自己的劳动收入维持当地群众的一般生活水平。

2. 限制民事行为能力人只能进行与其年龄、智力、精神健康状况相适应的民事活动。如何判断是否相适应,可以从他们的行为与本人生活相关联的程度、本人的智力或精神状况能否理解其行为,并且预见相应的行为后果,以及行为涉及的财产数额、行为的性质等方面来认定。但限制民事行为能力接受奖励、赠与等对本人有利,且不设定负担的行为应认定有效。

3. 在实践中,不满10周岁的未成年人进行与他的年龄、智力相适应的民事活动,如购买文具用品等,根据日常生活习惯,应认定其民事行为有效。

4. 在判定一个精神病人有无民事行为能力时,首先应满足医学要件,即要对精神病人所患精神障碍作出医学鉴定。其次,要满足法学要件,即判定其所患精神障碍能否辨认自己行为的性质、内容和后果及程度,从而作出有无民事行为能力及其程度的结论。当然,要满足这些要件,需要借助司法精神病学鉴定等科学手段,这不是我们所研究的重点。我们所要研究的是精神病人的精神症状与其意思能力的关系。有些人虽患有精神病,但对于某些事物或行为有一定的判断能力和自我保护能力,能清楚地进行意思表示,能预见其行为后果,他就不是无民事行为能力人,对他所进行的民事行为的效力要视其具体内容而定。另外,有些人在从事某种民事行为时患有精神病,经过治疗后痊愈;也有的人从事某种民事行为时精神正常,其后患上精神病,那么在确认其行为的效力时,应以其从事民事行为时的精神状况为准。

(二)关于宣告失踪、宣告死亡案件

1. 宣告失踪不是宣告死亡的必经程序。公民下落不明,符合申请宣告死亡的条件,利害关系人可以不经申请宣告失踪而直接申请宣告死亡。但利害关系人只申请宣告失踪的,应当宣告失踪;同一顺序的利害关系人,有的申请宣告死亡,有的不同意申请宣告死亡,则应当宣告死亡。

2. 对撤销失踪宣告和死亡宣告后有关纠纷的处理

由于宣告失踪和宣告死亡只是法律上的一种推定,被宣告失踪或死亡的公民可能会重新出现,故应撤销对他的失踪宣告或死亡宣告。撤销后,该公民因被宣告失踪或死亡而丧失的权利有可能不能得以全部恢复,因此会在有关的当事人之间发生纠纷。对此,应注意两点问题。

第一,失踪宣告撤销后,财产代管人的代管权随之终止,代管人应将其代管的财产及收益交还给被撤销失踪宣告的人,并将代管期间对其财产管理和处置的详细情况告知被撤销失踪宣告的人。只要代管人不是出于恶意,已经支付的费用,被撤销失踪宣告的人不能再追回。

第二,死亡宣告撤销后,应作以下处理:

(1)婚姻关系。被撤销死亡宣告人的配偶尚未再婚的,夫妻关系从撤销死亡宣告之日起自行恢复;如果配偶已再婚的,应保护现行的婚姻关系;如果配偶再婚后又离婚或再婚后他方又死亡的,不能自行恢复夫妻关系。

(2)收养关系。被撤销死亡宣告人在被宣告死亡期间,其子女被他人依法收养的,仅以未经本人同意而主张收养关系无效的,一般不应准许,但收养人和被收养人同意的除外。

(3)财产关系。本人可请求返还财产,但原物已由第三人合法取得的,第三人可不予返还;因继承而取得财产的自然人或组织,应当返还原物或给予适当补偿;利害关系人隐瞒真实情况致使他人被宣告死亡而取得财产的,除应返还原物和孳息外,还应对给他人造成的损失予以赔偿。

(三)关于监护纠纷

1. 监护是为了保护未成年人和精神病人的合法权益而设置的一项民事法律制度。作为被监护人的近亲属对被监护人负有法定的监护义务,不得推诿。如果同一顺序有监护能力的近亲属之间相互推诿,不履行监护义务的是违法行为,情节严重的,可能构成犯罪。而对于非近亲属和朋友来说,则不具有法定的监护义务,而且也不是愿意承担监护职责就可以承担的。所以,应注意区别这两类监护人,以便确定合适的监护人。

2. 被监护人致人损害的,由监护人承担民事责任。监护人尽了监护责任的,可以适当减轻他的民事责任;有财产的被监护人致人损害的,从被监护人财产中支付赔偿费用,不足部分,由监护人适当赔偿。如果监护人为单位的,根据最高人民法院民事审判庭(1989)法民字第23号《关于单位担任监护人是否承担赔偿责任的电话答复》的精神,立法的原意是单位不承担赔偿责任。被监护人致人损害时,有若干监护人的,应当首先由与被监护人共同生活的监护人承担责任;如果与被监护人共同生活的监护人无力独立承担责任,其他监护人应共同承担责任,因为其监护责任并未免除,根据是《民法通则意见》第158条,"夫妻离婚后,未成年子女侵害他人权益的,同该子女共同生活的一方应当承担民事责任,如果独立承担民事责任确有困难的,可以责令未与该子女共同生活的一方共同承担民事责任。"在侵权行为发生时为被监护人,而在诉讼时已具有完全民事行为能力的人致人损害的,行为人有经济能力的,应当承担民事责任,行为人没有经济能力的,由原监护人承担民事责任。应当说明的是,如果行为人实施侵权行为时已为完全民事行为能力人,即使其没有经济能力,也不能由原监护人承担赔偿责任,可以由原监护人垫付,但垫付与监护人承担责任是根本不同的两种制度。

3. 被监护人受到伤害的,如果侵权人是监护人,由监护人承担责任,给被监护人造成财产损失的,应当赔偿损失。对在幼儿园、学校或者其他教育机构学习、生活期间受到人身损害的无民事行为能力人,幼儿园、学校或者其他教育机构应当承担责任,但其能够证明尽到教育、管理职责的,不承担责任。对在学校或者其他教育机构学习、生活期间受到人身损害的限制民事行为能力人,学校或者其他教育机构未尽到教育、管理职责的,应当承担责任。对在幼儿园、学校或者其他教育机构学习、生活期间，受到幼儿园、学校或者其他教育机构以外的人员人身损害的无民事行为能力人或者限制民事行为能力人，由侵权人承担侵权责任；幼儿园、学校或者其他教育机构未尽到管理职责的，承担相应的补充责任。

（四）关于个体工商户、农村承包经营户

1. 实践中，个体工商户有两种：一种是有名称、有固定经营场所的个体工商户，这种个体工商户已具有了比较明显的商自然人性质，具有独立于自然人人格以外的民事主体资格；另一种是没有名称和固定经营场所的个体工商户，它经营规模很小，往往由家庭成员来提供劳务，而且流动性很大。前者具备企业的基本特征，若符合个人独资企业的条件，可以登记为个人独资企业，那么它要受《个人独资企业法》的调整。对于后者以及虽符合个人独资企业的条件但不愿登记为个人独资企业的个体工商户，仍适用《民法通则》的规定。在研究涉及个体工商户的案件时应当注意到这一点，以免引起法律适用上的错误。

2. 就农村承包合同而言，无论是合同的订立和履行，还是合同的变更和解除，以及不履行合同应承担的责任方面，与其他合同是一样的。所以，农村承包合同纠纷案例的研究应遵循一般合同纠纷案例研究的一些方法和规律，如依照合同是否成立、是否有效、有无变更和转让、应当承担何种责任等内在逻辑规律来分析。此方面可参照合同部分的案例研究。

3. 正确认定个体工商户、农村承包经营户的财产责任。个体工商户、农村承包经营户的财产责任是相同的。个人经营的，以个人财产承担；家庭经营的，以家庭财产承担。但有的个体工商户、农村承包经营户虽以个人名义申请登记或承包，实际上是用家庭共同财产投资，或者收益的主要部分供家庭成员享用的，其债务也应以家庭共有财产清偿。如果是在夫妻关系存续期间，一方从事个体经营的，其收入为夫妻共同财产，债务也应以夫妻共有财产清偿。因此，在研究此方面的案例时，应特别注意"两户"投资的来源和收益的去向，不能只看是谁登记或承包，以便正确认定"两户"的财产责任。

（五）自然人案例研究所涉及的相关法律法规主要有：

1.《中华人民共和国民法通则》第 9 ~ 29 条；

2.《最高人民法院关于贯彻执行〈中华人民共和国民法通则〉若干问题的意见》第 1 ~ 44 条；第 158 ~ 161 条；

3.《中华人民共和国侵权责任法》第 38 ~ 40 条。

第二节　自然人典型案例研究

一、案情介绍

张某在山东省W县N乡从事个体饮食业。李某于2001年至2003年在N乡中学读初中时，有部分时间在张某处搭伙，李某父母经常为其交钱粮。2003年6月4日，张某告知李某2年期间其累计欠饭菜款5400元，成品粮620斤，并要李某写下两张欠条，一张为欠现金600元，成品粮620斤；另一张为欠现金4900元，且言明数额大的欠条款项由李某离校打工时予以归还。李某未将以上情况告诉家长和学校。后张某多次找李某索要欠款，但李某未归还。张某持李某所写欠条向李某父母索款时，李某的父母以饭菜款已结清为由拒绝给付。张某遂于2004年1月持该两张欠条向法院起诉，要求李某归还欠款5400元及所欠粮食620斤。李某辩称欠条不是自愿写的，不欠张某饭菜款。法院查明李某1986年1月出生。问：本案应如何处理？

二、本案争执的焦点问题

本案争执的焦点是李某所写的两张欠条是否有效。若有效，李某应返还5400元及粮食620斤，否则不予返还。

三、本案分析应注意的问题

在认真阅读和理解案情的基础上，首先要确定本案的性质和类型。由于实践中行为能力问题往往与订立合同、立遗嘱、致人损害等结合在一起，所以分析此类案例时不能单纯局限于行为能力的规定。很明显，本案系自然人之间所发生的借款纠纷，属于民事法律行为或合同的范围。其次，要考虑民事法律行为或合同的有效要件。根据我国《民法通则》和《合同法》的规定，有三个要件，即行为人具有相应的民事行为能力，意思表示要真实，不违反法律或社会公共利益。本案中，当事人意思表示真实，行为又不违反法律或社会公共利益，那么，就要考虑行为能力问题了，加之本案例中又特别提到行为人的出生年月，所以应着重从行为能力方面入手，要正确认定当事人的行为能力的程度，判断行为人的行为与其行为能力的关系。

四、本案的事实与法律分析

我国民法将自然人的民事行为能力划分为三类：(1)年满18周岁的自然人是完全民事行为能力人，可以独立进行民事活动；16周岁以上不满18周岁，但以自己的劳动收入为主要生活来源的，视为完全民事行为能力人。(2)10周岁以上的未成年人和不能完全辨认自己行为的精神病人为限制民事行为能力人,只能进行与他们的年龄、智力、精神状况相适应的民事活动。(3)不满10周岁的未成年人和完全不能辨认自己行为的精神病人是无民事行为能力人。

在本案中,首先要确定李某写欠条时的年龄。可以计算出,2003年6月李某写欠条时是17周岁零5个月,不满18周岁。而且,李某在中学读书,不以自己的劳动收入为主要生活来源,从案情介绍也可以看出,其父母经常为其交钱粮。由此得出,李某属限制行为能力人。另外要注意,我们要确定的是李某在为民事行为时的民事行为能力,而非诉讼时的民事行为能力。在本案中,李某诉讼时已满18周岁,但不影响其写欠条时的民事行为能力。

在确定李某属限制民事行为能力人后,接下来要分析李某所为民事活动是否与其年龄、智力相适应。由于限制民事行为能力人的智力因个体因素差异很大,如何认定限制行为能力人所进行的活动与其年龄、智力相适应,须根据具体情况分析判断。根据《民通意见》第3条规定,限制民事行为能力人所进行的民事活动可以从行为与本人生活关联程度,本人的智力能否理解其行为,并预见其相应的后果,以及行为的标的额等方面认定。本案中,李某在张某处搭伙及写欠条时,虽然已是十六七岁的初中学生,智力发育趋于成熟,但5000余元的欠款数额对于一个生活在农村的中学生来说,无疑是一笔巨款,显然大大超出了其所能单独处分的钱款的范围。而且,张某始终未将欠款情况告知李某的父母及学校。在这里,还要注意,李某书写了两张欠条,其中一张数额较小,似乎限制行为能力人可单独处分,但由于两张欠条一次书写,应将两张欠条视为一个整体来处理。

五、处理

从上述分析,可以认定李某在书写欠条时,已经超出了作为限制民事行为能力人智力所能判断的范围,属无效民事行为,不产生债权债务关系的法律后果。如果张某无其他证据证明,则法院应判决驳回其诉讼请求。

第三节　自然人习作案例

案例一

河北省某县村民匡某于1999年6月7日离家外出做生意,此后杳无音信。其家人多方寻找,没有踪迹。六年后匡某仍然没有下落。别人多次劝说其妻邱叶改嫁。于是,2005年6月邱叶向当地基层人民法院提出申请,要求宣告匡某死亡。法院受理后,发出寻找失踪人匡某的公告。一年后,公告期已满,仍没有匡某的音信。于是人民法院在2006年9月作出判决,宣告匡某死亡。之后,匡某的妻子和父母便对匡某的财产进行了分割。3间房子由匡某的妻子和女儿匡明珍居住(属于匡某的一半进行做价),家具由其妻所有,自行车、洗衣机、匡某在家跑生意用的机动三轮车由其父母继承。因他们年龄较大,农用机动三轮车派不上用场,很快将其卖给了同村的李二毛。第二年春天,邱叶改嫁,邱的堂姐邱萍恰好没有小孩,匡明珍被其堂姐收养。邱叶没想到其后夫有赌博恶习,二人因感情不和,结婚半年后又离了婚,仍回到原房屋居住。2009年3月2日匡某突然回到村中,言明其外出做生意时因车祸受伤,幸被一好心人家施救,因路途遥远,在外谋生,不通音讯。后经过艰苦奋斗,做生意有了转机,积蓄一笔钱,现回到村中,便向法院申请撤销其死亡宣告,恢复与邱叶的夫妻关系,要回其女邱明珍,返还其财产,一家人共同到南方去生活。

法律问题

1. 邱叶向法院申请宣告匡某死亡,法院应予受理的最早申请日期是哪一天?

2. 匡某与邱叶的夫妻关系能否自行恢复?若邱叶现在的配偶死亡,匡某与其的夫妻关系能否自行恢复?

3. 匡某以女儿送养未经自己同意为由,主张收养关系无效,能得到法院的支持吗?

4. 邱叶及匡某的父母所继承的财产应如何处理?

5. 匡某可否要求李二毛返还农用机动三轮车?

6. 假设匡某因车祸导致脑部受伤,失去记忆,在被宣告死亡后,又与他人结婚,婚姻关系是否有效?假设匡某知道自己被宣告死亡而与他人结婚,婚姻关系是否有效?

7. 法律规定宣告死亡制度的立法价值取向是什么?

案例二

陈某系工程师,家居A市,丈夫张某早年去世,儿子张东大学毕业后被分配到边远地区工作。退休后陈某觉得十分孤单,就在退休的当年从B县农村收养了一名女童,取名张兰,母女关系十分融洽。陈某供张兰念完中学之后,又送她上了自己原工作单位所办的中专。因为陈某十分疼爱张兰,张东很嫉妒,回家探亲时,他经常当着母亲和其他人的面骂张兰,说她是"外人"。虽然每次陈某都当场予以批评教育,张东口头也表示接受,但是心里却十分不服气。

不幸的是,在张兰上中专的第一年,陈某突然患病逝世,未留下任何遗嘱。

在清理中遗产时,发现了一张10万元的存单。

由于张兰尚未毕业,而且只有16岁,必须给她找个监护人。张东表示愿意充当张兰的监护人。张兰在B县农村有一胞兄刘兵,也表示愿意担任监护人。但张东认为,刘兵家与A市相隔千里,而自己可以让妹妹转学到他所在的地方,可以更好地照顾妹妹。由于张兰就读的中专是陈某生前工作单位所办,在陈某一些老同事的鼓动下,厂工会也表示愿意充当监护人,理由是:张兰长期住校,有困难学校和厂里都可以帮助解决,而且她只有不到3年的时间就可以从学校毕业,走上工作岗位开始独立生活了。此外,张东表示愿当监护人,纯粹是冲着妹妹所继承的遗产而来的。而刘兵又离A市太远,不可能有效地保护张兰的合法权益。三方争执不下,遂诉至法院。

法律问题

1. 本案中,有资格担任张兰监护人的人有哪些?刘兵是否属于监护人中的近亲属?
2. 假如你是法官,你依照什么原则来确定本案的监护人?
3. 本案的监护人确定谁较合适?请说明理由及法律依据。

案例三

李某15岁,某中学初三学生。一天,在放学回家的路上,李某看到某商场正在进行有奖销售,奖券为20元一张,最高奖金额为5000元,他便用自己的零花钱买了一瓶价值20元的洗发水,领到一张奖券。几天后,抽奖结果公布,李某所持奖券中了最高奖,李某非常高兴,急忙把中奖的消息告诉了母亲王某,母子二人马上去商场兑了奖,王某把这5000元钱放到家中的柜里。李某一直想要台电脑,王某总说没钱,李某见现在有钱了,就又提出要买台电脑,王某说:"我和你都不懂,等你爸出差回来再买吧",李某以为妈妈又在骗他,就说:"反正是我的钱,我愿意买什么就买什么",王某说:"你一个小孩子,怎么能得这么些钱呢,这钱就是爸爸妈妈的,应该由爸爸妈妈来支配"。李某暗自生气,趁妈妈不注意,悄悄拿了5000元钱到商场买了台电脑。见儿子抱回一台电脑,王某急了,立刻拉着李某来到商场,说李某买电脑没有征得父母同意,要求退货。售货员辩称,商店在销售过程中不可能去判断每一个买者的年龄,只有电脑质量不合格才予以退货,现在电脑质量没问题,不能退货。

法律问题

1. 假设李某父母诉讼至法院,谁是本案的原告?为什么?
2. 本案奖金究竟应归谁所有?为什么?假设李某是受同学委托购买洗发水获奖,奖金应归谁所有?

3. 李某购买电脑的行为是否有效? 李某父母能否要求退货?

4. 如何看待未成年人自行购买商品? 是否一律认定为无效?

5. 如何确认未成年人的民事行为与其年龄、智力不相适应?

6. 未成年人处置其财产权利应注意哪些问题?

7. 假设在李某父母追认李某行为的情况下,电脑发生质量问题,商家应如何承担责任?

案例四

河北某市青年黄某时年26岁,2000年高中毕业后,因没有考上大学而成为待业青年,因其已是成年人,总在家吃闲饭也不是长久之计,于是在父母支持下办起了一个“得利五金店”,在当地工商行政管理部门领取了营业执照。因其刚起步,没有资金,虽以自己名义开店,实际上由其父母出一部分钱并参与经营,从亲友处借一部分钱,另外又从城市商业银行贷款1万元作为资金。五金店开张营业前几年,由于城市住房建设迅速发展,装修业火暴,得利五金店经营的油漆、电料、水管、水龙头等,销路很好,因而也赚了一部分钱,偿还了一部分债务。2004年底黄某与李某结婚。婚后约定,双方所得财产归各自所有。看到办五金店有利可图,其他人在周围相继又办起了几家五金店,竞争比较激烈。这时,该市住宅小区建设也告一段落,装修业也开始降温,五金店的商品销路不畅。黄某还要支付房租、贷款利息等,五金店开始出现亏损。这时银行贷款也已到期,供货商和其他债权人也上门要求归还贷款和借款。“得利五金店”无力经营下去,关门歇业。债权人则要求变卖黄家的财产偿还债务,同时又找到李某要求偿还债务,均遭拒绝。2006年1月,债权人诉至法院。

法律问题

1. 如何确定本案的被告?

2. 个体工商户的财产责任原则上应如何承担?

3. 李某应否承担“得利五金店”的财产责任? 李某与黄某的约定能否对抗第三人? 法律依据是什么?

4. 黄某的父母应否对“得利五金店”的债务承担责任? 为什么?

5. 如果你是本案的审判人员,你将如何判决?

案例五

2002年8月17日下午,原告袁某(时年17岁)按其母亲的嘱托,到被告工商银行上海市某支行下设的某储蓄所,以原告为户名存入美元。原告当时在“中国工商银行外币定期储蓄存款凭条”上填好存期2年、金额1787美元后，将凭条连同美元现金交给该所接柜员刘某。刘接到存款凭条及美元现金后将一枚铜牌交给原告，原告即持铜牌到一侧等候。当听到柜台内呼叫自己所持铜牌的号码时，原告即上前将铜牌交给刘某，刘却将钱款退还原告，并说钱款比凭条上所填的数额少300美元。原告当即清点，发现确实少300美元，遂急忙回家告诉父母。其母闻讯，立即带着原告到储蓄所进行交涉。但他们到达时，刘某已下班。次日，原告及其母又到该所与负责人交涉，要求返还300美元，但储蓄所予以拒绝。双方争执不下，遂诉至法院。

法律问题

1. 原告作为储蓄合同的当事人是否合格？原告的行为是否有法律效力？

2. 假设当事人合格，该案中的储蓄合同是否成立？

3. 储蓄所应否退还300美元？为什么？

4. 法院应如何判决？

案例六

2005年2月11日，某市慈善总会接到一女士打来的电话，表示要捐款。2月22日，某市慈善总会的银行账户上便出现一笔100万元的巨款，并注明用途：“赞助艾滋病困难家庭。”经电话询问，得知这笔巨款是某大学的胡女士所捐。市慈善总会第二天就将百万元巨款分头下发当地民政部门或慈善机构及艾滋病困难家庭。不料，2月26日某大学负责人找到某市慈善总会，称胡是学院出纳员，患精神病已被送往医院接受治疗，这笔捐款是她挪用国家下拨的科研经费，要求追回。

法律问题

1. 从民法上如何认定胡某捐献公款行为的效力？

2. 本案中捐款如果无法追回，谁应补偿相应损失？某大学是否也应承担一部分责任？

3. 慈善机构是否具有核实善款来源是否合法的义务？在本案中是否也应承担相应的责任？

4. 假设某大学将慈善总会诉至法院，法院应适用哪种诉讼方式？本案可引发哪些社会思考？

第二章　法人案例研究

第一节　法人案例研究的内容和方法

一、法人概述

法人是相对于自然人而言的一类民事主体,指具有民事权利能力和民事行为能力,依法独立享有民事权利和承担民事义务的组织。

法人制度案例研究所涉及的基本法律问题有以下几个方面:

(一)民事权利能力

法人的民事权利能力是指法人依法能够享有民事权利和承担民事义务的资格。法人的民事权利能力限于法人存续期间,始于成立,终于消灭。与自然人不同的是,其民事权利能力受到三个方面的限制。

1. 自然性质的限制。指法人与自然人在性质上的差异所产生的对法人民事权利能力的限制,某些人身权,如生命权、健康权、身体权、亲属权、配偶权等法人不能享有。

2. 法规的限制。许多单行法和特别法对法人的民事权利能力予以限制,如《破产法》对清算法人的民事权利能力的限制。

3. 法人目的的限制。法人的目的决定着法人的性质,决定着法人享有民事权利和负担民事义务的范围。

(二)民事行为能力

法人的民事行为能力是指法人以自己的行为取得民事权利和承担民事义务的资格。法人的民事行为能力与其民事权利能力一样,始于成立,终于消灭。与自然人不同的是,其民事行为能力与其民事权利能力具有一致性,即有民事权利能力的同时就有了民事行为能力,民事行为能力范围的大小取决于民事权利能力范围的大小。

(三)法人机关

法人机关指根据法律、章程或条例的规定,于法人成立时产生,不需要特别委托授权就能够以法人的名义,对内负责法人的生产经营或业务管理,对外代表法人进行民事活动的集体或个人。

1. 权力机关。又称决策机关，它是法人自身意思形成机关，有权决定法人生产经营或业务管理的重大问题，如股份有限公司的股东大会。

2. 执行机关。是法人权力机关的执行机关，有权执行法人章程、条例所规定的事项以及法人权力机关所决定的事项，如股份有限公司的董事会。

3. 监督机关。指对法人的执行机关进行监督检查的机关，如股份有限公司的监事会。

（四）法定代表人

法人的法定代表人是指依照法律或法人章程的规定，代表法人行使职权的负责人。法定代表人一般是执行机关的负责人，他无须专门授权，就可以法人的名义，代表法人对外进行民事活动，并为签字人。

（五）法人成立的条件

根据《民法通则》的规定，法人成立应具备以下条件：

1. 依法成立。这里不仅包括设立法人的目的和宗旨合法，也包括程序合法。

2. 有必要的财产或经费。这里不仅是指法人要有独立支配的财产或经费，而且必须达到一定的规模。

3. 有自己的名称、组织机构和场所。

4. 能够独立承担民事责任。

（六）法人的变更

法人的变更是指法人在存续期间，其组织上分立、合并以及在活动宗旨、业务范围上的变化。企业法人可在履行有关手续的前提下，变更企业形式或实行合并、分立以及改变经营范围，以分散经营风险，实现资源的优化配置。

法人的合并指两个以上的法人合并为一个法人。其具体形式包括吸收合并和新设合并。吸收合并指一个法人归并到另一个现存的法人中去，参加合并的两个法人，只消灭一个法人，另一个法人继续存在。新设合并指两个以上的法人合并为一个法人，原来的法人均消灭，新的法人产生。

法人分立指一个法人分成两个以上的法人，包括新设分立和派生分立两种形式。新设分立，即一个法人分立为两个以上的法人，原法人解散。派生分立，即原法人存续，但从中分出新的法人。

企业法人分立、合并，其权利和义务由变更后的法人享有和承担。

对于公司法人而言，存在公司组织形式变更问题。依照《公司法》规定，有限责任公司在符合法定条件的前提下，经全体股东一致同意，可以变更为股份有限公司。

此外,根据《企业法人登记管理条例》第 17 条规定,企业法人改变名称、住所、经营场所、法定代表人、经济性质、经营范围、经营方式、注册资金、经营期限以及增设或撤销分支机构,均属重要事项的变更。

(七)法人的终止和清算

法人的终止是指法人丧失民事主体资格,其民事权利能力和民事行为能力终止,又称法人的消灭。如依法被撤销、解散、宣告破产等。

法人终止,应当依法成立清算组织进行清算,停止清算范围外的活动。清算中的法人与清算前的法人具有同一人格,只是其民事权利能力和民事行为能力受清算目的的限制而已。法人清算可分为破产清算和非破产清算。

(八)法人的登记

除依法不需要进行登记的法人以外,登记是法人取得、变更及消灭民事权利能力和民事行为能力的要件。法人登记通常包括法人设立登记、法人变更登记和法人注销登记。

二、法人案件的种类

法人案件的发生主要包括以下几个方面:

1. 法人资格方面的纠纷。由于法人资格的有无涉及该组织的财产责任由谁承担、如何承担的问题,所以它常常是当事人之间争执的焦点之一。

2. 法人因超越经营范围而引起的纠纷。

3. 法人的法定代表人的越权行为而引起的纠纷。

4. 因企业法人变更后的权利义务归属而发生的纠纷。最常见的是变更后的法人拒绝承担原企业法人的债务而导致的纠纷。

三、法人案例研究的基本方法

由于法人是从事民事活动的主体,所以研究法人方面的案例也不能孤立地进行,应与民事法律行为、合同等法律制度结合起来。分析此类案例时应注意把握以下基本方法:

1. 确认社会组织是否具有法人资格。这是处理法人其他纠纷的基点。只有具备法人资格,才能适用法人的有关法律规定。分析一个社会组织是否具有法人资格,应严格按照《民法通则》以及其他相关法律的规定进行。特别是对企业法人,既要对法人的形式要件进行分析判断,也要对实质要件进行审查,不能只看企业是否具有《企业法人营业执照》,更主要的是看该企业是否有必要的财产,包括资金来源的合法性、资金数额的法定性。如果企业已领取了《企业法人营业执照》,但主管部门或开办单位实际没有投入资金,或投入的资金与注册资金不符,也未达到《企业法人登记管理条例实施细则》或有关法规的规定,以及不具备企业法人其他条件的,应认定企业不具备法人资格。

2. 正确认定法人的财产责任。具备法人资格的社会组织应当独立地承担民事责任,即法人只能以其独立支配的财产承担民事责任,而不是由其他组织、个人代替或者连带承担责任,法人的出资者仅以其出资为限对法人的债务负责。法人的财产不足清偿债务时,对不具备法人资格的企业的债务,应由企业和主管部门或开办单位共同承担。不具备法人资格的法人的分支机构、职能部门不能以自己的财产和名义独立承担民事责任,应由法人承担。

四、法人案例研究应注意的问题

(一)研究法人案例应注意的问题

1. 企业法人超越经营范围的行为的效力问题

由于经营范围关系到企业法人的民事行为能力,关系到其所实施的行为是否与其民事行为能力相适应,所以这是我们在研究法人案例时应注意的一个方面。依有关法律规定,企业法人应当在核准登记的经营范围内从事经营活动,所以,一般来讲,企业法人超越经营范围的行为应当是无效的。但值得注意的是,为了保护善意第三人的合法权益,促进交易,最高人民法院《关于合同法若干问题的解释》(一)第10条明确规定:"当事人超越经营范围订立的合同,人民法院不能因此认定合同无效。但是违反国家限制经营、特许经营以及法律、行政法规禁止经营规定的除外。"这一规定是对传统民法理论的突破,它说明了法人超越经营范围订立的合同原则上可以认定为有效,而不是作为一种例外,只有当事人违反国家限制经营、特许经营以及法律、行政法规禁止经营的才认定无效。虽然法人超越经营范围的行为与无民事行为能力人或限制民事行为能力人实施的民事行为同属主体资格问题,但应当明确,法律对两者效力规定的着眼点是不同的。法律对无民事行为能力人、限制民事行为能力人实施的民事行为的效力的规定,在于保护未成年人和精神病人的利益;而对法人超越经营范围的行为的效力问题的法律规定,则根本不是着眼于保护超越经营范围的法人,而是着眼于保护社会公共利益与相对人的利益。

2. 企业法人的法定代表人越权行为的效力问题

企业法人的法定代表人是依照企业组织章程的规定,代表法人行使职权的负责人。一般来讲,法定代表人在以法人的名义从事经营活动的时候,是不需要获得法人特别授权的。但在某些时候,出于企业经营上的一些特殊需要,企业章程、企业权力机关或执行机关也会对法定代表人对外代表法人从事的经营活动范围作出特别的限制,此时法定代表人应当遵守这些限制。但是,在实际生活中,有些企业的法定代表人出于某种原因违反法人章程的规定,超越职权与其他民事主体实施民事行为,这种越权行为可以是超出经营范围的,也可以是经营范围以内的。如何认定越权行为的效力,也是实践中的一个重要问题。对此,我国《合同法》第50条规定:"法人或者其他组织的法定代表人、负责人超越权限订立的合同,除相对人知道或应当知道其超越权限的以外,该代表行为有效。"这就是说,即使法定代表人超越权限订立合同,但只要相对人属于善意不知情,则合同仍然有效;如果相对人知道法定代表人超越权限的,则合同无效,除非法人对此作出追认。这是因为法人对法定代表人权限的限制是在内部进行的,不具有公示性,对外不能对抗善意相对人,否则,极不利于保护交易的安全。

3. 企业法人变更前的债务承担问题

企业法人的变更,直接影响到企业法人权利的行使和义务的履行,涉及他人和社会利益。我国《民法通则》和《合同法》对企业法人合并、分立后的权利义务及民事责任承担方式作了规定,为我们分析研究企业法人变更前遗留债权、债务的处理提供了法律依据。企业法人分立和合并,其债权、债务由变更后的企业法人承受。企业法人订立合同后合并的,由合并后的法人行使合同权利,履行合同义务;企业法人订立合同后分立的,除债权人和债务人另有约定的以外,由分立的法人对合同的权利、义务享有连带责任,承担连带债务。

(二)法人案例研究所涉及的相关法律法规主要有:

1.《中华人民共和国民法通则》第36~53条;

2.《最高人民法院关于贯彻执行〈中华人民共和国民法通则〉若干问题的意见》第58~64条;

3.《中华人民共和国合同法》第90条。

第二节　法人典型案例研究

一、案情介绍

2000年3月某日,某市市民王某上街买菜,在靠近市场的街道上行走时,迎面开来一辆出租汽车,速度很快,将王某撞倒。经医院检查,造成腿骨骨折,轻度脑震荡,住院治疗两个多月,花去住院费、医药费等8000多元。出院后,王某找到肇事司机所在的出租汽车公司,要求赔偿,遭到拒绝。王某将该出租汽车公司与肇事司机黄某诉至法院,要求其承担赔偿责任。该出租汽车公司辩称,该出租车是司机黄某私人购买,而且黄某与出租汽车公司签有协议,约定黄某每月交给出租汽车公司800元,一切税费均由出租汽车公司负责,出了事故由黄某自负，与出租汽车公司无关。因而，黄某虽以该出租汽车公司名义运营，但出租汽车公司对事故并不承担责任。黄某辩称，自己每年向出租汽车公司交各种费用近万元，出了事故理应由出租汽车公司承担，自己不应再承担责任。

二、本案争执焦点问题

本案争执的焦点在于企业被挂靠经营后，挂靠人对外进行民事活动时应由谁作为法律关系的主体，所产生的民事责任应由谁承担。

三、本案分析应注意的问题

分析本案时应注意：首先，应确定企业法人承担民事责任的范围，根据《民法通则》的规定，企业法人对它的法定代表人和其他工作人员的经营活动承担民事责任。其次，应确定黄某的行为系企业法人的经营活动还是个人行为，若为前者，应由出租汽车公司承担民事责任，否则由其个人承担。

四、本案的事实与法律分析

本案具有一定的代表性，在出租汽车运营管理中，一些地方允许私人购买汽车并取得运营权后，挂靠在某个出租汽车公司，每月向所挂靠的公司交纳一定的费用，便以该公司的名义进行运营。这种情况下，出了事故，往往就责任的承担发生纠纷。这就涉及法人的民事责任问题。

法人既有独立的人格，独立参与民事活动，就应对其行为的后果承担责任。所谓法人的责任就是法人对其行为应承担的法律责任。法人的责任有如下特点：首先，法人的责任是一种独立责任。这意味着法人与其成员以及雇员是相互独立的民事主体，法人不对其成员及雇员个人行为负责，法人成员及雇员也不对法人的行为负责。其次，法人以其全部财产承担责任。即法人仅以自己所有的财产作为对外承担责任的财产担保，不能将法人成员及雇员的财产作为法人责任的财产担保。最后，法人责任既有代表责任，也有代理责任。法人对其法定代表人的职务行为所承担的责任为代表责任，对其他工作人员的职务行为所承担的责任为代理责任。

在本案中，关键是判断司机黄某的行为是否是职务行为。从本案情况来看，该出租车虽然是黄某个人购买的，但其运营活动是以该出租汽车公司的名义进行的，并且得到该出租汽车公司的许可，因而黄某的运营活动应属执行该出租汽车公司职务的行为，是法人的行为，即该出租汽车公司的行为。由于本次事故是在黄某运营中发生的，由此产生的责任是法人责任。《民法通则》第43条规定："企业法人对它的法定代表人和其他工作人员的经营活动，承担民事责任"。据此，该出租汽车公司应对王某承担损害赔偿责任。法人责任是独立责任,法人的雇员不应对法人的行为承担责任。黄某的行为是职务行为,不是个人行为,因而,黄某不直接对受害人的损失承担责任。

至于黄某与该出租汽车公司所签订的协议是内部协议,对外不发生效力,因而不影响该出租汽车公司承担责任,该出租汽车公司以此为由拒不承担责任不应支持。当然,该出租汽车公司可以此协议为据,向黄某追偿,但这是其内部事务,与本案已不是同一法律关系。

五、处理

肇事司机黄某的行为系出租汽车公司的经营活动,出租汽车公司应承担民事赔偿责任。

第三节 法人习作案例

案例一

唐山市某建筑公司与河北市某金属公司签订一份盘条买卖合同,约定由河北省某金属公司供应其盘条120吨,总货款20多万元。2000年8月底前供货,建筑公司收到货后15日内付清货款。8月中旬,金属公司将所定盘条备齐,发往该建筑公司指定的货场,由建筑公司备车拉往其仓库。9月中旬,建筑公司汇款10万元给金属公司,其余货款却迟迟不见支付。虽经金属公司多次催要,亦无结果。原来,该建筑公司是一集体企业,由于揽不到建筑工程项目,经营困难。公司负责人见世面上盘条行情好,想靠倒卖盘条来扭转经营局面。不想,收到货物后,只卖出一半,市场上盘条的价格便一路回落,再转手倒卖,就会造成新的亏损,于是该公司负责人只好停止销售,并要求退货,遭金属公司拒绝。

由于建筑公司长期拖欠货款,金属公司无奈,只好将其告上法庭。办案人员审理案件过程中查明,该建筑公司《法人营业执照》上的经营范围为承揽建筑工程施工,并无购销钢材经营业务。所以认定,其倒卖盘条的行为属超越经营范围,所订盘条合同属于无效合同。法院判决建筑公司承担民事责任,赔偿金属公司因此遭受的经济损失。

法律问题

1. 法人的民事权利能力和民事行为能力与自然人有何不同?

2. 在什么情况下法人超出经营范围的行为无效?

3. 钢材属于国家限制经营、特许经营或禁止经营的商品吗? 如何理解"国家限制经营、特许经营或禁止经营"?

4. 法院的判决是否正确? 若不正确,本案应如何处理?

案例二

甲制药厂主要生产抗生素类药物,投资后生产效益一直不错。进入20世纪90年代后,各地见到生产抗生素类药效益很好,纷纷上马生产青霉素、维生素C等类的药厂。到了20世纪90年代中期这类药厂已经很多,同行业竞争很激烈。为了在竞争中占有一席之地,甲制药厂只好降价出售药品。由于其生产规模有限,在竞争中处于不利地位,逐渐出现了亏损。90年代末,该厂已经变得资不抵债,生产难以为继。这时,生产规模较大的乙厂在竞争中正处于较为有利的地位,当地政府在实施宏观调控工作中为了使生产要素合理配置,盘活存量资产,进行企业兼并工作。在有关政府部门的安排下,1998年6月乙厂对甲厂实施了兼并,按有关法律法规对甲厂的债权债务关系进行了清理。甲厂的《企业法人营业执照》被缴销。

半年后,一家供应甲厂原料的生产玉米的农村承包经营户丙,前来索要30吨玉米的原料款,方才知道甲厂被兼并的情况,并找到原经销人员,被告知甲厂已被兼并,《营业执照》已被工商部门收走,现不能清偿其玉米原料款,只能找乙厂负责。丙又找到乙厂供销科,被告知乙厂在兼并甲厂时对原债权债务进行了清理,并未见丙申报债权,现在时间已过,对丙的债权不再负责清偿。丙无法,情急之下将乙厂诉诸法院,要求判令乙厂承担偿付玉米原料款的责任。

法律问题

1. 甲厂因被兼并而解散是否必须经过清算?

2. 玉米款应由谁偿付给丙? 为什么?

3. 如乙厂在兼并时已作出清理债权债务的公告,丙因自身原因未申报,能否认为其已放弃债权?

案例三

1995年3月9日,浙江证券公司武汉营业部与国泰证券有限公司深圳业务部签订一份证券回购交易合同,约定:武汉营业部向深圳业务部购入92(5)国库券1500万元,期限从1995年3月9日至1996年3月3日,到期深圳营业部以每百元券回购价格127元向武汉营业部支付回购款合计1905万元。合同签订后,武汉营业部依约支付购券款1500万元,深圳业务部向武汉营业部开具了1500万元的证券代保管单,但无实物券。回购到期后,深圳业务部仅陆续支付利息及部分本金442万元。1997年6月17日,武汉营业部向法院提起诉讼,请求深圳营业部和国泰证券有限公司支付余款、利息及逾期罚息,并承担本案诉讼费。经查,在1993年深圳业务部系国泰证券有限公司的下属机构,且领有企业法人营业执照。

法律问题

1. 如何认定该合同的效力?为什么?

2. 武汉营业部的诉讼请求是否合理?国泰证券有限公司是否应对深圳业务部的债务承担连带清偿责任?请说出法律依据。

3. 法院应作何判决?

案例四

2000年2月18日,浙江省萧山市乡镇企业总公司(以下简称萧山公司)与北京燕达实业公司(以下简称燕达公司)签订一份钢材购销合同,约定:由燕达公司供给萧山公司螺纹钢1000吨,单价为3300元/吨,由萧山公司预付50万元,燕达公司于收到预付款10日内供货,合同还对质量标准、违约责任等作了约定。合同签订后,萧山公司于3月3日前向燕达公司支付货款330万元。同年3月10日,燕达公司供给萧山公司螺纹钢300吨,其余钢材未能在合同有效期内交付。2000年12月10日,萧山公司向法院起诉,要求燕达公司退还预付的货款,并赔偿损失。经查,燕达公司是经中国石化北京燕山石油化工公司(以下简称燕化公司)批准,由中国石化北京燕山石油化工公司聚酯厂(以下简称聚酯厂)借给100万元注册资金,并向工商局申报,经核准成立的集体所有制性质的企业法人。聚酯厂借给燕达公司的100万元已用于燕达公司的经营活动,聚酯厂未擅自抽回,也未收取燕达公司经营利润。

法律问题

1. 燕达公司是否具备法人资格?理由是什么?

2. 本案应由谁承担燕达公司的民事责任?为什么?

3. 假如借给的100万元未到位或由聚酯厂擅自抽回,应由谁承担燕达公司的民事责任?为什么?

第三章　合伙制度案例研究

第一节　合伙案例研究的内容和方法

一、合伙概述

合伙是指两个以上的人互约出资，经营共同事业。合伙可以分为民事合伙与商事合伙，民事合伙主要依据《民法通则》中有关个人合伙的规定，商事合伙主要依据《合伙企业法》的规定。合伙属于非法人组织，对外可以自己的名义进行民事活动，具有民事主体的地位，这主要表现在合伙人格、财产、利益、民事责任的相对独立性上。

合伙案例研究主要涉及三大法律问题。

（一）普通合伙

1. 普通合伙的设立

设立普通合伙企业，应当具备下列条件：(1)有两个以上合伙人。合伙人可以是自然人，也可以是法人、其他组织。合伙人为自然人的，应当具有完全民事行为能力。(2)有书面合伙协议。合伙协议经全体合伙人签名、盖章后生效。(3)有合伙人认缴或者实际缴付的出资。合伙人出资的种类可以是货币、实物、土地使用权、知识产权或其他财产权，也可以是劳务。(4)有合伙企业的名称和生产经营场所。名称中应当标明"普通合伙"字样。(5)法律、行政法规规定的其他条件。

2. 普通合伙企业财产的转让

(1)合伙人之间转让在合伙企业中的全部或者部分财产份额时，应当通知其他合伙人。(2)除合伙协议另有约定外，合伙人向合伙人以外的人转让其在合伙企业中的全部或者部分财产份额时，须经其他合伙人一致同意。(3)合伙人向合伙人以外的人转让其在合伙企业中的财产份额的，在同等条件下，其他合伙人有优先购买权；但是，合伙协议另有约定的除外。

3. 合伙企业财产的出质

合伙人以其在合伙企业中的财产份额出质的，须经其他合伙人一致同意；未经其他合伙人一致同意，其行为无效，由此给善意第三人造成损失的，由行为人依法承担赔偿责任。

4. 普通合伙企业的事务执行

(1)合伙事务执行人

合伙事务执行人是指对外代表合伙组织进行民事活动的人。依照《合伙企业法》规定,普通合伙的各合伙人对执行合伙企业事务享有同等的权利,合伙事务可由全体合伙人共同执行,也可以由合伙负责人执行,还可以委托一名或数名合伙人执行。

(2)合伙人在执行合伙事务中的权利和义务

权利:①各合伙人对执行合伙企业事务享有同等的权利。②不执行合伙事务的合伙人有权监督执行事务合伙人执行合伙事务的情况。③合伙人为了解合伙企业的经营状况和财务状况,有权查阅合伙企业会计账簿等财务资料。④合伙人分别执行合伙事务的,执行事务合伙人可以对其他合伙人执行的事务提出异议。提出异议时,应当暂停该项事务的执行。⑤受委托执行合伙事务的合伙人不按照合伙协议或者全体合伙人的决定执行事务的,其他合伙人可以决定撤销该委托。

义务:①由一个或者数个合伙人执行合伙事务的,执行事务合伙人应当定期向其他合伙人报告事务执行情况以及合伙企业的经营和财务状况,其执行合伙事务所产生的收益归合伙企业,所产生的费用和亏损由合伙企业承担。②合伙人不得自营或者同他人合作经营与本合伙企业相竞争的业务。③除合伙协议另有约定或者经全体合伙人一致同意外,合伙人不得同本合伙企业进行交易。④合伙人不得从事损害本合伙企业利益的活动。⑤合伙企业应当依照法律、行政法规的规定建立企业财务、会计制度。

5. 利润分配及亏损分担

(1)合伙企业有关利润分配、亏损分担的事务处理,应当按照合伙协议的约定办理;合伙协议未约定或者约定不明确的,由合伙人协商决定;协商不成的,由合伙人按照实缴出资比例分配、分担;无法确定出资比例的,由合伙人平均分配、分担;(2)合伙协议不得约定将全部利润分配给部分合伙人或者由部分合伙人承担全部亏损。

6. 合伙企业的债务清偿

合伙企业对其债务,应先以其全部财产进行清偿。合伙企业不能清偿到期债务的,合伙人承担无限连带责任。合伙人由于承担无限连带责任,清偿数额超过其亏损分担比例的,有权向其他合伙人追偿。

7. 入伙与退伙

(1)入伙

入伙是指在合伙存续期间第三人加入合伙组织并取得合伙人资格的行为。根据《合伙企业法》规定,第三人加入合伙必须由全体合伙人一致同意,并依法订立书面协议,否则入伙行为无效。入伙人与原合伙人依法签订入伙协议后即取得合伙人资格。如果入伙协议没有特别约定,入伙的新合伙人与原合伙人享有同等权利,承担同等责任。新合伙人对入伙前合伙企业的债务承担无限连带责任。

(2)退伙

退伙是合伙人在合伙组织存续期间退出合伙组织、消灭合伙人资格的行为。根据《合伙企业法》规定,可将退伙分为自愿退伙、法定退伙和强制退伙。

自愿退伙,指合伙人依约定或单方面向其他合伙人声明退伙。具体的退伙事由有:①合伙协议约定的退伙事由出现;②经全体合伙人一致同意;③发生合伙人难以继续参加合伙的事由;④其他合伙人严重违反合伙协议约定的义务。

法定退伙又称当然退伙,指基于法律的直接规定而退伙。具体的退伙事由有:①作为合伙人的自然人死亡或者被依法宣告死亡;②个人丧失偿债能力;③作为合伙人的法人或者其他组织依法被吊销营业执照、责令关闭、撤销,或者被宣告破产;④法律规定或者合伙协议约定合伙人必须具有相关资格而丧失该资格;⑤合伙人在合伙企业中的全部财产份额被人民法院强制执行。

强制退伙指合伙人不履行法定或约定义务或有其他不当行为时,其他合伙人可以决定该合伙人退伙。合伙人有以下情形的,可强制其退伙:①未履行出资义务;②因故意或者重大过失给合伙企业造成损失;③执行合伙事务时有不正当行为;④发生合伙协议约定的事由。强制退伙必须遵守一定的条件和程序。

退伙人对基于退伙前的原因发生的合伙企业债务承担无限连带责任。

8. 特殊普通合伙

在特殊普通合伙中,一个合伙人或者数个合伙人在执业活动中因故意或者重大过失造成合伙企业债务的,应当承担无限责任或者无限连带责任;其他合伙人以其在合伙企业中的财产份额为限承担责任。

(二)有限合伙

有限合伙是由对合伙承担有限责任的有限合伙人和对合伙承担无限责任的普通合伙人共同组成的合伙。

1. 有限合伙的设立条件

根据我国《合伙企业法》的规定,设立有限合伙,应当具备下列条件:(1)由2个以上50以下合伙人设立,有限合伙企业至少应当有一个普通合伙人。(2)有书面合伙协议。(3)有合伙人认缴或者实际缴付的出资,有限合伙人不得以劳务出资。(4)有合伙企业的名称和生产经营场所,有限合伙企业名称中应当标明"有限合伙"字样。(5)法律、行政法规规定的其他条件。

2. 有限合伙的事务执行

有限合伙由普通合伙人执行合伙事务。有限合伙人不执行合伙事务,不得对外代表有限合伙企业。

3. 有限合伙人的特有权利

可以与本合伙进行交易,可以自营或与他人合作经营与本合伙相竞争的业务;但是,合伙协议另有约定的除外。

4. 有限合伙利润的分配

除合伙协议另有约定以外,有限合伙企业不得将全部利润分配给部分合伙人。

5. 有限合伙的入伙与退伙

新入伙的有限合伙人对入伙前有限合伙企业的债务,以其认缴的出资额为限承担责任。

有限合伙人有下列情形之一的,当然退伙:(1)作为合伙人的自然人死亡或者被依法宣告死亡。(2)作为合伙人的法人或者其他组织依法被吊销营业执照、责令关闭、撤销,或者被宣告破产。(3)合伙人在合伙企业中的全部财产份额被人民法院强制执行。作为有限合伙人的自然人在有限合伙企业存续期间丧失民事行为能力的,其他合伙人不得因此要求其退伙。

(三)合伙的解散与清算

合伙解散又称合伙终止,指由于法定原因的出现或全体合伙人的约定使合伙关系消灭。合伙的解散意味着合伙主体资格的消灭。合伙解散后应对合伙进行清算。清算人由全体合伙人担任;经全体合伙人过半数同意,可以自合伙企业解散事由出现后15日内指定一个或者数个合伙人,或者委托第三人,担任清算人。自合伙企业解散事由出现之日起15日内未确定清算人的,合伙人或者其他利害关系人可以申请人民法院指定清算人。

二、合伙案件的种类

合伙案件主要涉及合伙盈余分配及债务承担纠纷,围绕此类纠纷又会产生诸如合伙人资格的纠纷,入伙、退伙的纠纷等等。

1. 合伙人资格的纠纷。这里涉及如何正确认定合伙人的身份。其中包括合伙成立的纠纷,入伙是否有效的纠纷,入伙人对入伙前的债务承担纠纷等等。

2. 退伙纠纷。合伙关系的维持是基于合伙人之间的信赖关系,但合伙人之间的信赖关系不是永久不变的,合伙人之间失去信赖关系后,必然有合伙人要求退出。这样,因某些合伙人要求退出合伙而可能发生纠纷。其中包括因合伙人被除名而引起的纠纷;因声明退伙而引起的纠纷;因退伙财产分割而引起的纠纷;退伙人对退伙前的债务承担的纠纷;合伙人因死亡而退伙的,就继承而发生的纠纷等等。

3. 合伙盈余分配及债务承担的纠纷。这是最为常见的合伙纠纷。其中包括合伙盈余分配比例的纠纷、合伙人与第三人之间因合伙债务而引起的纠纷、合伙人之间因合伙债务承担比例而引起的纠纷、因合伙债务的追偿而引起的纠纷等等。

4. 合伙事务执行的纠纷。其中包括因确定合伙事务执行人而引起的纠纷、合伙事务执行人因违背注意义务给合伙造成损失而引起的纠纷等等。

三、合伙案例研究的基本方法

合伙组织是一种特殊的民事主体,不具有独立的地位,因而合伙纠纷有其特殊性。分析合伙案件事时应注意把握以下分析方法:

首先,要确定合伙是否成立,是普通合伙还是有限合伙。这是分析合伙案件的首要问题,只有确认合伙组织已经合法成立,才能依照规范合伙的有关法规有针对性地分析。这里,要根据合伙类型的不同分别按照其法定成立条件进行判断。

其次,按照法律规定确定合伙与第三人的债权债务关系。合伙及每一个合伙人与第三人的法律关系是法律规定的强行性规范,不允许以合伙协议排除适用。所有普通合伙人对第三人承担连带无限责任,合伙债务首先用合伙财产清偿,不足部分由合伙人以个人财产清偿。有限合伙人则以其认缴的出资额对合伙债务承担有限责任。

最后,确定合伙内部债权债务关系。就普通合伙的合伙人内部而言,各合伙人之间按份承担合伙债务。当某普通合伙人因承担连带责任对合伙债务清偿超过其应当承担的数额时,有权向其他合伙人追偿。这里,要考察普通合伙协议,看有无约定债务承担比例,如有,则依约定。若合伙协议未约定或者约定不明确的,由合伙人协商决定;协商不成的,由合伙人按照实缴出资比例分担;无法确定出资比例的,由合伙人平均分担。

四、合伙案例研究应注意的问题

1. 有关合伙的法律规范主要规定在《民法通则》以及《合伙企业法》中,在适用时,要注意普通民事合伙适用《民法通则》,《民法通则》没有规定的,可以参照《合伙企业法》的有关规定;按照特别法优于一般法的原理,合伙企业适用《合伙企业法》。

2. 在确认合伙人时要注意,如果是按照协议提供资金或实物,并约定参与盈余分配,只是不参与合伙经营,或提供技术性劳务而不提供资金或实物的,可认定为合伙人;此外,还要注意,定有保底条款的合伙协议,实为借贷关系。

3. 合伙协议对合伙人执行合伙事务以及对外代表合伙企业权利的限制,不得对抗善意第三人。

4. 作为普通合伙人的继承人如想成为被继承人生前所在合伙的合伙人,必须按照合伙协议的约定或者经全体合伙人一致同意,而不是直接继承被继承人的合伙人资格。如果合伙协议有约定或者经全体合伙人一致同意,从继承开始之日起,继承人即取得该合伙的合伙人资格。但是如果继承人不愿意成为合伙人的,或者法律规定或合伙协议约定合伙人必须具有相关资格而该继承人未取得该资格的,或者出现合伙协议约定不能成为合伙人的其他情形的,合伙企业应当向合伙人的继承人退还被继承合伙人的财产份额。而作为有限合伙人的继承人或者权利承受人在有限合伙人死亡、被依法宣告死亡或者法人及其他组织终止时,则可以依法直接取得该有限合伙人在有限合伙中的资格。

5. 合伙案例研究所涉及的相关法律法规主要有:

(1)《中华人民共和国民法通则》第30~35条;

(2)《最高人民法院关于贯彻执行〈中华人民共和国民法通则〉若干问题的意见》第45~57条;

(3)《中华人民共和国合伙企业法》。

第二节　合伙典型案例研究

一、案情介绍

甲、乙、丙三人达成协议,准备成立一普通合伙企业。协议约定三人各出资8万元,共24万元,开设鸿运茶庄,并按出资比例分配盈余、分担亏损。2008年1月经核准注册,取得营业执照,开始营业。到2008年年底,因市场竞争激烈,加之管理不善,鸿运茶庄负债累累,欠腾达装修公司3万元一直未偿还。此时,甲提出退伙,但乙、丙不同意。甲于2009年2月提走其出资8万元,自行退出,乙、丙继续经营。2009年10月,乙、丙为扩大规模,向丁借款8万元,还款日期为2010年10月。丁同意借款,但提出一条件,如鸿运茶庄盈利,乙、丙除还本付息外,还应将所得利润分与其一份;如不盈利,乙、丙则届时还本付息。借款后,鸿运茶庄并未盈利,亏损仍然继续,到2010年10月又亏损了2万元。2010年丁因向乙、丙索债不成,便诉至法院。同时,腾达装修公司也因乙、丙不能还债,向法院提起诉讼。法院对此进行合并审理。

问:1. 被告乙、丙认为,甲不经乙、丙二人同意,自行退伙无效,故按合伙协议,甲应承担鸿运茶庄对腾达装修公司所欠3万元、对丁所欠8万元的债务。乙、丙的辩称有道理吗?

2. 被告甲认为,自己已于2009年2月退伙,故鸿运茶庄所欠全部债务应由乙、丙承担。甲的辩称有理由吗?

3. 在法院审理本案中,有人认为原告丁名为借款,但他参与盈余分配,实为入伙,所以,对于鸿运茶庄的债务,他也应承担。丁是否应承担鸿运茶庄的债务?

二、本案争执焦点

本案的争执点有二:一是甲自行退伙的行为是否有效;二是丁的借款行为是否意味着入伙。若将这两个难点解开,其他问题都会迎刃而解。

三、分析本案应注意的问题

第一,甲乙丙所设立的鸿运茶庄已在工商局登记并领有营业执照,为一普通合伙企业,因此,分析本案应主要依据《合伙企业法》;

第二,要深刻理解普通合伙企业的概念,明确合伙人的本质特征在于共享收益,共担风险,此为判断是否为合伙人的核心标准。

四、本案的事实与法律分析及其处理

首先,分析甲的自行退伙是否有效。《合伙企业法》第46条规定:合伙协议未约定合伙期限的,合伙人在不给合伙企业事务执行造成不利影响的情况下,可以退伙,但应当提前30日通知其他合伙人。由此可见,退伙是自愿的。本案中,甲、乙、丙三人合伙经营茶庄的协议中未约定经营期限,甲有权自行退伙,不须征得乙丙的同意。甲在2008年年底提出退伙,2009年2月才提走出资,符合提前30日通知其他合伙人的规定,且并未对合伙事务执行造成不利影响,乙、丙继续经营茶庄,因此,甲的退伙是合法有效的。

既然甲的自行退伙是有效的,接下来就要分析退伙人的债务承担问题。《合伙企业法》第53条规定:退伙人对基于其退伙前的原因发生的合伙企业债务,承担无限连带责任。本案中,甲在2009年2月退伙时,鸿运茶庄尚欠腾达装修公司3万元,故甲应对此债务承担连带清偿责任,但对其退伙后向丁借款8万元不再承担清偿责任。

其次,分析丁的借款行为是否意味着入伙。在分析这个问题时,要依据合伙人的概念来把握。根据《合伙企业法》的规定,普通合伙企业的合伙人共同出资、合伙经营、共享收益、共担风险,并对合伙企业债务承担无限连带责任。可见,只参与出资而不负担风险的不是合伙人。本案中,丁同意借款的条件是无论盈亏,乙丙均要还本付息,丁对茶庄的经营只享盈利不担亏损,故丁与乙丙之间只存在借款关系,不存在合伙关系。因而,对鸿运茶庄的债务,丁没有义务承担。

第三节　合伙习作案例

案例一

甲、乙、丙于2007年10月订立一份普通合伙协议。协议规定:三人合作成立一个"图书批发公司",分别出资30万元、20万元和15万元,盈余与亏损比例也按出资份额来分配。随后,甲出面办妥了有关登记手续,领取了营业执照,公司于2007年12月正式营业。2008年8月,三人决定向丁借30万元资金,以扩大经营规模。

甲除开办合伙企业外,又向戊借款12万元,连同自己的资金投入股市。2008年10月,股市大跌,甲损失40多万元。这样,甲欠戊的12万元债务无力偿还,甲承诺在其与乙、丙二人合办的企业盈余后,即以其所得来还债。不料,2009年4月,三人购进的大批图书发生严重滞销,经削价处理后,剩余资产仅20余万元。在此情形下,三人不得不关闭了该图书批发公司。丁数次催要债务,均未获清偿。同时戊也多次向甲索债未果。丁向法院起诉,并请求财产保全,审判前先行扣押原图书批发公司的财产。戊认为,甲曾许诺以其在合伙企业所占份额来偿还债务,所以法院不能只考虑丁的要求。

法律问题

1. 戊若想保护自己的利益,应当采取什么方式?

2. 合伙企业20万元的资产应用来清偿丁的债务还是戊的债务?对于这两笔债权,是否存在优先次序,或者无优先次序,都只能按比例受偿?

3. 丁与戊通过合伙财产不能清偿的债权,甲、乙、丙是否还要承担责任?

4. 假使甲尚有个人财产 10 万元，是优先清偿丁的债权还是优先清偿戊的债权，还是按比例清偿?

案例二

注册会计师甲、乙、丙投资设立 A 会计师事务所，该会计师事务所的形式为特殊的普通合伙企业，提供审计鉴证业务和验资业务。在 2008 年的审计业务中，发生了下列事项：

第一，甲在对 B 上市公司的年度会计报告进行审计过程中，因重大过失遗漏了一笔销售收入，经人民法院判决由该事务所向 B 上市公司的相关股东承担赔偿责任，甲认为自己并非故意造成的损失，该赔偿责任应该由全体合伙人共同承担连带责任。第二，乙在对 C 公司设立过程的验资服务中，因疏忽大意而出具了证明不实的验资报告，该报告直接给 C 公司的债权人造成了一定的经济损失，经人民法院认定，乙的疏忽大意并不属于重大过失。

法律问题

1. 甲的说法是否正确? 为什么?

2. 对于乙造成的损失，合伙企业的合伙人应该按照何种方式来承担责任? 为什么?

案例三

大发汽车配件厂是由甲、乙、丙三人设立的普通合伙企业。合伙协议中约定：甲、乙、丙各出资 5 万元；对利润分配和亏损分担，即甲分配或分担$\frac{3}{5}$，丙、乙各自分配或分担$\frac{1}{5}$；争议由合伙人通过协商或者调解解决，不允许向仲裁机构申请仲裁解决，也不允许通过诉讼解决。甲为该合伙企业的负责人，对外代表该合伙企业执行合伙事务。合伙企业经营汽车配件生产、销售，经营期限为 2 年。

法律问题

1. 乙、丙在执行该合伙企业事务中拥有什么权利?

2. 甲在担当合伙企业负责人期间，能否与王某再合作建一个经营配件的门市部，门市的货卖给大发汽车配件厂?

3. 假如合伙协议中明确约定，甲不得代表合伙企业签订标的额 10 万元以上的合同，后来甲与某机械公司签订了 12 万元的合同，此合同是否有效?

案例四

2008年2月,甲、乙、丙、丁四人出资设立A有限合伙企业,其中甲、乙为普通合伙人,丙、丁为有限合伙人。同年5月,合伙人丙同A合伙企业进行了120万元的交易,合伙人甲认为,由于合伙协议对此没有约定,因此,有限合伙人丙不得同本合伙企业进行交易。6月,合伙人丁自营同A合伙企业相竞争的业务,获利150万元。合伙人乙认为,由于合伙协议对此没有约定,因此,丁不得自营同本合伙企业相竞争的业务,其获利150万元应当归A合伙企业所有。7月,A合伙企业向B银行贷款100万元。8月,经全体合伙人一致同意,普通合伙人乙转变为有限合伙人,有限合伙人丙转变为普通合伙人。9月,甲、丁提出退伙。经结算,甲从合伙企业分回10万元,丁从合伙企业分回20万元。10月,戊、庚新入伙,戊为有限合伙人,庚为普通合伙人。其中,戊、庚的出资均为30万元。12月,B银行100万元的贷款到期,A合伙企业的全部财产只有40万元。

法律问题

(1)甲的主张是否符合法律规定?为什么?

(2)乙的主张是否符合法律规定?为什么?

(3)对于不足的60万元,B银行能否要求合伙人甲全部清偿?为什么?

(4)对于不足的60万元,B银行能否要求合伙人乙全部清偿?为什么?

(5)对于不足的60万元,B银行能否要求合伙人丙全部清偿?为什么?

(6)对于不足的60万元,B银行能否要求退伙人丁全部清偿?为什么?

(7)对于不足的60万元,B银行能否要求合伙人戊全部清偿?为什么?

(8)对于不足的60万元,B银行能否要求合伙人庚全部清偿?为什么?

案例五

甲、乙、丙合伙经营一家水果店,该水果店系普通合伙企业。甲为该合伙企业负责人。甲、乙、丙并未约定收益分配和亏损负担的比例。2006年7月的某一天,因丙外出,甲和乙协商后以该合伙企业的名义与某果农签订了一份价值16万元的水果买卖合同。因该合伙企业流动资金不足,甲决定向银行贷款10万元,银行要求提供抵押担保。甲以该合伙企业所有的一辆货车作抵押,与银行签订了抵押合同,但未办理抵押物登记。后因合伙企业无力偿还贷款,银行欲行使抵押权,为此发生纠纷诉至法院。经查,(1)水果店的合伙协议约定:凡5万元以上的业务需甲、乙、丙三人一致同意;(2)甲曾经在一次诉讼中免除了戊对水果店的2万元债务;(3)水果店的财产价值10万元。

法律问题

(1)合伙协议中未约定收益分配和亏损负担的比例,按照规定应该如何确定?

(2)该合伙企业与果农签订的水果买卖合同以及与银行签订的借款合同的效力如何认定?为什么?

(3)该合伙企业与银行签订的货车抵押合同的效力如何认定?银行能否行使抵押权?为什么?

(4)如果合伙企业还有债权人钱某、赵某,那么,银行、钱某、赵某同时对合伙企业行使债权时,合伙企业的财产应如何用来清偿?

案例六

2007年9月,A、B、C、D协商设立普通合伙企业。A、B、C系辞职职工,D系一非公司制的集体所有制企业职工。合伙协议约定:A以劳务出资,B、D以实物出资,对合伙企业债务承担无限责任,并由A、B负责企业的经营管理事务;C以货币出资,对合伙企业债务以其出资额承担有限责任,但不参与企业的经营管理。合伙企业开业不久,D发现A、B的经营不符合自己的要求,遂提出退伙。在该年11月下旬D撤资退伙的同时,合伙企业又接纳E入伙。该年11月底,合伙企业的债权人甲就11月前发生的债务要求现在的合伙人及退伙人共同承担连带清偿责任。对此,D认为其已退伙,对合伙企业的债务不再承担责任;入伙人E则认为,自己对入伙前发生的债务也不承担任何责任。

2007年12月,E向丙公司借款时,在仅征得A的同意后,将其在合伙企业的财产份额出质给丙公司。

法律问题

(1)C是否可以成为普通合伙的合伙人?为什么?

(2)在合伙企业的设立中有哪些不合法律规定之处?

(3)对债权人甲的请求,合伙人应当如何承担责任?

(4)假设合伙协议约定只有A和D有权执行合伙事务,B和D无权执行合伙事务,而B与乙公司签订一份合同,乙公司并不知道合伙协议对B的职权限制,A、D知悉后认为该合同不符合企业利益,并明确地向乙公司表示对该合同不予承认,那么该合同的效力如何确认?

(5)E的出质行为是否有效?为什么?

第四章　代理案例研究

第一节　代理案例研究的内容和方法

一、代理概述

代理是指代理人依据代理权，以被代理人的名义与第三人实施民事法律行为，而后果由被代理人承担。在代理关系中，有三方参加人，涉及三方面的法律关系。

代理案例研究涉及的基本法律问题有以下七个方面。

（一）代理的特征

代理的特征是代理行为的基本属性，也是判断代理行为的基本依据。

1. 代理人在代理权限内实施代理行为，但代理人有独立进行意思表示的权利。

2. 代理人以被代理人的名义实施代理行为。代理人只有以被代理人的名义进行代理活动，才能为被代理人取得权利、设定义务。

3. 代理行为是具有法律意义的行为。

4. 代理行为直接对被代理人发生效力。

（二）代理的种类

1. 委托代理

委托代理是指代理人按照被代理人的委托而进行的代理，又称授权代理、意定代理。委托代理一般产生于代理人与被代理人之间存在的基础法律关系之上，如委托合同关系、劳动合同关系、合伙合同以及企业内部组织关系等等。

2. 法定代理

法定代理是指根据法律的直接规定而发生的代理关系。法定代理主要是为无民事行为能力人和限制民事行为能力人设定代理人的方式，其产生的根据是代理人与被代理人之间存在的血缘关系、婚姻关系、组织关系等等。

3. 指定代理

指定代理是指根据人民法院或者指定机关的指定而进行的代理。指定代理是在没有委托代理人和法定代理人的情况下，为无民事行为能力人和限制民事行为能力人设定的代理。

(三)复代理

复代理又称再代理,指代理人为被代理人的利益将其所享有的代理权转托他人而产生的代理。尽管复代理人是由代理人以自己的名义选任的,但再代理人仍然是被代理人的代理人,而非原代理人的代理人。再代理权以原代理人的代理权为限,不能超过原代理人的代理权。

委托代理人原则上没有复任权,但在尊重被代理人意思和有利于保护被代理人利益的前提下,委托代理人在下列情况下可享有复任权:(1)被代理人事先授权可以转委托的;(2)转委托前征得被代理人同意的;(3)转委托后得到被代理人追认的;(4)在紧急情况下委托人不能办理代理事项,又不能与被代理人取得联系,如不及时转委托他人代理,会给被代理人的利益造成损失或扩大损失的。

(四)代理权的行使

代理人应在代理权限范围内行使代理权,非经被代理人同意,不得擅自扩大、变更代理权限;代理人应亲自完成代理事项,不得任意转托他人代理;代理人应积极行使代理权,尽勤勉和谨慎的义务。代理人违背代理权行使原则,因而给被代理人造成损失的,应承担赔偿责任。

(五)滥用代理权

滥用代理权,指代理人行使代理权时,违背代理权设立宗旨和代理行为的基本准则,有损被代理人利益的行为。滥用代理权的行为违背诚实信用原则,为各国法律所禁止。

通说认为,滥用代理权包括三种类型。

1. 自己代理。指代理人以被代理人的名义与自己进行民事行为。在这种情况下,代理人同时为代理关系中的代理人和第三人,交易双方的交易行为实际上只由一个人实施。通常情况下,由于交易双方都追求自身利益的最大化,因此很难避免代理人为自己利益而牺牲被代理人利益。

2. 双方代理。又称同时代理,指一人同时担任双方的代理人为民事行为。这种一手托两家的双方代理行为,由于没有第三人,交易由一人包办,一人同时代表双方利益,难免顾此失彼,难以达到利益平衡。

3. 代理人和第三人恶意串通,损害被代理人利益。这种行为违背了代理关系中被代理人对代理人的信任,属于滥用代理权的极端表现,由代理人和第三人负连带责任。

（六）无权代理

无权代理指行为人既没有代理权，也没有令第三人相信其有代理权的事实或理由，而以本人名义所为的代理。无权代理发生的原因包括行为人自始没有代理权、超越代理权和代理权终止后的代理。无权代理处于效力不确定的状态，本人得以意思追认。在本人追认前，相对第三人可以撤回与行为人所为的意思表示，也可以催告本人予以追认。如果得不到本人的追认，第三人也不撤回意思表示，行为人则应承担相应的民事责任。

（七）表见代理

表见代理本属无权代理，但因本人与无权代理人之间的关系，具有外表授权的特征，致使相对人有理由相信行为人有代理权而与其进行民事行为，法律使之发生与有权代理相同的法律效果。表见代理对本人产生有权代理的效力，本人受表见代理人与相对人之间实施的民事行为的约束，不得以无权代理为抗辩。对相对人来说，他既可主张无权代理，也可主张成立表见代理。

二、代理案件的种类

代理纠纷一般并不单独出现，往往和民事责任纠纷一同出现。代理案件主要涉及两方面的问题：一是因代理权的有无而产生的纠纷，二是因代理权的行使而引起的纠纷。具体而言，包括以下纠纷：

1. 因无权代理而发生的纠纷。其中包括行为人自始没有代理权而引起的纠纷；行为人虽有代理权，但在为民事行为时超越代理权限而引起的纠纷；行为人在代理权终止后，仍以本人名义进行民事活动而引起的纠纷等。解决此类纠纷要按照不同类型代理权的产生、消灭原因以及各自的代理权限判断代理权的有无，以便正确认定民事行为效果归属。

2. 因表见代理而产生的纠纷。表见代理是一种广义的无权代理，因而，表见代理纠纷也是因代理权的有无而产生的争议。认定民事行为是否构成表见代理，要严格依照法定的表见代理构成要件进行判断。

3. 因滥用代理权而引起的纠纷。这类纠纷不同于因代理权的有无而产生的纠纷。在进行民事活动时，行为人有代理权，但是，行为人却违背代理权行使的原则，因而与本人发生纠纷。具体包括自己代理而引起的纠纷；双方代理而引起的纠纷；行为人和第三人恶意串通，损害本人利益而引起的纠纷等。

4. 因转委托而引起的纠纷。基于本人和代理人特殊的人身信赖关系，一般情况下，不允许转委托。因而在判断转委托是否有效时，要严格按照转委托的法定条件进行认定，以确定民事行为的效果归属。

三、代理案件研究的基本方法

代理案件往往直接关涉民事行为的效力认定及责任承担问题,在分析、处理代理纠纷时,不仅要依照民法总论中代理制度的有关规定,而且还要结合民法分论的各具体制度进行综合判断。对代理案件的分析研究应注意把握以下分析层次和方法:

1. 确定行为人是否有代理权。当行为人以本人名义为民事行为时,要首先考察本人是否为无民事行为能力人和限制民事行为能力人,行为人和本人的关系,是否存在有关机关的指定,以便认定行为人是否有法定或指定代理权;行为人若无法定或指定代理权,要考察本人是否对行为人进行授权以及授予的权限、期限,以认定行为人是否有委托代理权。

2. 确定行为人是否正当行使代理权。若行为人有代理权,则要考察行为人在进行代理活动时,是否遵循代理权的行使原则,有无滥用代理权的情形;若存在转委托,是否符合法定条件。

3. 确定是否构成表见代理。行为人若无代理权,要考察客观上是否存在某种事实或理由,足以使相对人相信行为人有代理权。通常情况下,行为人持有本人发出的证明文件,如本人的介绍信、盖有合同专用章或公章的空白合同书,或者有本人向相对人作出的授予其代理权的通知或公告;行为人与本人之间的亲属关系或劳动雇用关系等,这些情况常常构成认定表见代理的客观依据。

四、代理案件研究应注意的问题

1. 在认定代理行为时,要注意把握代理的概念及特征,以此作为确定代理行为的基本依据,厘清代理与传达、代理与代表、代理与行纪、代理与委托等类似行为的区别。

2. 授权不明及责任。依《民法通则》的规定,在书面授权不明的情况下,被代理人向第三人承担民事责任,代理人负连带责任,代理人对授权不明所负的责任,应是补充责任,即首先由被代理人承担责任,在被代理人无能力承担全部民事责任时,才由代理人承担责任。

3. 应特别注意被代理人死亡,并不必然导致委托代理权的消灭。

4. 在分析表见代理时,应注意,在我国司法实践中,盗用他人的介绍信、盖有合同专用章或公章的空白合同书签订合同的,一般不认定为表见代理,但本人应负举证责任,如不能举证,则构成表见代理。

5. 在构成表见代理的情况中,相对人相信行为人具有代理权,往往与本人具有过失有关,但表见代理的成立不以本人主观上有过失为必要条件,即使本人没有过失,只要客观上有使相对人相信行为人有代理权的依据,即可构成表见代理。

6. 代理案例研究所涉及的相关法律法规主要有:

(1)《中华人民共和国民法通则》第63~70条;

(2)《最高人民法院关于贯彻执行〈中华人民共和国民法通则〉若干问题的意见》第78~83条;

(3)《中华人民共和国合同法》第47~49条。

第二节 代理典型案例研究

一、案情介绍

某镇养殖专业户张明有2000斤鲜鱼要出售,正巧运输个体户刘强开着拖拉机去城里。张明与刘强约好,由刘强将2000斤鲜鱼顺便拉到鱼市代卖,鱼价随行就市,销完抽3%给刘强作报酬。刘强拉着这车鲜鱼驶往鱼市,离鱼市还有30余里,突然迎面开来一辆汽车将拖拉机撞坏。经认定,责任不在刘强,警察责令对方给刘强修车。但由于天气炎热,拖拉机一时半会儿又修不好,恰巧刘强的朋友王宇开车路过。刘强怕鱼变质,又与张明联系不上,于是就托王宇将这车鱼捎到鱼市,能卖几个钱就算几个钱。王宇将鱼拉到鱼市时,已经到了下午,由于鱼已不太新鲜,又怕当天卖不出去坏掉,只好降价四分之一卖掉。事后,刘强从王宇交给他的卖鱼款中扣下了约定的3%的报酬后,将其余的钱交给了张明。张明一盘算,这样一来他少得4000元,损失太大了。故张明提出,原来说按市价卖出,按比例提成。现在卖价低于市价四分之一,刘强就不应再拿3%的报酬了,而且,他认为刘强应赔偿在代销中给他造成的损失。刘强则认为撞车是对方司机过错造成的,要赔也只能让撞车人去赔。我没错,费了这么大劲,总不能白干。双方各不相让,只好诉至法院。

二、本案争执焦点

本案的争执点在于在代理关系中,代理人刘强是否存在滥用代理权的问题。如果刘强在行使代理权的过程中,违背代理权的设定宗旨,因而给被代理人造成损失,则刘强应赔偿张明的损失,否则,代理的后果应由张明承担,刘强不承担张明的损失。

三、分析本案应注意的问题

1. 要注意分析本案存在几个法律关系,这是分析本案的着手点;

2. 要结合本案的具体情形,判断在刘强发生撞车事故后,在没有获得张明许可的情况下转委托王宇是否存在过错，是否构成滥用代理权。

四、本案的事实与法律分析及其处理

在本案中存在三个法律关系，即张明与刘强之间的委托代理关系，刘强与王宇之间的转委托代理关系，张明与王宇之间的委托代理关系。解答本题的关键是确认刘强与王宇之间的转委托代理关系是否有效。

依《民法通则》第 68 条规定，委托代理人为被代理人的利益需要转托他人代理的，应当事先取得被代理人的同意。事先没有取得被代理人的同意，应当在事后及时告诉被代理人，如果被代理人不同意，由代理人对自己所转托的人的行为负民事责任，但在紧急情况下，为了保护被代理人的利益而转托他人代理的除外。可见，委托代理人转委托的前提条件一般为被代理人的事先同意，被代理人事先不同意，事后又未追认的，转委托不成立。但在特殊的紧急情况下，即使未经被代理人的事先同意，转委托仍然成立。对于什么是紧急情况，《民通意见》第 80 条规定，由于急病、通信联络中断等特殊原因，委托代理人自己不能办理代理事项，又不能与被代理人及时取得联系，如不及时转托他人，会给被代理人的利益造成损失或者扩大损失的，属于《民法通则》第 68 条中的"紧急情况"。此外，《合同法》第 400 条亦有类似规定。

本案中，刘强受托为张明卖鲜鱼，二人之间建立了委托代理关系。刘强在途中由于车被撞坏无法亲自去代销，而又与王强无法联系，这时为了被代理人的利益，避免天热鱼变质，而转托王宇代卖。刘强这种在紧急情况下为保护被代理人利益而为的转托行为，尽管事先未征得张明同意，仍然有效成立，刘强并未超越代理权范围。既然转委托合法有效，张明与王宇之间就依法建立了委托代理关系，王宇即为张明的代理人。

《民法通则》第 63 条第 2 款规定，代理人在代理权限内，以被代理人的名义实施民事法律行为。被代理人对代理人的代理行为承担民事责任。第 66 条第 2 款规定，代理人不履行职责给被代理人造成损害的，应当承担民事责任。本案中，代理人刘强并未超越代理权，复代理人王宇也是在代理权限内行为，二人均无不履行职责的行为。按法律规定，张明应当承担代理行为的法律后果，即本案中的经济损失由张明承担，刘强理应取得约定报酬。

第三节　代理习作案例

案例一

2005年10月30日,大华公司将盖有本单位公章的合同书交给苗某,委托其代购货物。2005年11月11日苗某代表大华公司与四达公司签订买卖合同。合同规定:大华公司购买四达公司儿童服装、青年男女裤及西装共17个品种,总价款12万元,2005年12月1日交货,提货时付总货款的40%,余款2006年2月1日前付清。苗某按合同规定将货物如数提走并交大华公司销售。至2006年2月1日为止,大华公司所购此批服装仅有少量售出,大部分服装滞销。大华公司以合同经办人不是本单位职工和未曾委托其购买不畅销货物为由,拒付货款,并要求退货。四达公司多次索要货款不成,遂诉至法院。

法律问题

1. 四达公司为更好保护自己的利益,应以谁为本案被告?

2. 大华公司未明确授权苗某购买儿童服装、青年男女裤及西装,是否应对苗某所签合同承担责任?

3. 如果四达公司把苗某列为被告,苗某辩称,其为大华公司的代理人,因而所有的法律后果均应由大华承担,他不应当承担任何责任。苗某的主张是否能得到法院的支持?其法律根据是什么? 如果大华公司不能清偿货款,苗某是否应当承担责任?

4. 假使苗某在购货时,明知该批货物不畅销仍然购买。大华公司在承担责任后,应如何保护自己的利益?

案例二

甲企业派业务员乙赴外地购买摩托车,甲在给乙的授权书中明确写明了委托事项是“代购250CC长江摩托车200台”。乙以甲的名义与摩托车生产厂家丙签订了摩托车的买卖合同后,丙又极力劝说乙购买其生产的某型号的电动自行车。乙认为该电动自行车应该会有很好的市场前景,于是又以甲公司的名义,与丙签订了300辆电动自行车的买卖合同。丙依约向甲公司发货后,即向其催要货款。

法律 问题

1. 甲公司应否支付摩托车的货款？为什么？

2. 乙丙所签订的买卖电动自行车的合同效力如何认定？

3. 如果甲认为乙购买电动自行车符合自己的利益，甲应当如何行为？

4. 丙若想确定电动车买卖合同的效力，应当如何行为？

5. 丙认为，甲在收到电动自行车后不作任何表示，因而乙、丙所签电动自行车合同有效，甲应承担支付货款的责任。丙的主张有法律根据吗？

案例三

张某与妻子李某曾一同去由北京某房地产开发有限责任公司（以下简称开发公司）开发的一处位于海淀区万泉庄的小区看房，之后，张某出差到外地。在张某出差期间，李某以张某的名义购买了一套商品房，房屋地址位于海淀区万泉庄，价值人民币1,166,765元，李某在商品房买卖合同上签署了张某的名字，同时，她还向被告开发公司支付了2万元定金。张某出差回来后不同意购买此房，并找到被告主张合同不是其本人所签，应为无效，要求其退还定金2万元，但经过多次交涉，被告均不予理睬。张某遂将开发公司起诉至法院，要求确认商品房买卖合同无效，开发公司返还定金2万元，并承担本案诉讼费用。

法律 问题

1. 表见代理的构成要件有哪些？

2. 被告辩称，在签订房屋买卖合同时，基于张某与李某系夫妻关系，被告相信刘某有代理权，因而李某的行为构成表见代理。被告的抗辩理由是否能得到法院的支持？为什么？

3. 本案应如何处理？

案例四

某百货商店甲委托其业务员乙到A地购买电冰箱500台。乙到A地后与某冰箱厂丙签订了数量为500台的冰箱。嗣后，乙发现了当地某洗衣机厂生产的一种新型洗衣机，认为市场前景不错。乙未征得甲百货商店的同意，便利用盖有甲公章的空白合同书与丁签订了一份洗衣机买卖合同。合同约定，甲购买洗衣机100台，每台2000元，货款总计200,000万元，丁在合同签订后5日内发货，货到付款。乙回去后告知了甲购买洗衣机一事。甲认为，购买洗衣机会占用本店的流动资金，影响商店的资金运转，不同意购买洗衣机。甲百货商店遂向丁发出电报,表示解除该合同。然而,丁已经依约发货,在电报到达时,合同所涉洗衣机已经运抵甲所在地。但甲拒绝提货,认为该合同是乙越权签订,应由乙自己承担责任。丁向甲索要货款未果,遂将甲诉至法院。

法律问题

1. 乙以甲的名义与丁签订的合同是否有效?为什么?
2. 甲的解除行为是否生效?为什么?
3. 假使该洗衣机买卖合同无效,甲是否有权拒提该批洗衣机?为什么?
4. 假使该洗衣机买卖合同有效,如果因此给甲造成损失,甲如何保护自己的利益?
5. 本案应如何处理?

案例五

王某与李某系同事,关系较为密切。王某因工作需要被派往国外学习两年。出国前,王某请李某代为照看家中财物。在出国一年后,王某告诉李某,请李某把家中的一台286电脑卖掉。李某的同学张某得知此事,告诉李某其愿意购买,但想以较低价格购买。张某告诉李某,可以写信告知王某,称其电脑的一个软驱和显示屏都存在问题。李某即按张某所说写信给王某。王某相信李某所说属实,遂授权李某以较低价格出售该电脑。李某以1900元将电脑卖与张某。王某回国知悉真相后,要求李某赔偿损失,但李某拒绝。王某遂诉至法院。

法律问题

1. 李某辩称,其以1900元出售电脑,是基于王某的授权,并且其从中没有得到利益,因而其不负赔偿责任。其主张能否得到法院支持?为什么?

2. 张某辩称,其与李某达成的电脑买卖价格,是自愿协商的,与王某无关,王某受到的损失,应由王某负责,其不负赔偿责任。张某的主张能否得到法院支持?为什么?

3. 为保护自己的权益,王某应提出什么诉讼请求?其法律依据是什么?

第五章　诉讼时效案例研究

第一节　诉讼时效案例研究的内容和方法

一、诉讼时效概述

诉讼时效是指权利人在法定期间内不行使权利，就丧失了请求人民法院依诉讼程序保护其民事权利的法律制度。其目的是促使权利人及时行使权利，有利于纠纷的解决，稳定社会经济秩序。

诉讼时效案例研究所涉及的基本法律问题有以下五个方面。

（一）诉讼时效的种类

从时效期间来划分，诉讼时效可分为一般诉讼时效、特殊诉讼时效和最长诉讼时效。诉讼时效是具有强制性的规定，其时间的长短是由法律直接规定，而非当事人意定，当事人之间关于延长或缩短诉讼时效期间的约定均属无效。一般诉讼时效为 2 年，特殊诉讼时效为长于 2 年或短于 2 年（如 1 年、4 年等），最长诉讼时效为 20 年。

（二）诉讼时效的起算

诉讼时效的起算是指从什么时候开始计算诉讼时效期间。

依《民法通则》规定，一般诉讼时效和特殊诉讼时效是从权利人知道或应当知道权利被侵害时起计算。但由于各种民事法律关系的性质不同，权利人知道或应当知道其权利被侵害的时间也不完全相同，因而诉讼时效期间起算的具体日期也就有所不同，故在分析判断时应加以区别。

1. 有履行期限的债权，诉讼时效期间从履行期限届满之日起计算。当事人约定同一债务分期履行的，诉讼时效期间从最后一期履行期限届满之日起计算。

2. 未约定履行期限的债权，依照《合同法》第 61 条、第 62 条的规定，可以确定履行期限的，诉讼时效期间从履行期限届满之日起计算；不能确定履行期限的，诉讼时效期间从债权人要求债务人履行义务的宽限期届满之日起计算，但债务人在债权人第一次向其主张权利之时明确表示不履行义务的，诉讼时效期间从债务人明确表示不履行义务之日起计算。

3. 返还不当得利请求权的诉讼时效期间,从当事人一方知道或者应当知道不当得利事实及对方当事人之日起计算。

4. 管理人因无因管理行为产生的给付必要管理费用、赔偿损失请求权的诉讼时效期间,从无因管理行为结束并且管理人知道或者应当知道本人之日起计算。本人因不当无因管理行为产生的赔偿损失请求权的诉讼时效期间,从其知道或者应当知道管理人及损害事实之日起计算。

5. 附条件或附期限的民事法律关系,诉讼时效期间从条件成就或期限到来时开始计算。

6. 人身损害赔偿的诉讼时效期间,伤害明显的,从受伤害之日起算,伤害当时未曾发现,后经检查确诊并能证明是由侵害引起的,从伤势确诊之日起计算。

20 年的最长诉讼时效一律从权利受侵害时起计算。

(三)诉讼时效的中止

诉讼时效的中止是指在诉讼时效进行到最后六个月内,因一定法定事由的发生,阻碍权利人行使请求权,法律规定暂停时效的进行,待法定事由消除后,时效继续计算。依《民法通则》第 139 条的规定,引起中止的法定事由是不可抗力或其他障碍。

(四)诉讼时效的中断

诉讼时效的中断是指在诉讼时效进行中,因发生某种法定事由,致使已进行的诉讼时效期间统归无效,从中断时起,诉讼时效期间重新计算。依《民法通则》的规定,引起中断的法定事由有提起诉讼、权利人提出请求、义务人同意履行。

诉讼时效的中断与中止的主要区别有如下几点:(1)发生的时间不同。中止的法定事由必须发生在诉讼时效期间的最后 6 个月内,中断则无此限制。(2)发生的法定事由不同。中止的法定事由是不可抗力等不依权利人主观意志为转移的客观障碍,中断的法定事由则是由当事人的主观意志决定的。(3)产生的法律后果不同。中止是暂停计算时效期间,待中止事由消除后,时效继续计算;而中断是已经进行的时效期间全部无效,时效期间重新计算。

(五)诉讼时效的延长

诉讼时效的延长是指因特殊情况,法院对已经完成的诉讼时效期间给予适当延长的制度。

二、诉讼时效纠纷的种类

诉讼时效案件的发生主要是围绕着诉讼时效是否届满的问题,当事人之间的纠纷就在于义务人主张诉讼时效已过,权利人的权利不受法律保护,而权利人则认为其权利仍然在诉讼时效期间内,应受法律的强制保护。具体而言,包括以下类型纠纷:

1. 有关诉讼时效起算点的纠纷;

2. 有关是否存在诉讼时效中止事由的纠纷;

3. 有关是否存在诉讼时效中断事由的纠纷;

4. 诉讼时效届满,债务人履行后要求返还的纠纷。

三、诉讼时效案例研究的基本方法

1. 首先应弄清该民事纠纷适用的时效期间。依《民法通则》和其他有关法律的规定,诉讼时效期间有 1 年、2 年、3 年、4 年、5 年、20 年之分,所以,在认定是否已过诉讼时效之前,首先应根据案件的性质确定应适用哪一种时效期间,才能有的放矢。

2. 确定诉讼时效的起算点。诉讼时效自何时开始计算,直接影响着时效届满的时间,对确定权利人的权利应否给予保护至关重要。因此在确定了应适用的时效期间后就要正确认定诉讼时效的起算点。

3. 确定有无中止、中断和延长的情况。在诉讼时效进行到最后 6 个月内发生了不可抗力或其他障碍,阻碍了权利人行使请求权,会引起时效的中止,时效暂停的时间不计入诉讼时效期间内。在诉讼时效进行过程中,如果出现了权利人起诉、向义务人请求或义务人同意履行等情况,会引起诉讼时效的中断,从中断时起,再重新开始计算诉讼时效。如果诉讼时效的届满是由于特殊情况造成的,法院还可以适当延长诉讼时效。所以,判断权利人的诉讼时效是否已过,不能仅仅从具体的表面的时间上考虑,而应结合案情,综合分析,区别对待,才能得出正确的结论。

四、诉讼时效案例研究应注意的问题

(一)关于诉讼时效期间

不仅《民法通则》作了规定,其他法律也有相应的规定,应加以注意。如《环保法》第 42 条规定:“因环境污染损害赔偿提起诉讼的时效期间为 3 年,从当事人知道或者应当知道受到污染损害时起计算。”

(二)关于诉讼时效客体界定

《民法通则》第 135 条将诉讼时效的客体界定为民事权利,但民事权利种类众多,并非所有民事权利均适用诉讼时效的规定。《最高人民法院关于审理民事案件适用诉讼时效制度若干问题的规定》(以下简称《诉讼时效意见》),对《民法通则》的规定进行了限缩解释。在第 1 条规定,当事人可以对债权请求权提出诉讼时效抗辩,但同时对下列债权请求权作了例外规定:第一,支付存款本息请求权;第二,兑付国债、金融债券以及向不特定对象发行的企业债券本息请求权;第三,基于投资关系产生的缴付出资请求权;第四,其他依法不适用诉讼时效规定的债权请求权。

(三)关于"提起诉讼"的认定

提起诉讼是我国《民法通则》规定的法定中断事由之一。根据最高法院《诉讼时效意见》的规定,诉讼时效从当事人一方提交起诉状或者口头起诉之日起中断。

(四)关于诉讼时效的中止、中断和延长的法定事由的认定

除了《民法通则》的规定以外,《诉讼时效意见》和《民法通则意见》作了补充规定。

1. 关于中止事由中的"其他障碍"。《诉讼时效意见》第 20 条规定,有下列情形之一的,应当认定为《民法通则》第 139 条规定的"其他障碍",诉讼时效中止:(1)权利被侵害的无民事行为能力人、限制民事行为能力人没有法定代理人,或者法定代理人死亡、丧失代理权、丧失行为能力;(2)继承开始后未确定继承人或者遗产管理人;(3)权利人被义务人或者其他人控制无法主张权利;(4)其他导致权利人不能主张权利的客观情形。

2. 关于中断事由中的"当事人一方提出要求"。《诉讼时效意见》第 10 条规定,具有下列情形之一的,应当认定为《民法通则》第 140 条规定的"当事人一方提出要求",产生诉讼时效中断的效力:(1)当事人一方直接向对方当事人送交主张权利文书,对方当事人在文书上签字、盖章或者虽未签字、盖章但能够以其他方式证明该文书到达对方当事人的;(2)当事人一方以发送信件或者数据电文方式主张权利,信件或者数据电文到达或者应当到达对方当事人的;(3)当事人一方为金融机构,依照法律规定或者当事人约定从对方当事人账户中扣收欠款本息的;(4)当事人一方下落不明,对方当事人在国家级或者下落不明的当事人一方住所地的省级有影响的媒体上刊登具有主张权利内容的公告的,但法律和司法解释另有特别规定的,适用其规定。

关于中断事由中的"提起诉讼"。《诉讼时效意见》第 13 条规定:"下列事项之一,人民法院应当认定与提起诉讼具有同等诉讼时效中断的效力:(1)申请仲裁;(2)申请支付令;(3)申请破产、申报破产债权;(4)为主张权利而申请宣告义务人失踪或死亡;(5)申请诉前财产保全、诉前临时禁令等诉前措施;(6)申请强制执行;(7)申请追加当事人或者被通知参加诉讼;(8)在诉讼中主张抵消;(9)其他与提起诉讼具有同等诉讼时效中断效力的事项。"

关于中断事由中的“同意履行义务”。《诉讼时效意见》第16条规定:“义务人作出分期履行、部分履行、提供担保、请求延期履行、制定清偿债务计划等承诺或者行为的,应当认定为《民法通则》第140条规定的当事人一方同意履行义务。”

3. 关于延长事由中的“特殊情况”。依《民法通则意见》第169条规定,权利人由于客观的障碍在法定诉讼时效期间内不能行使请求权的,属于诉讼时效延长的“特殊情况”。

(五)由于诉讼时效届满后消灭的只是胜诉权,权利人的实体权利并不消灭,所以,诉讼时效期间届满,当事人一方向对方当事人作出同意履行义务的意思表示或者自愿履行义务后,又以诉讼时效期间届满为由进行抗辩的,人民法院不予支持

(六)应注意将诉讼时效与除斥期间区别开

二者都是由法律直接作出规定,表面上看很相似,但二者的区别也非常明显:除斥期间是权利的存续期间,主要适用于形成权,从权利成立时起计算,不适用中止、中断和延长,届满后丧失的是实体权利;而诉讼时效是法律保护的期间,主要适用于请求权,从权利人知道或应当知道权利受侵害时或者从权利受侵害时起计算,适用中止、中断和延长,届满后丧失的是胜诉权。分析研究诉讼时效案例时切莫将二者混淆。

(七)诉讼时效案例研究所涉及的相关法律法规主要有

1.《中华人民共和国民法通则》第135~141条;

2.《最高人民法院关于贯彻执行〈中华人民共和国民法通则〉若干问题的意见》第165~177条;

3.《最高人民法院关于审理民事案件适用诉讼时效制度若干问题的规定》。

第二节　诉讼时效典型案例研究

一、案情介绍

2007年7月22日19时35分李某驾驶摩托车与张某驾驶的普通货车发生碰撞,致李某受伤。当日李某被送至医院住院治疗,同年8月12日出院,诊断为:右第5趾节骨折、左足骰骨骨折、右上肢多处皮肤擦伤、右胸软组织伤。出院医嘱定期门诊复查。李某在医院的最后一次门诊为2008年4月18日。2007年8月30日,交警部门作出交通事故认定书,认定李某承担事故的主要责任,张某承担事故的次要责任。在交警部门处理过程中,各当事人均未申请调解。2009 年 4 月 10 日李某向法院提起民事诉讼,请求判令张某依法赔偿其因事故所致损失计 23,221 元。被告张某辩称,李某起诉前从未向被告主张过权利,亦未请求公安部门进行过调解,此案已过诉讼时效期间,李某的权利不再受法律保护,请求法院驳回李某的诉讼请求。

二、本案争执焦点

本案的焦点是原告李某的诉讼请求是否已过诉讼时效,只有弄清这个问题,才能决定对原告李某的诉讼请求是否给予保护。

三、本案分析应注意的问题

首先,要确定本案所适用的诉讼时效期间;其次,确定本案诉讼时效的起算点,这是本案的关键;再次,要确定诉讼时效期间是否届满,有无中止、中断或延长的法定事由;最后,要确定处理本案所适用的法律依据。

四、本案的事实与法律分析

根据我国《民法通则》的规定,诉讼时效分为普通诉讼时效和特殊诉讼时效。普通的诉讼时效期间为 2 年,适用于法律没有特殊规定的情形。《民法通则》第 136 条规定了特殊的诉讼时效,诉讼时效期间为 1 年,即(1)身体受到伤害要求赔偿的;(2)出售不合格的商品未声明的;(3)延付或拒付租金的;(4)寄存财物被丢失或者损毁的。从上述案情可以看出,本案系身体受到伤害要求赔偿而发生的纠纷,应适用特殊诉讼时效,诉讼时效期间为 1 年。

我国《民法通则》第 137 条明确规定:“诉讼时效期间从知道或者应当知道权利被侵害时起计算。”这是关于诉讼时效起算时间的一般规定。由于各种民事法律关系的性质不同,具体起算时间也各有不同。就人身损害赔偿来说,根据最高人民法院《民通意见》的规定,伤害明显的,从受伤害之日起计算;伤害当时未曾发现,后经检查确诊并能证明是由侵害引起的,从伤势确诊之日起算。在本案中,原告因交通事故身体受到伤害,属典型的人身损害赔偿纠纷,其诉讼时效期间为 1 年。由于李某事发当日即发现受伤,并被送至医院住院治疗,伤情明显。其未要求公安部门进行调解,诉讼时效期间的起算点应为李某受伤当日,即 2007 年 7 月 22 日。李某应当在 2008 年 7 月 22 日前起诉已经确定发生的损失。然而李某于 2009 年 4 月 10 日才提起诉讼,之前没有申请调解,也未向张某主张权利,故其主张的 2008 年 4 月 10 日前发生的各项损失已过诉讼时效期间。但对于 2008 年 4 月 10 日后发生的损失,在时效期间内,应予支持。

五、处理

李某主张的2008年4月10日前发生的各项损失已过诉讼时效期间，不予支持。2008年4月10日后发生的损失，在时效期间内，应受到保护，张某应予以赔偿。

第三节　诉讼时效习作案例

案例一

张甲、李乙均是菜农，二人是好朋友。一天，张甲约李乙到自家小酌。李乙到张家后，看到张甲喂着一条毛色很亮的狗，张甲即向李乙吹嘘此狗对他如何忠诚，说着，便走过去解开拴狗绳，想让狗在李乙面前表演一番，不料，狗一下蹿起，冲着李乙的腿就咬了下去，李乙大惊，从椅子上跌翻过去，头被碰破，当场昏迷，张甲急忙把李乙送到医院，其时是2000年6月5日。李乙被送进医院后，腿伤很快治好，但脑袋留下了头痛的后遗症。出院后，张甲主动为其支付了2000元的治疗费，并经常购买补养品看望李乙，碍于情面，李乙一直没提另外3000元医疗费的问题。2001年10月8日，张甲又送来1000元治疗费。但在2001年11月2日李乙向张甲提出让其支付住院期间的另3000元医疗费时，张甲称自己一直在为李乙支付一些营养费，不愿承担住院时3000元的医疗费。李乙遂于2001年11月20日起诉到人民法院，但张甲认为李乙的损害赔偿请求权已超过诉讼时效。

法律问题

1. 本案的诉讼时效应从何时起算？

2. 张甲于2001年10月8日送给李乙1000元治疗费的行为是否构成诉讼时效的中断？如何看待张甲的这一行为？

3. 李乙要想获得3000元的赔偿金，须从诉讼时效的哪个方面为自己辩护？

4. 本案是否已过诉讼时效？法院应如何判决？

案例二

1997年7月，某镇政府将4万元借给农民秦某用于近海养殖，双方签订了借款合同书，约定还款期限为4个月。1997年11月，镇政府未主张权利，秦某亦未还款。1998年7月8日，镇政府向秦某主张权利，秦某遂打一张4万元的欠条给镇政府，欠条上只注明“今借人民币4万元整”，无还款期限。

2000年8月,秦某与马某结婚。此后,镇政府曾多次向秦某索款未果。2001年7月,秦某外出经商,此后长年不回,但并未失踪。镇政府从此再未向秦某索要欠款。直到2009年3月,镇政府才向秦某送达催款通知书,秦某不在家,其妻马某在催款通知书上签了字。

法律问题

1. 本案的诉讼时效应从何时开始计算?为什么?

2. 秦某给镇政府打欠条的行为是否能引起诉讼时效的中断?

3. 秦某外出经商长年不回是否是诉讼时效中止的事由?

4. 秦某的妻子在催款通知书上签字的行为对秦某是否有效?是否可以认为是秦某与镇政府重新达成还款协议?

5. 本案是否已过诉讼时效?为什么?

6. 如果镇政府在秦某打欠条后一直到送达催款通知书期间,从未向秦某索要过欠款,镇政府的请求权是否已过诉讼时效?

案例三

尚某与王某系同村居住。2001年4月28日,王某要参加其他人办的合伙企业,需要以人民币出资,手头一时紧张,便找到尚某借款3000元出资入股。出于情面,尚某便借给了他。王某表示,当合伙赚钱分取利润时,便立即偿还。可是,时间过了一年多了,也不见王某有还借款的表示。2002年8月5日,尚某上门催要,王某都推说合伙企业效益不好而拒不偿还。2004年5月16日,正当尚某要去法院起诉王某时,出门被一辆拖拉机撞伤,住院治疗。4个月后出院已是当年的9月。当其到法院递交起诉状时,被告知诉讼时效已过。

法律问题

1. 本案的诉讼时效应从何时起算?尚某的债权是属于无履行期限的债权还是附条件的债权?

2. "住院治疗"可否构成诉讼时效中止的事由?

3. 本案是否已过诉讼时效?为什么?

4. 假设本案确已过诉讼时效,当王某向法院起诉时,法院可否以诉讼时效已过为由不予受理?

5. 如果法院受理了本案,应如何判决?

案例四

河南省某市工具厂(以下简称工具厂)从2000年至2002年在河南省某市

材料公司(以下简称材料公司)处购买圆钢等各种型号钢材,当时约定随取货随付款。在此期间工具厂陆续给付材料公司货款。截至2002年7月12日工具厂最后一次付款时,工具厂累计欠材料公司钢材款30万元,对此双方均无异议,但工具厂以材料公司占用其2004年40吨钢材指标给其造成经济损失为由拒付所欠货款。之后,两单位之间仍有业务往来,且随时结算了货款。直到2006年3月18日才终止业务往来。后材料公司更换了新的法定代表人,遂于2006年6月29日向法院起诉,要求工具厂支付货款30万元。

庭审中,材料公司出具了向工具厂追要货款的证明材料,此证明材料均系出自材料公司的工作人员及主管局领导的证明,工具厂对此均予以否认。同时,工具厂向合议庭提出了诉讼时效异议,但合议庭未对诉讼时效问题进行审查。

法院审理认为,债务应当清偿,。工具厂欠材料公司货款30万元的事实清楚,证据充分,材料公司要求工具厂给付货款,理由正当,予以支持。根据《民法通则》第108条的规定,判决:工具厂在判决生效后5日内支付材料公司货款30万元。

法律问题

1. 本案的诉讼时效应从何时起算？为什么？

2. 本案有无诉讼时效中断的事实？材料公司出具的向工具厂追要欠款的证明材料是否有效？

3 法院对诉讼时效问题未作审理的做法是否正确？如果工具厂不提出诉讼时效的抗辩,法院能否主动援用诉讼时效进行判决？

4. 本案是否已过诉讼时效？

5. 法院的判决是否正确？如不正确,应作何改正？

案例五

2002年4月23日,某村抽调本村村民甲参与本村塑料厂厂房施工。在施工过程中,甲从脚手架上摔下来,落地后头部磕在刚垒砌好的石头墙上。当时其他人带甲到乡卫生院就诊,值班大夫看了一下说没有大问题,甲就回家休息了。此后,甲不时有头昏的感觉,因为不太严重,也就没有在意。2003年7月5日,甲在农田里锄草,头痛得厉害,昏厥过去。经医院诊断,甲患脑震荡。住院治疗2个月后,甲出院,共花去医疗费12,000元。甲找到村委会,要求村委会支付医疗费。村委会认为,甲出事后一年多都没犯病,现在住院与其到村塑料厂出工没有关系。2003年12月5日,甲将村委会诉至法院,请求村委会支付医疗费。经法院查明,甲所患脑震荡确系其在为村塑料厂施工时摔下所致。村委会辩称,此案已过诉讼时效,甲的权利不再受法律保护。

法律问题

1. 本案的诉讼时效应从何时起算? 为什么?

2. 本案是否已过诉讼时效? 为什么?

第二编　物权案例研究

生活中虽有所有权、土地承包经营权等人们耳熟能详的概念，但却没有物权的对应之物，物权一词完全是立法技术的产物，是一种技术性的概念，具有较强的抽象性。因此，人们往往习惯用财产权来指代抽象的物权。其实，财产权是和人身权相对应的一个概念，其包括的范围十分广泛，债权、物权、继承权、知识产权、票据、股权、特许经营等皆为财产权，与物权的概念相比较，财产权是一个上位概念，而物权是一个下位概念，两者不可相互替代。

学习物权法必须要建立物权制度的知识系统，这是一个虽然抽象但却逻辑框架严谨的完整体系，在这个体系中，物权和债权、知识产权一起构成了大陆法系财产权的基本框架，物权法的学习相应地分成三个层面，宏观上要把握物权和财产权、物权和人身权之间的关系，中观上要把握物权和债权、知识产权的关系并掌握物权的基本框架体系，微观上则要掌握所有权、担保物权和用益物权、占有等具体的物权制度。

首先，物权不同于债权，二者之间存在着支配权与请求权、绝对权与相对权、对世权与对人权、排他性与非排他性、优先性与平等性、追及性与限制性、法定主义与自由主义、公开化与非公开化等一系列的区别。但物权和债权又总是紧密联系在一起，债权往往是物权变动的原因，而物权变动则是债权设立的目的和结果。

其次，物权和知识产权也有一个纠缠不清的过节，在《物权法》制定过程中，有人主张把具有价值和交换价值的财产都纳入其中，使《物权法》由传统的调整有形财产的法律变为调整包括股票、存款、提单和知识产权等无形财产在内的财产基本法。但很显然，有形的物权和无形的知识产权根本无法顺畅地融合到一个体系之中，无法建立统一的占有、利用和转让制度，因此最终出台的《物权法》还是把知识产权挡在了门外。虽然知识产权和物权都是支配权、绝对权和对世权,但知识产权的无形性使得权利主体根本无法进行事实上的支配,而知识则必须公之于众,"无传播则无权利",知识产品要获得保护必须要公开,但一旦公开则无法避免被人顺手牵羊。物可以藏之密室,层层设防,一旦被侵权则可以迅速采取亡羊补牢措施,而知识财产被人剽窃,权利人却可能无法觉察,且不受时空限制,"千里之外,权利已被侵害,只剩下了无奈",知识只能依靠虚拟的法律防线进行法律上的支配,没有执法者,便没有真正的知识产权。正是知识产权这种对法律的绝对依赖性使得知识产权具有较强的法律形式性:一方面,知识产权具有较强的人造色彩,与生活常识距离较远,许多问题无法依靠生活经验作出正确判断,规则的技术性远多于伦理性;另一方面,知识产权还要受到法律的限制,这种限制要远比对所有权的限制更严厉,可以说,从来没有一种权利像知识产权一样受到如此严格的限制。

最后,物权自身也建构了一个严密的类型体系。这个体系可以从两个角度来进行说明。

第一是从物的归属和利用角度进行的体系建构,包括所有权、用益物权、担保物权和占有。其中所有权界定了物的归属关系;而用益物权和担保物权则是对他人所有之物的利用,用益物权是对物的使用价值的利用,而担保物权是对交换价值的利用,调整的是物的利用关系;占有并不是一种物权而是一种事实,法律保护这种占有事实的目的并不在于以占有来确定所有权的归属,而是维护稳定的物的控制关系,以最大限度的发挥物的效用,说到底也是物的利用关系。

第二是从调整所依据的规范的角度进行的体系构建,包括物权和准物权。物权也称普通法上的物权,即我国《物权法》中规定的物权;而准物权也称特别法上的物权或者特许物权,例如探矿权、采矿权、取水权、养殖权、捕捞权、狩猎权等,这些物权是矿产资源法、水法、渔业法、海洋法、森林法等特别法所规定的,这些物权皆是用益物权,但在权利客体、构成、取得和行使等诸方面与普通物权不同,在法律适用上,特别法优于一般法,特别物权要优先适用特别法,物权法作为补充。

第六章　物权总论案例研究

第一节　物权总论案例研究的内容和方法

物权总论概述

(一)物

民法中的“物”不是一个物理概念,无法和日常生活概念相对应,比如无线电频道在民法上就是典型的“物”。“物”和人身利益、智力成果、行为等一起构成了民事法律关系的客体,一般认为,“物”是指存在于人体之外的能够为人力所控制并具有经济价值的客观实在。“物”具有下列特征:

1. 物存在于人体之外

物具有非人格性的特点,自然人至高无上的主体地位决定了人不能成为物权的客体,否则只会导致奴隶制度的复活,人的器官是人身体的重要组成部分,当然也不是物。但随着科技的发展,对人器官的利用也呈现多样化的趋势,器官和物的界限也逐渐模糊。一般认为,在不损害人体正常功能和形态的前提下,脱离人体的器官和组织可以成为物。比如,长在身上的三千黑发横遭剪绞则构成侵犯人身权,而落在地上的麻花辫子受损则是财产权遭害。不过,这种脱离人体的物不同于自由流通物,其流转要遵守公序良俗原则。我国法律禁止非亲属之间的器官活体移植,原因在于如果自由放任器官活体移植,则可能引发器官倒卖的道德风险,前些年非法卖血现象之所以屡禁不止原因就在于把血完全当成了市场上可以自由交易的商品。

2. 有体性

民法中的物一般是指有体物。有体物是无体物的对称,是指存在于一定的空间之中可以为人的感官触知的物质实体。显然,有体物也并不是生活概念,像热、光、能、频道之类也当然归入有体物范畴。而无体物则是法律拟制的结果,无法为人的感官所感知,比如信息、技术、秘密等,这类东西虽然是一些无形财产权的客体,但民法上并不用物来指称这类东西。

3. 可支配性

太阳是生命之源,虽是物理上的物,但却不是法律意义上的物,但由于无法为人所控制,法律对此也当然无能为力,因为法律是生活的产物,要面向生活,法律不能超越人的能力,不能强人所难。

4. 稀缺性

法律是用来界定人与人之间的利益界限的,当某一物取之不尽用之不竭,而不具有稀缺性时,人类对此物不会产生利益冲突,法律当然无须介入。比如,空气虽然对人类具有重要意义,但由于人类获取空气无须采用竞争性手段,因此不会产生关于空气的利益冲突,没有纷争当然无须定分止争,当然不需要法律来界定人与人之间在空气之上的权利界限。

(二)物的分类

1. 动产与不动产

根据其能否移动且是否因移动而损害其价值可以把物分为动产和不动产。动产是能够移动并且不因移动损害价值的物,不动产是不能够移动或虽可移动但却会因移动损害价值的物。依据《担保法》第92条,我国的不动产包括土地以及房屋、林木等地上定着物,动产则是指不动产以外的物。《民通意见》第186条也规定土地、附着于土地的建筑物及其他定着物、建筑物的固定附属设备为不动产。

2. 种类物与特定物

根据是否具有独立特征或是否被权利人指定而特定化可以把物分成种类物和特定物。种类物是指具有共同的特征,能用品种、型号、规格之等类的分类标准进行归类的物,如"洋尔牌"SDPL2009型电视机。而特定物则是独一无二的物,比如达芬奇的《蒙娜丽莎》名画,或者已经被专门指定了的、不能以其他物代替的种类物,比如顾客已经挑选出来的一台"洋尔牌"SDPL2009型电视机。

3. 流通物、限制流通物和禁止流通物

根据其在流通过程中是否受到限制及其受限制的不同程度可以把物分为流通物、限制流通物和禁止流通物。

流通物,是指法律允许在民事主体之间自由流通的物。限制流通物,是指法律对其流通的范围和程度加以一定限制的物,比如文物、金银、麻醉药品、外汇等。禁止流通物,是指法律明确禁止流通,不能成为交易标的物的物,比如土地、淫秽物品、毒品等。

依据不同物的可流通程度和范围,可以判断具体民事行为的效力。流通物因能自由流通,无法律限制,故能成为任何民事主体之间的民事法律关系的客体。而限制流通物如果违背法律的限制性规定,则交易行为无效,情节严重的，还会承担行政或刑事责任。禁止流通物，是法律绝对不允许流通的物，违反法律对禁止流通物规定的行为，不仅流通行为无效，还要承担行政法律责任甚至刑事责任。

4. 消耗物与非消耗物

根据其使用后形态是否发生变化可以把物分为消耗物与非消耗物。消耗物是指根据物的通常使用方法，一次性使用就会归于消灭或改变原有形态和性质的物。比如食品被吃掉而消灭，木材被加工成家具而改变性质。物的消耗性大多是自然形成，但在法律有特别规定的情形，非自然的消耗物，可成为法定消耗物，如一次性输液器。非消耗物，是指根据物的通常使用方法，可多次使用而不会改变原有形态和性质的物，非消耗物可反复使用，其效用在多次使用中被逐渐磨损，如房屋、汽车等。

消耗物与非消耗物决定了民事法律关系的类型。在消耗物上不能成立租赁、借用合同，而只能成立消费借贷，合同期限届满后，无须返还原物。因为原物已经在使用过程中消灭了。而非消耗物上则可以成立租赁、借用合同，合同期限届满后，须返还原物。

5. 有主物与无主物

根据物在一定时期内是否有所有人，物可以区分为有主物与无主物。有主物是指有确定的所有人的物，而无主物是没有所有人的物。区分的法律意义在于无主动产适用先占原则，先占是指以所有之意思，占有无主之动产者，取得其所有权。而对有主物来说，无论辗转落入何人之手，所有人皆可以主张返还，占有人不能取得所有权。

不过，在我国法律中往往规定无主物收归国有，比如无人认领的遗失物，所有人不明的埋藏物、隐藏物，另外《民事诉讼法》中还有一个无主财产认定的特别程序，凡经过本程序认定的无主财产皆收归国有。

6. 主物与从物

根据物能否不依赖于他物而独立存在，可以把物分为主物和从物。主物是指由同一所有人所有的，须共同使用才能更好发挥效用的两物中，不须依赖于他物而能独立存在并起主要作用的物。从物是指处于附属地位，起辅助和配合主物更好发挥效用的物。一般而言，认定为从物必须符合如下条件：首先，从物须为独立之物，而非主物的组成部分，比如窗户并非房屋的从物，而是房屋的组成部分。其次，从物和主物同属一人，甲的马和乙的马鞍并非主从关系。最后，须没有交易上的特别习惯，比如，拖拉机和拖斗在交易习惯上不被认定为主从关系。

7. 原物与孳息

根据物与物之间的渊源关系,可以把物分为原物和孳息。原物是指依照其自然属性或法律规定产生新物的物。孳息是指由原物产生的收益物,孳息可分为天然孳息和法定孳息。

天然孳息是依据物的自然属性而产生的收益物,比如收获的果实,生产的小牛。当然,长在树上的果实和母牛肚里的牛胎并非孳息,因为它们并非独立的物,而是原物的组成部分。法定孳息是物依据法律关系而产生的收益,比如租金、利息等。

区分二者的意义在于决定孳息的归属。依据《物权法》第116条,天然孳息一般由原物所有权人或用益物权人取得,法定孳息则依据交易习惯决定归属。依据《合同法》第163条,在买卖合同中,孳息由占有人取得,即标的物在交付之前产生的孳息归出卖人所有,交付之后产生的孳息,归买受人所有。

(三)物权

物权是大陆法系的特有概念,英美法与之相对应的是财产权。显然,大陆法系的财产权是物权的上位概念,与英美法系的财产权内涵并不相同。物权一词是中世纪注释法学派在研究从废墟中被发掘出来的罗马法资料的过程中创造的,《法国民法典》并没有使用这一概念;《德国民法典》将其体系化,使物权、债权和继承权并列,分别成编,构成财产权的基本体系,并在物权之下又分别规定了所有权、用益物权和担保物权的具体制度;我国《民法通则》中没有使用物权一词,而使用了"财产所有权和与财产所有权有关的财产权"这样一个顺口溜式的概念。物权一词虽然抽象远离了公众生活,但却具有体系化的功能,法律的规范性特点要求立法不能一味迁就公众。

1. 物权是支配权

物权以对物进行直接支配并享受物的利益为内容,物权人可以依据自己的意思对权利客体进行管领和处分,这种管领和支配并不以法律行为为限,事实行为也可以实施。物权的支配性和债权的请求性形成了鲜明的对比,债权人不能直接支配债的标的物,只能请求债务人交付标的物并转移其物权。

2. 物权是绝对权

物权的本质在于直接支配物,物权人的支配无须他人意思和行为的配合,因此,其义务人是除权利人之外的所有的不特定的他人,义务仅承担消极不作为的义务。而债权的义务主体是特定的相对人,且义务人承担的是积极的作为义务,债权人债权的实现必须依赖债务人的行为。

债权是一个法锁、是对人权,约束的是特定主体,《债权法》中除了合同的保全等制度之外，只把权利义务关系局限于相对人之间，很少涉及第三人；《合同法》严守合同不能为第三人设定义务这一基本原则，合同的效力只陷于相对人之间，比如甲演出公司和著名歌星乙签订协议，约定甲承担乙个唱演出组织任务，在演出前夕，乙被丙开车撞伤导致演唱会泡汤，甲的损失只能向乙主张违约损害赔偿，乙在赔偿之后可以向丙主张侵权损害赔偿，但甲不能直接向丙主张，这就是债的相对效力。

但物权则是对世权，一旦完成物权变动，其效力不仅约束双方当事人，而且还对当事人以外的不特定第三人都具有约束力，第三人负有不作为义务。比如，设定土地承包经营权以后，这种权利不仅对发包人和承包人生效，而且还对不特定的其他人具有约束力。

3. 物权的客体是物

作为物权客体的物主要限于有体物，作为物权客体的物必须是特定物，作为物权客体的物一般是单一物。

（四）物权的分类

1. 所有权与他物权

所有权是权利对自己所有的物依法进行全面支配的物权，他物权是根据法律规定或者所有人的意思对他人所有的物进行有限支配的物权。所有权是原始物权、完全物权、永久物权，而他物权则是派生物权、限定物权、期限物权。

2. 用益物权与担保物权

这是对他物权的进一步区分。用益物权是以物的使用收益为目的而设立的物权；担保物权是以保证债权实现为目的而设立的物权。用益物权设立目的在于实现对特定物的使用价值的支配和利用，意在从物的使用中获得收益，因此需要以物的占有为前提，是一种独立的物权，当物灭失时，用益物权也随之消灭。而担保物权设立的目的在于实现对特定物的交换价值的支配，意在就特定物的价值实现优先受偿，从属于被担保的主债权，主债权消灭，担保物权也随之消灭，因此，担保物权人不能对物进行使用、收益，可以占有物，也可以不占有物，当物消灭时，担保物权并不当然消灭，而具有物上代位性，其效力及于物的代位物之上。

3. 动产物权与不动产物权

这是依据物的特点而对物权进行的分类。动产物权是以能够移动而不影响其价值的物为客体的物权，而不动产物权则是以土地、房屋等不能移动的物为客体的物权。区别二者的意义在于：

(1)设立的物权类型不同。由于不动产价值巨大或者受立法政策的限制,民事主体一般难以通过交易取得其所有权,因此在不动产之上设立了各种类型的用益物权和担保物权。而动产由于可以通过交易取得所有权从而实现其使用价值的利用,因此,一般不能成为用益物权的客体,而只能成为担保物权的客体。

(2)权利变动的公示方法不同。不动产物权以登记为公示方法;动产物权以交付为公示方法。

(3)权利限制不同。现代民法对所有权的限制主要体现在对不动产物权的限制上,这种限制表现在三个方面:一是权利取得的限制,比如我国法律禁止个人取得包括土地在内的自然资源的所有权;二是国家为了公共利益需要而对不动产的征收;三是不动产的计划性开发和管制,比如我国土地实行严格的分类管理制度,限制农用地转变为建设用地,房屋建设则要取得规划许可。而动产的取得和行使一般都没有特别的限制。

4. 本权与占有

占有是指对物直接进行掌握控制的事实,而不考虑其占有是否具有权利来源,即使占有没有法律依据,构成非法占有,占有人基于占有这一事实也享有排除他人干涉的权利,因此占有虽不是一种物权,但却具有物权的效力,成为《物权法》规范的重要内容之一。本权则是透过占有的事实而观察占有背后的权利依据,因此,只有合法占有才有合法的权利依据,这种合法的权利依据即是本权,本权可以是物权,也可以是债权,比如,基于租赁关系而对物进行占有、使用,这种租赁权也是本权。

5. 普通物权与准物权

这是以物权所依据法律的不同而作出的分类。普通物权是指在民法典中规定的物权,在我国则是指《物权法》中规定的物权;而准物权是指由矿产法、渔业法、水资源法等特别法规定的物权。二者的区分意义在于,依据特别法优于一般法适用原则,准物权首先适用特别法,当特别法没有规定时,适用一般法中关于物权的规定。

(五)物权法的基本原则

1. 物权法定原则

《物权法》的强行法色彩的重要表现之一即是物权法定原则。物权法定是指物权的种类和内容皆由法律直接规定,禁止个人创设法律之外的物权。物权法定的目的在于维护社会经济秩序,物权的对世效力使得物权对社会生活影响巨大,往往涉及第三人,如果许可当事人通过合意设定一种新物权,那么,由于这种内部的约定无法满足公示的需要,让这种内部不公开的约定产生对抗外在的第三人的效力则会对公众极度的不公平,因此,《物权法》定可以借助法律的安定性和可预测性使得公众对法定的物权产生一定的预期,并依据这种预期来设计自己的交易计划,达到保护交易安全和效率的目标。

《物权法》定包括物权种类法定和物权内容法定两个方面。种类法定要求不得在法律明确规定的物权类型之外创设新的物权种类,比如不能在住宅上设立所谓的“居住权”;内容法定则禁止对物权的权能进行变更,比如不能在宅基地使用权上增加自由转让的内容。不按法定原则创设的新物权不能产生物权的效果,但在一定条件下可以产生债法上的效果,比如有偿的居住可能认定为租赁,无偿的居住则为借用。而对物权权能的变更则会导致物权内容的部分无效,其他符合法定的物权内容依然有效。

物权法定也有其固有的缺陷,严格的法定使得法律过于僵化,压制了丰富多彩的社会生活对权利创新的渴求,因此,物权体系并不是完全封闭的,物权法定出现缓和主义的主张,比如有人主张承认习惯法中的物权形式,按照这种说法,我国的典权虽然没有纳入物权法,但司法实践中曾经认可了这一物权种类,典权仍可以作为习惯法中的物权,其效力应该得到肯定。

2. 公示公信原则

公示即是公开,公示原则要求物权变动必须以适当方式向公众公开,这个原则也是和物权的支配性、对世性和排他性特点紧密联系在一起的,公示原则和物权法定原则一样,意在使物权的变动变得透明起来,让不特定的其他人认识到自己的义务主体地位,以便于义务人履行尊重、不干涉的义务,不透明则无法告知义务人,不透明无法保护善意第三人。比如,在某房屋上设定抵押权,如果不以适当方式向公众展示该抵押权的存在,不知内情的房屋买受人在受让该房屋时,可能由于原抵押权的存在而无法取得该房的所有权而遭受损失,让善意的第三人遭受损失显然不公平;如果原抵押权已经实行公示,买受人知道或应当知道该房屋已经抵押的事实而自愿缔结买卖合同,那么无法取得所有权的风险由其承担自然没有违背正义的公理。公示的方法在动产表现为交付,而不动产物权变动则以登记作为其公示形式。

公示的效果即是产生公信力,当物权的变动以法定的方式公示之后,即使公示方法所表现出的物权并不存在,但对于信赖公示而进行物权交易的善意第三人,法律依然进行保护,使其产生与真实物权存在的相同的法律效果。比如,某房屋的登记所有权人为甲,而实际权利人为乙,当不知情的丙信任登记而与甲进行房屋买卖时,会产生善意第三人与实际权利人之间的利益冲突,法律为了保护交易的安全,让丙取得房屋的所有权,实际权利人乙的损失则只能向甲主张损害赔偿,这就是公信原则。公信是公示的逻辑的自然延伸,没有公信则公示没有任何价值。

3. 区分原则

区分是指在物权法上把物权变动本身与物权变动原因加以区分,在民法理论上表现为处分行为和负担行为的区别,也就是物权行为和债权行为的区别。比如,甲和乙签订合同,约定甲将自己所有的一处房产抵押给乙,如果在合同约定的抵押登记的日期到来时甲拒绝登记,那么乙如何进行权利救济?

解决这个问题有一个需要首先明确的前提,那就是合同的效力问题。依据物权的公示原则,不动产物权的变动必须要登记,不登记抵押权不成立,如果对合同和物权变动之间不进行区分的话,那么由于抵押权的设定是目的,签订抵押合同不过是手段,目的吸收手段,抵押权由于没有登记而不成立,抵押合同当然也不生效力。因此,乙既不能依据抵押合同要求甲履行继续登记的义务,也不能要求甲承担违约损害赔偿责任,而只能主张缔约过失责任。但是如果采用区分原则的话,作为手段的抵押合同并不完全依附于作为目的的抵押权本身,抵押权的不成立并不影响抵押合同的效力,因此,当甲拒绝进行抵押权登记时,乙可以主张依据抵押合同进行登记,当登记不能时,乙则可以要求甲承担违约损害赔偿责任。

《担保法》第 41 条规定抵押合同自办理抵押登记之日起生效,这一规定混淆了物权变动的原因和效果,如果抵押人拒不办理抵押登记手续,则抵押合同不生效,债权人既不能要求抵押人继续履行合同,也不能要求抵押人承担违约责任,债权人只能要求抵押人承担缔约过失责任,显然不利于保护债权人的利益。类似的规定还有《担保法》第 64 条和第 76 条。

《物权法》把物权变动本身和物权变动原因分别作为两个独立的法律事实进行不同规范,明确了区分原则。第 15 条规定当事人之间订立的不动产物权变动合同,除法律另有规定或者合同另有约定外,自合同成立时生效;未办理物权登记的,不影响合同效力。如果没有登记,当事人可以诉诸法院强制履行合同办理登记,如果合同标的已经灭失或者已经由第三人取得所有权,则可以要求其承担违约责任,显然不管是继续履行还是违约责任都要比缔约过失责任更有利于保护当事人。

按照区分原则,债权行为不以动产的交付或不动产的登记为条件,债权独立于物权变动,物权是否变动不影响债权的效力,债权的效力如何需要依据《合同法》进行判断,而物权效力则要依据《物权法》进行判断,只要债权合同有效,权利人就可以请求法院强制进行物权变动,或者请求违约损害赔偿。

(六)物权的效力

1. 物权的排他效力

物权是对特定物的直接支配权,这种支配决定了物权的排他效力。排他是指在特定物之上不能设立两种内容相同或行使方式冲突的物权,比如不能在一个客体上成立两个所有权,这两种权利内容完全相同,后设立的所有权是无效的。同样,在一块土地上也不能同时设立土地承包经营权和建设用地使用权,二者虽不是同种权利,但这两种权利的行使方式是彼此冲突的,也是不能并存的。这一点和债权形成鲜明对比,债权没有排他性,在一个标的物上完全可以成立两个以上内容相同的债权,比如在二重买卖中,后签订的买卖合同依然有效。

物权的排他效力表明在特定物之上两种及以上冲突的权利不能并存,仅一个有效,其他皆为无效。但是,这种排他效力不能一概而论,在同一物上设立多个物权并不全部适用排他原则。首先,不冲突的物权可以并存,比如用益物权和担保物权,二者的内容不同;其次,冲突的物权也可以并存,比如某物价值仅 10 万元,但在此物之上却先后设立了担保的债权额分别为 10 万元、11 万元和 12 万元的担保物权,其中前两个是抵押权,后一个是留置权,显然,担保物的价值不足于偿还全部债权,从偿债这个根本目的上说,这三个物权存在冲突,但却可以并存,全是有效的,这里没有排他性的适用。但由于物的价值限制,会导致部分担保物权无法实现,《物权法》解决这种冲突的依据是物权的优先效力。

2. 物权的优先效力

排他效力解决的是在一物之上能否并存多个物权的问题,即物权效力的有无问题;而优先效力则要解决的是在一物之上并存数个相互矛盾、冲突的权利时,权利实现的顺序问题,也就是权利效力的强弱问题,因此,排他效力和优先效力二者之间具有不同的价值目标,不能代替或涵盖。

物权的优先效力是指当在一个物上并存不同的物权时,成立在先的物权的效力优先于成立在后的物权的效力;或者该物既是某一物权客体同时也是某一债权给付的标的物时,物权的效力优于债权的效力。前者是物权相互间的优先效力,后者是物权对于债权的优先效力。

物权相互间的效力强弱要依据物权成立时间的先后确定相互间的优先顺序,但存在一些例外。首先,定限物权的效力优先于所有权,限制物权往往是根据所有人的意志设定的物上负担,意在充分发挥物的效用,虽然成立于所有权之后,但依然具有优先于所有权的效力。其次,当法律另有规定时,依据规定确定效力强弱,比如留置权是法定担保物权,依据《物权法》第239条的规定,同一动产上已设立抵押权或者质权,该动产又被留置的,留置权人优先受偿。

需要说明的是物权的优先效力体现为物权的实现上的顺序差别,至于实现的方式则要依据权利的特点来决定,比如担保物权的实现是优先受偿,用益物权是占有、使用、收益。

3. 物上请求权

物权作为直接支配权,其实现无须他人配合,如果他人无端介入,则会对权利人实现权利造成妨害,更有甚者可能造成权利的损害。对于这种损害,债权法上已经建立了损害赔偿制度来加以救济,比如某甲的汽车租给某乙,约定租期10天,租金为每天100元。在租期已满后,某乙拒不归还汽车,某甲可以依据租赁合同向某乙主张违约责任赔偿,要求返还汽车并赔偿租金的损失。再比如张三的汽车被李四窃取,张三可以向李四主张侵权损害赔偿,要求返还汽车并赔偿因车辆被盗所造成的损失。上述两例依靠损害赔偿可以进行比较全面充分的救济,但如果仅仅依靠债权法则可能存在救济不周的缺陷,比如,如果某甲和张三无法举证证明违约和侵权的事实,则损害赔偿的构成要件不具备,违约和侵权事实不成立。在这种情况下,某甲和张三的权利如何救济?难道眼睁睁看着自己的汽车被别人无端占有而无计可施?显然,法律对此也不能束手无策,物上请求权可以弥补损害赔偿制度的不周,只要某甲和张三能够证明被告占有的汽车属于自己所有,则可以要求某乙和李四返还汽车,至于遭受的损失则不在物上请求权的效力范围之内。

因此,物上请求权具有独立保护价值,可以弥补债法保护的不周达到提前保护的目的,比如,乙的枯树对甲的房屋存有损害的可能,由于此时尚没有实际损害,不符合侵权之债的构成要件,甲当然不能提起侵权之诉,但法律不能对此袖手旁观坐等损害发生之时再许可甲主张损害赔偿。凡事预则立不预则废,法律需要发挥预防的作用,确认物权人的物上请求权即可预防损害的发生,一项简单的消除危险请求权就可以避免损害的实际发生,避免社会整体利益的减损。

物上请求权是物权人在其权利的实现上遇有某种妨害时,所享有的请求造成妨害事由发生的人排除此等妨害的权利。物上请求权是基于物权的绝对性、对世性而产生的维护物权圆满状态的权利,其目的在于排除对物权的各种妨害。

(1)物上请求权是请求权

请求权和支配权相对应,请求权是请求特定义务主体从事某种行为或不从事某种行为的权利，请求权的义务主体是特定的，凡请求权必以特定关系为前提。物权本来是支配权，其义务主体是不特定的，而一旦他人造成物权的妨害，物的权利人就和他人之间建立了特定关系。权利人基于自己的物权受到他人侵扰这一事实就可以向特定主体主张权利，物权人可以要求特定的妨害物权之人除去妨害，这种要求除去妨害的权利就是一种请求权，作为一种救济权，它不同于作为本权的物权支配权本身，这一点与同为请求权的债权相类似。

(2)物上请求权又不同于其他请求权

我国实证法中的请求权主要有四类：第一类是债权请求权，请求权的绝大多数是债权请求权，但请求权并不都是债权；第二类是身份权中的请求权，身份权是基于权利人与特定主体之间的亲属关系而享有的身份利益，正因为是一种特定关系，决定了许多身份利益的取得需要得到关系人的配合，因此，身份权中许多内容是请求权而不是支配权，比如扶养请求权、同居请求权和忠实请求权等；第三类则是物上请求权，即物权的权利人对于妨害物权行使的侵害人主张排除妨害的权利；第四类是占有上的请求权，即占有人基于占有这一事实享有的排除占有妨害的请求权，与物上请求权性质相同，在一般的论述中往往包含于物上请求权之中。此外，在理论中有人提出了人格权请求权和知识产权请求权，目的在于加强权利的保护，和物上请求权一样在于排除对权利的妨害以恢复权利的正常状态。

物上请求权和身份权中的请求权之间差距之大毋庸分析，需要讨论的是和债权请求权的区别。

首先，物上请求权附属于物权，派生于物权，其发生、移转与消灭均从属于物权，不能与物权分离而单独存在，当物被他人毁损而灭失时，物不在物权也不在，物上请求权也当然不在。而债权请求权是一种独立的权利，不依附于其他权利，标的物的存在与否并不影响其存在。比如某甲的汽车被某乙盗取，某甲可以主张债权请求权，也可以主张物上请求权；但某甲的汽车被某乙毁损，则只能主张债权请求权而不能主张物上请求权，因为物为物上请求权之皮，而物上请求权之毛，皮不存，毛焉附？

其次，两种请求权的构成要件不同，基于损害赔偿目的的债权请求权必须以实际损害为前提，无损害即无赔偿，而物上请求权是以物权的妨害而不是损害为前提，无实际的损害也可以主张物上请求权。比如，某乙在某甲的房后打井，在要打而未打之时，因为没有实际的损害，某甲不能主张侵权赔偿，但却可以行使物上请求权，只要存在着潜在的危险就可以主张消除危险。另外，对侵权之债来说,过错也是构成要件之一,而物上请求权的行使是以对物的妨害为前提,无须考虑行为人的主观状态。

最后,两种请求权的价值不同。物上请求权的目的在于维护物权的圆满状态,防患于未然,即使没有实际的损害也可以要求预防损害的发生,而损害赔偿请求权的目的在于利益的填补,无法防患而只能事后补救。

(3)物上请求权和物权的追及效力

物权的追及效力指物权的客体无论辗转落入何人之手,除法律另有规定外,权利人均可追及物之所在而行使物权的法律效力。比如,某甲的手表借给了某乙,某乙不慎将其丢失后,被某丙拾到,某丙又赠给了某丁,某戊又将其盗取,对权利人某甲来说,手表不管是在乙、丙、丁还是在戊手里,都可以主张物上请求权,不同之处在于,甲对乙不仅存在着物权请求权和债权请求权的竞合,而且主张权利的基础还在于主体之间的直接关系,而与丙、丁、戊之间则是"隔手"的间接关系,甲对乙是直接请求,而对丙、丁、戊的请求具有追及的特点。

因此,物权的追及效力是物上请求权表现的一个方面,追及效力来自于物上请求权,其内容已经被物上请求权所涵盖,物权的追及效力并非独立的物权效力。正因为追及超出了直接的相对关系而涉及第三人,所以追及不是绝对的,需要考虑权利人和第三人利益的平衡,为了保护善意第三人,建立了善意取得制度,善意取得中断了原权利人的追及效力。

(七)物权的变动

1. 物权变动的公示

《物权法》的公示公信原则主要体现在物权变动上,要求物权的产生、变更、消灭,必须依一定的可以从外部感知的方式表现出来,不公示则不产生物权变动的法律效果。公示的方法则因动产和不动产的区分而有不同,动产公示方法是交付,不动产公示方法是登记。

(1)动产的公示——交付

交付就是转移占有,即由前手对物的掌控转为后手对物的掌控。

(2)不动产的公示——登记

①不动产登记的效力

我国《物权法》中不动产登记的效力在原则上是登记生效主义,不登记不发生物权变动效果,主要包括所有权、国有建设用地使用权、抵押权等。另外,集体建设用地使用权、宅基地使用权以及特别法上的物权大多是通过行政许可的方式获得且限制自由流转,这些权利实际上也是登记生效。

在例外情况下则是登记对抗主义,无须登记而依据当事人的合意即可发生物权变动的效果,但不登记则不能对抗善意第三人,主要有土地承包经营权和地役权两种。在这两类不动产物权中由于特定的地域和主体限制,使得登记的必要性大大降低,比如土地承包经营主要是农村家庭承包经营,农村的熟人社会和经营权流转的限制,降低了登记公示的必要性,而地役权也主要是调整相邻不动产之间的关系,涉及第三人的情况比较少见,进行登记公示以强化对世效力的必要性也不大。

不动产物权变动登记以后则产生公信力,当事人如果信赖这种公示而为一定的行为,即使登记所表现的物权状态与真实的物权状态不相符合,也不能影响物权变动的效力。公示产生公信的目的在于保护交易的安全,不免会牺牲真正权利享有人的利益,这是法律进行利益平衡和选择的结果。

②实质权利的登记

我国不动产登记采用实质的审查主义,登记机关对当事人的登记申请既要进行形式上的审查,也要对权利的正当性进行实质上的审查,可以通过行使查阅、询问、现场查看等权力以保证登记的真实性。当登记错误给他人造成损害时,登记机关需要承担损害赔偿责任,造成登记错误的原因有两种:一是登记机关自身原因造成登记错误而造成他人损失的,当然由登记机关赔偿;二是他人原因造成的错误,登记机关承担替代赔偿责任,并可向造成错误的人行使追偿的权利。因此,登记机关的赔偿责任应该是一种无过错责任,既然登记机关享有对物权变动进行实质审查的权力,当然应该对登记错误的后果承担责任。

③更正登记和异议登记

登记除了公示之外还有权利推定的效力,这是追求社会生活秩序稳定的内在需要,但登记并不意味着权利没有瑕疵,权利正当的推定允许通过反证予以推翻。为了保证事实权利与登记权利的一致,《物权法》设计了更正登记和异议登记制度。

更正登记是对原登记的修改,权利人申请更正,只要不影响他人利益,登记机关自然会同意更正错误的登记。但利害关系人申请更正,则在程序上需要得到权利人同意,否则登记机关不能擅自进行登记更正。但为了保护利害关系人,给予利害关系人一种异议登记的权利,异议登记只是把利害关系人对该不动产的权利主张记载在权利登记簿上,但并不改变权利的归属,暂时限制了登记权利人处分不动产的权利,等待利害关系人通过诉讼方式解决权属争端,并最终由司法机关对争议的权利作出裁判以决定权利归属,正因为异议登记对登记权利人进行了限制,为了进行利益平衡,对异议登记人也进行了反限制,限制之处有二:一是规定了除斥期,异议登记之日起15日内不起诉的,登记失去效力;二是异议登记不当造成权利人损害的承当损害赔偿责任。

④预告登记

预告登记与终局登记相对应,终局登记是对不动产权利变动的最终登记,而预告登记又称假登记,是对将来取得不动产的债权的登记,旨在保全一项将来发生的不动产物权。当物权变动因条件欠缺而暂时无法实现时,比如购买期房因房屋尚未建造完毕,买受人无法通过不动产登记而取得所有权,而只能对在建的期房享有债的请求权,这种债权没有对世效力不能对抗第三人,无法避免出卖人一物多卖而造成第三人最终取得物权的现象,通过预告登记而产生公示效力,使债权具有物权的属性,未经预告登记的权利人同意而处分不动产的,不发生物权的效力。

从本质上看,预告登记并不是物权登记,已登记的请求权也不会成为物权,但却赋予其物权效力,是物权规则向债权规则渗透扩张的结果,是对债权效力的物权化处理。当事人签订的房屋买卖或其他不动产物权协议,属于一般债权,并不能对抗第三人,此时由于房屋还在建造中,当事人根本无法取得物权,为了保护买受人利益,避免第三人取得物权,《物权法》通过预告登记制度使出卖人与第三人之间的物权行为无效,从而使原本属于债权的买卖协议在事实上具有了物权效力。

由于已登记的请求权并没有成为物权,还需要通过终局登记使权利人最终取得物权,因此,为了督促预告登记权利人及时进行终局登记并避免对他人权利造成损害,《物权法》还规定了预告登记的期限限制,当不动产已经现实存在能够进行不动产登记时,如果预告登记的权利人在3个月内未申请登记,预告登记失效。

⑤登记的查询

登记的目的在于让公众知晓,因此许可公众进行登记资料的查询自在情理之中。记载不动产物权变动的材料有两种:一是权属证书,是登记机构颁发给权利人作为其享有物权的凭证;二是登记簿,登记簿是国家建立的档案簿册,由登记机构保存和管理,它是确定物权归属和内容的依据,不动产物权的变动自记载于登记簿时发生效力,当权属证书和登记簿不一致时,以登记簿为准。

公众查询的材料只能是登记簿,登记簿的查询是不动产物权变动公示制度的重要组成部分。我国《物权法》规定登记查询的主体只限于权利人和利害关系人，显然缩小了公众的范围。

2. 物权行为

(1)物权行为的概念

物权变动的最重要的原因是民事法律行为，这种民事法律行为即是物权行为，所谓物权行为是指以意思表示为要素，旨在产生物权变动效果的法律行为。由于物权变动坚持公示原则，因此，物权行为除了意思表示之外，还要加上交付或登记。

物权行为的概念是由德国人创造的，在德国学者萨维尼看来，履行买卖契约的交付并不是一种单纯的事实行为，而是包含着一项转移所有权为目的的物权契约，单纯的债权合同并不能直接发生物权变动的效果。要发生物权的变动，除债权契约之外，还需要有一个以物权变动为内容的合意，即物权契约。按照德国法的理论，一个买卖行为实际上包含了两个合意，第一个合意是作为原因行为的债权合同，即买卖合同本身，此一法律行为也称为负担行为；第二个合意是作为结果行为的物权合意，物权合意再加上交付或登记这一事实行为，构成了物权行为，也称处分行为。

物权行为是人造的产物，与普通人的日常观念存在距离，在常人看来，一个以转移所有权的买卖行为就是一个合意再加上一个事实行为，即作为合同履行手段的交付或登记，也就是说，通过买卖进行的物权变动就是合同加上履行，简单明了。而物权行为理论却产生了两个合意，并把交易过程分成了三步：一是缔结债权法上的买卖合同；二是缔结以转移所有权为目的的物权合同，此物权合同完全独立于前一个债权合同；三是实施交付或登记这一事实行为。

物权合意只是一种理论上的虚构，超出了国民生活经验而拟制出的技术概念，一个交易明明只需一个合意就足够，何来两个合意？从诞生之日起物权行为理论就充满争议，被人讽为理论凌辱了现实生活。不过，物权行为理论具有较强的逻辑性，使得法律关系变得十分清晰，有助于法律的适用。我国《物权法》虽没有明确提出物权行为的概念，但进行了物权变动本身和物权变动原因的区分，把二者作为两个不同的法律事实进行分别判断。物权行为虽然在通过债权合同进行的物权变动中稍显复杂，但在解释抛弃动产所有权这一行为时，却非常有用，用合同加交付（放弃占有）则根本无法来解释，因为作为单方行为的抛弃行为中并没有合同，而套用物权行为理论则可以进行准确解释，即一个抛弃所有权的意思表示再加上放弃占有的事实行为就构成了典型的物权行为。

(2)债权行为和物权行为的关系

社会财产关系中所涉及的物权和债权存在方式,一般来说可以有三种类型。

一是二者并存,债权行为作为原因,物权变动则是后果,例如买卖、互易、赠与等,其他还有通过合同设定移转的土地承包经营权、建设用地使用权、地役权、抵押权、质权等他物权。

二是仅有债权行为而没有物权的变动,这种类型主要是一些无偿劳务合同,一方给付劳务而没有报酬,没有物权变动,另一方接受劳务而无须支付报酬,依然没有物权变动。

三是仅有物权的变动而没有债权行为,比如,抛弃、生产制造、继承、受遗赠、征收以及裁判所引起的物权变动。另外,留置权是法定担保物权,无须当事人的合意,宅基地使用权也不是通过合同取得,而是通过行政审批,并且不能自由流转,因此也属于这一类型。

后两种类型由于物权行为和债权行为不会发生混淆,所以很容易依据物权规则或者债权规则进行调整。但在二者并存的情况下,则要依据区分原则对二者进行区分。依据债权行为而发生的物权变动是由两个不同的法律事实构成的,首先是作为原因行为的合同的有效成立,然后是作为效果行为的物权变动,这两种法律事实具有不同法律基础。当事人之间能否发生债权法上的效果,则要依据合同法规则对当事人的合意进行判断;而物权变动则要符合物权规则,以动产的交付和不动产的登记为要件。二者是相互衔接的,物权变动实际上是对合同的履行,债权行为是原因,物权变动是后果也是目的。原因行为有效成立不一定必然导致物权变动的效果,物权是否变动也不影响原因行为的效力,原因行为要靠《合同法》来规范,而效果行为需要《物权法》来调整。

第二节　物权总论案例研究实务技能

一、土地和房屋的关系

我国的不动产包括土地以及房屋、林木等地上定着物,其中房地的关系尤为重要,在实务中需要注意以下几点:

首先,在不动产的登记中,土地和附着物是不同的权利客体,二者权利上具有独立性。比如,甲将一块没有附属物的建设用地的使用权抵押给某银行,在抵押期间,甲在该地上盖起了一座大楼,一旦某银行行使抵押权,则只能就土地使用权拍卖变卖的价款优先受偿,对后建的大楼不享有优先受偿权,因为大楼并非抵押权的客体。

其次，在处分上必须坚持房地一体原则，处分房屋则其下土地使用权一并处分，处分土地使用权则其上的房屋也一并处分。《物权法》明确规定，进行建设用地使用权的转让、互换、出资、赠与、抵押等处分的，附着于该土地上的建筑物、构筑物及其附属设施一并处分，而进行建筑物、构筑物及其附属设施转让、互换、出资、赠与、抵押等处分的，该建筑物、构筑物及其附属设施占用范围内的建设用地使用权一并处分。上例中，某银行虽然对后建的大楼没有抵押权，但有权将土地使用权和大楼一并进行拍卖变卖，只是对售楼的价款没有优先受偿权而已；如果在抵押时，大楼已经建好，则大楼必须和土地使用权一并处分。

最后，我国法律并未明确禁止房屋所有权的处分，但对不同的土地使用权进行了不同的限制，结果会导致违背房地一体原则的现象出现。依据《土管法》第 4 条，我国实行土地用途管制制度，将土地分为农用地、建设用地和未利用地，其中建设用地又分为国有建设用地、农村集体建设用地和农民宅基地。国有建设用地使用权可以自由流转，不存在房地分离。农村集体建设用地又分为两种，一种是农村公用公益设施建设用地，这类公用公益设施本身就禁止流转，其下的土地使用权也禁止流转，存在房地的分离；另一种是乡镇、村企业的厂房等建筑物用地，这类土地使用权不能单独流转，也就是说“白地”即没有附着物的土地的使用权不能流转，但许可跟随厂房等建筑物的转让而流转，因此也不存在房地的分离；农民宅基地使用权严格限制流转，而法律又没有禁止农村房屋的流转，结果导致房地的分离，违背了房地一体原则，因此，实践中为了维护房地一体原则，在事实上采用了限制农村房屋处分的方式，而限制农民房屋自由买卖则又损害了农民财产所有权。导致这种现象并不是房地一体原则的错，而是对宅基地使用权的过分限制。

二、物权变动公示效力问题

关于物权变动公示效力有三种模式：一是公示的对抗主义。以法国和日本为代表，主张当事人的合意就能发生物权变动的效果，无须公示即在当事人之间生效，但不公示不能对抗善意第三人。二是公示的生效主义。以德国和瑞士为代表，主张动产交付和不动产登记是物权变动的构成要件，不公示就不会发生物权变动的效力。三是公示的折中主义。我国《物权法》采用了公示的折中主义主张，即一般情况下采用生效主义，在例外情况下采用对抗主义，比如地役权和土地承包经营权采用对抗主义。

物权变动公示的目的在于使当事人之间的权利变动能产生对第三人的对

抗效力,因此,《物权法》不同于债权法的的关键在于第三人在《物权法》中具有重要意义,《物权法》的许多制度其实就是围绕债权行为当事人与第三人的利益平衡问题来设计的。概括地说,一种权利如果能够对抗第三人的话,不管在名义上是物权还是债权,它实际上是实质的物权,而如果不能对抗第三人的话,即使名义上是一种物权,它的效力也只能等同于债权。

我国《物权法》中的第三人分为三种,第一是善意第三人,即不知道也不应该知道当事人之间物权变动的事实;第二是恶意第三人,即知道或应当知道当事人之间物权变动的事实;第三是概括第三人,即无须考察主观上是善意还是恶意的第三人。依据权利与第三人之间关系的不同,可以把权利分为三个等级:一种权利如果能够对抗善意第三人,则是效力绝对的物权,此为第一等级;如果只能够对抗恶意第三人而不能对抗善意第三人,则是效力相对的物权,此为第二等级;如果连恶意第三人也不能对抗,则没有任何物权效力的,实际上是纯粹的债权,此为第三等级。

生效主义和对抗主义在表面上看是两种完全不同的制度设计,但从根本上说,在对善意第三人的保护上二者是完全一致的。依据生效主义原则,无公示则无效力,没有公示的权利就没有任何物权效力,属于第三等级,当然不能对抗善意第三人;依据对抗主义原则,无公示的权利属于第二等级,也不能对抗善意第三人。

第三等级和第二等级的差别在于对恶意第三人的态度不同,第三等级不能对抗恶意第三人,第二等级可以对抗恶意第三人。因此,生效主义和对抗主义的不同之处在于,生效主义保护了恶意第三人而对抗主义则拒绝保护恶意第三人。

保护交易中的善意第三人,其意义无须讨论,两种主义皆做到了。至于恶意第三人的保护,则意义不大,恶意第三人不值得保护,因此,对抗主义要比生效主义更富有效率,避免了生效主义的繁琐和僵化。不过,生效主义的特别价值在于物权秩序的维护,就不动产的登记来说,强调登记生效的目的不仅在于保护第三人,还有建立政府管理秩序的诉求,这显然已经超出了公示公信的目的。所以讨论两种主义的选择,还得从民法之外考虑。

三、商品房多重买卖的处理

商品房的多重买卖是指作为房地产开发企业的出卖人将尚未建成或者已竣工的房屋出售给不同的两个或两个以上的买受人,并分别与之签订商品房买卖合同的情况,多重买卖的最终解决需要归结到商品房所有权的归属问题。依据《物权法》的区分原则,解决多重买卖需要分为两个层面。

（一）多个合同的效力审查问题

所有权的转移要以合法有效的购房合同为前提，如果虽然成立了多个买卖合同，但只有一个合同有效，而其他合同皆无效，那么，所有权的归属自然不成为问题。比如，出卖人与第三人恶意串通另行订立商品房买卖合同，在先购房人可以请求法院确认出卖人与第三人订立的商品房买卖合同无效，第三人自然不能取得该商品房的所有权。

（二）所有权归属的确定

当多个合同均为有效而且数个买受人均要求履行合同时，所有权的归属需要按照下列规则的先后顺序来确定，只有不符合前一个条件，才能适用下一条规则。

1. 尊重优先权。优先权是基于特别立法政策考量而赋予某种特别优先效力的权利。在决定所有权的归属上，当然需要尊重优先权。比如，在我国的司法实践中，被拆迁人享有优先权。当拆迁人与被拆迁人按照所有权调换形式订立拆迁补偿安置协议，明确约定拆迁人以特定位置和用途的房屋对被拆迁人予以补偿安置时，如果拆迁人将该补偿安置房屋另行出卖给第三人，那么被拆迁人可以请求优先取得该房屋的所有权。被拆迁人的优先权具有优先于物权的效力，所以，即使第二个买受人已经办理了登记手续，也不能对抗被拆迁人的优先权。

2. 办理商品房预告登记手续的买受人取得房屋所有权。不动产预告登记实际上是债权通过登记方式而取得了物权的优先效力，具有公示与公信效力。按照《物权法》第 20 条的规定，预告登记后，未经预告登记权利人同意，处理该不动产的，不发生物权效力，因此，即使第二个买受人已经办理了登记手续，也不能对抗预告登记人。

3. 已经办理商品房过户登记手续的买受人取得房屋所有权。数个买受人中，谁办理了商品房过户登记手续，谁就取得了该房屋的所有权，登记是不动产物权变动的公示要件，登记即意味着取得了所有权。

4. 合法占有房屋的买受人取得所有权。交付使用虽然并不具有所有权转移的意义，但是，房屋的转移占有和交付使用，仍然具有明显的公示的现实作用。我国相关的司法解释规定，对房屋的转移占有，视为房屋的交付使用，房屋毁损、灭失的风险，在交付使用前由出卖人承担，交付使用后由买受人承担。显然，先行合法占有房屋的买受人已经开始承担房屋的风险，当其他买受人皆不具备前述三个条件时，合法占有人取得所有权完全符合民法的公平原则。在实践中，“领钥匙”等方式可以视作对房屋的交付使用。

5. 先行支付房屋价款的买受人取得房屋所有权。支付对价是房屋买卖合同履行行为,为了维护正常的市场秩序,促进合同的善意履行,维护当事人的合法利益,应当支持已经先行支付房屋价款的买受人取得所有权。

6. 生效在先合同的买受人取得房屋所有权。这是民法诚实信用原则的体现。

四、不动产登记错误的司法救济问题

不动产登记错误时,受害人进行司法救济有两条路可走,一个是以登记的权利人为被告提起民事诉讼,另一个是以登记部门为被告提起行政诉讼。比如,甲生前留下有效遗嘱,将他的一处房产交由其长子乙继承,而甲的次子丙却擅自将该房屋过户登记到自己名下,乙为了维护自己的权利,既可以起诉丙,也可以起诉登记部门。民事和行政这两种不同的诉讼方式具有不同的价值和构成要件,对受害人来说,需要依据具体情况选择适当的方式,以最大限度地维护自己的利益。

(一)民事诉讼

民事诉讼的目的就在于解决民事纠纷,采用民事诉讼能够彻底解决当事人之间的争议。对民事纠纷来说,民事诉讼是最终也是最彻底的解决办法。过去,在实践中曾经存在一个误区,认为确定房屋权利的唯一机关是登记部门而不是法院,所以在诉讼中,登记权利人往往以"房屋所有权证就是正当权利的证明,是国家机关依据法定程序确认的,未经发证机关撤销,他人无权否定其效力"作为抗辩理由,要求原告另行以登记机关为被告提起行政诉讼,只有在原房屋所有权证被撤销之后,才能继续进行前一个民事诉讼。显然,这种主张使得行政诉讼成为民事诉讼的前置程序,因而是不成立的。在民事诉讼中,房屋所有权证仅具有权利推定的效力,不过是一个证据而已,许可他人通过相反证据加以推翻,当原告提供足够证据证明原登记错误时,法院当然有权撤销原权属证书而支持原告请求,而无须再经历行政诉讼程序。

民事诉讼虽有彻底解决纠纷的优点,但对原告来说,负有较高的举证责任,即原告只有提出足够的证据才能得到胜诉判决。

(二)行政诉讼

行政诉讼的目的在于对行政机关的行政行为进行合法性的审查,而不是解决民事纠纷。假如上例中的乙对登记机关提起行政诉讼时,可以主张登记机关为丙发放房屋所有权证书的行为违法,要求法院认定发证行为无效,但乙不能要求法院直接判决该房产归乙自己所有,因为在行政诉讼中,法院只能审查登记机关登记发证行为的合法性,不能代行登记权力,因而无权直接要求登记机关将争讼房屋登记到乙名下,否则就是司法权力侵犯和干涉了行政权力。因此,对乙来说虽然可以得到一个胜诉判决,但却无法在行政诉讼中彻底解决问题,乙想要取得争讼房屋的所有权,还需要在丙的所有权证被撤销后,重新向登记机关提出申请,提交相关的证明材料,请求将该房产登记在自己名下。

因此,行政诉讼不如民事诉讼解决问题彻底。但选择行政诉讼也有相应的优点,行政诉讼实行举证责任倒置,可以减轻原告乙的举证负担,由被告登记机关举证证明其给丙发证行为的合法性,否则会承担败诉的不利后果。在某些特定情况下,行政诉讼可能是唯一的选择,如果当事人要依据《物权法》第21条第2款要求登记机关承担损害赔偿责任时,只能提起行政诉讼,请求法院认定被告登记错误并承担赔偿责任。比如,当丙将争讼房屋转让给第三人丁时,由于丁依据丙的权属证书而信赖丙为真正权利人而与之交易,法律保护这种通过登记而产生的公信力,因此,乙不能向丁主张权利,虽然乙可以通过民事诉讼向丙主张损害赔偿,但如果丙将卖房所得款项挥霍一空或者卷款而逃时,乙希望通过民事诉讼进行权利救济的目的落空,此时,乙提起行政诉讼主张国家赔偿便可以达到弥补自己损失的目的。

五、物权保护的实务问题

我国《物权法》对物权的保护,设计了确认权利、返还原物、排除妨害、消除危险、修理更换重做以及恢复原状、损害赔偿等多种救济方法。其中,确认权利属于确认之诉,不涉及请求权,其他几种请求权有属于物上请求权的,也有债权请求权的内容。其中,排除妨害和消除危险属于物上请求权,损害赔偿则专属于债权请求权,重做和更换也只能基于承揽、买卖等债的基础之上,也属于债权请求权的内容,而返还原物、修理既能以物上请求权的方式行使,也可以作为债权请求权的内容。

(一)物上请求权和债权请求权的选择

1. 排斥关系。物上请求权和债权请求权在许多时候不能并存,比如,没有了物则没有物上请求权但可以存在债权请求权,没有损害而仅有损害的可能和危险,则没有债权请求权而有物上请求权。

2. 竞合关系。当二者存在竞合关系时,需要选择适用,选择不同,结果也不同。一般来说,当事人受有损害时,选择损害赔偿请求权最有利于保护当事人,但在举证负担上,主张物上请求权只须证明自己是物权人就足够了,而主张损害赔偿则要复杂许多,比如主张侵权请求权则需要举证侵权的四个构成要件。所以,当事人在选择请求权时,需要综合考虑,选择保护方式最周全、举证负担最小等最有利于保护自己的方法。例如,乙无权占有甲的汽车并造成甲运输业务上损失一万元,如果甲想最大限度地保护自己的利益,只有主张损害赔偿,才能要求对方返还原物并赔偿损失,比如,可以举证证明对方违约,或者证明对方盗窃从而构成侵权,但是如果不能证明双方的债权关系,则只能基于所有人身份行使物上请求权要求对方返还原物而不能主张损害赔偿。

(二)民法保护的具体方式

1. 确认物权

物权的确认是指当事人在物权归属和内容上存在争议或权利状态不明时,请求有权机关以法定形式确认归属和内容的制度,物权的确认是物权保护的前提,其重要意义不言自明。确认物权既可以向行政机关提出,也可以诉请仲裁机构和法院,向法院主张确权则会形成确认之诉。

2. 返还原物

当物被他人无权占有时,"物在呼叫主人",权利人可以要求无权占有人返还原物。返还原物的前提是原物依然存在,如果原物已经灭失,返还原物已属客观不能,权利人丧失了返还原物的请求权,只能转化为损害赔偿请求权。

3. 排除妨害

当物虽然在权利人占有之下,但却因他人的非法行为造成物权行使的障碍时,权利人可以主张排除妨害,比如堵塞楼道、通道造成不动产使用上的不便等,权利人皆可要求排除妨害;当这种妨害还造成损害时,比如楼梯被封而另开它途所支出的费用,则可以主张损害赔偿。

4. 消除危险

危险和妨害的不同在于妨害已经造成了权利不圆满的现实,而危险尚未造成现实的物权不圆满,但这种危险是合理预见而不是主观臆断的。

5. 恢复原状

《物权法》第 37 条规定了恢复原状的救济方式。这一方式能否归入物上请求权之列存在争议,主要原因是这一概念和上述返还原物、排除妨害、消除危险三类请求权存在着交叉现象,恢复原状是恢复到物权被侵害之前的圆满状态,显然上述三种请求权如果得到实现的话,恢复原状的目的也达到了,而且《物权法》第 37 条又把修理、重做、更换和恢复原状并列,使关系变得更复杂。实际上,重做、更换是基于当事人之间的承揽、买卖等合同关系的补救行为,属于债权请求权范围;只有修理可以基于物权受损这一事实而主张,能够作为物权请求权的内容。因此,有人主张恢复原状仅指修理,在这个意义上不妨可以把恢复原状作为物上请求权的一种。

6. 赔偿损失

当他人侵害物权的行为造成物权人的经济损失时，物权人可以请求侵害人赔偿损失，损害赔偿是侵害人承担的民事责任，旨在进行利益填补。

第三节　物权总论典型案例研究

一、丁某诉马某所有权确认案[1]

（一）案情介绍

原告丁某诉称，原告丁某与被告马某系岳母与女婿关系。2000 年 4 月，原告为改善居住条件，将原居住的 A 房屋出售，购买系争 B 房屋，由于原告及其丈夫陈某某都已退休无法办理银行贷款，故与被告协商以其名义向银行贷款。被告同意后，原、被告作为买方与房产商就系争房屋买卖签订《商品房预售合同》，被告还与银行签订《个人住房抵押合同》，之后，原告每月以被告名义向银行归还贷款。2000 年 7 月 8 日，被告及其妻子陈某出具《承诺》，明确被告夫妻对系争房屋不享有任何份额，将来也对此无任何异议。2002 年 11 月 1 日，房屋产权登记在原、被告名下，由双方共同共有。2003 年至 2004 年间，原告还清了全部贷款，注销了抵押。由于被告违背承诺，双方为此产生纠纷，故原告向法院提起诉讼，请求确认系争房屋产权为原告一人所有。

被告马某辩称，系争房屋的首付款为原、被告作为家庭成员的共同出资。被告为购房向银行贷款 17 万元，亦属于被告个人出资。虽然此后原告替被告向银行偿还了大部分的贷款，但这只是减轻乃至消灭了被告对银行的债务。支付房款给房产商和将贷款归还银行，是两种不同的法律关系，原告不应将还贷当作出资，故原告诉称被告未支付任何房款不符合事实。《承诺》出具后，双方仍共同居住生活，被告还出资对系争房屋进行装修并偿还部分贷款，双方的行为已推翻了被告出具的《承诺》，且被告基于家庭成员的信任，未向原告收回该已作废的《承诺》。由于不动产的物权变动必须经过登记才发生法律效力，故仅凭被告单方面出具的《承诺》而不办理变更登记手续，不具有物权效力。且如果将《承诺》看作是被告对原告的赠与，按照法律规定，在财产权利转移前，被告可以撤销赠与。另外，系争房屋产权于 2002 年登记在被告名下时，原告并未提出异议，现原告至 2010 年 10 月 14 日才就产权问题提起诉讼，超过诉讼时效。综上，系争房屋系被告与原告共同出资购买，被告依法经

[1] 上海市普陀区人民法院（2010）普民三（民）初字第 2980 号。

登记成为房屋权利人,合法取得并享有房屋所有权。

经审理查明,原、被告系岳母与女婿关系。2000 年 4 月 2 日,原、被告作为买方,购买系争 B 房屋,房款为 287,245 元。2000 年 6 月,被告与银行签订《个人住房商业性借款合同》、《个人住房抵押合同》,约定以系争房屋为抵押物,向银行借款 17 万元,借款期限 20 年,抵押物共有人为原告丁某及其丈夫陈某某、陈某(丁某女儿、马某妻子)。2000 年 7 月 8 日,被告及妻子陈某出具《承诺》,主要内容为:房产合同上虽有马某,但 B 房屋系丁某、陈某某购买之房产,马某、陈某承诺对此房产不拥有任何份额,将来也对此无任何异议。2002 年 11 月 1 日,系争房屋产权登记在原、被告名下。至 2004 年 1 月 29 日,系争房屋的全部贷款还清,设定在系争房屋上的抵押也随即被注销。另查,原、被告原居住的 A 房屋原为原告丈夫陈某某租赁的公房,1994 年,经该户同住成年人(包括丁某、陈某某及其女儿陈某、女婿马某)协商一致同意购买该房产权,房屋购买人确认为陈某某,房屋实际付款金额为 8325.82 元,其中既利用了陈某某的工龄,陈某也用其名下的公积金支付了几百元的房款。2000 年 3 月,该房屋出售,售房款为 12 万元。购买系争房屋的首付款 115,000 元即用该出售款支付。贷款本息共计 195,068.98 元,其中原告归还了162,095.52元,余款均为被告归还。

(二)本案争点

1. 原告主张权利是否超过诉讼时效。

2. 系争房屋所有权的归属。

(三)本案法律分析及其处理

1. 物上请求权的诉讼时效适用问题

《物权法》没有对物上请求权的诉讼时效问题作出明确规定。许多人认为已登记的不动产不适用诉讼时效,而动产和未登记的不动产仍然适用诉讼时效,这种观点其实是以我国台湾“民法”的规定为基础的,按照我国大陆的民法体系,物上请求权不应该适用诉讼时效。

诉讼时效是消灭时效,它是与取得时效相对应的,在物上请求权的诉讼时效问题上,必须有取得时效制度的配套,才能适用。时效取得是所有权原始取得的一种方式,依据我国台湾“民法”,时效取得适用于动产和未登记的不动产。动产的善意取得是指非权利人以所有的目的,公然的、和平的、持续的占有他人动产达 5 年者,取得该动产的所有权,而原所有权人则丧失了所有权。而未登记的不动产的时效取得则因占有人的主观状态不同而分为两种,占有之时善意且无过失的占有人,以所有的意思公然的、和平的、持续的占有他人不动产达 10 年者,取得该不动产的所有权,而占有之时为恶意者,占有人则需要经过20年者才能取得该不动产的所有权。

而我国大陆《物权法》并没有规定取得时效，因此，就返还原物请求权来说，如果适用消灭时效的话，一旦超过了诉讼时效，则原所有人无法在法院胜诉而取回原物，但由于没有配套的取得时效制度，无权占有人也无法取得所有权，造成一种没有主体的权利真空状态，虽然占有人可基于占有这一事实而对占有物具有特定的效力，受到一定的保护，但毕竟占有并不是一种物权，无法实现物的最大效用。至于排除妨害和消除危险请求权，即使适用消灭时效，只要妨害和危险一直处于持续状态，就永远不会超过时效，如果妨害和危险消除了，也就没有物上请求权保护的必要。因此，就目前的《物权法》缺失时效取得制度这一现状而言，物上请求权不应受到消灭时效的限制。

2. 系争房屋所有权的归属

依据《物权法》，不动产物权的设立、变更、转让和消灭，经依法登记，发生效力；未经登记，不发生效力。因物权的归属、内容发生争议的，利害关系人可以请求确认权利。本案中，系争房屋的购房出资，系由两部分构成，首付款为A房屋出售款，余款为被告名义的银行贷款。其中A房屋产权虽登记在原告丈夫陈某某名下，但购房时被告及其妻子陈某均为该房同住成年人，对该房享有居住使用权，且陈某还用其名下的公积金支付了几百元的房款，故首付款不能视为原告单方出资。以被告名义向银行贷款的17万元中，原告向银行偿还了其中大部分的贷款，被告也偿还了其中部分款项。

从《承诺》出具的时间分析，当时系争房屋产权尚未登记在原、被告名下。从《承诺》内容分析，由于被告方在购买的系争房屋中有出资，故其对系争房屋作出的“不拥有任何份额，将来也对此无任何异议，即永久不对此房产拥有名分”的承诺，应理解为被告作出了将其对房屋所享有的权利赠与原告的意思表示。从《承诺》效力分析，在2002年11月1日系争房屋产权登记在原、被告名下后，双方并未依据《承诺》办理房屋产权变更手续。《合同法》第187条规定赠与的财产依法须办理登记等手续的，应当办理有关手续，而不动产的物权变动必须经过登记才发生法律效力，因此，虽然被告出具《承诺》，但在原、被告双方未去相关部门办理系争房屋产权变更登记手续的情况下，该《承诺》不发生法律效力。《合同法》第186条规定，赠与人在赠与财产的权利转移之前可以撤销赠与。现被告明确表示不再履行《承诺》，应视为被告已撤销赠与。因此，诉争房屋系原被告共同出资，对原告丁某要求确认房屋归其一人所有的诉讼请求不予支持。

二、刘浩诉孙振新所有权纠纷一案[1]

(一)案情介绍

诉争房屋系案外人刘强以按揭方式购买,并向中国银行新疆分行营业部设立了抵押担保。2008 年 8 月 18 日,刘强向原告刘浩借款,后因刘强没有如期偿还借款,刘浩提起诉讼。2009 年 3 月 25 日,双方达成执行和解协议,案外人刘强同意在按揭余款由刘浩偿还后,将诉争房屋过户给原告刘浩。同日,法院查封了上述刘强名下的房屋登记手续。2009 年 6 月 1 日,刘浩代刘强提前归还了全部按揭住房贷款,中国银行新疆分行营业部同日向刘浩出具了《解除抵押通知书》。

2008 年 8 月 25 日,刘强也向被告孙振新借款,刘强向孙振新承诺,若未按期足额归还借款,孙振新对诉争房屋有权采取提前还贷,办理抵押、解押、领取房地产证,办理房地产转让过户、收取售房款等手段将此房地产变现收回借款,并约定刘强将上述按揭购房的全部手续交给孙振新保管,并向孙振新出具含有提前还贷、办理抵押、解押、领取房地产证,办理房地产转让过户、收取售房款等内容的委托书和办理相关手续时需要的身份证件。同日,刘强依承诺向孙振新妻子王建芳出具了《授权委托书》一份并进行了公证。因还款逾期,2009 年 3 月,孙振新向刘强催款,刘强同意将诉争房屋交孙振新处置,并将中国银行卡、存折、房门钥匙、户口本、身份证等交孙振新。2009 年 5 月 26 日,孙振新以刘强借款未按期归还为由向法院提起诉讼,法院于 2009 年 5 月 31 日调解结案,调解结果为刘强于 2009 年 6 月 1 日前给付孙振新欠款。此时,孙振新得知法院将刘强的房产准备执行给刘浩,便向法院提出执行异议,法院裁定中止执行。原告刘浩对该裁定不服,依照《民事诉讼法》第 204 条之规定,对孙振新提起诉讼,认为其与案外人刘强之间的借贷纠纷已由法院调解结案,并已进入执行程序,原告已将涉案房屋剩余按揭款向银行全部付清,该房屋所有权理应归属于原告。

(二)本案争点

1. 原告刘浩是否取得房屋所有权。
2. 被告孙振新是否享有房屋抵押权。
3. 何方的权利更值得保护。

(三)本案法律分析及其处理

依照我国《物权法》的相关规定,不动产物权的设立,经依法登记,发生效

[1] 新疆维吾尔自治区乌鲁木齐市中级人民法院(2010)乌中民四终字第 709 号。

力。本案所涉房屋设立了抵押担保,中国银行新疆分行营业部作为抵押权人在刘强的贷款本息归还完毕之后虽向刘浩出具了《解除抵押通知书》,但房屋产权登记管理部门并未完成将涉案房屋产权办理至刘浩名下的登记程序,故刘浩对该房屋并不享有物权,且刘浩对涉案房屋亦不享有抵押权。

刘强虽承诺其如不能向孙振新按期足额归还借款本息,则孙振新有权以其名义提前还贷、办理抵押、解押、领取房地产证、办理房地产转让过户、收取售房款等,并事实上将用于归还贷款的中国银行卡、存折、房门钥匙、户口本、身份证等交孙振新,但依照我国《物权法》第 188 条的规定,以建筑物或其他土地附着物等财产抵押的,应当办理抵押登记,抵押权自抵押登记时设立,而孙振新对该房屋并未办理抵押登记,故孙振新对涉案房屋亦不享有抵押权。

刘浩和孙振新对涉案房屋均不享有物权,二者仅对刘强享有债权,而债权具有平等性,刘浩请求法院判决将该房屋继续执行至其名下的诉讼请求没有法律依据,如将刘强仅有的财产即诉争房产执行给任何一方债权人,势必会侵犯另一个债权人的权益,违反了公平原则。由此,应驳回刘浩要求继续执行涉案房屋的诉讼请求。

第四节　物权总论习作案例

案例一

张成早年丧妻,一人抚育了张大和张二两个儿子,张二结婚生子后与张成分家单过,张大由于身体残疾一直未婚,而与其父张成一起生活。1996 年,张成购得其所在单位的房改房一套,2005 年张成留下遗嘱:张二继承房产,张大在该房产上享有永久的居住权一直到张大死亡。2008 年遗嘱生效后,房产过户登记到张二名下,2010 年张二以自己儿子结婚需要婚房为由,要求张大腾房。

法律问题

张二是否有权要求张大腾房?如果张二将房屋出售给第三人,第三人是否有权请求张大腾房?

案例二

甲和乙系父女关系,2003 年,甲联合他人一起征地造房,建成两栋门牌号分别为 102 号与 104 号的门面房,在进行产权登记过程中,甲考虑到自己在社会上有一定的知名度,担心露富和引起不良影响,和乙商量后决定将房产登记在乙名下,但实际权利人为甲,待甲死后这两栋房屋再由乙继承。甲乙二人按照约定办理了房产所有权证,该证由甲保管,2008 年乙瞒着甲到登记机关以房产证丢失为由办理挂失手续,并重新申领了房产证,2009 年乙将 102 号房产以 100 万元的价格出卖给丙。甲得知后,认为乙侵犯了自己的所有权而将其起诉到法院。

法律问题

本案如何处理?

案例三

2007 年 9 月 20 日,何某将自己坐落于某市的一处房产卖给于某,双方签订了书面协议,约定房屋价格 11 万元,于某先付给何某 8 万元,剩余房款在年底付清。其后,于某如约付给何某 8 万元,何某将该房屋交予于某,于某在 2007 年 10 月 2 日搬入该房屋居住。同年 11 月,李某得知何某卖房的消息,找到何某,愿以 12 万元购买其房屋。何某也后悔房屋卖价太低,遂于李某签订协议,将该房又卖给李某,并在本市房管局办理了房屋过户手续。李某随即要求于某搬出该房屋,于某不同意,认为自己和何某签订购房协议在先,并且何某已将房屋交给自己,理应受法律保护,拒不搬出。

法律问题

于某与何某所签房屋买卖合同是否有效? 李某与何某所签协议是否有效? 于某的主张能否得到法律的支持? 于某如何保护自己的权益?

案例四

甲与乙共同出资建造了一栋两层楼,一楼归甲所有,二楼归乙所有。甲将一楼改成造成店面,用于商业经营。楼梯设在室内,因而每次下楼,乙都须从甲的店面经过。后来,因琐事两家开始交恶,于是一气之下,甲用货物将楼梯堵住,乙和甲交涉未果,只好自制一铁梯从二楼窗户通到地面,1997 年 5 月因铁梯妨碍市容被城管没收,造成经济损失 500 元,后又花费 300 元架设简易的水泥楼梯。因为甲家势力相对较强,此种局面一直持续了十多年,2008 年媒体曝光后,才开始引起人们的重视。乙决定提起民事诉讼,要求甲恢复楼梯原状,并赔偿损失。

法律问题

本案如何处理?

第七章　所有权案例研究

第一节　所有权案例研究的理论基础

一、所有权的概念和特征

所有权是大陆法系物权法制度的基石和核心概念,是权利人对自己的不动产或者动产,依法享有占有、使用、收益和处分的权利。占有是人对物的实际控制。使用是根据物的性质和用途对物加以利用。收益则是收取物的自然孳息或者法定孳息。处分是所有权人对物和权利本身进行的变更或消灭。当然,所有权并不是四项权能的简单相加,而是来自于对物的独占支配,占有、使用、收益和处分,是所有权人行使其支配权的表现。因此,所有权人享有四项权能并不意味着所有人必须要实际地行使各项权能,他可以将四项权能中的一项或数项权能分离出去由他人行使,以更好地实现其所有权。就所有权的权能来说,用益权能表明了所有权的内核,因为权利的本质就在于获取利益,而处分则体现了权利人对物支配上所拥有的法律之力,法力是权利所必备的外形,没有法律之力的权利不是真正的权利,仅有道德意义,因此用益和处分对所有权来说极具意义。所有权具有自权性、全面性、弹力性和恒久性的特点。

二、国家所有权

国家所有权是指国家对法律规定属于全民所有的财产依法享有的占有、使用、收益和处分的权利。其具有如下特点:

1. 主体的特殊性。国家所有即是全民所有,国家所有权是全民所有一种特定的法律形式,国家是国家所有权的唯一主体。首先,国家在公法意义上具有主权者身份,在民法上则是所有权主体。其次,国家不同于政府,虽然国家所有权需要政府代表国家行使,但国家所有并非政府所有。

2. 客体的广泛性和专属性。相比于私人所有权和集体所有权,国家所有权客体的范围在法律上没有任何限制,其中有些财产只能是国家专属,比如矿藏、军事设施。凡属于国家专属的财产,禁止任何单位和个人取得所有权,只能通过设定他物权的方式来取得使用权。

3. 权利由特定机构代表行使。依据人民主权原理,国家所有实际为全民所有,由于全体国民人数众多无法实际行使所有权,于是全民所有转化为国家所有,由国家作为人民利益的代表,但国家作为一个统一、抽象的组织也无法实际行使所有权,所以必须授权具体的机构来行使所有权。对国有资产的管理,我国实行"统一领导,分级管理"的体制,除了法律另有规定之外(比如,国防资产由中央军委与国务院会同管理),国务院代表国家统一行使所有权,但国务院可以授权各级机构来具体行使所有权。

4. 取得方式特殊。国家所有权可以采用私法方式取得,比如生产、收取孳息、买卖、互易、受遗赠等,这一点国家和其他主体没有区别。但国家出于公共利益的目标,可以利用其统治权地位而强制取得所有权,例如,征税、征收、没收、罚款、罚金等。另外还有无人认领的遗失物收归国有、所有人不明的埋藏物、隐藏物收归国有、无人继承又无人受遗赠的遗产收归国有或集体所有、无主财产收归国有或集体所有等,也是国家所有权取得的特殊方式。

三、农村集体所有权

农村集体所有权是农村集体组织成员对集体所有的动产和不动产依法享有的占有、使用、收益和处分的权利。

1. 集体所有权是公有制的法律表现形式。农村集体所有权是否写入《物权法》在立法过程中也充满争议,许多人主张所有权不应该与所有制来对应,公有制也不仅仅表现为国家所有和集体所有。但法律毕竟要反映现实,公有制的传统影响和现实主导,决定了《物权法》必须对集体所有权制度作出规定,但这个"劳动群众集体"却无法归入民法学理论所包容的主体形式之中。

2. 农村集体所有权的实质是为了增进集体成员的利益。农村集体所有权其实质是在强调集体成员的所有权者权益,也就是说农村集体所有权的根本目的是为了集体成员而不是为了集体自身,其最终目的在于增进本集体成员的利益,集体仅仅是实现成员利益的手段或途径而已。农村集体所有权没有全国性的统一的主体,各个集体都是独立的所有权主体,一个人也只能成为一个农村集体成员,而不能向两个及以上的集体主张成员权利。

3. 成员通过行使社员权的方式直接参与农村集体所有权的行使。公有制意义下的集体具有特定含义而并非真正的民事主体,因而无法直接行使所有权。与国家所有权一样,农村集体所有权中的行使需要借助于具体的民事主体,如村办企业、村委会等。但二者的不同之处在于,国民作为国家所有权中真正的权利人,通过代议制的方式间接参与国家所有权的行使;而农村集体成员则是直接参与到所有权行使的过程中,涉及集体财产的重大事项必须通过集体成员表决形成集体意志，因此，《物权法》中对农村集体所有权进行规范的重点放在了社员权的设计和保护上，而社员权的保护则依赖于完善的程序设计，《物权法》强调了两点，一个是民主化的集体意志形成制度，另一个是监督机制。

4. 农村集体所有权客体广泛。除属于国家专有的禁止集体所有的之外的物，都可以成为农村集体所有权的客体，具体包括土地和森林、山岭、草原、荒地、滩涂，建筑物、生产设施、农田水利设施，教育、科学、文化、卫生、体育等设施，以及其他不动产和动产。

四、业主的建筑物区分所有权

建筑物区分所有权是指业主对于一栋建筑物中专有部分的单独所有权、对共有部分的共有权以及因共有关系所产生的共同管理权的结合。其具有以下特点：

1. 权利的集合性。建筑物区分所有权与一般房屋所有权的不同之处在于权利的集合性，即专有权、共有权和共管权三种权利结合。

2. 权利的整体性和不可分性。建筑物区分所有权并不是三种权利的简单相加，而是具有整体性和不可分性，三种权利紧密结合，不能单独转让。

3. 专有权的主导性。三种权利中专有权是主导性权利，共有权和共管权的目的在于为了实现专有权，若专有权转让，共有权和共管权一并转让。

4. 权利义务的复杂性。建筑物区分所有权除了权利上的集合性之外，在义务上也远较一般的房屋所有权复杂，对一般房屋所有权来说，权利人只要不滥用权利即可，至多在相邻关系上进行限制而已。而对建筑物区分所有权人来说，由于多个业主分享一栋建筑物的所有权，彼此关系紧密，承担的义务要远比相邻关系中的限制多。

五、相邻关系

相邻关系是相邻的不动产所有人或使用人，在行使权利时，依据法律规定应当给予对方便利或接受限制而发生的权利义务关系。法律通过限制一方的权利而扩张另一方权利的方式对相邻不动产的利用关系进行调整，目的在于最大限度地发挥不动产的效益。

1. 对不动产的依附性。相邻关系产生于相邻不动产的所有权人或使用权人之间，与不动产的自然条件有关，虽然以不动产的利用为目的，但并非一种独立的用益物权，而是依附于不动产所有权，是对所有权的限制或扩张，不动产转让，其基于相邻关系而产生的权利和义务也随之转让。

2. 产生的法定性。相邻关系中权利义务的内容并非来自于当事人的约定,而是来自于法律的规定,法律对一方权利的限制实际上是所有权限制的表现之一。

3. 客体是财产利益。相邻关系的核心是权利的扩张,权利指向的对象是不动产利用所产生的一种利益,是对不动产所有权进行扩张所产生的财产利益。这种利益表现为一方给予另一方的便利和不干涉所带来的利益。

4. 权利义务的非对价性。相邻关系中,一方享有权利无须支付对价,权利的扩张是无偿的。无偿只是不要支付报酬但如果给义务人造成损害的,则要承担损害赔偿责任。

六、共有

(一)共有的概念和特点

共有与单独所有相对,是两个或两个以上的权利主体就同一项财产共同享有所有权的法律状态。共有和单独所有的不同之处在于共有关系涉及内外两重关系,其中,外部关系是指共有人与非所有人之间的关系,以不特定的任何人为义务主体,具有绝对性,而内部关系指各共有人之间的权利义务关系,具有相对性。

共有的客体是同一项特定财产,在法律上均表现为统一的尚未分割的财产。对按份共有而言,虽然每一个共有人的权利是有份额的,但共有权的效力及于全部共有物之上,比如,甲乙两人虽然对一头牛的共有是各占一半的比例,但并不意味着甲只能支配牛的前半身而乙只能支配后半身,二人支配的效力应该及于牛的整体。共有权是所有权的联合。英美法系承认所有权可以进行质的分割,而大陆法系不承认所有权可以进行质的分割而承认量的分割,共有即是对一个所有权在共有人之间进行的量的分割。

(二)按份共有

按份共有是共有人按照确定的份额对共有物享有所有权,当对共有没有约定或者约定不明确的,除共有人具有家庭关系等外,视为按份共有。按份共有仅仅涉及财产关系,共有人之间不存在团体性或身份性关系,在协议与法律未作限制的情况下,共有人可以随时主张分割或转让以结束这种财产上的关系。

共有物的占有、使用和收益方式由共有人约定;没有约定时,由各共有人依各自份额行使占有、使用、收益权。对共有物的管理费用以及其他负担,有约定的,按照约定;没有约定或者约定不明确的,共有人按照其份额负担。因共有物而产生的债权债务对各共有人之间形成连带关系,但法律另有规定或者第三人知道共有人不具有连带债权债务关系的除外。当共有人偿还债务超过自己应当承担份额时,有权向其他共有人追偿。

(三)共同共有

共同共有是多个民事主体基于共同关系而不分份额的对一物享有所有权。各共有人对共有物共享平等权利,分担同等义务,与按份共有中共有物管理事项的多数决不同,共同共有中的共有物的管理需要全体共有人的一致决定。因共有物而产生的债权债务对各共有人之间形成连带关系,这一点与按份共有一致,但是共同共有内部没有追偿的权利。

七、善意取得

(一)定义

善意取得是无权处分人将其受托占有的他人的动产或不动产转让给善意第三人,由第三人取得所有权,而原所有人丧失所有权,民法理论上又称其为即时取得,与时效取得相对应。

善意取得制度的设计是利益平衡的结果。对财产的原所有人来说,本应该依据物的追及效力对无论辗转落入何人之手的自己的财产,都享有原物返还请求权,但善意取得制度却中断了物的追及效力,以牺牲财产归属的静的安全为代价而保护财产交易的动的安全。

法律之所以保护善意第三人是出于信赖保护的需要。公示公信是《物权法》的基本原则,公示制度使得无权处分人对所处分的财产具有权利的表征,也就是说,无权处分人或者是合法占有了动产,或者是不动产登记上的名义权利人,而公示则当然产生公信力,善意受让人信赖这种表象上的权利而与无权处分人进行交易,其利益更值得保护。法律确认了无权处分的有效性,使得善意受让人合法取得财产所有权。至于真正权利人的利益只能通过向无权处分人主张损害赔偿的方式来进行弥补。

(二)构成要件

1. 转让人系无权处分。转让人转让财产时并没有真正的权源,构成无权处分的情形有两类:一类是转让人并非所有权人,对动产来说,转让人可能处于承租人、保管人的地位而不是所有人;对不动产来说,转让人是登记上的权利人而不是事实的权利人。另一类是转让人的所有权受限,如共同共有物的处分须经全体共有人同意,单个共有人未经其他共有人同意的擅自处分则构成无权处分;同样,处分被查封扣押的财产也构成无权处分。对动产来说,转让人的占有必须是委托占有而不是脱离占有,委托占有是占有人基于所有人意思的占有,如依据租赁、保管等合同的占有,而脱离占有是指占有人对非基于所有人的意思而致所有人丧失占有之物的占有,如甲拾得乙遗失的手机或者甲盗取乙的手机,则甲对手机的占有是脱离占有,脱离占有物不适用善意取得,所有权人有权向受让人追索,否则对所有权人太不公平。

2.受让人于受让之时善意。恶意之人不值得保护,只有受让人在受让时不知道也不应当知道转让人是无权处分时,才能适用善意取得,如果受让人明知无权处分而执意进行交易,则是自甘冒险,自己承担不利后果也是情理之中。

3.受让人支付合理的对价。受让人取得财产必须是通过买卖、互易、债务清偿、出资等具有交换性质的行为实现的,而接受赠与、继承、受遗赠由于没有支付对价,与所有权人相比不值得特别保护,因而不适用善意取得。如果支付的是明显不合理的低价,也没有适用的余地。

4.交易已经完成公示。善意取得是物权变动的一种方式,只有交易已经完成了公示,才能达到物权变动的效果,如果转让人和受让人之间仅仅达成了合意,而没有转移动产的占有或完成不动产的登记,此时只是一种债的关系,自然没有物权的效力。

(三)善意取得的效力

善意取得的效力表现在物权和债权两个方面。就物权效果而言,原权利人丧失所有权而由善意受让人取得所有权,除此之外,善意取得的动产之上的原来存在的其他权利负担也同时消失,善意受让人取得的是完全的、无限制的所有权,但善意受让人在受让时知道或者应当知道已经存在权利负担的除外。

就债权效果而言,对原所有人来说,在其丧失所有权的同时,必有相应的债权的机制去平衡利益,即原权利人取得了向无权处分人的损害赔偿请求权。

物权规则关注的是物的归属,债权规则解决的是公平问题,物权规则的背后往往有相应的债权规则结伴而行。如果在所有人和受让人之间的利益平衡中受让人落败的话,虽然受让人不能取得所有权,则也必有相应的债权规则去弥补其利益的损害,即受让人可以向转让人主张损害赔偿。

八、拾得遗失物

(一)概念和性质

遗失物属于脱离占有物,往往是所有人的疏忽大意或者不可抗力而致,占有的丧失并非出于所有人之意,因此,遗失物不同于抛弃物,抛弃物属于无主物,适用无主动产先占原则;而遗失物属于有主物,只是暂时脱离了占有而已。遗失物只能是动产,不动产没有遗失的问题。拾得遗失物是指发现他人的遗失物而加以占有的事实,拾得行为是一种事实行为,拾得人无须具有完全行为能力。在一般情况下,拾得人只要将拾得物归还失主,则拾得行为构成无因管理,但如果拾得人占为己有拒不归还,则构成侵权。

(二)物权效力

1. 一般情况下不发生物权变动的效果。拾得遗失物,应当返还所有人,也可以送交公安等有关部门由有关部门及时通知失主领取或者发布招领公告;如果拾得人没有返还或送交,所有人可以行使返还原物请求权。遗失物属于脱离占有物,拾得人的占有并非委托占有,因此遗失物不适用善意取得,如果遗失物被转让给第三人的,所有人可以依据物权的追及效力而向第三人追回。但是所有人的追及权要受到两个方面的限制:其一是两年时效的限制,要求所有人在知道或者应当知道受让第三人之日起2年内向受让第三人请求返还原物;其二是支付对价的限制,如果受让人通过拍卖或者向具有经营资格的经营者购得该遗失物的,所有人只有支付受让人所付的费用才能追索遗失物。

2. 无人认领的遗失物收归国有。拾得人如果找不到失主应当将遗失物送交有关部门,有关部门如果不知道失主是谁,则应当及时发布招领公告,自发布招领公告之日起6个月内无人认领的,遗失物收归国家所有。

(三)债权效力

1. 对所有人的效力。支付必要保管费用的义务;悬赏报酬的支付义务,物权法将道德入法,宣扬拾金不昧的传统美德,不允许拾得人向失主主张报酬,但如果失主在寻找遗失物的过程中曾经悬赏,则自应受其许诺的约束,应该遵守许诺向归还遗失物的拾得人支付悬赏报酬;对受让第三人的对价支付义务,受让第三人如果通过拍卖或者向具有经营资格的经营者购得遗失物的,所有人在追索时需要支付受让人所付的费用。

2. 对拾得人的效力。通知、送交义务,妥善保管义务,侵占遗失物的损害赔偿责任。

3. 对公安等有关部门的效力。公安等有关部门在受到拾得人送交的遗失物以后,负有通知、公告和妥善保管义务,并将公告期满无人认领的遗失物上交国库。

第二节　所有权案例研究实务技能

一、善意取得的认定标准

(一)无处分权的认定

处分是指对财产设定新的物权,比如通过转让设定所有权,出质设定质权等。无权处分是指新物权的设立人没有设立权,一般而言,处分权属于所有权人,没有设立权即是指设立人并非所有权人。因此,设立债权并非处分,比如非法出租并不是无权处分,不存在承租人善意取得承租权的问题。司法实践中,构成善意取得的无处分权主要包括以下几种情形:

1. 处分人仅对财产享有债权,比如承租人、借用人。

2. 处分人对财产享有他物权,比如质权人。

3. 处分人对财产虽然享有所有权,但所有权受到法律限制,比如《物权法》第191条第2款规定抵押期间,抵押人未经抵押权人同意,不得转让抵押财产。依据此规定,抵押人虽为所有权人,但其转让抵押财产的处分权受到了限制,未经抵押权人同意擅自转让,则构成无权处分。

4. 处分人是代理人,未经授权擅自处分被代理人的财产。

但是处分他人的货币或者处分禁止流通物并不构成善意取得。

(二)善意的认定

不动产实行严格的登记制度,不动产登记实为一种行政登记,具有较高的公信力,除非明知登记错误,只要受让人信赖不动产登记即可判断其为善意。而动产除了要求具备占有的事实之外,还要考虑交易的具体情形,包括:

1. 交易的场所和环境,是否在公开的市场进行交易;

2. 交易的时间,夜里交易很容易让人怀疑来路不明;

3. 交易的价格,如果交易价格明显低于市场价格,则也足以让受让人怀疑其来路不明;

4. 交易对象,出让人是否形迹可疑等。

二、物业服务合同的履行

业主可以自行管理区分建筑物及其附属设施,也可以委托他人管理,实践中主要委托专门的物业公司进行管理,业主和物业公司的服务关系主要通过物业服务合同来约定。

(一)合同的签订

物业服务合同分为两类:一类是前期物业合同,由房地产建设单位与物业公司签订;另一类是后期合同,是由业委会代表业主与物业公司签订的服务合同。

由于业主众多,物业服务合同不可能由每一个业主自由签订,否则在签约对象的选择上就无法达成一致,而只能由一个代表人与物业公司签订一个具有广泛约束力的代表合同,为了保护业主的权利,需要相应的民主机制使业主参与到物业服务合同的签订过程中,业主的参与包括三个方面:一是代表人的选定,物业服务合同中业主的代表人是业主委员会,其成立需要通过业主的民主选举;二是合同相对人即物业公司的选定,也需要通过业主民主决定,这要求业委会在表决之前,将候选的物业公司的相关信息以及报价、服务承诺提供给全体业主,并将报价、服务承诺等作为合同的内容;三是合同内容的确定,从理论上讲,也应该由业主民主通过。不过,全部条款都由业主表决通过也不太现实,再加上相关的法律、法规规定和相关行业规范以及物业公司公开作出的服务承诺及制定的服务细则,即使没有写入合同也应当认定为物业服务合同的组成部分,因此,应该许可业委会自主决定合同条款。

(二)合同的效力

前期物业合同是由并非代表业主权利的建设单位签订,业主有权通过民主方式决定解除此合同。当业委会依法单方解除时,原物业服务企业应当退出物业服务区域,移交物业服务用房和相关设施以及相关资料和代管的专项维修资金,但在依据法定程序解除之前,前期物业合同对全体业主仍有约束力。

以业委会名义签订的后期物业合同,对每一个业主同样具有约束力,业主是实质上的当事人,不能以其并非合同当事人为由提出抗辩,业主拖欠物业费的,物业公司只能向业主而不能向业委会主张权利。对物业服务合同中免除物业公司责任、加重业委会或者业主责任、排除业委会或者业主主要权利的条款,业主和业委会皆有权主张无效。

(三)合同的履行

物业公司要按照约定或法律、法规规定、相关行业规范以及公开作出的服务承诺及制定的服务细则来履行维修、养护、管理和维护义务,否则应该对业主承担继续履行、采取补救措施或者赔偿损失等违约责任。物业公司擅自扩大收费范围、提高收费标准或者重复收费的,业主可以拒绝;已经收取的,业主可以请求返还。

业主或者物业的承租人、借用人、其他物业使用人违反物业服务合同或者法律、法规、管理规约,实施妨害物业服务与管理的行为,物业公司有权请求业主或者承租人、借用人、其他物业使用人承担恢复原状、停止侵害、排除妨害等相应民事责任。业主无正当理由不能拒绝交纳物业费,如果物业公司已经按照合同约定以及相关规定提供服务,业主不能以未享受或者无须接受相关物业服务为抗辩理由;如果业主与物业的承租人、借用人、其他物业使用人约定由物业使用人交纳物业费的,物业公司有权要求业主对物业费承担连带责任。

(四)合同的终止

无论是前期物业合同还是后期物业合同,在履行过程中,业委会皆有解除物业合同的权利,但需要首先由业主大会按照法定程序作出解聘物业公司的决定。物业服务合同的权利义务终止后,业委会有权要求物业公司退出物业服务区域,移交物业服务用房、相关设施、相关资料和由其代管的专项维修资金,对物业公司已经预收但尚未提供物业服务期间的物业费,业主可以请求退还。如果物业公司拒绝退出、移交,并以存在事实上的物业服务关系为由,请求业主支付物业服务合同权利义务终止后的物业费的,人民法院不予支持。

三、建筑物区分所有权的行使

(一)建筑物区分所有权主体的认定

依据物权法,建筑物区分所有权人为业主,认定业主资格的主要标准是所有权的登记,登记簿上记载的权利人为业主。在无须登记也发生物权变动效力的情况下,即使权利人没有进行登记也应该认定为业主,这几种情况主要是:人民法院、仲裁委员会的法律文书或者人民政府的征收决定等取得物权的;因继承或者受遗赠取得物权的;因合法建造等事实行为设立物权的等。此外,基于与建设单位之间的商品房买卖民事法律行为,已经合法占有建筑物专有部分,但尚未依法办理所有权登记的人,也可以认定为业主。

由于区分建筑物的管理实行民主表决的方式,因此业主人数的计算具有重要意义。依据相关司法解释,业主人数按照专有部分的数量计算,一个专有部分按一人计算,但建设单位尚未出售和虽然已出售但尚未交付的部分以及同一买受人拥有一个以上专有部分的,按一人计算。

(二)建筑区分所有权客体

1. 专有部分

所谓专有部分,是指具有构造上及使用上的独立性,并能够成为分别所有权客体的部分。专有部分是各个业主所单独享有的所有权的客体,此项单独所有权与一般的单独所有权并无本质区分,所以,权利人可以行使完全的占有、使用、收益与处分权。要成为专有部分需要满足以下条件:

(1)构造上的独立。即专有部分必须在建筑物的构造上能够与建筑物其他部分明确分开。只有在客观上能划分为不同部分才能为各个所有人独立支配。同时,只有在构造独立、客体范围十分明确的情况下,才能确定权利范围。

(2)利用上的独立。建筑物被区分为各个部分以后,每一部分都可以被独立地排他使用,不须借助其他部分辅助即可利用,否则不能成为区分所有的客体。

(3)登记上的独立。构造上和使用上的独立性,乃是经济上的独立性,只有通过登记才能表现为法律上的独立,只有登记才能使被分割的各个部分在法律上成为各业主的专有部分。

专有部分通常是在将建筑物分割为各个不同部分的基础上形成的，包括房屋以及车位、摊位等特定空间等，如果在规划上专属于特定房屋，且建设单位销售时已经根据规划列入该特定房屋买卖合同中的露台等，也应当认定为专有部分的组成部分。其中，房屋可以是居住用房也可以是经营用房。另外，属于业主专有的整栋建筑物的规划占地的土地使用权也是由业主按照相应的份额专有。

2. 共有部分

共有部分是指建筑物专有部分以外的其他部分以及其他附属物，业主对共有部分享有共有权。房地产开发企业申请房屋所有权初始登记时，应当对建筑区划内依法属于全体业主共有的公共场所、公用设施和物业服务用房等房屋一并申请登记，由房屋登记机构在房屋登记簿上予以记载，不颁发房屋权属证书。共有部分主要包括：

（1）建筑物专有部分以外的部分。主要包括建筑物的基础、承重结构、外墙、屋顶等基本结构部分，通道、楼梯、大堂等公共通行部分，消防、公共照明等附属设施、设备，避难层、设备层或者设备间等结构部分。

（2）建筑区划内的公共场所、公用设施和物业服务用房。建筑区划内其他不属于业主专有部分，也不属于市政公用部分或者其他权利人所有的场所及设施等，包括建筑区划内的道路、绿地等公共场所、公用设施和物业服务用房等，皆属于业主共有。值得说明的是建筑区划内，规划用于停放汽车的车位、车库并非业主共有，而是由建设单位和购房人通过出售、附赠或者出租等方式约定其权利归属，但是占用业主共有的道路或者其他场地增设的车位，属于业主共有。对于非共有的车位车库，建设单位应当按照规划确定的车位、车库与房屋套数的配置比例，将车位、车库，以出售、附赠或者出租等方式处分给业主，以首先满足业主的需要。

（3）建筑物及其附属设施的维修资金。业主在购房时交纳的建筑物及其附属设施的维修基金，以及通过其他方式筹集的维修资金，是为了共有部分的维修之用，属于业主共有。

（4）建设用地使用权。建筑区划内的土地，除了但属于业主专有的整栋建筑物的规划占地和城镇公共道路、绿地占地之外，其建设用地使用权由业主共同享有。

（三）建筑物区分所有权的行使

1. 专有权的行使

业主对专有部分的专有权与单独所有权一样，具有排他支配权，但由于这种专有与其他业主的专有休戚相关,因此在权利行使上要受到一定的限制。首先,业主行使权利不得危及建筑物的安全,不得损害其他业主的合法权益。具体说来,业主不能有以下损害其他业主利益的行为:损害房屋承重结构,损害或者违章使用电力、燃气、消防设施,在建筑物内放置危险、放射性物品等危及建筑物安全或者妨碍建筑物正常使用的物品;违反规定破坏、改变建筑物外墙面的形状、颜色等建筑物外观;违反规定进行房屋装饰装修;违章加建、改建,侵占、挖掘公共通道、道路、场地或者其他共有部分。

其次,业主不得违反法律、法规以及管理规约,将住宅改变为经营性用房。业主将住宅改变为经营性用房的,除遵守法律、法规以及管理规约外,应当经有利害关系的业主同意。未经有利害关系的业主同意,有利害关系的业主可以请求排除妨害、消除危险、恢复原状或者赔偿损失。这里的有利害关系的业主是指本栋建筑物内的其他业主、本栋建筑物之外的业主。主张与自己有利害关系的,应证明其房屋价值、生活质量受到或者可能受到不利影响。

2. 共有权的行使

业主对共有部分的共有权不同于一般的共有。首先,共有权依附于专有权,共有权的目的在于实现专有权。其次,共有权的法定,共有权是依据法律规定产生的,不以当事人之间的约定为前提,而且共有权的行使也具有法定性,禁止以放弃共有权为借口而拒绝履行对共有部分所应承担的义务。再次,业主对共有部分共享权利,共同分担义务,其费用分摊和收益分配等事项,有约定从约定,没有约定或者约定不明确的,按照业主专有部分占建筑物总面积的比例确定份额。其中,专有部分面积按照不动产登记簿记载的面积计算;尚未进行物权登记的,暂按测绘机构的实测面积计算;尚未进行实测的,暂按房屋买卖合同记载的面积计算。而建筑物总面积则是各专有部分总面积之和。最后,虽然业主是按照份额对共有部分享有权利,但是为维护对共有部分的利用,法律禁止业主请求实际分割共有部分。

共有权的行使必须由全体业主通过民主的方式作出决定,禁止建设单位或者其他人擅自占用、处分共有部分、改变其使用功能或者进行经营性活动。共有部分由业主共同使用,一般不能由个人单独使用。不过,业主基于对专有部分特定使用功能的合理需要,可以无偿利用屋顶以及与其专有部分相对应的外墙面等共有部分,但不能违反法律、法规、管理规约,损害他人合法权益。

四、按份共有中的优先权问题

在按份共有中,对共有物无论是进行事实上的处分还是法律上的处分,无论是转让共有物还是在共有物上设定他物权,除非共有人之间另有约定,都要经占份额2/3以上的共有人同意,否则构成无权处分。而对共有份额,共有人可以自由处分,无论是设定担保物权还是转让都无须其他共有人同意,其中,共有人转让份额,其他共有人在同等条件下享有优先购买的权利。

《合同法》第230条规定出租人出卖租赁房屋的,应当在出卖之前的合理期限内通知承租人,承租人享有以同等条件优先购买的权利。依据该规定,如果出租的房屋为按份共有物,当出卖该房屋时,承租人享有优先权。承租人优先权不同于按份共有人的优先权,前者针对的是共有物的出卖,后者针对的是共有份额的出卖。一般情况下二者并不冲突,当二者冲突时,依据相关司法解释,房屋共有人行使优先购买权优于承租人的优先购买权行使。

第三节　所有权典型案例研究

一、刘志兵诉卢志成财产权属纠纷案[1]

(一)案情介绍

原告刘志兵诉称:原告于2004年购入一辆牌照为浙DH3951的金杯面包车,并于2005年6月27日为该车办理了车辆登记手续,该车属原告的私人合法财产。此后,原告将该车租给他人暂时使用。2006年10月,被告卢志成串通该租车人,通过所谓的"交易"将该车占为己有。被告购买涉案车辆,事先没有征得原告同意,没有向原告支付车款,更没有依法办理车辆过户手续。原告对于被告购买涉案车辆一事根本不知情。2006年11月23日,原告发现涉案车辆由被告占有并用于营运,遂向嵊州市公安局长乐派出所报案,派出所经核查,认为不属盗、抢机动车案件,双方争议不属公安机关管理范围,故未予受理。该车至今仍由被告占有。于是,原告提起诉讼,请求判令被告返还原告所有的车牌号为浙DH3951号的金杯面包车一辆,并赔偿原告从2006年10月起因不能使用该车而遭受的损失。被告卢志成辩称:浙DH3951号金杯面包车是被告从案外人陈小波处买来的,已货款两清,与原告刘志兵没有关系。涉案车辆物权的转移合法,应受到法律的保护。请求驳回原告的诉讼请求。

法院查明的事实:2004年上半年,原告刘志兵通过绍兴二手车交易市场以33,000元的价格购得牌照为浙DH3951的金杯面包车一辆。从2005年8月31日开始,原告以月租金3000元的价格将该车出租给案外人樊静波使用。

---

〔1〕《中华人民共和国最高人民法院公报》2008年第2期。

樊静波没有向原告交付押金,且付过2个月租金后,只是偶尔发短信称一定会交付租金,没有再向原告实际交付租金。2006年9月以后,原告无法再与樊静波本人取得联系。2005年10月18日,被告卢志成与案外人陈小波签订协议,约定28,000元的价格购得车牌号为浙DH3951的金杯面包车一辆,陈小波承诺办好车辆过户手续。后被告对该车辆进行投保,并交纳了保险费。2007年被告在陈小波的陪同下对该车进行了车辆年检,但始终没有办理车辆过户手续。2006年11月23日,原告发现该车辆已由被告占有、使用,于是向派出所报案,派出所依法扣押了涉案车辆。经干警核查,认为不属于盗、抢机动车辆案件,故未予受理。涉案车辆于2006年11月28日由被告之子卢开红领走。

(二)本案的争议焦点

被上诉人卢志成从案外人陈小波处购得涉案车辆,是否构成善意取得。

(三)本案法律分析及其处理

无处分权人将他人所有的财产转让给受让人,所有权人原则上有权追回。但为了保护交易安全,《物权法》上设置了善意取得制度,即在前述情形下,受让人受让该财产构成善意取得的,则受让人可以依法取得该财产的所有权,原所有权人无权向受让人追回该财产。善意取得应当符合以下条件:受让人受让该不动产或者动产时是善意的;以合理的价格转让;转让的不动产或者动产依照法律规定应当登记的已经登记,不需要登记的已经交付给受让人。根据本案事实,可以认定被告卢志成取得涉案浙DH3951号金杯面包车的行为不属于善意取得。

首先,被告卢志成取得涉案浙DH3951号金杯面包车时不是基于善意。善意取得制度中的"善意",主要是指受让人不知让与人无所有权或处分权的事实,这是善意取得人取得财产所有权或其他权利的法律前提。明知让与人无处分权而仍受让该财产与无权处分人违反所有权人意志转让财产的行为,都属于故意侵犯他人所有权的行为。《二手车流通管理办法》第6条规定:"二手车直接交易是指二手车所有人不通过经销企业、拍卖企业和经纪机构将车辆直接出售给买方的交易行为。二手车直接交易应当在二手车交易市场进行。"第15条第1款规定:"二手车卖方应当拥有车辆的所有权或者处置权。二手车交易市场经营者和二手车经营主体应当确认卖方的身份证明、车辆的号牌、《机动车登记证书》、《机动车行驶证》,有效的机动车安全技术检验合格标志、车辆保险单、交纳税费凭证等。"第16条规定:"出售、拍卖无所有权或者处置权车辆的,应承担相应的法律责任。"第17条规定:"二手车卖方应当向买方提供车辆的使用、修理、事故、检验以及是否办理抵押登记、交纳税费、报废期等真实情况和信息。买方购买的车辆如因卖方隐瞒和欺诈不能办理转移登记,卖方应当无条件接受退车,并退还购车款等费用。”本案中,被告没有按照《二手车流通管理办法》规定的方式进行二手车交易,且在车辆转让时已明知车辆行驶登记证所登记的车主并非让与人。在此情况下,被告没有进一步查明涉案车辆的来源,甚至连让与人的身份情况也一概不知,即在明知让与人不具有涉案车辆处分权的情况下进行了交易,显然不属于善意取得。

其次,被告卢志成没有充分证据证明其在受让涉案浙 DH3951 号金杯面包车时,付出了合理的价格。善意取得是为保护交易安全而设定的,以有偿取得为前提,而且还应支付合理的价格。分析这一点实际上也可以从另一方面印证受让人是否基于善意取得财产,因为财产转让一般是有相应条件的,没有转让价格或者转让价格明显低于实际价格,足以引起受让人对让与人是否有处分权的合理怀疑。被告虽提供了其与案外人陈小波签订的协议书,但因为该协议并非按照《二手车流通管理办法》规定的方式在二手车交易市场内签订,让与人也未出庭作证。在此情况下,被告应当举出其他充分证据证明自己已经为涉案车辆交易支付了合理的价款。被告并未完成这一举证义务,故不能认定其在受让涉案车辆时支付了合理的价款。

最后,善意取得要求转让的财产依照法律规定应当登记的已经登记,不需要登记的已经交付给受让人。机动车属于动产,所有权转移的公示方式为交付,但机动车又属于特殊动产,车主须办理机动车登记证、车辆行驶证,这些严格的管理措施使车辆不同于其他无须登记的动产,也利于受让人审核车辆转让时的合法正当性。本案被告卢志成无法办理涉案车辆过户手续的事实,也说明他明知让与人未取得涉案车辆处分权,进一步说明被告取得涉案车辆不属于善意取得。综上,被告卢志成并未善意取得涉案车辆。原告刘志兵基于物权请求权要求被告返还涉案车辆,理应支持。

二、郑州二建公司诉王良础公有住房出售协议违约纠纷案[1]

(一)案情介绍

原告郑州二建公司将其所有的五层公有住宅楼房中的 11 号房间分配给本公司职工被告王良础居住。在住房制度改革中,原告将该房出售给被告,双方以原告郑州二建公司为甲方,被告王良础为乙方,签订一份《公有住房出售协议书》。协议书除约定由乙方享有 11 号房间的所有权外,还在第 5 条约定:

---

〔1〕《中华人民共和国最高人民法院公报》2006 年第 11 期。

住房售出后,甲方负责国家规定保修期内的正常维修;保修期过后,乙方负责自用部分的维修,甲方负责外墙面、走廊通道及其他共用部位的维修。第6条约定了售出房屋的管理办法,其中(1)未经甲方同意,乙方不得实施挖门、开窗、打隔墙等改变房屋结构的行为,不得移动设备位置,不得在房上加层,否则应负责恢复原状,拆除违章建筑;(2)售出的房屋不得出租,乙方要改变房屋使用性质,必须经甲方同意,并办理有关手续;(3)乙方要爱护房屋共用部分,不得侵占房屋共用部分,也不得妨碍他人对房屋共用部分的正常使用。

在诉讼中,原告主张:被告违反协议约定且未经原告同意,擅自开窗扒门,其行为严重影响房屋质量和其他住户安全。作为楼房的建设者和管理者,原告曾向被告发出通告,限令其将改动的房屋恢复原状,但被告置之不理。请求判令被告遵守协议约定,立即将擅自改动的房屋恢复原状。被告辩称:楼房虽然由原告建设,但原告已将该楼房出售,原告既不是业主委员会,也不是物业管理者,更不是房屋所有权人,无权因使用问题起诉被告。双方确实签订过协议,该协议第6条里也确实有"不准开门、挖窗"等规定。房屋既然出售,买受人就是房屋新的所有权人,有权对自己的财产行使占有、使用、收益和处分的权利。协议第6条侵害买受人对房屋的所有权,是无效条款,没有法律约束力。被告只是对自己的房屋依法行使所有权,并不违约,应当驳回原告的起诉。

(二)本案的争议焦点

1.《公有住房出售协议书》的第6条是否合法有效?

2.王良础对其开挖门窗的行为应否承担责任,承担何种责任?

3.对王良础开挖门窗的行为,郑州二建公司能否起诉?

(三)本案法律分析及其处理

1.郑州二建公司既是建设单位,也是售房单位。建筑物区分所有权客体包括专有部分和共有部分,《最高人民法院关于审理建筑物区分所有权纠纷案件具体应用法律若干问题的解释》第3条规定建筑物的基础、承重结构、外墙、屋顶等基本结构部分,通道、楼梯、大堂等公共通行部分,消防、公共照明等附属设施、设备,避难层、设备层或者设备间等结构部分也应当认定为《物权法》第六章所称的共有部分。建设部发布的《公有住宅售后维修养护管理暂行办法》第6条规定:"公有住宅出售后,住宅共有部位和共用设施设备的维修养护由售房单位承担维修养护责任,也可以由售房单位在售房时委托房地产经营管理单位承担维修养护责任。"因此,郑州二建公司在《公有住房出售协议书》的第5条中明确了自己对共有部位的维修责任,在第6条中从楼房维修者的角度出发,明文禁止楼房使用者实施有碍楼房安全的行为。这一条内容有利于延长楼房的使用寿命,且不影响楼房使用者依法正确行使自己的权利,是双方当事人的真实意思表示,不违反法律规定,因此是合法有效的协议条款。

2. 被告王良础对11号房间享有的所有权,属于建筑物区分所有权。建筑物区分所有权人,对整幢建筑物中属于其专用的部分享有包括占有、使用、收益和处分四项权能在内的完整所有权,而整幢建筑物中的共用部位,则由整幢建筑物的全部区分所有权人共有。《物权法》第71条规定业主对其建筑物专有部分享有占有、使用、收益和处分的权利。业主行使权利不得危及建筑物的安全,不得损害其他业主的合法权益。11号房间的临街墙,是1号楼不可或缺的共用部位,不能由王良础专有。王良础未经许可在此墙上开挖门、窗,此举不仅侵犯其他共有权人的共有权利,也因违反了《公有住房出售协议书》第6条的约定,而应当对郑州二建公司承担违约责任。

3.《建筑法》第58条第1款规定:"建筑施工企业对工程的施工质量负责。"原告郑州二建公司虽然不是物业经营管理单位,也不是业主委员会或者房屋所有权人,但在楼房售出后至新的物业经营管理单位接手前,作为建设单位、售房单位,郑州二建公司对共用部位承担着维修责任。被告王良础在临街墙上开挖门窗,加重了郑州二建公司的维修负担,直接影响到郑州二建公司的利益,郑州二建公司有权依照《公有住房出售协议书》起诉王良础的违约行为。

第四节 所有权习作案例

案例一

原告新华日报社诉称,被告华厦公司在建设与原告相距20米的华荣大厦而进行的基础工程期间,因施工大量抽排地下水,使原告印刷厂地面下沉,厂房墙体多处开裂,厂内3台进口印刷机和4台国产印刷机的基础移位,印刷机受到严重损伤,造成经济损失1399万元,请求法院判令被告赔偿并承担有关诉讼费用。

被告华厦公司辩称,原告损失是华荣大厦基础工程施工单位造成的,应由施工单位赔偿;原告超过了诉讼时效起诉已丧失胜诉权;原告的请求应交由行政部门处理。要求驳回原告的诉讼请求。

法院经审理查明,被告华厦公司投资建设的华荣大夏与原告新华日报社相邻。1991年4月,华厦公司投资建设的华荣大夏的基础工程按照被告及有关单位论证通过的施工方案开始施工,一个月后发现施工现场附近地面下沉即停止施工。同年6月15日,被告及有关单位又论证通过了施工修改方案后,基础工程继续施工。10月中旬,新华日报社发现其印刷厂厂房墙壁、地面开裂、3台德国进口的胶印机出现异常,报纸印刷质量明显下降,印刷机严重受损,厂房墙体损害并危及人员安全。对此,南京市人民政府派人员召集有关单位、专家商讨,采取补救措施后,新华日报社印刷厂地面沉降才得到有效控制,但厂房、印刷机受损方面的处理并未涉及。经新华日报社委托的南京土木建筑学会、国家印刷机械质量监督检查中心及江苏省地震局等单位鉴定认为,新华日报社印刷厂厂房和厂内印刷机受损的直接原因是华荣大厦基础工程施工大量抽排地下水造成。1992年7月10日,新华日报社向南京市人民政府报告要求华厦公司赔偿损失,但未得到解决,遂直接向华厦公司索赔,经交涉未果。1994年6月30日,新华日报社向法院起诉,要求华厦公司赔偿财物损失13,883,580.28元。

法律问题

本案如何处理?

案例二

张某和陈某均系山东省某县某乡农民,两人是邻居,张某住东院,陈某住西院。1967年,张某准备举家迁往外地,急于出售自己的房屋。陈某家人口多,房屋较小。陈某不顾家境贫寒,借钱买下张某的房屋。陈某搬进后,把其中一间年久失修的破房作为牛棚使用。1989年,陈某经过多年筹划,决定翻盖房屋。在施工的过程中,陈某的弟弟建议把位于东院的牛棚也顺便翻建,陈某爽口地答应了。在清理牛棚时,陈某发现一个装有银锭的坛子。银锭上面刻有咸丰、乾隆年间铸造的铭文以及年号、竹子地、工匠姓名。张某闻讯后,声称该牛棚地基是其祖父的宅地,这批银锭是其祖上所埋,因而应归自己所有。而陈某则认为,银锭是在自家房屋的宅基下挖出来的,张某没有理由主张所有权。双方争执不下,张某遂向法院提起诉讼。法院查明,陈某所买房屋系张某祖传家产,历经数代均有张某的直系亲属居住,直到1967年陈某购买此房。从银锭上所刻铸造年号来看,并通过查阅有关档案材料,可以推知,该批出土银锭系房屋所有人埋藏。当地文物部门知道此事后,认为该批银锭是具有收藏价值的金银类文物,主张由文物管理部门无偿调拨。

法律问题

本案如何处理?

案例三

甲和乙将其合伙建造的门头一处出租给丙和丁夫妇二人经营,租赁期限为2年,年租金为1万元。丙先付给甲第一年上半年的租金5000元,另于年底支付给乙下半年的租金5000元,后丙、丁二人离婚。第二年的租金1万元由丁向乙支付了8000元。后来,甲和乙也发生了纠纷,甲不承认乙收取的租金,多次要求丙和丁向自己交纳租金10000元,均遭到二人的拒绝,于是甲起诉到法院。

法律问题

本案如何处理?

案例四

2006年5月4日,胡某与陈某举行结婚典礼,在宾馆设晚宴10桌(每桌10座)。当天上午,某酒业公司业务员上门向胡某推荐某品牌白酒,并告知胡某该酒实行包装盒刮号有奖销售。晚宴前,胡某电话告知该业务员,让业务员送来该酒20瓶(每桌2瓶),双方约定饭后按实用数结账,多余退回。饭间,坐在第8桌的余某(系胡某同学,此桌只有余某能饮白酒)开瓶后发现该瓶酒中了头奖,奖金4888元。胡某与余某就奖金问题产生争议,诉至法院。

法律问题

该案如何处理?

第八章　用益物权案例研究

第一节　用益物权案例研究的理论基础

一、用益物权的概念和特点

用益物权是对他人所有之物,依法享有占有、使用和收益的权利。

(一)用益物权是一种定限物权

所有权是一种完全物权,权能上没有限制,在权利存续期上也没有期限。而用益物权是定限物权,是在他人之物设定的他物权,只能在一定范围进行占有使用和收益,且存在期限的限制。用益物权是对所有权的一种限制,虽然当用益物权消灭时,所有权可以恢复弹性力,但当二者并存时,用益物权要优先于所有权,用益物权人通过对物的占有使用和收益而行使权利,而所有权人只能通过物的处分来行使权利,所有权人不得干涉用益物权人行使权利。

(二)用益物权的目的在于实现物的使用和收益

利用他人之物为自己设定物权的目的在于充分发挥物的效用,利用的方式有两种:一是物的现实的利用,即为用益物权,须以占有为前提;二是物的潜在的价值的利用,即为担保物权,利用的是物的优先受偿权,这种优先受偿权在很多时候是一种期待权,且这种期待可能永远不能转化为现实的权利,因此无须以物的现实占有为前提。

就物的实际利用而言,也可以有两种方式:第一种是通过租赁、借用等债权方式,这种方式程序简单,一纸合同即可搞定,但仅能约束利用人和所有权人,而无法对抗第三人;第二种则是设定用益物权,虽然较为繁琐如必须进行公示等,但具有对抗第三人的效力从而可以强化这种利用关系。

作为定限物权,用益物权对物仅享有在一定范围内的占有、使用和收益权利,而无权对物进行处分,对物的处分权属于所有权人,但用益物权人可以对权利本身进行法律处分,毕竟用益物权作为财产权当然可以自由流转。

(三)用益物权的客体主要是不动产

一般情况下,动产价值远较不动产为小,可以通过租赁、借用等方式取得使用权,甚至干脆通过买卖取得所有权后加以利用,如果通过设定用益物权的方式进行利用反而可能造成利用的低效率和制度资源的浪费,所以用益物权的客体应以不动产为限。不过,除日本和我国台湾地区以外,包括《物权法》在内的立法通例都未明定仅以不动产为限,原因在于社会生活的变动不居总是超出立法者的预料,允许在动产上设定用益物权可以为未来物权类型的发展留下余地。

(四)用益物权为独立物权

独立物权是指主体享有用益物权,不以其他权利为前提而能够独立存在的物权,这一点和担保物权形成鲜明对照。担保物权是为了担保主债权实现而设定的从权利,依附于主债权,主债权消灭或转让,担保物权也随之消灭或转让。不过,用益物权中的地役权属于例外,地役权并非独立物权而依附于需役地的所有权或使用权,需役地转让或消灭,地役权也随之转让或消灭。

二、我国的用益物权体系

我国的用益物权体系包括两部分:一种是普通物权,其类型和内容明定在《物权法》之中,以土地和房产为客体;另一种是准物权,规定在特别法上,主要是以土地之外的自然资源为客体,具体包括海域使用权、探矿权、采矿权、取水权和渔业权等。

普通法上的物权包括土地承包经营权、建设用地使用权、宅基地使用权和地役权四种,前三类是以土地为客体设定的物权,地役权则是以土地和房产为客体设定的物权。

我国的土地实行土地分类管理制度,土地分为农用地、建设用地和未利用地三类。农用地只能用于农业生产而不能用于非农建设,在其上可以设立土地承包经营权;建设用地是用来指建造建筑物、构筑物的土地,在建设用地上设立的用益物权是建设用地使用权和宅基地使用权,其中建设用地使用权又分为国有建设用地使用权和集体建设用地使用权两类。而作为地役权客体的土地既包括农用地也可以是建设用地。

三、土地承包经营权

(一)土地承包经营权的概念和特征

土地承包经营权是自然人、法人和其他组织以种植、养殖、畜牧等农业生产为目的,对集体所有的或者国家所有的交由集体使用的农用地进行占有、使用和收益的权利。其特征如下:

1. 目的在于农业生产。土地承包经营权的目的是进行种植、养殖和畜牧等农业生产,不同于用于营造建筑物的建设用地使用权,我国实行严格的土地用途管制,并划定18亿亩耕地保护的红线,禁止擅自将农用地改变用途,因此,土地承包经营者必须维持土地的农业生产目的,不能在承包地上进行非农建设。

2. 主体主要是以本集体组织成员为主。农村集体经济组织实行以家庭承包为基础、统分结合的双层经营体制。土地承包经营权并非任意设立的用益物权,而是承担了农村集体所有制具体运作的重任,是农村集体所有权的行使方式之一,因此,具有极强的人身属性。农村承包经营采用家庭承包的方式,本集体组织中的农户为承包人,依据家庭人口确定承包土地的数量。对于不宜采用家庭承包的"四荒",即荒山、荒沟、荒丘、荒滩等,可以承包给本集体组织以外的成员。

3. 客体是农用地。农用地是指直接用于农业生产的土地,包括耕地、林地、草地、农田水利用地、养殖水面等。作为土地承包经营权客体的农用地既包括集体经济组织所有的农用地,也包括国家所有的但由集体使用的农用地。

4. 权利取得无须支付对价。早期的家庭承包采用包产到户的方式,承包人需要上缴粮食,又改为上缴农业税的方式。后来已经达成一种共识,即农业作为弱势产业理应得到国家的扶持,现在不仅免除了农业税,而且农户还享受种粮的补贴,目前,农村家庭承包经营权的取得是无偿的。不过,在"四荒"等土地上设立的承包经营权则是有偿的,需要向农村集体经济组织上缴承包费。

5. 权利存续的期限性。用益物权是对所有权的限制,为了保持所有权的弹性力,其限制必定是有期限的。耕地的承包期为30年;草地为30年至50年;林地为30年至70年,特殊林木的林地承包期经国务院林业行政主管部门批准可以延长;其他方式承包经营的"四荒"的承包期,由发包人和承包人约定。

(二)土地承包经营权的分类

1. 家庭承包

家庭承包经营是由本集体组织成员以户为单位,按照人人平等原则进行的承包。如前所述,这种承包实际上是在坚持土地公有制的前提下,集体所有权的实现方式,具有维持农民基本生存的社会保障性质,因此要以具有本集体组织成员身份为前提。这种承包以户的名义经营,但承包土地的数量要依据各户的人口数额确定,遵守人人平等原则,只要户籍在本集体之内,皆有权平等地承包土地。家庭承包是土地承包的主要方式。

正是这种承包经营方式具有维护集体成员基本生存的社会保障性质,因此其取得是无偿的,而且在流转上会受到一定的限制。

2. 其他方式的承包

其他方式的承包是指对不宜进行家庭承包的荒山、荒沟、荒丘和荒滩,采用招标、拍卖、公开协商等市场化的竞价方式将其发包给本集体组织成员或者本集体组织成员之外的民事主体进行经营的承包方式,这种方式并不具有普遍意义,仅仅作为家庭承包的补充。

这种承包方式不同于家庭承包的生存目的,实际上负有进行土地使用权市场化的重任,所以必须采用"价高者先得"这一基本的市场原则。同时又涉及集体所有权行使的大事,所以在设定上必须有严格的程序限制。首先,承包方案需要经过本集体组织成员民主表决通过并经乡镇人民政府批准,才能将其承包给非集体组织成员;其次,需要采用招标、拍卖和公开协商等市场竞价的方式,由价高者取得;再次,本集体经济组织成员在承包费、承包期限等主要内容相同的条件下,享有承包的优先权。同时,其他方式承包经营权的市场化属性,使其成为市场上可以自由流转的商品,除了农业目的的维持之外,没有任何限制。

(三)土地承包经营权的流转

1. 家庭承包经营权的流转

(1)受让人。家庭承包经营权流转的受让对象可以是本集体经济组织成员以外的民事主体,但本集体组织成员在流转价款、流转期限等主要内容相同的条件下享有优先权。

(2)流转方式。家庭承包可以采用转包、互换、出租、转让和农业合作入股的方式进行流转。需要指出的是,家庭承包经营权禁止抵押。另外,虽然承包收益可以继承,但除了林地的家庭承包经营权可以继承以外,其他土地的家庭承包经营权都禁止继承。

(3)流转程序。承包人依法采取转包、出租、互换或者其他方式流转土地承包经营权,应当报请发包方备案,但备案不影响流转合同的效力,发包方无权以流转合同未报其备案为由主张合同无效。承包人采用转让形式进行土地承包经营权的,应当经过发包方同意;未经同意的,转让合同无效,但发包方无法定理由不同意或者拖延表态的除外。

2. 其他方式土地承包经营权的流转

其他方式的土地承包经营权具有典型的市场属性,其流转是自由的。流转方式上没有限制,除了转包、互换、出租、转让等方式之外,还可以进行入股、抵押和继承。在流转程序上也无须备案,无须批准。

四、建设用地使用权

(一)建设用地使用权的定义和特点

建设用地使用权是依法在国有或集体所有的土地建造建筑物、构筑物及其附属设施,使用、享有其收益并排除他人干涉的权利。

建设用地使用权是在建设用地上设定的他物权。建设用地主要是指城乡住宅和公共设施用地、工矿用地、交通水利设施用地、旅游用地、军事设施用地等,依据《物权法》,我国在建设用地上设立的用益物权有两种,一是建设用地使用权,二是宅基地使用权。宅基地使用权是指农村集体组织成员在集体所有的建设用地上建造住宅及其附属物的权利,实际上是建设用地使用权的一部分,只是由于我国对农村住宅实行特别的规制才将宅基地使用权独立出来。

而建设用地使用权又基于土地所有权性质的不同分为国有建设用地使用权和集体建设用地使用权,前者是在国有土地上设立,后者是在集体土地上设立。建设用地使用权具有以下特点:

1. 目的在于建筑物、构筑物及其附属设施的建设。建设用地土地使用权设立,必须既要符合国家土地利用总体规划和年度建设用地计划,又要符合城市规划。同时,建设的目的多种,既有民居和商居的区别,又有工业、商业、娱乐、教科文卫体等的差异,用途不同则支付的对价和使用期限也当然不同,因此,严格禁止擅自改变建设用途。

2. 主体的广泛性。国有建设用地使用权主体一般没有身份上的限制,集体建设用地使用权主要用于农村的公益和公共设施建设和乡镇企业建设,其主体范围也仅限于集体经济组织。

3. 客体是国有或集体所有的土地。改革开放后,国有建设用地使用权承担了在公有制的前提下进行土地商业流转的重任,而集体建设用地使用权严格限制其商业用途,因此,建设用地使用权主要是在国有土地上设立。

4. 取得的有偿和无偿。国有建设用地使用权的取得一般是以支付土地出让金的方式有偿取得,但也存在无偿划拨的例外。集体建设用地使用权一般出于公益目的,使用权人同时是所有权人,当然无须支付对价。

5. 权利存在的有期和无期。建设用地使用权虽是定限物权,但并非皆有期限。一般来说,无偿取得的建设用地使用权没有使用期,而有偿取得的则有存续期,住宅用地70年期满后无偿自动续期,其他用地期满后,如果土地使用者需要继续使用土地的,可以在届满前1年申请续期,除根据社会公共利益需要收回该幅土地的,应当准予续期使用,但需要重新支付土地使用权出让金,如果土地使用者未申请续期或者虽申请续期但未获批准,则土地使用权由国家无偿收回。

(二)建设用地使用权的设立

1. 国有建设用地使用权

(1)有偿出让。出让是指国家以土地所有者的身份将建设用地使用权在一定期限内让与土地使用人,并由使用人向国家支付土地出让金的行为。这种方式意在实现国有土地利用的市场化,因此应该采用"价高者先得"的市场原则。工业、商业、旅游、娱乐和商品住宅等经营性用地以及同一土地有两个以上意向用地者的,必须采取招标、拍卖等公开竞价的方式出让。不能采取拍卖、招标方式的,可以采取双方协议的方式,但土地使用权出让金不得低于按国家规定所确定的最低价。出让应当由使用人和国家的土地管理部门签订书面合同,并办理国有建设用地使用权登记,不登记不发生物权变动的效果。

(2)无偿划拨。划拨是指经县级以上人民政府依法批准,土地使用人在缴纳了补偿安置等费用后无须支付任何费用而取得国有建设用地使用权的行为。缴纳补偿安置等费用并不是支付对价,因此也属于无偿取得。正因为无偿,所以要求目的限于公益事业,主要是指公用事业用地或国家重点扶持的企业用地,具体包括国家机关用地和军事用地,城市基础设施用地和公益事业用地,国家重点扶持的能源、交通、水利等项目用地以及法律、行政法规规定的其他用地等。这种使用权一般没有使用期的限制,当国家基于公共利益需要时,可以无偿收回。

2. 集体建设用地使用权

集体建设用地使用权的设立受到了严格的限制。首先是目的的限制,集体建设用地只能用于乡(镇)村公共设施、公用事业建设和集体经济组织兴办企业(包括以使用权入股、联营等形式与其他民事主体共同举办企业)。其次是主体的限制,只能由集体经济组织取得集体建设用地使用权,禁止其他民事主体取得。再次是审批的限制,用于乡(镇)村公共设施、公益事业的建设用地使用权的取得,须经乡(镇)人民政府审核,向县级以上地方人民政府土地行政主管部门提出申请,按照省、自治区、直辖市规定的批准权限,由县级以上地方人民政府批准;用于兴办企业的建设用地使用权的取得,应当持有关批准文件,向县级以上地方人民政府土地行政主管部门提出申请,按照省、自治区、直辖市规定的批准权限,由县级以上地方人民政府批准;其中,涉及占用农用地的,需要经过省、自治区、直辖市人民政府批准,办理农用地转用手续。

(三)建设用地使用权的流转

1. 国有建设用地使用权的流转

有偿出让取得的国有建设用地使用权既然承担了在公有制的前提下进行土地商业利用的重任,许可其自由流转也自在情理之中。权利人可以通过转让、互换、出资、赠与和抵押等方式处分权利。另外,为了避免"炒地皮"现象,对转让进行了一定的限制,用于房屋建设的要完成投资额 25% ,成片开发的要形成工业用地或其他建设用地条件后,才允许转让。

划拨取得的使用权一般是为了公共利益,而且是无偿的,因此通过此种方式得到的建设用地使用权限制流转,一般不得转让、出租、抵押。在一定条件下,经市、县人民政府土地管理部门和房产管理部门批准,可以转让、出租、抵押,但应当补交土地使用权出让金或者以转让、出租、抵押所获收益抵交土地使用权出让金。另外,转让、出租和抵押在划拨土地上建成的房屋的,也要补交土地使用权出让金、上缴租金中所含土地收益或者在拍卖所得的价款中缴纳相当于应缴纳的土地使用权出让金的款额。

2. 集体建设用地使用权的流转

现行法律严格限制集体建设用地使用权的流转,不能转让、抵押或出租。但是为了遵循房地一体原则,避免出现房地分离,在特定情况下允许有限度的流转:一是乡(镇)村企业因破产、兼并时,如果符合土地利用总体规划可以依法移转;二是乡(镇)村企业以厂房等建筑物抵押的,其占有范围内的建设用地使用权可以一并抵押。

五、宅基地使用权

(一)宅基地使用权概念和特点

宅基地使用权是农村集体组织成员为建造住宅及其附属设施而对集体土地所享有的占有和使用的权利。其法律特点是:

1. 目的在于住宅及其附属设施的建设;

2. 主体仅限于农村集体经济组织成员,城镇居民不能取得宅基地使用权;

3. 具有社会福利和社会保障的价值,与农村集体成员资格密切相关,承担了为农民提供社会保障和社会福利的任务,无须支付对价,也没有期限限制,如果宅基地因自然灾害等原因灭失、被征收或者因为土地规划被收回而导致宅基地使用权消灭的,有权要求重新分配。

(二)宅基地使用权的取得

宅基地使用权的取得需要遵循严格的法定程序。没有宅基地或需要分户的村民首先向本集体经济组织提出申请,采用民主程序表决同意以后,由村委会将申请提交乡(镇)政府审核,然后报县级土地管理部门批准,如果占用农用地的,还需要报请省级政府批准,办理农用地转用手续。

审批的过程其实就是登记的过程,未经审批登记宅基地使用权不成立。不过,许多村民的宅基地并非在土地管理法出台之后才申请取得的,而是通过继承房屋而取得的,往往并没有进行登记,但不能由此而否认其权利,因此,登记生效不能一概而论。

(三)宅基地使用权的流转

宅基地使用权承担了为村民提供社会福利和社会保障的重任,因而具有较强的身份属性,现行法律严格禁止其流转,不能转让、出租和抵押,也不能继承,权利人死亡后集体经济组织有权收回。

六、地役权

(一)地役权的概念及特点

地役权是不动产权利人为了自己不动产利用的便利,依据约定而利用他人不动产的权利。其特点有:

1. 在他人不动产之上所设立的他物权。地役权是一种用益物权,是对他人之物的利用。民法理论上将地役权的客体一般限于他人的土地,而《物权法》第156条明确将地役权的客体扩张到包括房屋在内的不动产,《房屋登记办法》(2008年)中也专门规定了房屋地役权的登记办法,因此,地役权的客体虽名为供役地。但实不限于土地。

2. 目的在于提高自己不动产的利用效益。利用他人的不动产只是一种手段,目的在于提高自己不动产的利用效率,因此地役权在本质上和相邻关系一样,解决的是相邻不动产的利用关系,地役权权利义务直接指向的对象是他人的供役地。实际上,地役权还有一个间接的客体即地役权人自己的不动产,称之为需役地。

3. 从属于需役地和供役地。地役权虽然是一种独立的物权但却具有从属性。首先地役权从属于需役地上的主权利,地役权是为了更好行使需役地之权利而设立,因此不能单独转让、抵押。需役地转让、抵押,地役权一并转让、抵押。其次,地役权相对于供役地之权利虽不构成主从关系,但却也受制于供役地之权利,比如,在已经设立用益物权的供役地上设立的地役权的期限不能超过原用益物权的期限。

4. 地役权不能进行分割。大陆法系不允许对物权进行质的分割,但许可进行量的分割,比如按份共有。但地役权则不允许进行任何分割,地役权具有不可分性,在存续过程中须保持其整体性,不能进行分割。

(二)地役权和相邻关系的区别

二者都是通过对邻人不动产的利用而扩张自己不动产权利,有的国家将相邻权规定为法定地役权,但二者有着显著的区别。

1. 相邻关系中的相邻权并非一种独立的物权,仅是权利人不动产权利的扩张,无须登记。地役权虽然也依附于需役地,但却是一种独立的物权,不登记不能对抗善意第三人。

2. 相邻关系是相邻不动产权利人之间最低限度的法律调整,主旨在于解决由于不动产的无法移动而导致在特定空间里彼此财产在利用上而产生的矛盾,以实现“与人方便,与己方便”,因而是一种法定的最低限度对他人不动产的利用。相邻关系的种类和范围,都必须由法律予以明文规定,当事人不得随意创制。而地役权作为当事人意定而产生的他物权,其私法色彩更为浓厚,法律规定的目的是赋予当事人在不动产所有和利用关系中的自治权,允许他们自由约定其权利义务,更加充分地实现不动产的利用价值,因此地役权解决矛盾的方法是通过当事人之间的意思自治,是一种对他人不动产的约定的利用。

3. 相邻关系具有永久性和一时性相结合的特性。永久性表现在有不动产相邻近的事实就有相邻关系的存在,而一时性表现在具体相邻关系的行使,可因一次行使就能实现,如相邻危墙的拆除。而地役权的存续期间可由当事人约定,并可设定永久地役权。

4. 相邻关系是对不动产利用的最低限度的调节,被视为所有权内容的当然扩张,所以当事人在行使相邻关系时只要不给相邻人造成损失,通常是无偿的。地役权是在他人不动产上设定负担,以提高自己的不动产的利用价值。因此其在设立原则上是有偿的,但并不排除当事人作出无偿的约定。

(三)地役权的效力

1. 地役权人。依据诚信原则利用供役地,尽量减少对供役地权利人物权的限制,对供役地可以进行必要的附属行为,有偿利用的还要按照约定支付地租。

2. 供役地人。对地役权人的利用负有容忍义务,允许地役权人利用其土地,不得妨害地役权人行使权利;当地役权人违反法律规定或者合同约定,滥用地役权,或者有偿利用供役地,约定的付款期间届满后在合理期限内经两次催告未支付费用的,供役地人有权解除地役权合同,消灭地役权。

第二节　用益物权案例研究的实务技能

一、村民住宅的流转问题

法律严格禁止宅基地使用权流转针对的是“白地”,即没有任何附属物的空地,但法律没有完全禁止村民住宅的流转,而房地一体流转的原则一方面使得宅基地使用权可以随房屋的流转而流转,另一方面宅基地使用权主体的特定性又反过来可能限制了住宅的流转。因此,村民住宅的流转必须考虑到宅基地使用权的配合和制约问题,实现房地之间的协调。

(一)出租

宅基地使用权不能单独出租,但房屋可以自由出租,但也有限制问题,即出租住房后,再申请宅基地的不予批准。

(二)转让

房屋虽然可以转让,但要考虑到宅基地使用权受让人的资格问题,如果受让人不具备资格,则无法取得宅基地使用权,导致住宅转让的不能,同时依据《房屋登记办法》(2008 年)第 86 条,转让村民住宅办理所有权变更登记,应当提交农村集体经济组织同意转移的证明材料,显然,村民住宅转让应该取得本集体的许可。

1. 受让人是本集体组织成员。如果受让人具备申请宅基地的条件并得到集体经济组织的同意,此种流转没有限制,宅基地使用权进行过户登记后,发生物权变动效果。

2. 受让人是城镇居民的。各地实践中对买卖合同效力认定不一。有的法院认为房屋买卖涉及宅基地使用权的转让,而现行法律完全禁止宅基地使用权的转让,因此农村房屋买卖合同一律无效。有的法院则认为房屋买卖涉及房屋土地使用权和所有权的争议,根据《土地管理法》第 16 条的规定,土地使用权和所有权的争议应由人民政府处理,因此房屋买卖纠纷不属于人民法院民事案件受案范围,从而回避了这一问题。[1]《山东省高级人民法院民事审判工作座谈会纪要》鲁高法〔2008〕243 号规定,城镇居民与农村居民之间签订的房屋或者宅基地的买卖合同为无效合同,不支持城镇居民要求在农村购买宅基地或者房屋的诉讼请求。

3. 受让人是其他集体组织成员的。由于农村宅基地具有极强的福利和保障性质,且是本集体经济组织成员无偿取得的,由此,取得宅基地使用权的主体应当限于本集体经济组织成员,否则将会扰乱现行的集体土地管理秩序和农村经济管理体制。因此,对本集体经济组织之外的村民购买本集体经济组织成员的宅基地和房屋的,原则上也应当确认为无效。

此外,对于农村集体经济组织自行开发的"小产权房"的买卖问题,按照我国现行房地产管理法规的规定,我国集体所有的土地在未办理国家征收手续转为国有土地之前,禁止进入房地产市场,由此,集体经济组织开发"小产权房"的行为是不受法律保护的,买卖"小产权房"合同实质上是变相买卖农

---

〔1〕　参见"王华英诉重庆市江津区白沙镇东山村民委员会案",渝五中法民终字(2010)第 3950 号。

村宅基地,也不可能办理物权变动手续,因此,“小产权房”的买卖合同也应当认定为无效。

(三)继承

继承和转让一样同为财产流转方式,但继承更强调的是财产的法定流转,而且法律保护合法财产的继承,无论继承人是否具有本集体组织成员资格,都应该取得被继承房屋的所有权,但宅基地使用权的取得要受到主体资格的限制,由此会导致继承中出现房地分离现象,如继承人是城镇居民的,仅取得房屋所有权而无法取得宅基地使用权,所有人不能改建和重建房屋,房屋灭失时,宅基地由集体收回;继承人是其他集体组织成员,也面临同样问题。只有继承人是本集体组织成员的,才能同时拥有房屋所有权和宅基地使用权,避免出现房地分离。

(四)抵押

《物权法》第184条虽然明确禁止宅基地使用权抵押,但第180条却规定建筑物和其他土地附着物可以抵押而且并未明确排除农村房屋,农村房屋理论上可以抵押,但是在为了实现抵押权进行拍卖、变卖、折价时,却可能因为主体成员资格的限制而无法完成宅基地使用权的转让,使得无法实现抵押权而失去抵押的意义,因而最终导致抵押的不能。

二、农村集体经济组织成员资格的认定问题

具备农村集体经济组织成员资格是取得土地承包经营权、宅基地使用权等的前提,认定资格在理论上有三种观点:户籍说、权利义务说和复合标准说。户籍说简单易行,以是否具备本村户籍为认定标准;权利义务说则从实质上考察是否与本集体形成权利义务关系;复合说则要考虑上述两个方面。

《陕西省高级人民法院关于审理农村集体经济组织收益分配纠纷案件讨论会纪要》(2006)规定农村集体经济组织成员一般是指在集体经济组织所在村、组生产、生活,依法登记常住户籍并与农村集体经济组织形成权利义务关系的人。《山东省高级人民法院民事审判工作会议纪要》(鲁高法〔2008〕243号)认为集体经济组织成员资格的确认问题,应当属于立法解决的问题,集体经济组织成员就成员资格问题向人民法院起诉的,人民法院不予受理,但在土地承包等案件中会则会涉及成员资格的认定问题。比如在陈某三人诉山东省东营市广饶县广饶镇某村委会一案中,原告在大学就读,户口都已迁出。2006年2月,被告村委会的部分土地被政府征用,其中包括原告等三人的土地,但村委会拒发原告土地补偿费,法院认为,由农业户口入学的大、中、专在校学生,虽然因升学将户口从农村迁出,但属暂时性挂靠,从经济来源看,家乡地权仍是他们唯一的依赖条件，暂迁出户口的大、中专在校学生是转移户口不转移依赖条件（地权）的特殊主体，因此必须按照拥有地权看待，与村民等额分配土地补偿费。

三、土地承包经营权的设立与公示问题

土地承包经营权通过承包合同设立，自土地承包经营权合同生效时成立。虽然《物权法》明文规定县级以上地方人民政府应当向土地承包经营权人发放土地承包经营权证、林权证、草原使用权证，并登记造册，确认土地承包经营权，但登记并非生效要件。从表面上看，土地承包经营权在设立上采用意思主义，没有遵守物权法“不公示不生效”这一基本规则，但实际上采用了一种替代的公示方法，即作为主要承包方式的家庭承包主体仅限于本集体组织成员之间，大家彼此熟悉，承包方案已经事先通过民主程序在本集体组织内表决通过，承包的过程也是在集体成员的监督之下公开进行，这种民主表决、公开的参与和监督事实上已经起到了公示作用，这就是替代的公示。登记只不过是确认程序而已，不登记不影响其物权效力。比如，6 月 1 日某村委会与村民张三签订合同，将某果园承包给张三，6 月 3 日，村委会又与同村村民李四签订合同将该果园发包给李四，6 月 10 日，李四办理了经营权证。显然，本案中虽然李四办理了登记，但该果园的土地承包权仍然属于张三，因为登记既不是生效要件，也不具有对抗效力。

这种替代的公示发生在集体经济组织发包的过程中，因此土地承包经营权的设立无须登记，但是当涉及土地承包经营权的流转时，由于此时的缔约只是个别村民之间的谈判，并未经公开的民主表决程序也无须他人的参与监督，没有替代的公示，不登记则无法产生公开的效果。但如果严格采用登记生效主义则会提高村民交易的成本，因此采用登记对抗主义。《物权法》明确规定，土地承包经营权人将土地承包经营权互换、转让时，互换、转让合同生效即可发生物权变动效果，但是未经登记，不得对抗善意第三人。

特别需要指出的是，其他方式承包经营权的公示问题，《物权法》没有区分两种承包方式，但很显然，其他方式承包的主体可以是本集体组织以外的民事主体，而且这种承包经营权可以自由流转，包括可以进行投资、抵押等。如果和家庭承包一样采用替代的公示方式，则无法保证交易安全。土地承包法和相关司法解释对此类承包采用了不同的公示方式，这些规定比较科学，可以对《物权法》起到补充作用。

首先，在设立上应该采用登记对抗主义。2005 年的《最高人民法院关于审理涉及农村土地承包纠纷案件适用法律问题的解释》即采用这一原则，依据该解释第20条,发包方就同一土地签订两个以上承包合同,承包方均主张取得土地承包经营权的,由依法登记的承包方取得,均未依法登记的,由生效在先合同的承包方取得,如果依前两项规定依然无法确定的,由争议发生前已经合法占有、使用承包地的一方取得。

其次,在流转之前必须进行登记。依据《土地承包法》第49条,在转让、出租、入股、抵押或者其他方式流转之前,应当依法登记取得权利证书,依据《最高人民法院关于审理涉及农村土地承包纠纷案件适用法律问题的解释》第21条,未依法登记取得权利证书而以转让、出租、入股、抵押等方式进行权利流转的,流转无效,但是如未能登记的原因在于发包人或登记机关,则流转有效。

再次,流转的结果或登记生效或登记对抗。土地使用权的出租是以债权形式进行的流转,不会导致物权的变动,无须公示。转包是指将自己承包的土地在承包期内交与他人经营,而自己并不退出承包关系的流转形式,因此转包也不会导致物权的变动,也无须公示。抵押则是设定了新的物权,依据《物权法》第187条,以"四荒"土地承包经营权抵押的,登记生效,登记显属生效要件。出资入股,依据公司投资的相关规定,需要办理出资的登记手续,也属于登记生效主义。转让和互换的公示则可以和家庭承包经营统一起来,都采用登记对抗主义。

从物权变动的角度来看,转包和出租不会导致物权变动,因此无须公示,而转让和互换的公示方式采登记对抗主义,不登记虽不影响物权的变动,但不能对抗善意第三人。

四、承包地的征收补偿问题

集体所有的、而由承包人承包的土地被国家征收的,可以获得土地补偿费、安置补助费、地上附着物和青苗的补偿费等国家补偿费用,承包经营权人有权获得相应补偿。

首先,地上附着物和青苗的补偿费属于承包人,如果承包人已将土地承包经营权以转包、出租等方式流转给第三人的,除当事人另有约定外,青苗补偿费归实际投入人所有,地上附着物补偿费归附着物所有人所有。

其次,安置补助费支付给农村集体经济组织,由农村集体经济组织管理以用于被征地成员的统一安置;由其他单位安置的;安置补助费支付给其他单位,不需要统一安置的,安置补助费发放给被安置人员个人或者征得被安置人员同意后用于支付被安置人员的保险费用。安置补助费实际是对被征地农民重新选择职业的补助,专款专用,仅适用于家庭承包经营权人。

最后，土地补偿费是对土地所有权人的补偿，属于集体经济组织所有，依照法律规定的民主议定程序，可以把土地补偿费分配给本集体经济组织成员，不具备本集体经济组织成员资格的人，不能分得土地补偿费。

第三节 用益物权典型案例研究

一、青岛乾坤木业有限公司诉青岛市国土资源局崂山分局建设用地使用权出让纠纷案[1]

（一）案情介绍

2000年5月29日，青岛市崂山区人民政府向青岛市人民政府报送请示称，我区拟批次转用北宅街道办事处园地202亩为城市建设用地。后青岛市人民政府将该请示向山东省人民政府报送，2002年1月31日，山东省人民政府下发鲁政土字200235号《山东省人民政府关于青岛市崂山区城市建设用地的批复》称，同意青岛市崂山区征用该区北宅街道办事处园地202亩作为建设储备用地。2003年1月16日，原告乾坤公司与被告崂山区国土局签订国有土地使用权出让合同，其中约定，崂山区国土局出让给乾坤公司的宗地位于北宅街道土地面积为200亩的工业用地，其中的83亩属于山东省人民政府200235号批复中已经批准的建设用地，土地使用权出让金为为18,153,602.40元。本合同签订之日起60日内，受让人一次性付清上述土地使用权出让金。合同还约定，受让人在按合同约定支付全部土地使用权出让金之日起30日内，应持本合同和土地使用权出让金支付凭证，按规定向出让人申请办理土地登记，领取国有土地使用证，取得出让土地使用权。出让人应在受让土地登记申请之日起30日内，依法为受让人办理出让土地使用权登记，颁发国有土地使用证。受让人必须按照本合同约定，按时支付土地使用权出让金。如果受让人不能按时支付土地使用权出让金的，自滞纳之日起，每日按迟延支付款项的3‰向出让人缴纳滞纳金，延期付款超过6个月的，出让人有权解除合同，收回土地，受让人无权要求返还定金，出让人并可请求受让人赔偿因违约造成的其他损失。本合同项下宗地出让方案尚须经山东省人民政府批准，本合同自山东省人民政府批准之日起生效。

合同签订时，原告向被告缴纳土地出让定金488万元。2003年2月18日，双方共同申请，对上述协议在青岛市公证处办理了公证。同年3月26日，

[1] 《中华人民共和国最高人民法院公报》2008年第5期。

原告向被告交付300万元支票一张,被告开具了300万元收款收据,但未实际划转该300万元。2005年6月6日,被告以原告未按合同约定如期缴纳全部土地使用权出让金为由,决定撤销与乾坤公司2003年1月16日签订的国有土地使用权出让合同,并要求乾坤公司自收到本决定之日起10日内持国有土地使用权出让合同原件到该局办理解除合同相关事宜。

(二)本案的争议焦点

1. 关于国有土地使用权出让合同效力的认定。

2. 被告是否有权解除合同。

(三)本案法律分析及其处理

1. 关于国有土地使用权出让合同效力的认定问题。本合同虽约定合同须经山东省人民政府批准方可生效,但在合同签订前,合同项下的84亩土地已经山东省人民政府批准,已由农业用地转为建设用地,故这部分土地未经审批不影响相应部分的合同效力;合同项下其余部分土地尚未办理农用地转用审批手续,按约定合同尚未生效,依法不得出让。涉案合同是双方当事人的真实意思表示,内容不损害国家、集体和第三人的合法权益,且已经过公证,应认定已经成立。我国《合同法》第44条规定:"依法成立的合同,自成立时生效。法律、行政法规规定应当办理批准、登记等手续生效的,依照其规定。"《土地管理法》第44条规定:"建设占用土地,涉及农用地转为建设用地的,应当办理农用地转用审批手续。"据此认定本案中未经政府批准农转用土地的部分合同无效。根据《合同法》第56条的规定,部分合同无效,不影响其他部分效力的,其他部分仍然有效。就本案情况看,认定部分合同无效,不会影响其他部分的效力。因此,应当认定合同中经过政府批准的84亩土地使用权出让有效,未经政府批准的131亩土地使用权出让无效,其他合同条款仍然有效。

2. 合同签订后,原告向被告缴纳土地出让定金488万元,双方对此无异议,2003年3月26日原告向被告交付了一张300万元的支票,鉴于该支票因无出票日期而被认定为无效,凭无效支票不能划转乾坤公司的银行存款,乾坤公司的出票行为应被认定为无效民事行为,尽管被告收到这张支票后出具了收据,但因支票无效,被告出具的收据并不意味着已经或者能够收到300万元土地出让金。事后乾坤公司也未对这张支票进行补正,事实上被告也未收到此笔款项。由于乾坤公司对这张支票的无效具有过错,不能认定乾坤公司提交这张支票即视为其支付了300万元土地出让金。

涉案国有土地使用权出让合同第31条约定,受让人延期支付土地出让金超过6个月的,出让人有权解除合同。该合同未约定行使合同解除权的期限,也未约定出让方在解除合同前要进行催告。鉴于该合同部分有效,乾坤公司应在合同有效部分的范围内履行义务。涉案合同于 2003 年 1 月 16 日签订,截至 2003 年 3 月 26 日,乾坤公司向崂山国土资源分局交付土地出让金 488 万元,未达到 84 亩土地的出让金总额。因此,解除合同的条件已经成就。被告根据《合同法》第 93 条第 2 款的规定,行使了合同解除权,且已经通知了乾坤公司。对于合同的有效部分,双方当事人均有义务履行,乾坤公司未在合同约定的期限内履行合同有效部分的土地出让金的交纳义务,解除合同的条件已经成就,崂山国土资源分局解除合同的行为有效。合同解除后,崂山国土资源分局不再履行向乾坤公司出让 84 亩土地使用权的义务。

二、蹇朝刚诉重庆市永川区中山路办事处瓦子铺村伍家油房村民小组承包地征收补偿费用分配纠纷案[1]

(一)案情介绍

原告蹇朝刚系蹇树国之子,1998 年农村第二轮土地承包时,蹇朝刚与其父母一家三人均为村民小组农村集体经济组织成员,户主为蹇树国。村民小组将其能够承包经营的土地按当时的农村集体经济组织成员人数均等地划分份额,每人承包一个份额的土地,蹇树国一家三口人承包了三份土地,由承包户主蹇树国与村民小组签订了农村土地承包经营合同,其承包合同根据国家政策 30 年不变。2001 年 3 月 16 日,蹇朝刚因就读于重庆市工业学校将户口转出,并由农村居民户口转为城镇居民户口。2009 年 7 月 27 日,蹇朝刚又将自己的户口迁入村民小组处,但蹇朝刚户口簿上载明户别为城镇居民户口。2009 年,因永川区城市建设须征用村民小组土地,公安机关对村民小组人口进行核实,在核实后的列表中载明村民小组共计人口 233 人,其中城镇居民包括蹇朝刚在内有 2 人,其余均为农村居民户口,其中死亡 4 人,故实际在籍的亦未在外读书的农业人口只有 227 人。同年 10 月 12 日,重庆市永川区土地资源和房屋管理局新城分局与村民小组签订《补偿协议书》,对征用村民小组土地的补偿等进行约定。根据该约定,村民小组在籍农业人员 227 人进行了农转非安置并给付每人 25,000 元的经济补偿,其中未包括蹇朝刚在内。同时约定土地补偿费为 723.3 亩 ×15000 元/亩 =10,849,500 元,其中 80% 的土地补偿费 8,679,600 元统筹用于被征地农转非人员参加城镇企业职工基本养老保险,代为解缴到社会保障部门,其余 20% 的土地补偿费 216,900 元支付给油房村民小组,用于发展集体经济和安排油房村民小组成员的生产、生活;另

[1] 重庆市第五中级人民法院(2010)渝五中法民终字第 3742 号。

青苗补助费、附着物补助费等按面积进行了约定补偿。同年12月20日,村民小组制定征地补偿费分配方案,明确对安置补偿费即政府给付的每人25,000元按征地时在籍农业人员平均分配;青苗补偿费、附着物补偿费、集体资产补偿费等的分配,只有征地时在籍农业人员才能参与分配。

(二)本案争点

原告是否具有本集体组织成员资格。

(三)本案法律分析及其处理

蹇朝刚原为村民小组农村集体经济组织成员,1998年农村第二轮土地承包时,蹇朝刚与其父母一家三人承包了村民小组的三份土地,根据国家政策不管人口如何增减变化、户口关系如何变化,其承包合同30年不变,但承包合同30年不变,不等于双方之间的集体经济组织成员关系30年不变,我国法律且无关于集体经济组织成员与集体经济组织之间的关系不得变化的禁止性规定。蹇朝刚2001年3月16日因就读于重庆市工业学校将户口从村民小组处迁出并由农村居民户口转为城镇居民户口,毕业后在城市形成了较为稳定的生产、生活条件,未再将农村集体土地作为基本生活保障,未在村民小组长期居住生活,其与村民小组之间的农村集体经济组织关系已经发生变化,蹇朝刚原有的集体经济组织成员资格因此而丧失。其丧失原有的集体经济组织成员资格后,亦不能因为将自己的户口由外地迁回村民小组处而自动恢复原有的集体经济组织成员资格。蹇朝刚认为自己已经将户口由外地迁入村民小组处,且在村民小组处还有承包的土地,自己就当然是村民小组集体经济组织的成员的理由于法无据。

《最高人民法院关于审理涉及农村土地承包纠纷案件适用法律问题的解释》第24条规定:"农村集体经济组织或者村民委员会、村民小组,可以依照法律规定的民主议定程序,决定在本集体经济组织内部分配已经收到的土地补偿费"。故村民小组有权制定征地补偿费分配方案。村民小组在制订的方案中明确只有征地时在籍农业人员才能参与分配,蹇朝刚因并非村民小组的在籍农业人员,故未在参与分配人员范围内;且村民小组的分配方案明确青苗补偿费的分配是按1998年土地实际承包面积每亩1650元计算分配,包括已死亡和户籍已迁出的有地人员;附着物补偿费的分配按以死亡和户籍已迁出的有地人员按1998年土地实际承包面积每亩4500元计算分配。根据该方案之内容,因为蹇朝刚之父母及蹇朝刚本人1998年作为承包户承包了相应的土地份额,所以村民小组对其承包户的青苗补偿费、附着物补偿分配实质是针对蹇树国承包户按1998年的承包的3个人的土地的份额进行的分配,并非承认蹇朝刚本人恢复了村民小组农村经济组织成员的资格。同时依据最高法的解释,征地补偿安置方案确定时已经具有本集体经济组织成员资格的人,请求支付相应份额的,应予支持。该规定从法律逻辑上可以理解为征地补偿安置方案确定时不具有本集体经济组织成员资格的人,请求支付相应份额的,不予支持。故蹇朝刚因在征地补偿安置方案确定时不具有村民小组集体经济组织成员资格,其请求支付相应分配份额的理由不能成立。

综上所述,蹇朝刚不具有村民小组农村经济组织成员资格,不能享受村民小组农村经济组织成员的征地补偿费等分配待遇。

第四节 用益物权习作案例

案例一

原告何辉友诉称,2005 年,原告房屋被拆迁,属拆迁安置户,获得宅基地 100 平方米,由于原告当时在外经商,两被告李正芳、廖明强找到原告的父亲说如果将 100 平方米宅基地转给二被告,可获得镇政府 12,000 元的补助款,并承诺将来原告回家修建房屋由廖明强安排宅基地供原告修建房屋。2005 年 3 月 5 日,原告与被告廖明强签订了《自愿让出宅基地面积协议》。2006 年原告回到家中准备修建房屋,要求被告廖明强按原来的承诺划拨宅基地给原告修建房屋,被告廖明强承诺在第二期安置的时候再划宅基地。2009 年第二期拆迁安置户划到了宅基地,原告再次找到廖明强及李正明,廖明强说政策变了,原告不能再享受住宅基地了。由于多次要求划拨宅基地未果,故起诉来院请求解除原告于 2005 年 3 月 5 日与二被告签订的《自愿让出宅基地面积协议》。

被告李正芳辩称,原告的诉讼请求无事实法律依据,依法应予驳回。双方签订协议是双方真实意思表示,且该协议已经履行完毕,合同关系已经消灭,原告请求解除没有法律依据。且原告的诉讼请求也已经超过了 2 年诉讼时效,故请法院依法驳回原告的诉讼请求。

被告廖明强辩称,原告错列诉讼主体,自己不应是本案的被告,自己是受李正芳的委托代李正芳与被告签订的协议。且自己并没有对原告承诺第二期给原告划拨宅基地。故请法院依法驳回原告对自己的诉讼请求。

经审理查明,2005 年 3 月 5 日,重庆市九龙坡区走马镇人民政府与原告何辉友签订拆迁安置合同。原告所有的房屋、构附着物及果树苗木等均应在

2005年3月15日内全部拆除。根据拆迁安置合同,原告选择在大石农民新村统建房,建房占地面积100平方米。2005年3月3日,被告李正芳出具委托书,委托被告廖明强全权办理与何辉友宅基地转让事宜。2005年3月5日,被告廖明强代理被告李正芳(乙方)与原告何辉友(甲方)签订了《自愿让出宅基地面积协议》。协议约定:(1)甲方根据规定应享受100平方米的宅基地。根据甲方自愿,将100平方米的宅基地让给乙方修建房屋。乙方同意接受甲方让出的宅基地面积。(2)甲乙双方在进行宅基地调整过程中发生各种纠纷,由双方自行负责解决,与镇政府和开发商不发生任何关系。(3)此套房屋镇政府优惠购房12,000元,由乙方支付甲方。协议签订后,被告李正芳给付了原告转让费6500元。[1]

法律问题

本案如何处理?

案例二

原告陈清棕诉称:原告一家四口是被告亭洋村一组的村民,承包了亭洋村一组的1.54亩土地,2002年7月23日,被告亭洋村村委会与厦门如意食品有限公司签订土地征用协议,由如意食品公司在向亭洋村村委会支付土地补偿款、安置款及青苗补偿款后,征用亭洋村的旱地69.8亩,其中包括原告承包的1.16亩土地。亭洋村一组在向承包土地被征用的各户村民发放土地补偿款时,不给原告一家发放。请求判令亭洋村一组和亭洋村村委会给原告支付土地征用补偿款、安置款共计17,400元。

被告亭洋村一组辩称:原告一家四口原来虽是本组村民,并在本组承包过土地,但自2002年1月21日,原告一家已将户口迁出本村并转为非农户。其原承包的土地,已由本组按村规民约形成的惯例,重新调整给其他村民承包。本组土地被征用后,土地补偿款、安置款等,均已如数发放给相关农户。由于自2002年1月21日后,原告已不是本集体经济组织的成员,没有承包经营的土地被征用,故无权请求分配征地补偿款。原告即使仍持有前几年发放的“土地承包经营权证”,也改变不了这一事实,因此其诉讼请求应当驳回。

被告亭洋村村委会辩称:本村委会作为村农民集体所有土地的管理者,只是按照亭洋村一组大多数村民的意愿,履行与如意食品公司签订《土地征用协议》的手续而已。土地被征用后获得的土地补偿款,村委会已经全部交给

---

〔1〕 重庆市九龙坡区人民法院(2010)九法民初字第4824号。

亭洋村一组,由该组村民按照自主决策的方案全部分配。村委会没有截留这笔款项,谈不上与原告发生土地补偿款分配纠纷。原告将本村委会列为被告起诉,是错误的。请依法驳回原告的诉讼请求。

审理查明:1996 年 1 月 5 日,原告陈清棕代表全家四口人,以被告亭洋村一组村民(户别为农业户口)的身份,与亭洋村一组签订农业承包合同,承包了该组村民所有的旱地 1.16 亩、水田 0.38 亩,共计 1.54 亩。1998 年 12 月 31 日,厦门市同安区人民政府给陈清棕发放证号为 066277 的"土地承包经营权证"。2002 年 1 月 21 日,陈清棕一家迁往同安区大同镇碧岳村居住,户别也转为非农业户。2002 年 7 月 23 日,如意食品公司与被告亭洋村村委会签订《土地征用协议》,征用了包括陈清棕一家原来承包的 1.16 亩土地在内的旱地 69.8 亩。2002 年 7 月 24 日,陈清棕将全家户口从大同镇碧岳村岳口迁回亭洋村,户口类别仍为非农业户。2002 年 9 月 1 日,如意食品公司支付了土地补偿款、安置款及青苗补偿款。在土地被征用前,被告亭洋村村委会曾以《新乡村征地表决书》一份,逐户征求在征地范围内有承包地的村民对征地的意见,原告陈清棕在该表决书上签字同意征地。被告领取补偿款以后,按比例将补偿款分发给被征用土地的各户村民,但未分给陈清棕一家。2003 年 3 月 11 日,陈清棕提起本案诉讼。[1]

法律问题

本案如何处理?

案例三

原告杜海生、杜满生诉称:争议的平房三间、马棚一间,是第三人杜永生为全家人购买的,有宅基地使用证为凭。现被告杜喜生准备将此房据为己有。请求依法确认争议房屋的产权为全家人共有。

被告杜喜生辩称:争议房屋是第三人杜永生买下后准备以原价转让给我的,故在宅基地使用证上写明户主是我。既然原告想争此房产,我可以不要,但须物归原主杜永生。

第三人杜永生称:被告杜喜生所辩属实。因杜喜生身有残疾,故我买下此房后准备以原价转让给他一人所有,并不包括其他家庭成员。

审理查明:本案当事人系同胞兄妹。他们的父亲去世后,第三人杜永生即成家另过,母亲杨三妮和被告杜喜生、原告杜海生和杜满生以及第三人杜海鱼

[1] 《中华人民共和国最高人民法院公报》2005 年第 10 期。

在一起生活。1994 年,杜永生以 700 元价款买下村里的平房三间、马棚一间。1996 年,杜永生出面为此房产申领了“宅基地使用证”,证内填明户主是杜喜生,家庭成员为五口人。但杜永生仅在 1996 年口头答应过将争议房产以原买价出卖给被告杜喜生,但双方至今未交付房产和价款,也未办理房屋买卖契税及书面合同,房屋产权证明仍在杜永生手中。该村的宅基地清查登记表上记载,宅基地使用证上所填的五口人,是户主杜喜生,家庭成员杨三妮、杜海生、杜满生、杜海鱼。这五口人曾对此房产管理、使用过一段时间。1997 年杨三妮去世。2002 年 4 月原告、被告之间因家务发生纠纷,杜永生在此时声称争议房产只转让给杜喜生一人所有,并将他保存的宅基地使用证上所填的“五口”人改为“一口”人。2002 年 7 月,杜喜生将争议房产出租给邻居使用,但承租人所交的房屋租金却是由杜永生收取的,最后议定房屋出租价是 900 元。

法律问题

本案如何处理?

案例四

1992 年 12 月 9 日,根据海南医药开发公司的申请,海南省定安县人民政府以定府(1992)332 号批复,同意海南医药公司在定安县白塘水库以东地段用地 51 亩,修建医疗、保健、娱乐、旅游基地。同年 12 月 24 日,海南医药公司与定安县土地管理局签订了《国有土地使用权出让合同》,依约向土地管理局付清了出让土地价款,并向村民支付了有关补偿款。1993 年 7 月 1 日,海南医药公司取得了该土地的“国有土地使用证”。后该公司投资 10 万元,对该土地进行规划、勘察设计、平整。1994 年 11 月 28 日,海南医药公司与建设银行湖北省信托投资公司恩施办事处签订《土地使用权转让合同》。该合同主要约定:转让总价款 612 万元,恩施办事处应在合同签订 15 日内一次性付给海南医药公司土地价款 612 万元,如不能按期履行,合同失效;海南医药公司收到全部土地价款后,将该土地红线图、国有土地使用证书及政府批文原件交给恩施办事处,并配合恩施办事处办理该块土地有关转让手续。合同签订当日,海南医药公司就向恩施办事处出具了一张填写收款额为 500 万元,另一张为 112 万元的收款收据,同时也把定安县人民政府及有关部门用地批准文件、用地红线图、土地使用权证交给了恩施办事处。1994 年 12 月 1 日,恩施办事处付给海南医药公司土地转让款 500 万元,随后向签订此次转让合同的中介机构大正公司付款 112 万元。此土地转让后一直未被开发利用。1995 年 6 月 26 日、9 月 15 日建设银行湖北省分行、恩施分行分别下文撤销了恩施办事处，并决定由恩施分行清理其债权债务。1995年11月17日，安定县土地管理局在《海南日报》上刊登公告，决定收回该51亩土地。同年11月25日，海南医药公司向安定县土地管理局申请延长用地时间获准。恩施分行在清理原恩施办事处的债权债务关系中，以该办事处与海南医药公司进行土地转让行为违法、合同无效为由，于1996年5月6日向海南中级人民法院起诉，并提出财产保全。海南中级人民法院即于同年5月8日裁定查封了双方约定转让之土地。

法律问题

恩施办事处与海南医药公司签订的土地使用权转让合同是否有效？安定县土地管理局能否收回土地？本案应如何处理？

第九章　担保物权案例研究

第一节　担保物权案例研究的理论基础

一、担保物权的概念和特征

为了担保债权的实现，由债务人或第三人提供特定财产作为客体而设定的限定物权。其具有五个特征。

（一）价值权性

用益物权旨在实现物的使用价值，而担保物权意在利用物的交换价值，并不以占有为条件。

（二）从属性

1. 设立上的从属性。

2. 移转上的从属性。抵押权不得与债权分离而单独转让或者作为其他债权的担保。债权转让的，担保该债权的抵押权一并转让，但法律另有规定或者当事人另有约定的除外。

3. 效力上的从属性。担保合同是主债权债务合同的从合同。主债权债务合同无效，担保合同无效，但法律另有规定的除外。

4. 消灭上的从属性。担保物权与其担保的债权同时存在，债权消灭的，担保物权也消灭。

5. 诉讼上的从属性。担保人和主债务人为共同被告，依据主合同确定管辖。担保人承担连带责任的担保合同发生纠纷，债权人向担保人主张权利的，应当由担保人住所地的法院管辖。合同和担保合同选择管辖的法院不一致的，应当根据主合同确定案件管辖。

6. 时效的从属。抵押权人应当在主债权诉讼时效期间行使抵押权；未行使的，人民法院不予保护。

（三）不可分性

担保物权及于担保物之上，不受主债权变化和担保物价值变化的影响。主债权未受全部清偿的，抵押权人可以就抵押物的全部行使其抵押权；抵押物被分割或者部分转让的，抵押权人可以就分割或者转让后的抵押物行使抵押权。主债权被分割或者部分转让的，各债权人可以就其享有的债权份额行使抵押权。主债务被分割或者部分转让的，抵押人仍以其抵押物担保数个债务人履行债务。

（四）物上代位性

担保期间，担保财产毁损、灭失或者被征收等，担保物权人可以就获得的保险金、赔偿金或者补偿金等优先受偿。被担保债权的履行期未届满的，也可以提存该保险金、赔偿金或者补偿金等。

（五）优先受偿性

二、物保和人保并存的处理

1. 有约定随约定。

2. 主债务人提供的物保优于人保和第三人提供的物保适用。

3. 担保权人放弃主债务人提供的物保的，其他人保和物保也免除担保责任。

4. 第三人提供的物保和人保并存的，由担保权人选择。

三、抵押权

（一）不可抵押的财产

1. 土地所有权不可抵押。

2. 耕地、宅基地、自留地、自留山等集体所有的土地使用权不可抵押，但法律规定另有规定的除外：

（1）以招标、拍卖、公开协商等方式取得的荒地等土地承包经营权。

（2）乡镇、村企业的建设用地使用权不得单独抵押。以乡镇、村企业的厂房等建筑物抵押的，其占用范围内的建设用地使用权一并抵押。

3. 公益法人的公益财产不可抵押，但以公益设施之外的财产为公益法人自身债务可以设定抵押。

4. 所有权、使用权不明或者有争议的财产不可抵押。

（二）抵押权的设立

设立抵押权，当事人必须订立书面的抵押合同。抵押合同为单务、无偿、诺成和要式合同，依据《物权法》的区分原则，抵押权是否设立不影响抵押合同的效力。不动产抵押采登记生效主义，以建筑物和其他土地附着物、建设用地使用权、非家庭承包的土地承包经营权和正在建造的建筑物设定抵押的，应当办理抵押登记，抵押权自登记时设立。动产抵押采登记对抗主义，未经登记，不得对抗善意第三人。

(三)抵押权的效力

1. 保全抵押物。抵押人的行为足以使抵押财产价值减少的,抵押权人有权要求抵押人停止其行为。抵押财产价值减少的,抵押权人有权要求恢复抵押财产的价值,或者提供与减少的价值相应的担保。抵押人不恢复抵押财产的价值也不提供担保的,抵押权人有权要求债务人提前清偿债务。

2. 收取孳息。收取孳息的条件包括三个方面:债务人不履行到期债务或者发生当事人约定的实现抵押权的情形;抵押财产被人民法院依法扣押;法定孳息需要抵押权人通知应当清偿义务人。抵押权人收取孳息并非取得所有权,孳息所有权依然应由原物所有人取得,收取孳息的根本价值还是在于优先受偿。

3. 抵押物转让问题。抵押期间,抵押人经抵押权人同意转让抵押财产的,应当将转让所得的价款向抵押权人提前清偿债务或者提存;抵押人未经抵押权人同意,不得转让抵押财产,但受让人代为清偿债务消灭抵押权的除外。

(四)浮动抵押

浮动抵押是指抵押人将其现在和将来所有的全部财产或者部分财产设定担保,在行使抵押权之前,抵押人对抵押财产保留在正常经营过程中的处分权。抵押物是抵押人现有或将有的全部财产,这些财产在抵押人的日常生产经营中处于不断变动的状态之中,当需要实现抵押权时须进行财产的"结晶"以确定抵押物。浮动抵押不仅扩大了可以担保的财产范围,而且还维护了抵押人对抵押财产的自由处分权,兼顾了正常经营和融资的需要。我国《物权法》中的浮动抵押主体仅限为企业、个体工商户、农业生产经营者;浮动抵押的客体只能是动产,而把不动产、知识产权、债券等排除出浮动抵押标的物范围之外。

四、质权

(一)动产质权

1. 概念和特征

动产质权是指以动产为标的物的质权,是指债务人或者第三人将其动产移交债权人占有,将该动产作为债权的担保。债务人不履行债务时,债权人有权依照本法规定以该动产折价或者以拍卖、变卖该动产的价款优先受偿。动产质权与动产抵押权的区别在于:动产质权的设立以移交动产给债权人占有为条件,而动产抵押权的设立则不以移交动产给债权人占有为条件,作为抵押权标的物的动产仍由抵押人占有;动产质权以标的物的占有为公示方法,只要质权人占有了质权标的物,其质权就具有对抗第三人的效力,而动产抵押权无须交付即可设立，但不登记则不具有对抗善意第三人的效力。

2. 对质权人的效力

(1)占有。质权人对质物负有妥善保管义务，一方面质权人享有保管费用求偿权；另一方面因保管不善造成质物损害的，负赔偿责任。当质权人的行为对质物有损害之虞时，出质人享有预防损害请求权。

(2)收取孳息。收取孳息并非取得所有权，孳息所有权依然应由原物所有人取得，收取孳息的根本价值还是在于优先受偿。首先抵冲收取费用，余者用于质押，再余者返还。

(3)保全质物。由非质权人原因导致财产毁损或价值减少足以危害质权的，可以要求出质人补充担保，否则提前拍卖变卖。

(4)不作为的义务。质押权的实质在于利用质押物的交换价值而优先受偿，而不是使用价值。因此，质权人在质权存续期间，未经出质人同意，擅自使用、处分质押财产，给出质人造成损害的，应当承担赔偿责任。

(5)转质问题。理论上转质分为承诺转质和责任转质两种，承诺转质是经过原出质人同意的转质，转质权所担保的债权范围以原质权所担保的债权为限，转质权的效力优于原质权。责任转质是未经出质人同意的转质，是质权人对出质人承担损害赔偿责任为保障而设立的。承诺转质体现了当事人的意思自治，我国《物权法》自然不能禁止。至于责任转质，《物权法》第217条虽然规定了质权人在质权存续期间，未经出质人同意转质，造成质押财产毁损、灭失的，应当向出质人承担赔偿责任。但该条并没有明确认可责任转质，即未经出质人同意质权人擅自转质，并不当然有效，但要保护善意第三人，如果第三人是善意的，则善意取得转质权。

3. 对出质人的效力

(1)请求质权人实现质权的权利，质权人怠于行使质权而造成损害的应当承担损害赔偿责任。

(2)质物返还请求权。

(二)权利质权

权利质权，是指以所有权以外的财产权利为标的的质权。权利质权与动产质权一样，都是以确保债权的实现为目的的，是一种价值权、担保权。因此，权利质权具有动产质权的一些特征，适用动产质权的有关规定。但是，权利质权也有着与动产质权不同的特点：设质的权利是财产性权利；设质的权利具有可转让性；设质的权利具有法定性，不动产上的权利不能设质；公示方式为附权利凭证或登记。

五、留置权

(一)留置权的概念和构成要件

留置权是指合法占有债务人财产的债权人,于债务人不按期履行债务时,得留置其占有物以担保其债权实现的权利。留置权为法定担保物权,以债权人占有债务人财产为成立要件和存续要件,具有留置和担保双重效力。

1. 标的物是动产。

2. 债权人合法占有债务人的动产。

3. 债权已至清偿期,债权人的债权未届清偿期,其交付占有标的物的义务已届履行期的,不能行使留置权。但是,债权人能够证明债务人无支付能力的除外。

4. 债权的发生和动产的占有具有牵连关系,债权与债权人所负的动产返还义务基于同一法律关系或事实关系,或者债权是因为该动产而产生的费用偿还请求权或是损害赔偿请求权,但企业之间的留置不受牵连性的限制

(二)留置权的效力

1. 对留置权人的效力。收取孳息,妥善保管和保管费用请求权,不得使用出租和处分留置物,优先受偿效力。

2. 对债务人的效力。债务人可以请求留置权人在债务履行期届满后行使留置权;留置权人不行使的,债务人可以请求人民法院拍卖、变卖留置财产。

3. 对其他担保物权的优先效力。同一动产上已设立抵押权或者质权,该动产又被留置的,留置权人优先受偿。

第二节　担保物权案例研究的实务技能

一、抵押权之间的冲突问题

形成两个抵押权冲突的情形主要有两种,一是余额再抵,即抵押人在抵押物价值大于所担保的主债权的情况下,就其价值余额再设定抵押权,我国现行法律许可余额抵押。此种情况下,两个抵押权一般不发生冲突,皆能实现优先受偿,而在抵押物价值贬值低于所担保的全部债权总额时,会存在抵押权实现的顺序问题。

二是重复抵押,即抵押人将同一个标的物分别向数个债权人进行抵押,致使该抵押物上存在多个抵押权。《物权法》出台之前我国禁止重复抵押,而《物权法》设置了放弃抵押权、放弃抵押权顺位等制度,并规定了解决冲突的办法,因此事实上许可了重复抵押。

解决抵押权冲突的规则:(1)抵押权已登记的,按照登记的先后顺序清偿;顺序相同的,按照债权比例清偿。(2)抵押权已登记的先于未登记的受偿。(3)抵押权未登记的,按照债权比例清偿。

二、抵押权与其他权利冲突问题

1. 与所有权的冲突

抵押期间,抵押物依法被继承、赠与的,抵押权不受影响,因为所有权人无偿取得,其利益相比于抵押权人不值得保护,即使是未登记的抵押权亦不受继承和赠与的影响。《物权法》第191条规定,抵押期间,抵押人未经抵押权人同意不得转让抵押财产,目的在于避免抵押权人和受让人之间的冲突。实际上,未经抵押权人同意的转让,不能简单地认定为无效,其效力取决于抵押权人是否追认和受让人是否代为清偿,即使没有追认和代为清偿,也不能认定转让无效,也要平衡一下抵押权人和受让人之间的利益。"登记的抵押权可以对抗任何第三人"这一规则足以解决上述问题。也就是说,如果抵押权已经登记,则抵押权优于受让人的所有权,如果抵押权没有登记,而受让人是善意的,则抵押权不能优于受让人的所有权;若受让人是恶意的,则抵押权人优先行使权利。

2. 与租赁权的冲突

订立抵押合同前抵押财产已出租的,原租赁关系不受该抵押权的影响,适用抵押不破租赁原则。抵押权设立后抵押财产出租的,该租赁关系不得对抗已登记的抵押权,承租人之前已被告知抵押的事实,则自担损失;如未被告知,则抵押人承担违约损害赔偿责任。

3. 与执行权的冲突

法院的强制执行权不过是债权在公法上的效力体现,不能对抗作为物权的抵押权,因此,抵押期间,抵押物被财产保全或执行的,不影响抵押权的效力。

三、恶意抵押的处理

抵押权的设立往往与债权成立是同步的,如果在债权成立后而设定抵押权的,则是事后抵押,事后抵押没有违背法律的强制性规定,一般而言,其效力应该得到确认。但是在债权成立一段时间以后再设定担保,使得原先无担保的债权变成有担保的债权,会对相关主体的权利造成不利影响,因此事后抵押的效力也应受到限制,特别是恶意抵押,更应该进行限制。《担保法解释》第69条规定债务人有多个普通债权人的,在清偿债务时,债务人与其中一个债权人恶意串通,将其全部或者部分财产抵押给该债权人,因此丧失了履行其他债务的能力,损害了其他债权人的合法权益,受损害的其他债权人可以请求人民法院撤销该抵押行为。显然,依据该解释,恶意抵押属于可撤销行为。

认定恶意抵押主要考虑到以下几个要件:

首先,要求是事后抵押,在多个债权履行期届满时,债务人将全部财产或部分财产抵押给个别债权人,这是时间要件。如果在被担保债权发生之初就为该债权设定抵押的,不是恶意抵押;如果设定抵押时,其他债务未到清偿期的,也不能认定为恶意抵押。

其次,因抵押而造成了债务人丧失履行其他债务的能力,即满足了个别债权人利益却损害了其他债权人利益,这是结果要件。如果债务人仍有余力清偿其他债务人债务的,也不构成恶意抵押。

最后,要求债务人与个别债权人有恶意串通行为,在担保法解释出台之前,司法实践中并没有将恶意串通作为构成要件,虽然保护了其他债权人,但造成了抵押权的不稳定,因此担保法解释强调了恶意串通,但由此引发的问题是,恶意作为一种主观状态,当事人很难举证证明,因此恶意串通的认定标准不能过高。认定恶意串通包括两个方面:一是债务人陷入支付危机,二是债权人知道债务人陷入支付危机。如果债务人将全部财产为个别债务人设定事后抵押,则直接推定为恶意串通。

四、抵押权优先效力的例外

抵押权优先受偿效力并不是绝对的,当法律出于特别的立法政策而赋予某些权利优先效力时,这些优先权要优于抵押权行使。有些优先权本质上是债权但却赋予了物权的优先效力,有些优先权本质上是物权,也赋予了更为优先的地位。

(一)建筑承包人的优先权

在建筑工程承包合同中,发包人未按照约定支付价款的,承包人可以催告发包人在合理期限内支付价款。发包人逾期不支付的,除按照建设工程的性质不宜折价、拍卖的以外,承包人可以与发包人协议将该工程折价,也可以申请人民法院将该工程依法拍卖。建设工程的价款就该工程折价或者拍卖的价款优先于该建设工程的抵押权人优先受偿。建筑工程价款包括承包人为建设工程应当支付的工作人员报酬、材料款等实际支出的费用,不包括承包人因发包人违约所造成的损失。建设工程承包人行使优先权的期限为6个月,自建设工程竣工之日或者建设工程合同约定的竣工之日起计算。

(二)商品房购买人的优先权

在商品房买卖合同中,消费者交付购买商品房的全部或者大部分款项后,承包人就该商品房享有的工程价款优先受偿权不得对抗买受人,该商品房的抵押权人当然也不能对抗买受人。

（三）船舶优先权

依据《海商法》第22条,船长、船员和在船上工作的其他在编人员根据劳动法律、行政法规或者劳动合同所产生的工资、其他劳动报酬、船员遣返费用和社会保险费用的给付请求;在船舶营运中发生的人身伤亡的赔偿请求;船舶吨税、引航费、港务费和其他港口规费的缴付请求;海难救助的救助款项的给付请求;船舶在营运中因侵权行为产生的财产赔偿请求等费用具有船舶优先权,该船舶优先权先于船舶留置权受偿,船舶抵押权后于船舶留置权受偿。

（四）划拨土地的出让金优先权

依据《担保法》第56条,拍卖划拨的国有土地使用权所得的价款,在依法缴纳相当于应缴纳的土地使用权出让金的款额后,抵押权人有优先受偿权。显然,划拨土地的出让金请求权优先于抵押权人。

（五）浮动抵押买受人的优先权

浮动抵押的抵押权人不得对抗正常经营活动中已支付合理价款并取得抵押财产的买受人,虽然买受人的所有权取得在后,依然优先于设立在先的抵押权。

五、商品房按揭问题

按揭指开发商、银行和购房人三方约定,由购房者向开发商预交部分房款,余款向银行申请贷款,为担保银行债权的实现,购房者以所购房屋设定抵押,开发商提供担保,当购房者不能按期偿还贷款时,开发商帮助银行处置抵押物,清偿银行债务。按揭一词原是港、澳、台地区的地方方言,在香港,按揭是指将房地产转移到银行名下。等还清贷款后,再将房地产转回到购房人名下。而在大陆,实证法上并无按揭的具体规定,而仅有商品房担保贷款,因此大陆的按揭一般归入担保贷款制度,购房人取得房屋所有权,银行取得房屋抵押权。

按揭涉及的法律关系一般包括以下几个方面:

1.购房人和开发商之间的商品房买卖关系。购房人支付包括首付和银行贷款在内的房屋价款,开发商则要转移房屋所有权给购房人。

2.购房人和银行之间的借贷关系。银行一次性发放贷款,购房人一般通过月供方式偿还本息。

3.开发商为保证购房人偿还银行贷款而与银行建立的保证关系。由于实践中大部分房屋买卖为期房预售,房屋的所有权登记还尚待时日,无法在房屋上设定抵押权,为了保证银行的债权,就通过保证的方式,而一旦房屋登记过户给购房者,就可以设定抵押来担保银行的债权,此时的保证已无必要,实践中有些保证合同约定开发商的保证期一般延续到抵押权设立时。

4. 购房人为担保银行债权而以所购房屋为银行设立的抵押权,这是按揭贷款制度中的核心。如果购房人不能履行还款义务,则银行可以实现抵押权。不过由于房屋具有生活必需品之性质,相关的司法解释规定,当事人生活所必需的居住房屋,人民法院可以查封,但不得拍卖、变卖或者抵债,显然,除非购房人还有两套房,否则银行的抵押权一般不能得到真正实现,这是我国出于特别的政策考量而作出的选择。

5. 为转移风险,购房人按照银行要求向保险公司投保而产生的保险关系,目前的投保的险种一般为房屋保险,除此之外还有信用险、履约保证险等。

第三节　担保物权典型案例研究

一、案情介绍

被告索特公司在重庆市万州区观音岩1号拥有四块商服用地使用权,并将上述土地抵押给中国建设银行重庆万州分行用于贷款担保,抵押期限自2005年至2011年。2005年12月1日,原告新万基公司与索特公司签订了《联合开发协议》,约定在上述土地上共同进行房地产开发,索特公司承诺,本项目所涉及的土地已办理的抵押手续应在不影响开发进度的前提下办理解除抵押的相关手续,并保证不存在其他权利瑕疵,也没有被司法机关查封或被行政机关限制。若第三人对该地块权益提出主张,或权属手续不完善,或有权属障碍,由索特公司负责解决,并独自承担其费用,由此给新万基公司造成的损失,索特公司应按照新万基公司总投资额的30%支付违约金。2006年3月6日,中国建设银行重庆万州分行致函索特公司称,索特公司未经该行同意,擅自将抵押物与他人合作进行房地产开发,严重侵害了该行的抵押权,要求索特公司必须立即停止侵权行为,索特公司于是停止了与新万基公司的一切合作,新万基公司诉诸法院要求索特公司承担违约责任。

二、本案争点

1. 联合开发协议的性质。

2. 联合开发协议的效力。

3. 责任承担。

三、本案法律分析及其处理

(一)关于双方当事人之间法律关系的性质

根据最高人民法院《关于审理涉及国有土地使用权合同纠纷案件适用法律问题的解释》第14条的规定,合作开发房地产合同以共同投资、共享利润、共担风险为构成要件。本案中,索特公司的主要义务是提供土地,并对新万基公司的开发行为予以配合,并不承担项目的经营风险。因此,双方当事人之间法律关系不具备共担风险这一要件,在法律性质上不属于合作开发房地产合同。从该权利义务的具体内容来看,索特公司在提供该宗地的使用权之后,获得固定金额的对价,其实质是土地使用权转让,即索特公司是土地转让人,新万基公司是受让人。

(二)关于转让行为的法律效力

一审法院认为该土地使用权转让行为违反法律规定,应属无效。首先,《担保法》第49条第1款规定:"抵押期间,抵押人转让已办理登记的抵押物的,应当通知抵押权人并告知受让人转让物已经抵押的情况;抵押人未通知抵押权人或者未告知受让人的,转让行为无效。"本案中,没有证据证明索特公司将转让行为通知了建设银行,根据上述规定,该转让行为应属无效。其次,《担保法解释》第67条第1款规定:"抵押权存续期间,抵押人转让抵押物未通知抵押权人或者未告知受让人的,如果抵押物已经登记的,抵押权人仍可以行使抵押权;取得抵押物所有权的受让人,可以代替债务人清偿其全部债务,使抵押权消灭。受让人清偿债务后可以向抵押人追偿。"由于新万基公司受让的标的物上存在抵押权,根据该款规定,新万基公司可以通过行使涤除权消灭该抵押权,从而对转让行为的效力予以补正,但新万基公司并未行使涤除权,该转让行为的效力未能得到补正。

二审法院认为,根据《担保法》第49条的规定,抵押期间抵押人转让抵押物应当通知抵押权人,否则转让行为无效;《物权法》第191条亦规定抵押期间转让抵押物须经抵押权人同意。其立法目的是为了确保抵押权人的利益不受侵害。但《担保法解释》第67条和《物权法》第191条也规定,未经通知或者未经抵押权人同意转让抵押物的,如受让方代为清偿债务消灭抵押权的,转让有效。即受让人通过行使涤除权涤除转让标的物上的抵押权负担的,转让行为有效。上述法律和司法解释的规定体现了相关立法和司法解释的指导思想是要在抵押权人和抵押人、受让抵押标的物的第三人之间实现利益平衡,既充分保障抵押权不受侵害,又不过分妨碍财产的自由流转,充分发挥物的效益。本案双方当事人在《联合开发协议》中约定由索特公司在不影响开发进度的前提下办理解除抵押的相关手续,即以约定的方式将先行解除本案所涉土地上的抵押权负担的义务赋予了索特公司;该约定既保障了抵押权人的利益,也不妨害抵押人和受让土地的第三人的利益,与《担保法》、《物权法》以及《担保法解释》保障各方当事人利益平衡的立法精神并不相悖,不违反法律规定。从《合同法》的角度看,转让方对转让标的负有权利瑕疵担保责任,其主动告知转让土地上的权利负担,并承诺由其在不影响开发进度的前提下先行解除抵押,该承诺构成合同中的负担行为,即承担义务的行为,符合意思自治和合同自由原则,且确保了抵押权人的利益不受侵害,与《担保法》、《物权法》和《担保法解释》的立法本意和制度设计不相抵触。因此,应当确认该《联合开发协议》有效,双方应按照合同诚信履行,索特公司有义务根据双方商定的开发进度清偿银行债务,从而解除该转让土地上的抵押权负担。其次,根据《物权法》第 15 条的规定,当事人之间订立有关设立、变更、转让和消灭不动产物权的合同,除法律另有规定或者合同另有约定外,自合同成立时生效;未办理物权登记的,不影响合同效力。该规定确定了不动产物权变动的原因与结果相区分的原则。物权转让行为不能成就,并不必然导致物权转让的原因即债权合同无效。双方签订的《联合开发协议》作为讼争土地使用权转让的原因行为,是一种债权形成行为,并非该块土地使用权转让的物权变动行为。相关法律关于未经通知抵押权人而导致物权转让行为无效的规定,其效力不应及于物权变动行为的原因行为。因为当事人可以在合同约定中完善物权转让的条件,使其转让行为符合法律规定。本案即属此种情形。

综上,双方当事人签订的《联合开发协议》未违反法律强制性规定,应为有效合同。一审判决对此问题的认定适用法律不当,应予纠正。

(三)法律责任承担问题

一审法院认为,新万基公司要求索特公司支付违约金的诉讼请求不能成立,违约金属于违约责任范畴,而违约责任是因违反有效合同导致的法律责任,以存在合法有效的合同关系为基础。本案中,《联合开发协议》无效,故不存在违约的问题,亦不会引发违约责任的承担。根据《合同法》第 58 条的规定,无效合同的法律后果是返还财产及赔偿损失。本案中,双方当事人之间并无财产交付、转移行为,故不存在返还的问题。至于损失,新万基公司因履行合同而遭受的损失,应当按照当事人的过错确定赔偿责任。从本案合同无效的原因来看,是未将土地转让的情况通知抵押权人。根据《担保法》第 49 条第 1 款的规定,应当由抵押人履行该通知义务。虽然根据《担保法解释》第 67 条第 1 款的规定,也可由受让人行使涤除权消灭抵押权,从而使转让行为生效,但对受让人而言,该规定系权利的赋予,受让人作为权利人不行使权利,并不构成法律上的过错。因此,系索特公司单方的过错导致了合同无效,对新万基公司因此遭受的损失应由索特公司承担赔偿责任。

二审法院认为,土地使用权转让协议作为一项双务合同,要求出让方首先提供具有使用权无瑕疵的土地,受让方依约支付转让款。双方的《联合开发协议》第1条即明确了该转让土地已被抵押,且约定索特公司履行解除抵押的义务。该条约定表明,索特公司作为土地使用权的转让方具有消除转让土地上所存权利瑕疵的义务。索特公司未能按协议约定适时解除转让土地上设定的抵押,提供无权利瑕疵的土地,此种消极不履行合同的行为,已构成违约,应承担违约责任。依据约定,索特公司应按照新万基公司总投资额的30%支付违约金,但由于双方签订的《联合开发协议》实为土地使用权转让协议,故应将该条约定的"总投资额"变更为合同约定的转让款的数额,以之作为确定违约责任的计算依据。[1]

第四节 担保物权习作案例

案例一

2005年6月6日,甲、乙、丙三兄弟的父亲死亡,留了一份遗嘱,将其生前收藏的一幅名画留给了这三兄弟,并指定由老大甲负责保管。同年9月,甲遇丁,丁愿购此画。甲即将画作价3万元卖给丁。事后,甲告知乙、丙。乙、丙要求分得卖画款项,甲即分别给乙、丙各1万元。

丁购买该画后,于同年12月又将画以4万元卖给戊。两人约定:合同签订后,即将画交付戊,但因丁将在半年内举办个人收藏品展,故自该画交付之日起半年后画的所有权才将转移给戊。依此约定,丁将画交付戊,戊亦先期支付价款3万元。2006年3月,戊因生意失败向其朋友己借款5万元,己亦爱此画,便要求戊质押该画作为借款的担保,戊与己签订了质押合同,并将画交给了己。后己嫌该画的装裱不够精美,遂将该画送庚装裱店装裱。因己未按期付庚装裱店费用,该画被庚装裱店留置。庚装裱店通知己应在30日内向其支付费用,但己仍未能按期支付。庚装裱店遂将画折价受偿,扣除费用,将差

---

〔1〕 最高人民法院民事审判第一庭编:《民事审判指导与参考·2009年第1辑总第37辑》,法律出版社2009年版,第211~222页。

额补偿给己。

法律问题

本案如何处理?

案例二

甲因扩大生产需要资金,向乙借款80万元,约定以一套价值200万元的商品房抵押,双方签订了借款合同,在办理抵押登记时,乙得知该商品房之前已经为甲的供货商丙设立了最高额抵押权,最高限额为100万元,时间为6个月。由于该商品房的价值与债权数额相当,乙同意该项抵押,办理了抵押登记手续。另外,甲还向丁借款40万元,约定以闲置的A机器出质,并将A机器转移了占有,同时,还在甲的一辆尼桑汽车上为丁设立了抵押权,但是双方没有办理登记手续。

后来甲无力偿债,各债权人纷纷主张债权。此时乙发现商品房上所负担的最高额抵押权在乙办理完抵押登记手续之后,又进行了变更登记,将丙的最高债权额提高为140万元,而经过债权确定,甲和丙之间的债权数额已经达到150万。

同时,丁也发现设质的A机器之上还设立了抵押权,抵押权人是戊,担保的债权是20万元,该项抵押双方已经办理了抵押登记。甲的尼桑汽车因故障交给己修理,但因甲没有支付修车费1万元而被己留置。另外确认各担保物的市场价格分别是:商品房200万元、A机器25万元、尼桑汽车10万元。

法律问题

上述各担保权人乙、丙、丁、戊、己的债权分别如何受偿?

案例三

乙向甲借款60万元,约定还款期限为2007年5月15日。乙以自己的价值10万元的尼桑汽车设置了抵押,并办理了抵押登记,丙也以自己价值50万元的房屋为乙向甲设定抵押并办理了登记,同时丁作为保证人也与甲签订了保证合同。后来,尼桑汽车遭遇不可抗力损坏,乙获得保险金3万元后卷款而逃,甲考虑到丙的房屋已经升值为80万元,且丁是当地有名的企业家,资产巨多,于是仅以丙丁为被告提起诉讼要求承担担保责任,法院行使释明权,要求追加乙为被告,甲拒绝追加。

法律问题

本案如何处理?

案例四

刘某经营一家自行车行。2008 年 3 月,刘某欲购进一批电动自行车,但一时难以筹措到足够的进货资金。刘某欲向朋友张某借款 10 万元,因数额较大,张某一直处于犹豫之中,于是刘某提出用自己临街的平房抵押,该房早已于 2007 年 5 月出租给关某,租期 5 年,年租金 1 万元。于是刘某和张某签订了抵押合同并办理了抵押物登记手续,双方在合同中约定,借款期限为 2 年,月息 1.5%。刘某购进电动自行车后,恰逢当年电动自行车热销,由于动手早,进货及时,刘某年底即盈利近 4 万元,于是刘某在原来的平房上加盖二层楼,并于 2009 年 4 月将二层出租给赵某开办眼镜店,租期为 3 年,年租金 1 万元。2009 年 6 月,刘某为谋求暴利,从南方购进了一批组装的冒牌电动自行车。上市不久即被当地工商行政管理部门查获。电动自行车被全部没收,并罚款 1 万元,吊销营业执照。2010 年 4 月,借款期限届满,刘某无力偿还借款。张某多次催要没有结果,遂将刘某诉至法院要求实现抵押权。

法律问题

本案应如何处理?

第十章　占有案例分析

第一节　占有案例研究的内容

一、占有的概念

占有是人对物的控制和支配，在空间上，表现为人和物的结合；在时间上，表现为人与物之间控制和支配关系的持续；从占有的法律性质而言，占有是一种事实，是法律所保护的事实，不以行为能力为必要。

二、占有的分类

1. 自主占有和他主占有

自主占有，是指占有人以所有的意思进行的占有，但不必是真正的所有人或要求其为自信为所有人，因此，所有人对其物的占有为自主占有，盗贼对于盗赃的占有亦为自主占有。

他主占有是指占有人以非所有之意思而对他人财产进行的占有，他主占有，无所有权的意思，仅依某种特定关系支配物之意思的占有，如承租人对于租赁物的占有，用益权人对用益物的占有，质权人对质物的占有等。

他主占有与自主占有的区别在于占有意思的内容，二者的区分影响时效取得和无主物先占取得，时效取得和无主动产先占皆要求是自主占有。

2. 直接占有和间接占有

直接占有，是直接对物有实际管领之占有，所有权人自己的占有为直接占有。间接占有，不直接实际管领其物，但基于一定的法律关系，对直接占有人享有占有返还请求权。在很多情况下，所有人并不直接占有，而为地上权人、质权人、承租人、借用人、保管人、受托人、承运人等直接占有，但所有人的所有权未变，依法或依约仍可请求返还，对所有权人而言，这种占有称为间接占有。

3. 有权占有和无权占有

凡依照法律规定、所有人的意志、行政命令或法院裁判以及其他合法原因而实行的占有，叫做有权占有。生活中的有权占有主要是基于合同的占有，比如运输合同中的承运人对托运人委托运输的货物，承揽合同中的承揽人对定作人委托承揽加工的物品，保管合同中的保管人对委托人委托保管的物品，仓储合同中的保管人对存货人委托储存的货物,行纪合同中的行纪人对委托物等。

反之为无权占有。有权占有可以对抗任何人,而无权占有不能对抗占有物的权利人,可以对抗权利人之外的第三人。

4. 善意占有和恶意占有

这是对无权占有的进一步区分。凡不知道也不应当知道自己为无权占有的占有为善意占有,反之为恶意占有。恶意占有人完全不能对抗权利人,而善意占有人则在一定程度上可以对抗真正的权利人。

三、占有的效力

(一)占有的推断效力

占有作为事实具有一定的推定效力,首先,基于占有这一事实,可以推定占有人是有权占有。其次,即使是无权占有,也可以推定为自主占有、善意占有、和平占有、公开占有和持续占有。再次,此种推定许可利害关系人举证推翻。

(二)对占有人的效力

对善意占有人而言,虽然负有向权利人返还原物和孳息的义务,但享有占有使用权,对权利人也有必要费用的求偿请求权,当占有物因不可归因于自己的原因损毁、灭失时,仅在获得的不当得利范围内向权利人返还。

而对恶意占有人来说,不仅负有向权利人返还原物和孳息的义务,而且还要对占有物的任何损害向权利人承担赔偿责任,包括占有人因使用占有物所造成的损害、归因于自己和不可归因而造成的损害。此外无权向权利人主张维持占有物的必要费用。

四、占有的保护

有权占有受到保护自不待言,即使无权占有也受到保护,当然无权占有人不能对抗权利人,因此占有的保护主要针对第三人侵害占有而言的。当第三人侵害占有时,占有人享有占有上的请求权,包括返还原物、排除妨碍、消除危险、赔偿损失的请求权。由于法律保护占有的目的在于稳定享有的占有关系,最大限度发挥占有物的效用,当占有物被第三人侵夺后,如果自侵占发生之日起1年内占有人未行使返还原物的请求权的,占有人的请求权消灭,因为新的占有人的占有利益要比原占有人更值得保护。

司法实践中,对占有制度的保护方法有:占有物返还纠纷,即占有物被他人非法侵占,但占有物还客观存在的,占有人请求返还原物;占有排除妨害纠纷,即占有人请求排除他人妨害其占有之行为或事实;占有消除危险纠纷,即占有人在占有物已经或即将受到他人危害,危及到占有物的安全时,请求消除危害或可能危害占有物安全的行为;占有物损害赔偿纠纷,即因占有物被他人毁损时,请求给予损害赔偿。

第二节　占有典型案例研究

一、案例一

(一)案情介绍

1995年11月,北方饭店分配给本单位职工被告付合文和原告甄桂萍位于宣武区铺陈市胡同145号院平房各1间,该院另有自建房若干间,分别由分配到该院的人作厨房使用。分配房屋后,被告付合文即入住所分房屋,并占有1间自建房作为厨房使用,该厨房即本案诉争房屋,使用面积不足4平方米。几年后,原告甄桂萍入住该院所分房屋,并与付合文共同使用本案诉争厨房,该厨房有简易隔断墙。2005年,付合文将其居住的住房腾退,并根据相关的安置政策获得了一定的安置补偿款,因仍无力购买新住房,付合文便在本案诉争厨房自己使用部分继续居住。2005年7月,甄桂萍在本案诉争厨房归其使用部分安装了分户水表。付合文与甄桂萍因用水问题发生争执,强行将本案诉争厨房的隔断墙向甄桂萍使用一侧移动,并将甄桂萍存放厨房的物品扔出,并将厨房北门封堵,只保留东门进入,甄桂萍已无法使用本案诉争厨房。2007年11月7日,甄桂萍起诉至法院,要求付合文停止侵害,将厨房恢复原状。付合文辩称,甄桂萍对诉争厨房没有任何权利,不享有所有权和使用权。另查,北方饭店系原北京北方服务集团公司下属企业,2002年由北京市协和医院征用,北方饭店作为服务集团公司下属企业,职工福利分房由企业自行安排解决,服务集团公司不参与,不管理,也不予备案。

(二)本案争议焦点

原告要求停止侵害、恢复原状的主张是否得到支持。

(三)本案法律分析及其处理

占有是一种事实,是对物事实上的控制与支配,占有不是一种权利,自与所有权的占有权能相区别。占有人的占有权,并非是基于所有权,而是基于占有的事实状态和占有制度,占有权与所有权没有因果关系,占有权也并不是所有权派生出来的权能。由此可见,物的占有关系有别于物的所有关系,占有能够独立于所有权和他物权而单独受到保护。

在占有保护纠纷中,法院无须查明占有人是否为有权占有,只要查明客观上存在占有事实，就可对该占有事实予以保护。原告与被告多年来共同使用一个厨房，由于中间有隔断墙，各有出入门口，分别使用各自部分，已经形成分别占有1/2的事实。被告强行移动隔断墙、封堵原告使用的北门，造成对原告占有的侵害，因此原告要求对其占有进行保护的诉讼请求，具有法律依据，应该得到法院的支持。至于原告是基于何种原因占有1/2厨房，则不是本案所要考虑的问题，且依据相关的司法解释，单位内部分配住房产生的争议，不属于人民法院受理民事案件的范围，故本案无须对诉争厨房的承租权或使用权问题进行处理。

因为对占有的保护不考虑占有的实体权利，占有人只须对占有事实和权利受侵害的事实进行举证即可。从举证的难易程度看，相比基于本权进行的诉讼容易许多。这样，占有人通过提起占有保护纠纷之诉，可以使受侵害的权益及时得到维护。但占有保护纠纷之诉毕竟是以恢复原状为目的的应急措施，只能使物的现实占有人继续保持其原有的占有状态，并不从根本上解决当事人之间实体权益的归属。所以，占有人的占有得到保护后，如另一方认为其对争议物拥有实体权益，可基于本权另行起诉。本案中，原告对1/2厨房的占有事实得到了二审法院的保护，使原告和被告双方对厨房的占有恢复到了原来各占有1/2的状态。但本案并没有确认到底是谁对甄桂萍占有的1/2厨房拥有占有的本权。如果被告认为其拥有本权，则可以依据本权起诉要求被告腾退房屋。[1]

二、案例二

（一）案情介绍

1993年，A公司建设开发某小区，小区建成后A公司擅自违反建设工程规划许可证规定，在小区大门西侧的公用绿地上修建了商业用房一间。本案原告张某当时以13,000元的价格与A公司签订合同购买了该门面房。2007年，张某对外出租该房，收取租金至2008年4月18日。业委会曾会同社区民警、小区物业管理部等部门召开会议一致决定拆除，并向该房承租人发出限期拆除电路的书面通知，同时业委会发布公告，内容为：根据小区业主建议，小区业主一致赞成将此房予以封闭，以彻底解决此房的权属问题。在封闭期间，任何人不得开启，否则，将追究开启人之法律责任。之后，该房因门窗均被水泥完全封闭，至今无人使用。

2008年12月，原告张某以业委会侵犯了其对房屋的所有权、正常使用权

〔1〕 王茂刚："物权法对占有事实的保护"，载人民法院网。

为由诉至法院,请求所有权保护,后将诉讼请求变更为占有保护,要求被告排除妨害、赔偿损失。被告业委会辩称,诉争房屋系违章建筑,侵犯了全体业主共同享有的绿地使用权,应予拆除;同时,张某并未举证证明其对该房享有所有权,故无权请求物权保护。

(二)本案争议焦点

1. 物权保护之诉还是占有保护之诉

2. 原告的占有是否为合法占有。

3. 原告的占有是否应该得到保护。

(三)本案法律分析及其处理

1. 物权保护之诉还是占有保护之诉

确定案由是物权保护纠纷还是占有保护纠纷是审理此类案件的第一步。不动产所有权变动的公示方式为登记,本案的原被告,均不能举证证明其享有诉争房屋的所有权,也不存在第三人单独提出所有权的诉讼主张,因此无法归入物权保护纠纷范畴。原告通过买卖合同从 A 公司受领了房屋,虽没有办理房产登记取得所有权,但在事实上张某已经实际占有、管理、收益多年,原告张某对诉争房屋形成了事实上的管领,成立占有;其基于占有之事实向被告诉讼主张排除妨害、赔偿损失,应为占有保护之诉,而非物权保护之诉。

2. 原告的占有是否为合法占有

张某与 A 公司的买卖合同无效,因为合同标的物为违章建筑,为法律禁止流通物,其买卖行为违反了法律、行政法规的强制性规定,该合同为无效合同。因此,张某基于无效合同取得的占有应认定为无权占有,并且自始无权。

3. 原告的占有是否应该得到保护

原告的非法占有也应受到保护。《物权法》设立占有制度,其目的在于通过对占有的保护,防止私人滥用暴力,随意抢夺或妨害占有人的占有,从而维护社会财产秩序和社会安全。因此,任何人均不得以矫正所谓的非法占有为由,用私力取缔或改变现有的占有状态,而应通过正当的法律程序解决纷争。原告对违章建筑的占有为无权占有,而违章建筑的建设行为属行政法调整范畴,在未经法定程序认定之前,原告对违章建筑的占有状态仍在司法保护之列。至于其占有有无本权,占有之物属性如何、有无权源,均不属于占有之诉的审查范围。[1]

---

〔1〕 张薇、洪涛:“论无权占有保护之诉的司法认定及策略”,载人民法院网。

第三节 占有习作案例

案例一

2001年12月31日,以原告胡某为业主的泸县某农贸市场与被告卢某签订《集资修建某农贸市场周边联建房的合同书》。合同约定:甲方原告将其二十三栋二单元二层一号三室二厅二卫房屋一套,以43,400元的价额售与被告乙方,同时约定了付款进度和房屋竣工交付日期。合同签订后,被告先后给付泸县某农贸市场业主胡某房款15,000元。2003年10月房屋完工后,原告即将被告的购房钥匙交付被告,被告即对房屋装修后搬进居住。此后,双方为交款事宜发生争执,即原告称被告不交款、被告称原告不收款。原告于2003年11月8日向被告发出限期按合同约定交付余款,否则解除合同的书面通知;2004年元月6日原告再次通知被告合同已解除,要求被告退款、退房并撤出屋内装修材料。2005年6月、7月原告将该诉争房屋以原告名义办理了房产证和土地证。2006年1月原告即以停止侵权、恢复房屋原状、返还房屋为由向本院提起诉讼。

原告诉称,虽然双方曾签订联建房合同,但因被告违约拒不按约定履行付款义务,被书面通知被告已解除合同。此后,被告以欺骗手段获得了该房钥匙后,进行装修居住。但该房屋现已由原告以其个人名义办理了房屋所有权证、土地使用权证书,属原告个人财产,因此,被告非法占有原告房屋财产,侵犯原告的财产权益,故请求法院判令被告停止侵权、恢复房屋原状、返还房屋。

被告辩称,被告占有该房是以双方的商品房联建合同,即以联建的方式进行商品房买卖为基础,是被告履行合同义务而合法占有,并不是擅自的非法占有。尽管被告违约将其房屋办为自己的产权,但这并不影响被告因原告履行合同义务而合法占有的事实,因此,被告并未侵犯原告财产权益,故请求判决驳回原告的诉讼请求。

法律问题

本案如何处理?

案例二

原告诉称,原告与被告高某之女高某某同居后,高某某外出,2010年11月3日,原告借本村卢某某的两轮摩托车去被告家接高某某,被告无故将摩托车扣下,并拒不返还,原告要求被告返还摩托车。被告辩称,因为原告在此之前偷走被告的两轮助力车一辆,被告才扣押原告的摩托车,只要原告返还被告的助力车,被告才同意返还原告的摩托车。

经审理查明,原告卢某与被告某之女高某某同居后,高某某外出,2010年11月3日,被告电话通知原告去被告家接高某某,原告借同村村民卢某某的雅奇125型两轮摩托车去被告家,结果被告将原告所骑的摩托车扣下,原告要求被告返还摩托车,被告拒不返还。

法律问题

本案如何处理?

案例三

2001年10月,吉林省长春市居民王某因感情不和与妻子刘某离婚。离婚后,王某仍居住在夫妻共同生活期间居住的房屋里。11月,刘某的母亲高某以此房屋所有权归她为由,要求王某赶快搬出。王某认为房屋是自己掏钱购买的,自己没有侵权,对高某不理不睬,同时又将房屋的钥匙全部更换。12月,高某生病住院,病好后到乡下自己的女儿家去调养,没有再找王某,也没有起诉。

2002年1月,王某外出学习1个月,回来后,发现自己的房屋已经被高某的一个在长春做买卖的远房亲戚高某某占据。王某要求高某某搬出房屋,高某某则认为,房屋本来就不是王某的,王某无权要求其搬出。于是,王某起诉到法院。法院审理查明:讼争房屋是1998年高某为女儿购置的,房产证上登记的也是高某的名字,高某某占据该房屋没有征得高某的同意。[1]

法律问题

本案如何处理?

案例四

2003年6月,陈某同仇某签订了为期一年的房屋租赁合同,租赁仇某的一套两室一厅的住房居住。2004年5月,双方房屋租赁合同即将届满时,陈某提出续签一年合同的请求,仇某因自己的儿子要结婚,需要住房,拒绝了陈某的请求。但是房屋租赁合同到期后,陈某仍然居住在该房屋中,对仇某提出

〔1〕 房绍坤、张洪波:《物权法案例教程》,知识产权出版社2003年版,第213页。

腾还房屋的请求不予理睬。仇某无奈,于2004年7月12日趁陈某外出之际,扭开门锁,将陈某的物品从房中搬出。陈某闻讯后急忙赶回予以阻止,双方发生纠纷。陈某起诉到法院,以仇某私闯民宅为由要求其赔偿损失。仇某则以陈某侵犯其所有权为由提起反诉,请求法院判令陈某腾房。

法律问题

本案应当如何处理?

第三编　债权案例研究

债是指特定当事人之间的特定的权利和义务关系。债权债务之法律关系,从权利方面而言,称为债权关系。债权关系是民法调整的财产关系的重要组成部分。《债权法》是伴随商品经济的发展而日趋完善的。与物权保护静态财产关系的安全相对应,债权是为保护交易安全,即为保护动态财产关系的安全。我国目前处于社会主义初级阶段,正在确立和实施市场经济体制,《债权法》的重要作用是其他法律所替代不了的。

在现实生活中,产生债的原因有很多。除传统民法理论中的合同、侵权行为、不当得利、无因管理外,还包括单方允诺、防止制止他人合法权益受侵害而实施的救助行为、拾得遗失物、漂流物或失散的饲养动物、缔约过失等法律事实。可见,债权关系是日常生活中最为常见的民事法律关系,因此,司法实践中债权纠纷在民事纠纷中占了很大比例。债权案例与其他种类的民事案例相比,有其自身的特点。因债权属于请求权,从诉的角度看,债权诉讼多属于给付之诉(当然也存在撤销合同、解除合同等变更之诉,而变更之诉的后果仍是返还财产、赔偿损失等给付之诉),诉讼请求多为请求义务人履行一定义务。因此从案例研究的角度,可适用法律关系分析法,先确定纠纷属于哪一类法律关系,再根据该法律关系确定当事人的权利义务。也可适用请求权基础分析法,通过考察当事人的请求权主张,寻求该请求权的规范基础,最终确定请求权是否能够得到支持的裁判结论。

《侵权责任法》已经出台,并已于2010年7月1日起施行,本书将侵权责任民事责任案例作为单独一编予以研究。而在债权编仅对不当得利、无因管理、合同案例予以研究。

第十一章　不当得利案例研究

第一节　不当得利案例研究的内容和方法

一、不当得利概述

不当得利是法律规定的产生债的原因之一。没有合法根据而取得利益致使他人受损失的受益人,负有返还不当得利的义务,财产受损失的受害人有权请求受益人返还不当得利。具备以下四个要件即构成不当得利:(1)须一方获得了利益;(2)须他方受到损失;(3)一方获得利益与他方受到损失之间须有因果关系;(4)须没有合法根据。

不当得利一旦形成,即在受益人与受害人之间发生债权、债务关系,受害人享有请求受益人返还其财产的权利,受益人负有返还不当得利给受害人的义务。返还的不当得利应包括原物以及原物的孳息,返还义务根据受益人取得不当得利时的主观状况也应有所区别:(1)受益人在取得不当得利时不知道其获益并无法律根据,即为善意取得不当得利的,受益人只负有返还现存利益给受害人的义务;如果利益已经不存在,则不负返还义务。(2)受益人在取得不当得利时明知没有合法根据,但不予返还的,则其取得不当得利具有恶意的,受益人负有返还全部所得利益的义务;如受害人所受损失大于受益人所得利益,还应就损失与利益的差额予以赔偿。(3)受益人在取得不当得利时为善意,后来知情而为恶意的,其返还的范围应以恶意开始之时存在的利益为准。此外,受益人利用不当得利所取得的其他利益,扣除劳务管理费用后,应当予以收缴,上缴国库。

二、不当得利案件的种类

根据不当得利成立的原因可将其分为两大类。

(一)给付不当得利纠纷

给付不当得利,是指基于给付而发生的不当得利。构成给付不当得利,取得的利益必须因给付发生,财产所受之损害也因给付关系所致,没有法律上的根据,是欠缺给付目的的。欠缺给付目的,有两种情况:一是自始无给付目的,包括非债清偿和给付之原因行为未成立,例如履行不存在的债务或无效民事行为中的给付;二是给付目的事后不存在,如合同被解除等。

(二)非给付不当得利纠纷

凡给付以外的事实而发生的不当得利,均属于非给付不当得利。给付以外的事实,包括行为、法律规定、自然事实等。具体可以分为四类。

1. 因行为发生不当得利。包括:(1)因受益人行为发生不当得利。这是非给付不当得利中最常见的,如出租保管的他人物品等。(2)因受损人行为发生不当得利。是因受损人非给付行为而使自己受损,受领人获益,如报错电话号码替他人交了电话费等。(3)因第三人行为发生不当得利。受益人因第三人行为取得应归属于受损人利益的不当得利,如第三人用受损人的建筑材料为受益人盖房屋等。

2. 因法律规定发生不当得利。从不当得利发生根据来说,都是因法律规定产生。但此处所指,是法律直接明文规定某一事实符合不当得利的条件,直接发生不当得利的效果。例如因添附原始取得财产所有权后,法律规定添附之利益取得人要折价补偿,受损人有不当得利返还请求权。

3. 因自然事件发生不当得利。是由于自然事件使受益人取得应归属于受损人利益的不当得利,例如暴雨使受损人的鱼跃入受益人的鱼塘,且又无法辨认,受损人有不当得利返还请求权。

三、不当得利案例研究的基本方法

研究此类案例,应首先分析案件事实,对案件事实进行认定、分解,按照不当得利四个构成要件提取法律上的事实,如果争议事实被分解后一一对应地符合了不当得利的构成要件,则构成了不当得利法律关系。否则应分析其可能构成其他类型的法律关系如侵权行为等。在确定为不当得利案件后,再按不当得利的法律效力确定当事人的权利义务。

四、不当得利案例研究中应注意的问题

在分析不当得利案件中,应注意其与侵权行为的区别。这二者主要在行为人占有他人物品的情况下容易混淆。在不当得利情形下,占有他人物品,不当得利人没有侵占的过错,故只负返还不当得利的义务。而在侵权行为下,占有他人物品是有将他人物品据为己有的故意,如盗窃行为。对侵权行为,侵权行为人不仅负有返还原物或赔偿损失的义务,还要受到法律制裁。根据最高人民法院司法解释,拾得人将拾得物据为己有拒不返还的行为,构成侵权行为。但在司法实践中,在一般情况下,对拒不返还拾得物的,应按不当得利处理,而不应按侵权行为处理。因为一方面,如果按侵权处理,则意味着应对拾得人拒不返还的行为予以制裁,这在实践中是难以为一般人所接受的。失主丢失其物,自身也有过错,而尽管拾得人拒不返还拾得物有过错,但毕竟将拾得物在拾得后予以保管,如果其不拾到遗失物并予以保管,则遗失物将会遭受更大的损失,更何况拾得遗失物不返还,与故意侵占他人财产,在性质上还是有区别的。另一方面,按不当得利而不是按侵权处理,足以保护失主的利益。但是在下列情况下,则不应按不当得利,而应按侵权行为处理:一是拾得物在失主要求返还拾得物后,不仅未及时返还拾得物,而且因其过错,造成拾得物的毁损灭失。在此情况下,拾得人应依侵权责任规定,负损害赔偿责任。二是拾得人在失主要求返还以后,故意将拾得物转让或抛弃。在上述情况下,责令拾得人依侵权行为规定负损害赔偿责任,有利于防止拾得人非法毁损他人财产或侵害他人财产所有权。

此外,应注意那些表面上似乎符合不当得利的某项构成要件但并不构成不当得利的情形,包括:(1)为履行道德上的义务而为的给付,例如亲生父母从其被他人收养的子女处获赡养费,不属于不当得利。(2)清偿未到期的债务。虽对于债权人而言能够产生额外的财产利益,但是依据我国法律及司法实践,这种情况不构成不当得利。(3)因不法目的而为的给付。一方或双方因不合法的目的向他方交付财产的,不得以不当得利为理由请求返还。例如因赌博而付出的财产。这种利益的取得具有违法性,一般情况下应依照法律规定予以追缴,上缴国库。(4)明知无义务而为的给付。当事人一方明知自己没有给付义务而向他人交付财产的,对方接受该财产不构成不当得利。实践中可以理解为赠与。

不当得利案例研究所涉及的相关法律法规主要是《民法通则》第92条。

第二节　不当得利典型案例研究

一、案情介绍

原告:山东某药厂

被告:浙江某县白山镇政府

被告:浙江某县农业银行

原告诉称,2002年6月5日,原告从浙江省某县泰康医药化工厂购进生产原料,总价款为46,800元人民币。2002年6月14日,由于原告工作人员的疏忽,误将本应汇给泰康医药化工厂的46,800元货款误汇入浙江省某县司太康医药化工厂的银行账户,原告在近三年来同司太康医药化工厂没有业务往来,也没有未结清的债权债务关系。而该46,800元原料款在汇入司太康医药化工厂在被告中国农业银行某县支行处开户的银行账户后被该行划收。经原告多次要求返还,均被拒绝,原告请求法院判令被告返还误汇货款46,800元及同期利息并承担本案诉讼费及其他费用。

被告某县农业银行书面答辩称,答辩人取得款项符合有关法规规定和当事人之间的约定,答辩人是依据与司太康医药化工厂所签订的《银行承兑协议》中约定的条款第8条,从司太康医药化工厂账户中划收款项,并未与济南某兽药厂发生任何关系,所以不存在不当得利。如果济南某兽药厂真的是误汇货款,则不当得利的是司太康医药化工厂,鉴于该厂已被吊销执照,应由其企业业主承担返还货款的责任,请求驳回原告的诉讼请求。

经法院审理认定,原告所述误汇货款事实属实。某县农业银行与某县司太康医药化工厂之间签有《银行承兑协议》,该协议合法有效。根据该承兑协议第8条约定,某县农业银行有权从司太康医药化工厂的账户中扣收票款。审理中,原被告双方对中国农业银行某县支行已划收原告所汇46,800元原料款这一事实没有争议。另查明,原告与浙江省某县司太康医药化工厂在多年前有过业务往来,但没有未结清的债权债务,近年来未发生业务往来。

另查明,浙江省某县司太康医药化工厂因未参加1999年度企业年检,该企业于2000年9月25日被浙江省某县工商行政管理局吊销营业执照,其开办单位浙江省某县白山镇人民政府未尽出资义务。

二、本案的焦点问题

本案原告要求两被告返还其误汇的货款,双方争议的焦点在于谁应返还其货款?解决此问题的前提是认定谁构成了不当得利。构成不当得利则应返还所得款项,如不构成不当得利则无返还义务。

三、本案的事实与法律分析

本案例原告起诉两被告,是从其误汇货款的流向来看,货款先到达某县司太康医药化工厂的账户(该化工厂已被吊销营业执照,被告某县白山镇政府是该化工厂开办单位未尽出资义务),又被被告农业银行划收。两被告究竟应否返还原告误汇货款,是共同返还还是由一方返还,应分别分析两被告与原告之间是否存在法律关系、存在怎样的法律关系。

本案例中,原告误汇货款至某县司太康医药化工厂,二者之间在多年前有过业务往来,但没有未结清的债权债务,近年来未发生业务往来,司太康医药化工厂得到原告误汇的货款没有合法的根据。因此,原告与司太康医药化工厂之间产生了法律关系,此种法律关系符合不当得利的构成要件,即司太康医药化工厂获得了原告误汇货款(获得了利益)、原告受到损失、司太康医药化工厂获得利益与原告受到损失之间有直接的因果关系、司太康医药化工厂获得利益没有合法根据。因此,司太康医药化工厂构成不当得利应返还原告的货款。由于司太康医药化工厂已被吊销营业执照,被告某县白山镇政府是该化工厂开办单位,未尽出资义务,因此被告某县白山镇政府依法应承担返还义务。我国现行法律禁止行政机关开办企业,但在该禁止性规定出台前的一定历史阶段内,存在着行政机关开办企业的事实。关于该种企业被撤销或歇业后民事责任的承担问题,一般按最高人民法院法复〔1994〕4 号批复的精神处理(该批复是关于企业开办的企业被撤销或者歇业后民事责任承担问题的批复,在司法实践中行政机关开办的企业被撤销或者歇业后民事责任承担也适用此规定)。像本案中,被告白山镇政府开办了司太康医药化工厂,但未实际出资,在司太康医药化工厂被撤销、其财产不足以清偿债务的情况下,应由白山镇政府承担赔偿责任。

其次,我们分析原告与被告浙江某县农业银行之间是否产生了不当得利关系。原告误汇货款的最终下落是被被告农业银行划收。被告农业银行是司太康医药化工厂的开户银行,双方签有《银行承兑协议》,协议中规定,作为司太康医药化工厂的承兑行,被告农业银行有权从司太康医药化工厂的账户中扣收票款。因此,被告农业银行划收该款项是合法取得,是依据《银行承兑协议》,是与太康医药化工厂之间产生了合同关系,而并未与原告产生不当得利法律关系。

四、处理

根据上述事实及法律规定,法院判决:被告浙江某县白山镇政府给付原告 46,800 元,驳回原告的其他诉讼请求。

法院的判决是正确的。

第三节　不当得利习作案例

案例一

2004 年 6 月 2 日,广州市的陈先生到某银行储蓄所欲提取现金 10 万元人民币,银行工作人员把 10 万元现金(共 10 捆,每捆 1 万元)交到营业柜台上,陈先生因为匆忙只拿走了 9 捆即 9 万元,回家后才发觉少了 1 万元,遂返回银行查找。通过调取银行监视系统的录像资料,查明当时排队在陈先生身后的刘女士发现陈先生遗漏的 1 万元钱后,遂将其拿起并存入自己的账户。

根据录像资料,警方找到刘女士,刘女士遂返还陈先生1万元钱。陈先生认为刘女士有意将1万元据为已有,是侵占其财产的行为,应承担侵权的法律责任。而刘女士认为自己没有过错,认为自己不过是拿了陈先生因疏忽遗漏的1万元钱,充其量只构成不当得利,现已将1万元返还就没有什么责任了。

法律问题

1. 本案中刘女士的行为是否构成不当得利?
2. 刘女士应承担怎样的法律责任?

案例二

中学生甲(13岁)和乙(11岁)一天在放学的路上拾得一钱包,两人打开一看,里面竟是成捆的人民币,经清点共计5000元。乙即要求两人平分该款,甲则说先每人拿500元用,剩下的以后再分,于是两人拿出1000元后,将剩余的4000元埋藏在一间无人居住的旧房里。过了一个星期,甲和乙发现所埋之款已丢失。后来失主郭某得知甲和乙拾到其款,多次与甲和乙的父母协商返还之事。甲和乙的父母以该款是拾来的,且4000元已丢为由,拒绝返还。郭某遂向法院起诉,要求甲和乙返还5000元。

法律问题

1. 请作为郭某的代理人,说明诉讼请求及法律根据。
2. 作为甲或乙的代理人,说明有何抗辩事由?
3. 作为法官,你认为应如何处理此案?法律依据是什么?

案例三

2003年张三的朋友送给张三一盆价值不菲的洛阳牡丹,半年后不知何故花渐渐枯萎,最后就剩下几根枯枝,张三只好把整盆花扔在小区的垃圾箱旁。2004年年初,张三发现隔壁楼道的陈老伯种了一盆枝繁叶茂的牡丹,经了解,这盆花正是张三丢弃后被陈老伯捡到的,经陈老伯精心养护后终于被救活了。张三知道后,向陈老伯要求返还,陈老伯拒绝。张三遂起诉到法院,要求陈老伯返还花。

法律问题

1. 作为张三的代理人,你认为他主张返还花的理由是什么?
2. 作为陈老伯的代理人,你认为陈老伯拒绝返还的抗辩事由是什么?
3. 作为法官,你认为陈老伯应否返还牡丹花?法律依据是什么?

案例四

甲以放牧为生，某日突然发现自己的牛群里多了一头大黄公牛，周围的人也无人询问此牛。几天后，甲担心留着此牛会给自己惹出麻烦，便以自己的牛为名，去村委会开出证明，到市场上将牛以1200元的价格出卖给邻村的乙。一天，此牛被失主丙发现，便要求乙返还。乙称牛是从甲处买的，并有证明为据，拒不交牛。于是丙便找到甲，要求其返还卖牛所得的1200元。甲认为牛又不是他偷的，也不是捡的，而是自己跑来的，合理合法，拒不承担责任。

法律问题

1. 如果丙起诉乙，要求乙归还牛，乙应否归还？法律依据是什么？
2. 甲的行为是什么法律性质的行为？请说明理由。
3. 如果丙起诉甲，要求返还卖牛所得1200元，甲应否返回？法律依据是什么？

案例五

甲与乙在从北京出差去海南的飞机上相识，十分投机，互换名片，飞机到达海南时，乙有事匆匆先下机，甲在收拾自己的东西时，空姐丙走过来，从甲身边的座位下捡起一个黑皮夹，问甲："这是您的吗？"甲知是乙的，但并未否认，于是丙小姐就将皮夹交给了甲。甲下机后，发现皮夹内有2000元人民币，便匆忙收了起来。甲在海南出差期间为得乙的钱而深感不安。半个月后，甲回到北京，下飞机后，看到市民为南亚海啸灾区募捐，甲便把2000元人民币，以自己的名义捐给了灾区。

乙下了飞机后，不久便发现皮夹遗失，及时回到机场向机组人员询问，根据空姐丙提供的线索，通过名片的地址找到甲，甲告知已将2000元捐给了灾区，乙坚持向甲索要2000元，甲认为自己并未得到此钱，乙应向募捐组织要，募捐组织以募捐活动结束，捐款已发放给灾区为由，拒绝返还。乙诉至法院，要求甲还钱。

法律问题

1. 本案中甲与乙处于何种民事法律关系？
2. 乙要求甲还钱，法律依据是什么？其诉讼请求应否得到支持？
3. 假设甲以乙的名义将2000元钱捐给灾区，现乙要求甲还钱，甲应否返还？为什么？
4. 假设甲以乙的名义将2000元钱捐给灾区，现乙要求募捐组织还钱，募捐组织应否返还？为什么？

第十二章　无因管理案例研究

第一节　无因管理案例研究的内容和方法

一、无因管理概述

无因管理是引起债发生的法律事实。没有法定或约定的义务而为他人管理事务,管理人和本人之间即形成了以管理事务和偿还费用、赔偿损失等权利义务为内容的无因管理法律关系。无因管理的构成要件包括以下三个方面:(1)管理他人事务;(2)为避免他人利益损失而为管理国;(3)没有法定的或者约定的义务。

无因管理一经成立,一方面管理人的管理行为为合法行为,不能构成侵权行为;另一方面管理人与本人之间产生了下列债权债务关系:(1)管理人应承担适当管理、通知、报告与计算的义务以及因故意或重大过失给本人造成损害的赔偿义务。(2)受益人应偿付管理人因实施管理而支付的必要费用,包括管理人在管理或者服务活动中直接支出的费用,以及在该活动中受到的实际损失。

二、无因管理案件的种类

无因管理是一种法律事实,它使管理人与受益人之间产生民事权利义务关系。无因管理行为本身属于事实行为,而不是民事法律行为。但管理人在管理事务中所实施的行为可分为事实行为和民事法律行为两类。如自己动手为不在家的邻居修建其濒危的院墙,自己动手修院墙行为属于事实行为;而有时需要实施的则是民事法律行为,例如为受益人处理急待处理的商品而订立买卖合同。在前者的场合并不要求管理人一定是完全民事行为能力人。

三、无因管理案例研究的基本方法

研究此类案件,应首先从构成要件入手,判断是否构成无因管理,抑或构成其他类型的法律关系如不当得利、无权代理、防止侵害等。在确定为无因管理案件后,再按无因管理的法律效力确定当事人的权利义务。

四、无因管理案例研究应注意的问题

(一)应注意无因管理属于事实行为,而不是民事法律行为

无因管理的管理人虽须有为他人利益管理的意思,但不须有与受益人发

生民事法律后果的目的，也无须将管理他人事务的意思表示出来。无因管理之所以在当事人间发生民事权利和民事义务，不是因为管理人有与本人发生民事法律后果的意思，而是因为管理人管理他人事务这种事实。无因管理既然为事实行为，就不能适用有关民事法律行为的规定，不要求管理人具有相应的民事行为能力。因此，限制民事行为能力人独立为他人管理事务的，也可以适用无因管理的规定。

（二）分析无因管理案件，应注意不能将无因管理与无权代理混同

表面看二者在构成要件上有相似之处，但二者有以下根本不同：（1）无权代理的行为人是以本人的名义为民事行为；而无因管理的管理人并不必以本人的名义实施管理行为，且管理行为属于事实行为。（2）无权代理人是否有为本人利益实施行为的意思不是其成立要件，行为的后果可能有利于本人，也可能不利于本人；而无因管理人有为本人利益管理的意思是其成立要件，管理行为的后果从根本上说应是有利于本人的。（3）无权代理经本人追认则对本人发生法律效力，未经本人追认则对本人不发生法律效力；而无因管理不发生本人的追认，本人是否接受无因管理的后果不影响无因管理的效力。

（三）应注意无因管理与防止侵害的区别

《民法通则》第109条规定："因防止、制止国家的、集体的财产或者他人财产、人身遭受侵害而使自己受到损害的，由侵害人承担赔偿责任，受益人也可以给予适当的补偿。"该条文规定的是防止侵害行为，其与无因管理极易混淆。两者有许多相似之处，如行为人都具有为他人利益管理的意思，而不是为了自己的利益实施必要的行为；行为人都没有法定或者约定的义务，都体现了助人为乐，为他人服务的高尚品德；行为人都有权要求相关人对自己的损失承担责任。尽管无因管理行为与防止侵害行为有以上相似之外，但两者有根本的区别，主要表现在以下几个方面：（1）发生的前提不同。防止侵害行为发生的前提是"侵害"，这种侵害应当是现实的，正在进行的，对于假想的或者没有发生侵害的则不能予以防止或制止；无因管理发生的前提是本人对自己的事务或财物一时失去控制，不能进行管理，这种状态继续持续下去对本人来讲可能出现利益丧失的危险。（2）法律关系不同，在防止侵害行为的法律关系中，多数具有三个主体，即防止侵害行为人、侵害人和受益人，在没有侵害人的防止侵害行为中，有防止侵害行为人和受益人；而在无因管理法律关系中，只有管理人和受益人两个主体，没有侵害人。（3）两者承担责任的主体不同。在防止侵害行为中，赔偿责任由侵害人直接承担，受益人不直接承担责任，只有在侵害人无力赔偿或没有侵害人的情况下，才由受益人承担。（4）法律责任不同。无因管理受益人需要承担管理(服务)人为其管理事务或者服务支出的全部费用和遭受的实际损失,而对防止侵害受到的损害,应由侵害人赔偿,受益人“可以”作“适当”补偿而不是“必须”赔偿“全部”费用与损失。(5)价值取向不同。防止侵害是为了防止国家的、集体的财产或者他人的人身、财产受到侵害,具有较大的社会价值,因而为社会所大力倡导和鼓励。而无因管理,强调的是本人应该管理好自己的事务,管理人的管理行为主要是为了实现私益价值。

(四)合伙案例研究所涉及的相关法律法规主要有

1.《中华人民共和国民法通则》第93条;

2.《中华人民共和国民法通则》第109条;

3.《最高人民法院关于贯彻执行〈中华人民共和国民法通则〉若干问题的意见(试行)》第142条。

第二节　无因管理典型案例研究

一、案情介绍

王某承包村里的大片苹果园,经过精心培育,收成看好。2004年9月就在苹果即将采摘上市之际,王某不幸在车祸中死亡,而其两个儿子都在外地工作,无力照管果园。王某的同村好友李某便主动担负起照管果园的任务,并组织人员将苹果采摘并上市出卖,获得收益5万元。其中,李某组织人员采摘苹果并出售所花费劳务费共计1500元,李某在搬运苹果时不慎将腰扭伤花费医药费500元。王某的继承人赶回家后,李某将收益5万元交给王某的继承人,同时要求支付其所花费的1500元劳务费、500元药费,并要求支付2000元作为报酬。

而王某的继承人认为,自己并未委托李某照管果园,李某无权要求其支付有关报酬,且李某扭伤腰是其自己不小心,故只同意支付1500元劳务费,拒绝支付500元药费和2000元报酬。

李某因此起诉王某的继承人,要求其支付其所花费的1500元劳务费、500元药费,2000元报酬。

二、本案争执焦点问题

本案争执焦点问题是:李某的行为属于什么性质?李某未经王某继承人委托而主动照管王某的果园,是否有权要求报酬及要求支付其已付出的劳务费、医药费?

三、本案的事实与法律分析

要解决双方纠纷,应先确定双方之间的法律关系,然后根据该法律关系确定双方的权利义务。在本案中,在王某死后其果园无人照管的情况下,李某为了王某继承人的利益,主动管理,应认定为无因管理。无因管理的构成要件有三:(1)管理他人事务;(2)为避免他人利益损失而为管理;(3)没有法定的或者约定的义务。李某的行为符合该三项要件:(1)李某确实照管了王某的果园,组织人采摘、出售,并将获得的5万元收益交给王某继承人;(2)李某的管理行为是为了避免王某继承人的损失;(3)李某没有法定义务也没有约定义务去管理。本案中,李某与王某之间事先并没有委托管理果园的约定,李某与王某继承人之间也没有委托合同,这样李某从事管理行为,纯粹是为了帮助他人,因此可以构成无因管理。

明确了无因管理法律关系,则根据法律规定,该法律关系的债权人即管理人"有权要求受益人偿付由此而支付的必要费用"。现在管理人李某要求王某继承人支付劳务费、医药费及报酬,那么我们应首先判断这三项请求哪项属于"为此而支付的必要费用",很显然,组织人员将苹果采摘、搬运、上市出售的1500元劳务费是必要的费用,即使王某本人或王某继承人来做也是同样需要花费的费用,这一点是毋庸置疑的。而李某在搬运苹果时不慎扭伤腰而花费的500元医药费,确实是在管理过程中受伤而花费的费用,但是否属于"必要"的费用则值得思考。一个"一般的"、"善良"之人在从事搬运活动时不一定会扭伤腰,即不慎扭伤腰虽与管理活动有关,但与管理活动不存在直接因果联系。因此笔者认为该医药费不能算为无因管理"必要"的费用。而李某主张的报酬则于法无据,既然构成无因管理,则按法律规定无因管理的债权人即管理人没有请求报酬的权利,因为无因管理的立法目的是鼓励人们助人为乐,而不是为了自己的报酬而去管理他人事务。如规定有报酬请求权,则可能出现大量为自己报酬而去"管理他人事务"的侵权案件的发生。因此,李某的行为构成无因管理。李某要求王某继承人支付1500元劳务费的请求应予支持,李某要求2000元报酬的请求不应支持。而李某扭伤腰花费的500元医药费虽不是无因管理的必要费用,是否就意味着李某不能得到任何补偿呢?笔者认为,此种情况可适用法律关于受益人对特定受害人补偿义务的规定。根据《最高人民法院关于贯彻执行〈中华人民共和国民法通则〉若干问题的意见(试行)》第157条规定:"当事人对造成损害均无过错,但一方是在为对方的利益或者共同的利益进行活动的过程中受到损害的,可以责令对方或者受益人给予一定的经济补偿。"李某可据此要求王某继承人对其扭伤腰给予一定的经济补偿,当然补偿的范围应综合考虑受害程度、受益状况等因素而加以确定。

四、处理

受理本案的法院判决:李某的行为构成无因管理,判决王某继承人向李某支付1500元劳务费、500元医药费,驳回李某要求支付2000元报酬的诉讼请求。

笔者观点:法院的判决中将500元医药费作为无因管理的必要费用判决由受益人全部支付给管理人,这对于鼓励无因管理行为而言具有积极的意义,司法实践中这种做法较常见。但从理论上来说,此种医药费非无因管理的"必要"费用,根据《最高人民法院关于贯彻执行〈中华人民共和国民法通则〉若干问题的意见(试行)》第157条规定判决受益人给予"一定的"补偿更适当些。

第三节　无因管理习作案例

案例一

王某在济南黄河公路大桥观光,见一女子孤身站在桥边,一条腿已跨过栏杆,目光异样,即心生疑惑。该女子见有人来,便向桥下跳去,王某情急中拉住女子衣服,将女子救上来。王某救人过程中,随身携带的价值1000元的照相机被碰坏,手臂被擦伤;女子的头也被碰伤,衣服被撕破。王某将女子送到医院,为其支付各种费用500元,并为包扎自己的伤口用去20元。当晚,王某住在医院招待所,但已身无分文,只好向服务员借了100元,用以支付食宿费。次日,轻生女子的家人赶到医院,向王某表示感谢。

法律问题

1. 王某与轻生女子之间存在何种民事法律关系?
2. 王某的照相机被损坏以及治疗自己伤口的费用女子应否偿付?为什么?
3. 王某为女子支付的医疗费等费用能否请求女子偿付?为什么?
4. 王某向服务员借的100元,应当由谁偿付?为什么?
5. 王某能否请求女子给付一定的报酬?为什么?
6. 王某应否赔偿女子衣服损失?为什么?

案例二

原告、被告之间是邻居,1982年8月的早晨原告在楼顶层的平台上摆放了20盆君子兰花，浇完花以后就去上班。下午突然刮起大风，大雨即将来临，被告上楼顶收拾晾晒的衣服，发现原告养的花将遭雨淋遂动手将花盆搬下楼，在搬运至第三盆时，因不慎摔了一跤，扭伤了自己的脚，同时将原告一盆名贵的花摔坏。原告回家后，发现花已被摔坏，非常恼怒，认为被告擅自搬动其花盆，由此造成损失，应当负责赔偿。被告认为，其出于好心帮助原告，不应赔偿。原告遂提起诉讼，要求被告承担侵权责任。被告以后又提起反诉，请求原告支付其因治疗脚扭伤而花费的医疗费。

法律问题

1. 原告与被告处于何种法律关系中？法律对该法律关系是如何规定的？

2. 被告应否承担摔坏原告一盆花的侵权责任？说明法律依据。

2. 原告是否应赔偿被告因扭伤脚而花费的医疗费？说明法律依据。

案例三

甲在下夜班回家的路上遇到持刀劫匪乙，乙逼甲交出钱包，甲大声呼救，路人丙上前救助，被乙捅伤大腿，住院治疗花费医疗费8000元。后乙被抓获并被判刑，没有赔偿能力。

法律问题

1. 乙的行为在民法上是什么法律性质的行为？我国法律对该行为的法律后果是如何规定的？

2. 丙救助甲的行为是什么法律性质的行为？我国法律对该行为的法律后果是如何规定的？

3. 如果你是丙的代理人，丙应如何主张自己的权利？

案例四

农民钱某在麦收后把新脱粒的2000斤小麦全部摊在场上晾晒。7月15日傍晚，其8岁儿子突患疾病，钱某夫妇急忙送孩子去县医院。16日午后，天气突变即将下雨，钱某的邻居黄某知道钱某夫妇送子看病未归，便主动把钱某的小麦收拢并盖上塑料布。16日下午的大雨一直下到17日的晚饭后。18日上午，黄某把自家的小麦推开晾晒，他估计钱某夫妇该回来了，因此未对钱某夫妇的麦堆采取摊晒的措施。不料，钱某因儿子病情严重，直到19日才能脱离危险，当钱某19日傍晚赶回家中，发现小麦被邻居黄某盖好，谢过黄某后钱某到场上，发现塑料布下的小麦大部分发芽、霉烂，于是钱某找到黄某，要求黄某赔偿自己的损失，黄某认为自己好心好意，钱某不给自己工钱反要自己赔偿太屈了,拒绝赔偿,钱某诉至法院。

法律问题

1. 钱某与黄某处于何种民事法律关系中? 我国法律对该民事法律关系主体的权利与义务是如何规定的?

2. 钱某能否要求黄某赔偿损失? 为什么?

案例五

村民许某一日深夜回家时,发现距家门不远处有一头黄牛,此时深夜无人,许某就把该牛牵回家中,准备第二天再寻找失主。第二天早晨,许某起床后发现黄牛被盗,即向村委会反映并到派出所报了案。此后,黄牛的主人张某寻找黄牛,得知牛被许某牵回家后,找到许某,要求许某返还黄牛,许某向张某说明情况,张某仍然坚持要求许某赔偿其损失。

法律问题

1. 请分析许某行为的法律性质。

2. 许某应否赔偿张某的损失? 为什么?

3. 假设许某将黄牛牵回家中饲养,张某前来索要,许某想据为己有拒不返还,夜间黄牛被盗。许某应否赔偿张某的损失? 为什么?

第十三章 合同总论案例研究

第一节 合同总论案例研究的内容和方法

一、合同总论概述

合同法律关系按照纵向的划分，主要包括合同的成立、合同的效力、合同的履行、违约责任等主要内容。

(一)合同的成立

合同成立法律制度包括合同订立的过程、合同的形式、合同的内容等方面的法律问题。其中，合同订立的过程是指缔约各方自接触、洽商直至达成合意的动态行为，此阶段由要约邀请、要约、反要约和承诺等制度规范和约束，产生先合同义务及缔约过失责任。

要约，是指一方当事人以缔结合同为目的、向对方当事人所作希望与其订立合同的意思表示。作为合同订立的一个要素，要约的构成要件包括：(1)必须是特定人的意思表示；(2)必须具有订立合同的意图，即表明经受要约人承诺，要约人即受该意思表示约束；(3)必须向要约人希望与之缔结合同的受要约人发出；(4)内容必须具体确定；(5)要约必须到达受要约人。

承诺，是指受要约人同意接受要约的全部条件以缔结合同的意思表示。承诺必须具备如下要件，才能产生法律效力：(1)承诺必须由受要约人作出；(2)承诺必须在合理期限内向要约人作出；(3)承诺的内容必须与要约的实质性内容一致；(4)承诺必须表明愿与要约人订立合同；(5)承诺的传递方式应当符合要约的要求，如果要约对承诺的方式没有提出要求，承诺应当以合理的方式作出。要约一经承诺，合同即告成立，因此，认定承诺是否作出对于判断合同是否成立至关重要。

缔约过失责任，是指当事人在缔结合同时，由于过失导致合同不成立、未能生效或全部或部分失效，并给对方当事人造成损失的，应当依法承担的法律责任。缔约过失责任是建立在诚实信用基础上的，保护的是一种信赖利益。根据我国《合同法》的规定，当事人在订立合同过程中有下列情形之一，给对方造成损失的，应承担损害赔偿责任：(1)假借订立合同，恶意进行磋商；(2)故意隐瞒与订立合同有关的重要事实或提供虚假情况;(3)泄露或不正当使用在订立合同过程中知悉的对方的商业秘密的;(4)其他违背诚实信用的行为。

格式条款,是一方当事人为了反复使用而预先拟定的并由不特定的第三人所接受的、在订立合同时未与对方协商的条款。格式条款的出现,加快了商品交易速度,简化了订约程序,但对合同自由原则、公平原则形成了挑战。各国都纷纷通过修改和制定单行的法律对格式条款进行规范。我国《消费者权益保护法》、《合同法》对格式条款进行了规定。主要内容有:(1)格式条款的制定与使用。提供格式条款的一方应遵循公平原则确定当事人之间的权利和义务,并应当采取合理的方式提请另一方当事人注意有关免除或者限制其责任的条款。而且,应当按照另一方当事人的要求,对该条款予以说明。(2)格式条款的无效。提供格式条款一方免除其责任、加重对方责任、排除对方主要权利的条款无效;一方以欺诈、胁迫的手段订立合同,损害国家利益的,恶意串通,损害国家、集体或第三人利益,以合法形式掩盖非法目的,损害社会公共利益,违反法律、行政法规强制性规定的格式条款无效;免除造成对方人身伤害的责任,以及免除因故意或者重大过失造成对方财产损失的责任的格式免责条款无效。(3)格式条款的解释。对格式条款,应当按照通常理解予以解释;对格式条款有两种以上解释时,应当作出不利于提供格式条款一方的解释;格式条款与非格式条款不一致时,应当采用非格式条款。

(二)合同的效力

从根源上讲,合同的效力是《合同法》等法律赋予合同的,由国家的强制力保障的,在债务人违约时,法律依守约方的请求强制违约方实际履行或承担其他不利后果。作为法律评价当事人各方合意的表现,合同的效力是复杂多样的:法律对当事人各方的合意予以肯定的评价时,发生当事人预期的法律效果,即合同生效;法律对当事人合意给予彻底否定性评价时,发生合同无效的后果;法律对当事人合意予以相对否定性评价时,发生合同可撤销或效力未定的法律后果。合同效力基本法律问题有以下几个方面:

1. 合同的有效要件

合同的有效要件是法律评价当事人合意的标准,它不同于合同的成立要件。按《合同法》和《民法通则》的规定,合同的一般有效要件包括:(1)行为人具有相应的民事行为能力;(2)意思表示真实;(3)不违反法律或社会公共利益。

2. 合同的无效

合同无效,是指合同因严重欠缺有效要件而致合同当然不发生效力。该类合同绝对无效、自始无效。根据《合同法》第 52 条规定，导致合同绝对无效的原因主要有：(1)一方以欺诈、胁迫的手段订立合同，损害国家利益；(2)恶意串通，损害国家、集体或者第三人利益；(3)以合法形式掩盖非法目的；(4)损害社会公共利益；(5)违反法律、行政法规的强制性规定。此外，根据《合同法》第 53 条规定，合同中的下列免责条款无效：(1)造成对方人身伤害的；(2)因故意或者重大过失造成对方财产损失的。

3. 合同的可撤销

合同的可撤销，是指合同欠缺一定生效要件，可通过撤销权人行使撤销权，使已经生效的合同归于无效。根据《合同法》第 54 条的规定，下列合同，当事人一方有权请求人民法院或仲裁机构变更或撤销：(1)因重大误解订立的；(2)在订立合同时显失公平的；(3)一方以欺诈、胁迫的手段或者乘人之危，使对方在违背真实意思的情况下订立的合同。

可撤销合同的有效与否，取决于有撤销权的一方当事人是否行使撤销权。撤销权的行使，使合同自成立时无效。撤销权人应在知道或应当知道撤销事由之日起一年内行使撤销权，该"一年"为除斥期间。

4. 合同的效力未定

合同的效力未定，是指已成立的合同因欠缺一定的生效要件，其生效与否尚未确定，须经过有关权利人表示承认，方可生效，在一定期限内不予追认则为无效。导致合同效力未定的原因主要是合同当事人主体资格上的瑕疵，包括下列不同情形：(1)限制行为能力人订立的合同。限制行为能力人订立的合同须经其法定代理人追认方为有效。相对人可以催告法定代理人在一个月内追认。法定代理人未作表示的，视为拒绝追认。合同在被追认之前，善意相对人有撤销的权利。撤销应以通知的方式作出。当然，限制行为能力人订立纯获利益的合同或者与其年龄、智力、精神健康状况相适应而订立的合同，不须法定代理人追认。(2)无权代理人订立的合同。无权代理人以被代理人名义与相对人订立合同，非经被代理人追认，对于被代理人不发生法律效力，除非构成表见代理。相对人可以催告被代理人在一个月内予以追认。被代理人未作表示的，视为拒绝追认。合同被追认之前，善意相对人有撤销的权利。撤销应以通知的方式作出。(3)无权处分人订立的合同。无权处分人与相对人订立了处分他人财产权的合同，经权利人追认或无权处分人在缔约后取得处分权时，合同自始有效。无权处分人未取得处分权，权利人又不追认的，合同无效，但该无效不得对抗构成善意取得的第三人。

5. 合同无效、被撤销或不被追认的法律后果

无效、被撤销或不被追认的合同自始无效,即无效溯及既往,不发生合同履行的法律效力,但发生以下法律后果:(1)返还财产。合同无效、被撤销或不被追认,自始无效,当事人依合同已交付的财产,应予返还;不能返还或无必要返还的,应当折价赔偿。(2)赔偿损失。对合同无效、被撤销或不被追认负有过错的一方应赔偿对方因此所受到的损失,双方都有过错的,应各自承担相应的责任。(3)当事人恶意串通,损害国家、集体或者第三人利益的,因此取得的财产收归国家所有或者返还集体、第三人。

(三)合同的履行

合同的履行是合同制度的核心内容之一,从合同效力方面观察,合同的履行是有效合同所必然发生的效果;从合同关系消灭的角度观察,债务人全面而适当地履行合同,是合同关系正常消灭的原因。合同的履行涉及的问题很多,主要包括合同履行的原则、合同履行中的抗辩权及合同的保全等内容。

1. 合同履行的原则

在理论上通常将合同履行的原则归纳为全面履行原则、适当履行原则、协作履行原则等。

全面履行原则,是指合同当事人应当按照合同规定的内容,完成全部合同义务的要求。实际履行与正确履行是该原则的具体要求。

适当履行原则,是指对于生效的合同,在当事人就有关合同内容约定不明确的情况下,依照法律规定的办法和规则履行合同的原则。该原则要求,当事人就有关合同条款约定不明时,首先可由当事人通过协议的方式补充,如果当事人之间不能达成补充协议的,则按合同有关条款或者交易习惯确定合同内容。依照上述两项规则仍不能确定时,适用合同条款不明的解释规则,即(1)质量要求不明确的,按照国家标准、行业标准履行,没有国家标准、待业标准的,按照通常标准或者符合合同目的特定标准履行;(2)价款或者报酬不明确的,按照订立合同时履行地的市场价格履行,依法应当执行政府定价或者政府指导价的,按照规定履行;(3)履行地点不明确的,给付货币的,在接受货币一方所在地履行;交付不动产的,在不动产所在地履行;其他标的,在履行义务一方所在地履行;(4)履行期限不明确的,债务人可以随时履行,债权人也可以随时要求履行,但应当给对方必要的准备时间;(5)履行方式不明确的,按照有利于实现合同目的的方式履行;(6)履行费用的负担不明确的,由债务人承担。

协作履行原则,是指当事人不仅应当适当履行自己的合同债务,而且应当

基于诚实信用原则,根据合同的性质、目的和交易习惯等履行通知、协助、保管、保密等附随义务。

2. 合同履行中的抗辩权

合同履行中的抗辩权,是指双务合同中的一方当事人在具备法定条件的基础上对抗对方当事人的履行请求,暂时拒绝履行合同义务的权利。依据我国《合同法》的规定,合同履行抗辩权主要包括三种,即同时履行抗辩权、先履行抗辩权和不安抗辩权。

同时履行抗辩权,是指双务合同的当事人一方在他方未为对待给付以前,有权拒绝自己的履行。同时履行抗辩权所赖以产生的法律基础是诚实信用原则。同时履行抗辩权的成立应当具备下列条件:(1)当事人须因同一双务合同而互负债务;(2)当事人双方互负的债务没有先后履行顺序且均已届清偿期;(3)对方当事人未履行债务或未按约定履行债务;(4)对方当事人的对待履行是可能履行的。

不安抗辩权是指在双务合同中应当先履行债务的一方当事人有确切证据证明对方有丧失履行能力的情形时,中止履行自己债务的权利。不安抗辩权应当具备下列条件:(1)当事人须因双务合同负债务;(2)当事人一方须有先履行的义务且已届履行期;(3)后履行义务一方须有丧失或可能丧失履行债务能力的情形;(4)后履行义务一方没有对待给付或未提供担保。不安抗辩权的主要效力在于中止合同,抗辩权人不享有同时履行或提供担保的请求权。

先履行抗辩权,是指在双务合同中应当先履行义务的一方当事人没有履行合同义务时,后履行一方当事人拒绝履行自己合同义务的权利。先履行抗辩权的行使应当具备以下条件:(1)当事人基于同一双务合同互负债务;(2)当事人在合同中约定债务的履行有先后顺序,或依据法律规定或交易习惯可以确定履行的先后顺序;(3)负有在先履行合同义务的一方当事人未履行到期债务或者其履行不符合约定。先履行抗辩权属于延期的抗辩权,不具有消灭对方请求权的效力,只是暂时阻止先履行一方请求权的行使。

(四)合同的保全

合同的保全,是指为防止因债务人消极或积极的不当行为致其财产减少,法律赋予债权人代位权和撤销权,以排除对其债权的危害的法律制度。合同保全的基本方法有两种,即代位权和撤销权。

债权人的代位权,是指因债务人怠于行使其到期债权而危害债权,债权人以自己的名义代位行使债务人的债权的权利。债权人代位权的成立须具备一定的条件,具体包括以下几项:(1)债权人对债务人的债权合法;(2)债务人对第三人享有债权,但该债权专属于债务人自身的除外;(3)债务人怠于行使对第三人的到期债权;(4)因债务人怠于行使其到期债权,对债权人造成了损害。依我国《合同法》规定,债权人应向人民法院请求行使代位权,代位权的行使范围以债权人的债权为限。债权人行使代位权的必要费用,由债务人负担。《最高人民法院关于适用〈中华人民共和国合同法〉若干问题的解释(一)》中对代位权诉讼中的有关问题作了明确规定。

债权人行使代位权,对债务人、第三人(次债务人)和债权人会产生不同的法律效力。对债务人而言,理论上认为,债权人行使代位权产生的法律上的效果应该直接归于债务人,债权人并不能因行使代位权而取得优先受偿的权利。然而,依《最高人民法院关于适用〈中华人民共和国合同法〉若干问题的解释(一)》第20条的规定:"债权人向次债务人提起的代位权诉讼经人民法院审理后认定代位权成立的,由次债务人向债权人履行清偿义务,债权人与债务人、债务人与次债务人之间相应的债权债务关系即予消灭。"对第三人而言,无论是债务人行使权利还是由债权人代位行使权利,第三人的法律地位及利益都不应受到影响,凡是次债务人可以对抗债务人的一切抗辩,都可以用来对抗债权人。对债权人而言,代位权的行使范围以债权人的债权为限。债权人行使代位权的必要费用(如差旅费、住宿费等),由债务人负担。

债权人撤销权,是指当债务人实施减少其财产的行为而危及债权人的债权实现时,债权人为保全自己的债权而请求法院予以撤销的权利。债权人撤销权的成立要件可分为客观要件和主观要件,并且因债务人所为的行为是否有偿而有所不同。债权人撤销权成立的客观要件是指债权人造成了损害。按照传统民法理论,债权人撤销权成立的主观要件是指撤销权成立和行使以债务人与第三人主观上有恶意为条件。依据我国《合同法》的规定,关于撤销权的主观要件,可以从以下两方面考虑:就债务人而言,法律对于债务人的主观状态并无明确的要求;从受让人角度看,在债务人放弃到期债权或无偿转让财产时,并不要求受让人具有恶意,但在债务人以明显不合理的低价转让财产时,则要求受让人具有恶意。

债权人撤销权的行使应注意以下问题:(1)撤销权的行使主体为债权人;(2)撤销权的行使应以诉讼方式为主;(3)以保全全体债权为必要限度;(4)债务人负担行使代位权的必要费用;(5)撤销权行使应在规定期限内进行。债权人撤销权行使的效力,依法院的撤销判决而发生,并及于债务人、第三人及债权人。对债务人而言,债务人的行为一经被撤销,即自始无法律约束力。对债权人而言,行使撤销权的债权人得请示第三人将所得利益返还给债务人,也得请示直接返还给自己。对第三人而言,第三人已受领债务人财务的,应当予以返还;原物不能返还的应当折价返还其利益;第三人向债务人支付对价的,得向债务人主张返还不当得利。

(五)合同的变更、合同的转让

广义的合同变更是指合同的内容和主体的变化。狭义的合同变更,仅指合同的内容的变化,是指依法成立的合同在尚未履行或者尚未完全履行之前,依法律规定或当事人协议对合同的内容的改变。

合同的变更,必须符合以下条件:(1)双方原来已存在合法有效的合同关系。(2)合同的变更须依法律的规定或当事人的约定。(3)合同的变更必须遵守法定的方式。(4)必须有合同内容的变化,但这种变化只能是合同的非实质条款发生变化,否则就成为合同的更新。合同变更的内容应当明确。(5)合同变更应当在合同有效成立以后,合同履行完毕之前。依法变更后的合同,对合同当事人具有法律约束力,任何一方不得擅自变更或解除。合同的变更,不影响当事人要求对方赔偿损失的权利。对于已经履行的合同内容,当事人对合同的变更无溯及力,原履行部分不得撤销。

合同的转让,是指合同当事人一方依法将合同的权利和义务全部或者部分地转让给第三人。合同转让,依照其转让的权利义务的不同,可分为合同权利的转让、合同义务的转让及合同权利义务概括转让三种形态。

合同权利的转让,是指合同债权人通过协议将其债权全部或部分转让给第三人的行为。合同权利转让应具备以下要件:(1)须有有效的合同债权存在,且权利转让不改变债权的内容。(2)合同权利的转让人与受让人须就合同权利转让达成合意。(3)合同权利转让的对象是本身具有可转让性的合同债权。(4)合同权利转让须通知债务人,始对债务人发生效力。合同权利转让的法律效力主要表现在:(1)在转让人与受让人之间:主合同权利转让给受让人,从属于主债权的从权利也随主债权转移;转让人应保证其转让的权利有效存在且不存在权利瑕疵。(2)对债务人所产生的法律效力:债务人不得再向转让人及原债权人履行债务,应负有向受让人即新债权人作出履行的义务,同时免除对原债权人所负的责任;债务人在合同权利转让时就已经享有的对抗原债权人的抗辩权,在合同权利转让之后,仍然可对抗新债权人。

合同义务的转让,又称债务承担,是指由第三人代原债务人承担债务。我国《合同法》规定的合同义务转让的方式是由债务人与第三人之间订立转让债务的协议。债务人与第三人订立债务转让协议的生效要件包括:(1)须有有效的债务存在;(2)转让的债务具有可转让性;(3)须有以债务转让为内容的协议;(4)债务转让协议须经债权人同意。合同义务转让的法律效力表现在:(1)债务人脱离债务关系,而由债务承担人直接向债权人承担债务;(2)债务人基于债权债务关系所取得的对于债权人的抗辩权转移给承担人,但承担人不得以承担债务的原因为由对抗债权人;(3)从属于主债务的从债务,移归承担人负担,但该从债务专属于原债务人自身的除外。

合同权利义务的概括移转,是指由原合同当事人一方将其债权债务一并移转给第三人,由第三人概括地继受这些债权债务。合同权利义务的概括移转一般分为两种情形:一是合同承受,二是企业合并、分立。

合同承受成立生效要件为:(1)须有合法有效的合同存在;(2)得承受的合同应为双务合同;(3)原合同当事人转让一方须就合同承受与第三人达成协议;(4)须经合同对方当事人同意。合同承受的效力,表现在承受人取得合同当事人享有的一切权利义务,转让人脱离合同关系,此后合同的履行、不履行、履行迟延及合同的变更、解除等,均由承受人与对方当事人负担。此外,合同承受人对抗转让人的事由,不得用来对抗对方当事人,因合同承受是无因行为。合同承受除因合同转让协议而发生外,法律有明文规定的也可发生,如我国《合同法》第229条规定:“租赁物在租赁期间发生所有权变动的,不影响租赁合同的效力。”即法定的出租方权利义务的概括承受。

企业合并、分立也引起合同权利义务的概括移转情形。我国《民法通则》第44条第2款规定:“企业法人分立、合并,它的权利和义务由变更后的法人享有和承担。”《合同法》第90条规定:“当事人订立合同后合并的,由合并后的法人或者其他组织行使合同权利,履行合同义务。当事人订立合同后分立的,除债权人和债务人另有约定的以外,由分立的法人或者其他组织对合同的权利和义务享有连带债权,承担连带债务。”此种由企业合并、分立引起的权利义务的概括移转是由法律规定的转移,通常因合并、分立后的企业以通知或公告发生效力。但依据我国《公司法》第184条、第185条的规定,有限责任公司或股份有限公司在其作出合并分立决议后应经过通知债权人、在报纸上公告、债权人有权要求公司清偿债务或提供相应的担保等程序,如不清偿债务或不提供相应的担保的,公司不得合并、分立。可见,在公司分立、合并之前,一般要与债权人达成一个债务移转协议。

(六)合同的权利义务终止

合同的权利义务终止,即合同终止,是指因法定或者约定的原因而引起的合同权利义务关系的消灭。有下列情形之一的,合同的权利义务终止:(1)债务已经按照约定履行;(2)合同解除;(3)债务相互抵销;(4)债务人依法将标的物提存;(5)债权人免除债务;(6)债权债务同归于一人;(7)法律规定或者当事人约定终止的其他情形。上述合同终止的原因可以分为两类:一类是基于当事人的意思终止,包括解除、抵消、提存、免除等情形;另一类是基于法律规定而终止,包括履行、混同等情形。

合同解除是引起合同权利义务中止的原因之一,是指在合同有效成立后,基于当事人的合意或者在具备法定条件的情况下的一方当事人的意思表示,消灭合同关系的行为。合同的解除分为约定解除和法定解除两种情形。(1)合同的约定解除,又可以分为协商解除和约定合同解除权两种情形。协商解除是指在合同有效成立后,尚未履行或者未全部履行之前,当事人双方协商一致,解除合同的情形。约定合同解除权,是指当事人在合同中约定一方在一定条件下享有的解除合同的权利。(2)合同的法定解除,是指在合同有效成立后,尚未履行或者全部履行之前,合同一方当事人依法行使合同解除权而终止合同关系的行为。当事人行使法定解除权应具备以下条件:(1)因不可抗力致使不能实现合同目的;(2)在履行期限届满之前,当事人一方明确表示或者以自己的行为表明不履行主要债务的,即针对合同一方当事人的预期违约行为而规定的合同解除权;(3)当事人一方迟延履行主要债务,经催告后在合理期限内仍未履行的;(4)当事人一方迟延履行债务或者有其他违约行为致使不能实现合同目的的;(5)法律规定的其他情形。除上述合同解除条件外,法律规定有其他合同解除法定条件的,当事人享有解除权。如《合同法》第69条规定,当事人因行使不安抗辩权而中止履行后,对方在合理期限内未恢复履行能力并且未提供适当担保的,中止履行的一方可以解除合同。

合同终止的基本后果在于当事人之间的合同权利义务关系消灭,合同各方当事人不再受合同关系的束缚。另外,合同终止还具有以下法律效果:(1)依附于主合同的从合同消灭。如担保合同关系应于主合同终止后消灭。(2)当事人应依法承担后合同义务。所谓后合同义务,是指在合同终止后,当事人依诚实信用原则,根据交易习惯应履行的通知、协助、保密等义务。(3)在因一方当事人违约而引起合同终止的情况下,对方当事人仍有权追究其违约责任。

(七)违约责任

违约责任是指合同当事人因违反合同所应承担的继续履行、赔偿损失等民事责任。违约责任案例研究所涉及的法律问题包含以下几个方面:

1. 违约责任的归责原则

我国《合同法》采用的违约责任归责原则是严格责任原则。《合同法》第

107条规定:“当事人一方不履行合同义务或履行合同义务不符合约定的,应承担继续履行、采取补救措施或赔偿损失等违约责任。”第121条规定:“当事人一方因第三人原因造成违约的,应当向对方承担违约责任。当事人一方和第三人之间的纠纷,依照法律规定或约定解决。”从这两条可以看出,只要当事人未履行义务,哪怕因第三人原因不能履行,也要向对方当事人承担违约责任。我国《合同法》实行严格责任归责原则,目的在于合理补偿债权人损失,基本理念是根据公平观念分担损失。当然,确定违约责任还应结合违约方的抗辩权、免责事由等具体情况来考虑。即掌握整个《合同法》遵从严格责任的同时,注意结合分论中特定合同的过错及过错推定责任为例外。

2. 违约行为的认定

违约行为不是直接表现为对法律强制或禁止性规范的违反,而是违反法律所认可并予以保护的,由当事人约定而产生的合同义务。它具体包括:(1)预期违约行为。即合同履行期到来前,一方当事人明确表示或以自己行为表示不履行合同的行为。(2)不能履行违约行为。即债务人事实上不能实际履行。(3)迟延履行违约行为。即合同履行期届满而未履行债务的行为。(4)瑕疵履行违约行为。即质量标准不符而产生的行为。(5)不适当履行违约行为,指除瑕疵履行外的,债务人未按合同要求的标的、数量、方式、地点等履行债务的行为。

3. 违约责任的免责事项

如果出现了合同规定的免责事项,导致合同不能履行或不能完全履行,将部分或全部免去债务人的责任。具体有:(1)不可抗力。一般包括自然灾害、政府行为、社会异常事件等不能预见、不能避免并不能克服的客观情况。(2)免责条款。即当事人事先在合同中约定而非由法律直接规定的符合一定事由或条件就免除违约方违约责任的条款。但免责条款亦有限制。即格式条款中若提供格式条款一方免除其责任,加重对方责任,排除对方主要权利的,该条款无效。如果格式条款有两种以上解释,应作出不利于提供格式条款一方的解释。此外,免除造成对方人身伤害的责任,以及免除因故意或者重大过失造成对方财产损失的责任的免责条款无效。(3)法律的特别规定。即除不可抗力外,法律有特别规定的免责条件的,一旦发生违约又符合条件时,可免除违约。

4. 违约责任承担方式

违约行为复杂性决定了违约责任承担的多样性。主要有:

(1)支付违约金。我国《合同法》规定的约定违约金责任是当事人协商确定的、预先确定数额的、违约后生效的违约责任方式。只要当事人没有特别约定,支付违约金的行为不能替代履行合同,且违约金的支付不当然以实际的损失发生为条件。

(2)损害赔偿金。违约损害赔偿一般遵循完全赔偿的原则,即违约方应赔偿因其违约使受害人遭受的实际发生的可确定的全部损失,包括合同履行后可以获得的利益。但作为完全赔偿原则的例外,我国《合同法》第113条第2款规定了惩罚性损害赔偿责任。即经营者对消费者提供商品或者服务有欺诈行为的,依照《消费者权益保护法》第49条的规定,经营者应当依照消费者的要求增加赔偿其受到的损失,增加赔偿的金额为消费者购买商品的价款或者接受服务的费用的1倍。

我国《合同法》还规定了损害赔偿的几项限制规则:一是可预见性规则(《合同法》第113条第1款),即违约方承担的损害赔偿责任,其范围不应超过他订立合同时预见到或者应当预见到的损失。二是减轻损失规则(《合同法》第119条),即当事人一方违约导致他方损害的发生,受害人在损害发生后未能采取合理的措施防止损失扩大的,不得就扩大的损失要求赔偿。三是过失相抵原则(《合同法》第120条),即受害人对损失的发生或扩大也有过失的,得减轻或者免除违约方的赔偿责任。

(3)继续履行。在合同一方当事人存在违约行为,守约方请求违约方继续履行合同而违约方能够继续履行合同时,可由法院强制违约方继续履行合同。

(4)其他补救措施。即《合同法》第111条规定的情形,对于质量不符合约定的违约责任没有约定或者约定不明确,依照本法第61条的规定仍不能确定的,受损害方根据标的的性质以及损失的大小,可以合理选择要求对方承担修理、更换、重作、退货、减少价款或者报酬等违约责任。

二、合同总论案件的种类

在司法实践中,根据当事人的诉讼请求的不同,合同案件可大体分为三种类型。

(一)合同的确认之诉

合同的确认之诉,主要包括要求确认合同成立(不成立)、合同有效(无效)两大类,在已经履行或部分履行的案例中,确认了合同不成立、无效后,还涉及返还财产、赔偿损失等给付之诉的内容。

(二)合同的形成之诉

合同的形成之诉,主要包括要求撤销(或变更)合同、解除合同两大类。

撤销(变更)或解除合同后,对于已履行或部分履行的合同,同样存在返还财产、赔偿损失等给付之诉的内容。

(三)合同的给付之诉

合同的给付之诉,根据当事人的请求权基础之不同,又可分为以下几大类:(1)请求履行合同;(2)请求承担违约责任;(3)请求承担缔约过失责任。

三、合同案例研究的基本方法

研究合同案例,可依当事人的请求权基础,采用历史分析的方法,在合同的产生、履行、消灭等各环节考察。基本步骤如下:

(一)分析合同是否成立、生效

这是各种合同之诉所要解决的首要问题。合同是否成立,可逐步分析是否存在要约、承诺,要约、承诺是否符合法定要件,要约一经承诺,合同即成立。有时当事人对某一行为是要约还是要约邀请、是新要约还是承诺存在不同看法。此外,还可能涉及合同形式、合同内容等方面的问题。合同是否生效,应判断合同是否具备了生效要件。首先,判断合同是否具备一般生效要件,即行为人具有相应的民事行为能力、意思表示真实、不违反法律或社会公共利益。其次,判断合同是否具备特殊生效要件,例如法律、行政法规规定应当办理登记等手续才生效的,再如合同约定附生效条件或附生效期限的。经判断,如果符合法定或约定的生效要件,则合同有效,产生当事人预期的法律后果。如合同欠缺生效要件,则继续分析合同是否当然无效(《合同法》第52条)、合同是否可撤销、可变更的情形(《合同法》第54条)、是否效力未定(《合同法》第47~49条)。

(二)经过上述分析,确认之诉自然解决

如属可变更、可撤销情形,则形成之诉中的要求变更或撤销合同的请求理应得到支持。如合同成立、生效,则可支持当事人履行(继续履行)合同的请求权。如合同不成立或不生效,可继续考察在缔约过程中是否存在一方违反诚信义务、给对方造成信赖利益损失的情形,以确定当事人缔约过失责任请求权是否成立。

(三)分析合同的履行

对于当事人的违约责任请求权能否得到支持,也必须先作上述合同成立生效与否的考察。如合同不成立或无效、被撤销,则不存在违约责任。如确认合同成立并生效,则继续考察合同履行过程中是否存在违约行为、有无免责事由等,才能确定能否支持其违约责任请求权。分析合同的履行,应特别注意当事人在没有按照约定履行合同时,是否有履行中的抗辩权的存在(《合同法》第66~68条规定的同时履行抗辩权、先履行抗辩权和不安抗辩权),如果属于当事人行使抗辩权,则不属于违约行为,不须承担违约责任。如果不存在抗辩权,当事人又确实违约,还要考察当事人是否有免责事由(如不可抗力、双方约定的免责条款等),如存在免责事由则可免除或减轻违约责任。

(四)分析合同是否变更、转让、消灭

在有些案例中,当事人对合同是否变更或转让存在不同意见,判断合同是否已变更、转让,应分析是否符合前述合同变更、转让的几个条件,其中合同变更中是否存在当事人的协商一致通常是问题的关键。除非法律有特别规定或合同有特别约定,当事人对合同的变更必须经双方协商一致。在涉及合同转让案例中,应注意区分合同转让的三种形式:合同权利的转让、合同义务的转移、合同权利义务的概括转让。对不同形式的合同转让,法律规定有不同的条件,如法律要求债务人转移合同债务,应当经债权人同意;而对合同权利的转移,不要求债权人取得债务人的同意,但要求债权人转让合同权利应通知债务人,且通知须到达债务人。如合同确已变更或转让,则应按变更后的内容或转让后的主体来确定当事人的权利与义务。

在涉及合同消灭的案例中,合同解除纠纷在司法实践中较为常见,应结合双方的解除协议或法定、约定的解除条件分析案件事实,以确定合同能否解除,这就解决了合同形成之诉中的解除合同请求权问题,如解除合同,对于合同部分或全部履行的,应恢复原状,赔偿因解除合同而带来的损失等。如合同不能解除,则应按原有效合同履行。

总之,合同案例分析,应通过上述步骤的分析,结合当事人的请求权基础,确定当事人的权利、义务及责任。

四、合同总论案例研究应注意的问题

(一)研究合同订立过程应注意的问题

1. 对于合同订立的过程,应注意到虽然合同订立的程序表现为要约和承诺两个具体阶段,但在实践中,当事人为了各自的利益,为订立合同会进行几番讨价还价,合同的成立通常要经过要约、反要约(新要约)、再要约直至承诺的过程。还应注意区分要约与要约邀请,实践中常遇到的问题有要约与商业广告、要约与悬赏广告的关系、拍卖与招标等特殊订立合同形式中的要约与承诺问题等。还要注意是否存在要约的撤回、撤销及承诺的撤销等问题。

2. 应注意合同订立不同于合同生效。合同的订立是当事人意思自治的结果,而合同的生效是国家通过法律认可当事人意思的结果。成立的合同只有符合法律的要求才会生效,与法律的要求相抵触则会被法律否定,或归于无效,或可撤销,或效力未定。

(二)研究合同效力应注意的问题

在可撤销合同案例中,应注意《民法通则》将因欺诈、胁迫、乘人之危订立的合同,规定为无效合同。而《合同法》除了将导致损害国家利益的欺诈、胁迫规定为无效的原因外,其余的均作为可撤销的原因,这主要是基于合同自由原则的考虑。在分析案例时,应按《合同法》的规定来判断合同的效力。此外,"显失公平"作为合同可撤销的原因之一,是从结果着眼的命题,如考虑显失公平的原因,会有多种类型:因欺诈形成的显失公平、因胁迫形成的显失公平、因乘人之危形成的显失公平、因重大误解形成的显失公平等。作为独立的可撤销原因,显失公平是指上述类型以外的类型,是受害人在缺乏经验或紧迫的情况下的显失公平。在法律适用时,应正确处理上述竞合现象。还应注意的是,在效力未定合同案例中相对人的催告权和撤销权的行使。最后,值得特别一提的是合同部分无效的情况,合同部分无效,不影响其他部分效力的,其他部分仍然有效。

(三)研究合同履行应注意的问题

研究合同履行的过程主要是确认当事人是否按照约定全面、适当、协作地履行了合同义务,应注意在对某些条款合同无明确约定时应按照法定解释的内容予以履行。在当事人未履行合同义务时,应注意是否存在抗辩权的情形。

(四)研究合同转让、变更、终止应注意的问题

1. 应注意我国《合同法》较《民法通则》在合同转让制度中的变化,一是明确规定了债权的转让不须征得债务人同意,二是取消了合同转让中的"不得谋利"的限制性规定。

2. 在合同终止情形下,应注意以下问题:(1)分析后合同义务。《合同法》第92条具体规定了后合同义务,是指在合同终止后,当事人根据诚实信用原则而应当履行通知、协助、保密等义务。后合同义务一般不是在合同中直接规定,而基于诚实信用原则和交易习惯而产生的义务,是以维护给付效果或妥善处理合同终止事宜为目的而设立的,是合同终止后当事人应履行的法定义务。(2)合同中结算和清理条款的效力不因合同终止而终止。合同终止是合同债权债务关系的消灭,这种债权债务关系是合同直接规定的,因此,合同终止仅仅终止合同的履行效力。"结算和清理条款"是为了合同终止而约定的,因此,它并不因合同终止而失去效力。(3)合同终止并不是合同责任终止,如果一方当事人严重违约引起另一方当事人解除合同,这时合同因解除而终止,但是违约方并不能因合同终止而不承担违约责任,也就是说合同终止不影响当事人请求损害赔偿的权利。

(五)研究违约责任应注意的问题

1. 注意区分是预期违约亦或是一般实际履行中的违约,这对于确定违约责任具有重要意义。预期违约和实际履行的违约对于违约现任的四种承担方式的适用是不同的,应特别加以重视。如预期违约后一般要求对方损害赔偿或支付违约金;而如是迟延履行则在约定违约金支付后,违约方还应履行债务。

2. 具体分析时注意案件中是否存在责任竞合的状态。如果存在,如何加以选择?比如最常见的"侵权性的违约行为"与"违约性的侵权行为"发生竞合时,依据何原则选择才对权利人最有利。

3. 注意违约金与定金的关系。注意违约金与定金不能在同一合同中同时运用,只能选择一个对权利人最有利的适用。

(六)合同总论案例研究所涉及的相关法律法规主要有

1.《中华人民共和国合同法》;

2.《中华人民共和国民法通则》;

3.《中华人民共和国担保法》第二章、第六章;

4.《最高人民法院关于适用〈中华人民共和国合同法〉若干问题的解释(一)》;

5.《最高人民法院关于适用〈中华人民共和国合同法〉若干问题的解释(二)》。

第二节　合同总论典型案例研究

一、案情介绍

佳美装饰公司2009年5月承揽某大酒店装修工程,急需大量黑胡桃木板,当地供应短缺,于是向外地甲、乙、丙、丁四家木材公司发函:"我公司欲购买型号为×××的黑胡桃木板2万张,如贵公司有货,请速与我们联系。"结果,四家公司都给佳美公司复函,称自己备有现货,并告知价格。甲公司在发出复函的当天,就派本公司车队载运1万张送往佳美公司。而佳美公司在比较了四家木材公司的复函后,认为丁公司的价格最低,且丁公司曾与佳美公司有过业务往来,信誉较好,于是给丁公司去函,欲订购2万张黑胡桃木板,请其备货。丁公司即复电佳美公司,称其有现货,第二天就运往佳美公司。在佳美公司收到丁公司复电的第二天,甲公司的车队运送木板到了佳美公司,要求佳美公司收货并支付货款。佳美公司见货已运到,为减少甲公司损失,答应收下

5000 张木板,其余的不收,而甲公司要求佳美公司收取其全部木板并支付价款。佳美公司同时又向丁公司去电,要求其仅运送 1.5 万张木板即可。但丁公司复电称 2 万张木板已全部发往佳美公司了。佳美公司只接收了丁公司的 1.5 万张木板并支付货款,剩余 5000 张不予收货,为此双方发生纠纷。于是,甲公司向人民法院起诉,要求佳美公司履行合同,收取其送到的另 5000 张木板、支付货款并承担违约责任。丁公司也向人民法院起诉,要求佳美公司履行合同,收取其剩余的 5000 张木板、支付货款并承担违约责任。

二、本案例争执焦点问题

本案例涉及两个诉讼,一是甲公司诉佳美公司要求履行合同承担违约责任,二是丁公司诉佳美公司要求履行合同承担违约责任。两个诉讼的争议焦点是相同的,即佳美公司和甲公司、佳美公司和丁公司间的合同是否成立?解决了合同是否成立的问题,佳美公司是否应继续履行合同、是否应承担违约责任的问题自然迎刃而解。

三、本案的事实与法律分析

本案例所涉两个诉讼都是请求之诉,可从当事人的请求权入手,分析该请求权的基础以确定是否应支持。要确定原告要求被告继续履行合同、承担违约责任的请求权是否应支持,首先要分析原、被告之间是否存在合同关系,即合同是否成立生效。其次再来分析当事人的义务及责任。

(一)事实分析

本案例中,我们先看佳美公司与甲公司之间是否成立合同。佳美公司向四家公司所发出的函,只是想了解四公司是否有该型号的木板,并没有订立合同的意图,也没有确定合同的内容,只能是要约邀请,而不是要约。甲公司复函的同时,向佳美公司发货,只是一种事实上的要约行为,而不是承诺行为,故佳美公司与甲公司之间没有成立合同。佳美公司没有收取该 1 万张木板的义务。但其收取了 5000 张,用行动对甲公司作出了购买 5000 张木板的承诺,说明两者达成了一个 5000 张木板的买卖合同。

其次,我们分析佳美公司与丁公司之间是否成立合同关系。佳美公司经过比较,给丁公司去函要求购买 2 万张木板,这构成一个合格的要约。丁公司收到佳美公司的要约后,复电同意并送货,这构成一个合格的承诺。在佳美公司收到丁公司的承诺时,在双方之间已成立 2 万张木板的购销合同。双方应严格履行合同义务。在合同成立的第二天,佳美公司给丁公司去电,要求其只发货 1.5 万张,丁公司复电没有同意。这是佳美公司要求变更合同,因丁公司的拒绝而变更无效。因合同已成立,故佳美公司的要求不能认为是要约的撤销,也不能认为是要约的撤回。

(二)法律分析

判断当事人之间的合同是否已成立的标准就是合同订立过程中的要约、承诺理论。

一个有效的要约应具备五个条件:(1)必须是特定人的意思表示;(2)必须具有订立合同的意图,即表明经受要约人承诺,要约人即受该意思表示约束;(3)必须向要约人希望与之缔结合同的受要约人发出;(4)内容必须具体确定;(5)要约必须到达受要约人。

承诺必须具备如下要件,才能产生法律效力:(1)承诺必须由受要约人作出;(2)承诺必须在合理期限内向要约人作出;(3)承诺的内容必须与要约的实质性内容一致;(4)承诺必须表明愿与要约人订立合同;(5)承诺的传递方式应当符合要约的要求,如果要约对承诺的方式没有提出要求,承诺应当以合理的方式作出。要约一经承诺,合同即告成立。

如果合同成立并生效,则当事人应认真履行合同,否则应承担违约责任。如合同没有成立,当事人之间无合同权利义务,也就没有合同履行问题。

四、处理

根据上述事实及法律规定,可以认定:(1)佳美公司与甲公司之间本未成立1万张木板的买卖合同,佳美公司没有义务收取甲公司的货物并支付货款。但佳美公司收取了甲公司5000张木板,则两公司仅就该5000张木板成立了合同,且合同已履行完毕。佳美公司拒收另外5000张木板没有构成违约,甲公司的诉讼请求不能得到支持。(2)佳美公司与丁公司之间的2万张木板购销合同有效成立,双方应完全履行其合同义务,佳美公司拒收丁公司5000张木板的行为已构成违约,应当继续履行合同并承担违约责任。

第三节　合同总论习作案例

案例一

原告:深圳康威厨房公司

被告:山东西郊宾馆

原告深圳康威厨房公司诉称:2007年6月29日,原、被告签署《深圳市康威厨房设备有限公司厨房设备承包合同》由于被告迟迟不能提供开工条件,造成原告于2008年、2010年,两次被迫停工,鉴于被告已被多家单位起诉,资产被查封,濒临破产境地,原、被告签署的《深圳市康威厨房设备有限公司厨房设备承包合同》难以履行,原告要求解除双方于2007年6月29日签署的《深圳市康威厨房设备有限公司厨房设备承包合同》。目前原告已完成的工程总价值为3,964,513元,而被告仅支付工程款3,115,791元,尚欠848,722元,为履行原、被告签署的《深圳市康威厨房设备有限公司厨房设备承包合同》,原告分别与百佳厨房设备有限公司、东莞市白和电器有限公司、霍巴特食品设备有限公司、深圳市穗涤冷气设备有限公司、迈科商用洗碗机(中山)有限公司签订订货合同,目前上述合同均不能履行,给原告造成损失696,520元。为维护当事人的合法权益,现诉至法院,请求法院判令:(1)解除原、被告双方于2007年6月29日签署的《深圳市康威厨房设备有限公司厨房设备承包合同》;(2)要求被告立即支付工程款848,722元;(3)赔偿损失696,520元;(4)诉讼费由被告承担。

被告西郊饭店在本案审理期间未提出任何答辩,也未到庭。

经审理法院认定,2007年6月29日,原、被告双方签订了《深圳市康威厨房设备有限公司厨房设备承包合同》,合同约定:由原告提供给被告各种厨房设备及调试安装。合同总价款为7,759,430元。合同签订后,原告按照合同的约定给被告供货并进行调试安装,但被告始终没有按照上述合同履行,由于被告已被多家单位起诉,资产被查封,截至目前原告供货及安装总值为4,055,747元,被告已支付3,115,791元。在开庭审理中,对原告所举证据进行审查,经原告计算和本院的核算,被告尚欠原告货款939,956元。另查,原告为履行原、被告双方签订的《深圳市康威厨房设备有限公司厨房设备承包合同》,原告分别与百佳厨房设备有限公司、东莞市白和电器有限公司、霍巴特食品设备有限公司、深圳市穗涤冷气设备有限公司、迈科商用洗碗机(中山)有限公司签订订货合同,原告已支付上述合同的定金696,520元,该定金因被告未履行合同无法退回。为此,于2011年1月12日诉至本院,要求与被告解除合同,偿还货款939,956元,赔偿经济损失696,520元和承担本案的诉讼费用。

法院所确认的上述事实,除原告提供的《深圳市康威厨房设备有限公司厨房设备承包合同》,原告提交并经被告确认的设备报价单、被告确认已收到的设备报价清单,山东西郊宾馆厨房土建装修工程报价书、被告确认已收到的土建装修设备清单,被告付款材料五份,被告给原告造成的损失材料一宗外,还有法院开庭笔录在案为凭,上述材料,经法院审查可以采信。

法律问题

1. 请作为原告的代理人，说明原告诉讼请求的事实与法律依据。
2. 原告与被告双方合同是否应解除？为什么？
3. 被告应否赔偿原告与其他公司合同中的定金损失696,520元？法律依据是什么？

案例二

原告：方红建

被告：山东豪佳置业有限公司

原告方红建诉称，他于2000年4月在被告处购买房产，并按约于2000年4月20日及2000年5月10日分两次缴纳购房款共计531,000元，但被告无视双方约定，擅自将他购买的豪佳富华园北区2号楼房产再次出售给第三人，致使原告至今无法取得房产，原告多次找到被告要求返还购房款及赔偿损失，而被告均以种种理由拒付，要求判令被告返还原告购房款531,000元，赔偿经济损失531,000元，并承担原告其他经济损失。

被告山东豪佳置业有限公司辩称，引起本案纠纷的原因是原告不能及时定额交纳购房款，导致合同未能订立，因此被告公司并无过错。另外，因原告无理拒绝受领造成被告公司无法将原告预交的部分房款531,000元退还原告，原告请求被告公司赔偿其损失531,000元没有事实和法律依据，依法不应支持。原告于2000年4月初到被告处购买豪佳富华园北区2号楼底层沿街门头商品房，双方口头约定：原告购买门头房屋总面积211.79平方米，每平方米4230元，总价款895,871.7元，原告应于2000年4月20日前缴纳首期房款60万元，并同时签订购房合同，余款或以现金，或办理按揭方式在5月10日前交清。但是，原告2000年4月20日只交纳了262,000元，5月10日才交纳购房款269,000元，剩余应在4月20日签订购房合同时交纳的首期购房款的余款69,000元迟迟不能交纳。因首期款未交清双方未能订立购房合同。之后，被告公司多次催促原告，交清首付余款69,000元后立即签订合同，但原告以资金紧张要求缓期为由拖延支付。由于被告公司不同意缓交，原告又无力交纳剩余购房款，在一再催促无效的情况下，被告公司于5月20日通知原告立即前来办理退款事宜，并在6月6日和6月13日将房屋分别出售给他人。因此，被告公司并无过错。鉴于上述理由，被告公司与原告并未订立购房合同，不存在违约情形，被告公司除同意返还531,000元外，要求依法驳回原告的其他诉讼请求。

经法院审理查明，原告方红建于2000年4月到被告山东豪佳置业有限公司处购买其坐落于豪佳富华园北区2号楼底层沿街门头房,并分别于2000年4月20日、2000年5月10日交给被告山东豪佳置业有限公司购房款计款531,000元,并由被告出具收款收据。2000年6月13日,被告将上述房屋卖与第三人。原告称其与被告有签订的书面购房合同,但未提交相关证据,被告称双方未签订书面合同,仅是口头约定,原告对被告辩称中陈述的购房过程不予认可。

被告称其于2000年5月20日通知原告立即前来办理退款事宜,未提供相关证据。原告要求被告赔偿其经济损失531,000元及其他经济损失亦未提供相关证据。

法律问题

1. 本案当事人之间的商品房买卖合同是否成立?
2. 原告的诉讼请求应否得到支持? 法律依据是什么?

案例三

王正是一家公司的职员,2000年5月8日晚上,由于喝酒过多,将自己的提包丢失,包内有价值两万元的笔记本电脑一部及公司的重要票据。赵广在路边捡到王正的包,在原地等了一会儿,不见有人来找,就带回家中。第二天一早,王正发现丢包非常着急,赶往报社刊登“寻包启事”,其中写明:“如三天内有送还包者,定付酬金5000元。”5月10日,赵广看到寻包启事,即与王正联系,双方确定了交换提包与酬金的具体细节。但在约定的时间、地点交接时,王正只同意付1000元,而赵广要求支付“寻包启事”中定明的5000元,双方发生争执,王正分文未付。后赵广向人民法院提起诉讼,要求王正履行在广告中约定的义务,支付酬金5000元。

法律问题

1. 我国法律对遗失物之遗失人、拾得人的权利和义务是怎样规定的?
2. 王正所作悬赏广告的法律性质、法律效力是什么?
3. 本案应如何处理?

案例四

2009年初,上海市媒体报道了三位残疾青年,很有音乐天赋,他们非常希望能出一张自己的唱片专辑,但由于身体限制,生活窘迫,无钱支付录制专辑的费用。一位私营企业老板甲从报上看到他们的事迹后受到感动,主动找到三青年,表示愿意赠与他们10万元钱,以帮助他们出版音乐专辑。但表示暂时拿不出钱来，须到年底企业分红时才能取出10万元钱。三位残疾青年相信了甲的承诺，四处借贷5万元，开始筹划专辑的出版。经过几个月的努力，专辑终于在年底出版发行，但此时甲许诺的10万元资金并未到位，且表示将撤销该赠与，专辑也销路不畅。三青年多次向甲催要其许诺的赠与资金，均遭拒绝，于是陷入困境。后三青年向法院起诉，要求甲赔偿损失。

法律问题

1. 甲与三位青年的赠与合同是否成立？
2. 甲与三位青年的赠与合同是否生效？
3. 甲能否撤销赠与合同？
4. 甲应否向三位青年支付10万元赠与款？
5. 甲应承担怎样的法律责任？

案例五

2009年，李俊因开办公司，向陈林借款8万元，约定2010年12月31日还，并以其居住的三居室住房作抵押。2010年初，陈林要出国定居，要求李俊偿还借款，李俊称资金紧张，且未到偿还期。陈林找到其同学钱辉，说明情况，两人经过协商达成协议，由钱辉付给陈林8万元钱，而陈林对李俊的债权转移给钱辉。陈林在出国前告知李俊，要其将欠款8万元还给钱辉即可。2010年12月31日，钱辉要求李俊还钱，李俊称陈林转移债权未经其同意，钱辉无权要求其支付欠款，且公司亏损，自己无钱可还。钱辉无奈，向法院起诉，要求行使自己的抵押权，将李俊作抵押的三居室住房拍卖，以实现自己的债权。

法律问题

1. 陈林对李俊的债权是否已转移给钱辉？我国法律对债权转移是如何规定的？
2. 陈林对李俊三居室住房的抵押权是否已转移给钱辉？
3. 钱辉的诉讼请求能否得到支持？事实与法律依据是什么？

案例六

2007年10月15日，周晓驰向某人寿保险股份有限公司（以下简称保险公司）投保了重大疾病人身保险，保险金额为5万元，并依约交纳了当年保险费1960元，保险公司向周晓驰出具了发票及人身险保险单。2008年6月30日晚，周晓驰无故遭人殴打致头部被打伤。侦查阶段，公安机关委托司法鉴定部门出具司法鉴定意见：周晓驰头部损伤已构成重型脑损伤，伤情鉴定为重伤。2009年4月1日，保险公司委托某医院两位外科专家出具意见，两位专家均认定:依据常规医学标准,周晓驰之损伤已构成“重型脑损伤”。周晓驰要求保险公司按保险合同赔付,但保险公司称周晓驰的伤情不符合保险合同“重型脑损伤”标准,即“脑计算机断层扫描、核磁共振检查确认,须同时存在广泛性脑挫裂伤,脑干损伤及颅内血肿,并须开颅手术治疗”等条件缺一不可,周晓驰的损伤,不符合保险合同约定的赔付条件,不予赔付。周晓驰遂将保险公司诉至法院。

审理期间,某医院两名脑外科专家出具“重型脑损伤”的医学标准并确认“重型脑损伤”成立,即重型脑损伤须符合下列特征:主要包括广泛颅骨骨折,广泛脑挫裂伤及脑干损伤或颅内血肿。且上述病情特征不需要同时存在,只有一项即可。而被告制定的格式保险条款将“重型脑损伤”认定为“同时存在广泛性脑挫裂伤,脑干损伤及颅内血肿,并须开颅手术治疗”四项条件并存,缺一不可,不符合通常的医学认定标准。

法律问题

1. 本案中,关于“重型脑损伤”有通常的医学标准与保险合同中确定的标准,二者有所不同,法院应适用哪一标准确认原告病情?依据是什么?

2. 保险公司应否按保险合同对原告进行赔付?为什么?

第十四章　买卖合同案例研究

第一节　买卖合同案例研究的内容和方法

一、买卖合同概述

买卖合同是商品交换的基本法律形式，是最典型的有偿合同，亦是日常生活中最常见的法律行为之一。依据《中华人民共和国合同法》（以下简称《合同法》）第130条规定，买卖合同是指出卖人转移标的物的所有权于买受人，买受人支付价款的合同。应交付标的物所有权的一方被称为出卖人，即卖方；应支付价款的另一方被称为买受人，即买方。买卖合同的主给付义务有两个，一是卖方转移标的物所有权，此与租赁合同、借用合同断然有别；二是买方支付价款，此与赠与合同、互易合同迥乎不同。一般认为买卖合同的法律性质是双务合同、有偿合同、诺成合同，除法律有特殊规定外，买卖合同为不要式合同。

在我国司法实践中，买卖合同的客体仅限于有体物财产所有权的给付。至于无形的财产权利的有偿转让，如股票、债券的买卖，债权、知识产权、土地使用权的转让，如何适用法律？依照《合同法》第174条的规定，法律对其他有偿合同有规定的，依照其规定；没有规定的，参照买卖合同的有关规定。据此，应首先适用特别法；特别法未规定的，可适用《合同法》总则；《合同法》总则未规定的有偿转让，才可参照适用买卖合同的规定。

买卖合同案件研究涉及的基本法律问题有以下五个方面。

（一）交付标的物

交付标的物就是移转标的物的占有。

1. 交付方式，可分为现实交付和观念交付两种类型。观念交付又分为简易交付、占有改定、指示交付和拟制交付四种方式。

2. 从给付义务，依据《合同法》第136条的规定，出卖人应当按照约定或者交易习惯向买受人交付提取标的物单证以外的有关单证和资料，如发票、说明书和合格证等。

3. 依约交付，出卖人应当按照合同约定的时间、地点、数量、质量要求、包装方式交付标的物。如果当事人没有对此作出约定或约定不明确的,应当按照《合同法》第 61 ~63 条,第 138 ~141 条及其他相关法律条文确定。

4. 从物交付,标的物有从物的,按照从物随主物转移的原则,除当事人另有约定外,出卖人于交付标的物时应一并交付从物。

5. 交付主体,出卖人交付标的物的义务可以亲自履行,也可以由第三人履行。但对交付中出现的违约情形,依据《合同法》第 65 条的规定,第三人不负违约责任,而仍应由出卖人承担违约责任。

(二)标的物所有权的移转

取得标的物所有权是买受人的交易目的,因此,将标的物所有权转移给买受人是出卖人的主给付义务。交付标的物只是买卖合同的外在形式,而移转标的物所有权才是买卖合同的实质内容。

1. 标的物为动产的所有权转移,依据《中华人民共和国物权法》(以下简称《物权法》)第 23 条和《合同法》第 133 条的规定,除当事人有特殊约定或法律有特殊规定外,动产所有权自交付时移转。同时,对于部分价值较大且法律作了专门规定的动产(如船舶、车辆等),即准不动产,仍然适用动产所有权移转的规定,所有权自交付时移转。但是,船舶、航空器和机动车等所有权的移转,未经登记,不得对抗善意第三人。

2. 标的物为不动产的所有权转移,依据《物权法》第 14 条的规定,不动产所有权的移转,应当登记的,自记载于不动产登记簿时发生效力。即其所有权自办理完登记手续时移转,未经登记,不发生所有权移转的法律效力,但法律另有规定的除外。

另外,在认定买卖标的物所有权移转时,还应当注意两个问题:第一,所有权保留制度。依据《合同法》第 134 条的规定,当事人可以在合同中约定,买受人未履行支付价款或者其他义务的,标的物所有权属于出卖人。第二,知识产权保留制度。依据《合同法》第 137 条的规定,出卖具有知识产权的计算机软件等标的物的,除法律另有规定或者当事人另有约定的以外,该标的物的知识产权不属于买受人。

(三)瑕疵担保责任

出卖人对于所交付的标的物,应担保其权利完整无缺,并且具备依通常交易观念或当事人的意思认为应有的价值、效用或品质,否则就应承担相应的民事责任。据此,瑕疵担保责任分为权利瑕疵担保责任和物的瑕疵担保责任。

1. 物的瑕疵担保责任是指,出卖人应当保证所交付的标的物符合合同的约定,具备该类物通常应具备的价值、效用和品质。该责任的构成要件为:第一，出卖的标的物存在瑕疵；第二，标的物于交付时，其瑕疵就业已存在；第三，买受人善意且无重大过失地不知物有瑕疵；第四，买受人应及时检验并适时地履行瑕疵通知义务。

2. 权利瑕疵担保责任是指，出卖人应担保其出卖的标的物的所有权完全移转于买受人，第三人不能对标的物主张任何权利。该责任的构成要件为：第一，权利存在瑕疵，如权利不完整、有欠缺或者权利本身不存在；第二，权利瑕疵在买卖合同成立时就业已存在，若成立之后才发生的则属于债务不履行（履行不能或不完全履行），与权利瑕疵责任无关；第三，买受人在买卖合同成立时须为善意；第四，权利瑕疵于买卖合同履行时仍未除去。

应当特别注意：瑕疵担保责任是一种无过错责任，只要出卖人交付的标的物或标的物上的权利有瑕疵，不论其有无过错，都要依法承担瑕疵担保责任。

（四）买受人的主要义务

买受人的主要义务是支付价款和受领标的物。买受人应当按照合同约定的数额、地点、时间和方式履行支付价款的义务。如果合同没有约定或者约定不明确的，买受人应当按《合同法》第61条、第62条、第146条、第159～162条及相关条款的规定履行上述义务。此外，买受人收到标的物时，应当按《合同法》第157条、第158条的规定，及时检验和履行通知的义务，买受人在约定的或法定的检验期怠于通知的，视为标的物的数量和质量符合约定。

另外，依据民法诚实信用基本原则，买受人在特殊情况下有暂时保管并妥善处置标的物的义务。例如异地交付被买受人合理拒绝受领，但出卖人在此地无代理人时，买受人暂时保管；又如对于不易保管的物品，出卖人又未及时提回或处理，买受人可以紧急变卖或妥善处置。

（五）标的物的风险承担和利益承受

1. 标的物毁损灭失的风险承担是指，买卖合同订立后，标的物非由于双方当事人的故意或过失，而发生意外毁损、灭失情况时，标的物的风险损害应当由谁承担的问题。标的物风险承担如何分配，可由当事人约定；若当事人没有约定的，分两类情形讨论。第一，一般情况下，依《合同法》第142条的规定，标的物毁损、灭失的风险，在标的物交付之前由出卖人承担，交付之后由买受人承担，但法律另有规定的除外。第二，特定情形下，依《合同法》第143～148条的规定。总之，在我国，标的物毁损灭失的风险承担采交付主义，对于房屋等不动产亦如此，只要完成交付，即使尚未办理过户登记手续，风险仍转移给买受人。同理，在机动车辆、船舶、航空航天器的买卖中，风险也自标的物交付时转移。

2. 标的物的利益承受是指,买卖合同订立后标的物所生孳息的归属。依据《合同法》第163条的规定,标的物在交付之前产生的孳息,归出卖人所有,交付之后产生的孳息,归买受人所有。

二、买卖合同案件的种类

在司法实务中,买卖合同案件的种类充分体现了合同纠纷案例复杂性和多样性的特点,《合同法》总则涉及的几乎所有问题都可能在买卖合同纠纷中出现,从这一角度来看,买卖合同纠纷主要表现为五种类型。

(一)买卖合同订立过程中产生的纠纷

1. 因合同订立形式而产生的买卖合同纠纷。

2. 因要约阶段争议而发生的买卖合同纠纷。主要包括:因为究竟构成要约还是要约邀请的意见分歧而引发的纠纷;因为要约的生效或失效问题而引发的纠纷;因为要约的撤回和撤销问题而引发的纠纷等。

3. 因承诺阶段争议而产生的买卖合同纠纷。主要包括:因为承诺的方式及其生效时间的确定而引发的纠纷;因为承诺期限的确定以及是否构成承诺迟延问题而引发的纠纷;因为究竟是承诺还是新要约的分歧而引发的纠纷等。

4. 因合同条款是否完备存在争议而产生的买卖合同纠纷。

5. 因合同成立的时间和地点争议而产生的买卖合同纠纷。

6. 因格式条款的效力和解释问题而发生的买卖合同纠纷。

7. 因买卖合同一方当事人违背诚实信用原则导致缔约过失责任而产生的买卖合同纠纷。

(二)买卖合同效力纠纷

1. 因买卖合同成立但是否生效存在争议而产生的纠纷;

2. 因买卖合同无效或部分无效存在争议而产生的纠纷;

3. 因买卖合同当事人约定的免责条款是否有效而产生的纠纷;

4. 因买卖合同是否存在重大误解、显失公平和乘人之危等情形而产生的可撤销、可变更合同纠纷;

5. 因买卖合同当事人不适格而产生的效力待定合同纠纷;

6. 因附条件或附期限的买卖合同的效力问题而产生的纠纷。

(三)买卖合同履行过程中产生的纠纷

1. 因买卖合同的标的物存在质量瑕疵或权利瑕疵而产生的纠纷;

2. 因买卖合同履行的时间、地点、方式等问题约定不明而产生的纠纷;

3. 因买卖合同当事人履行义务不符合约定而产生的纠纷;

4. 因买卖合同当事人是否履行了附随义务而产生的纠纷;

5. 因买卖合同标的物的包装方式是否妥当而产生的纠纷；

6. 因标的物检验期限、方式、是否尽了通知义务等有争议而产生的买卖合同纠纷；

7. 因对标的物毁损灭失风险责任分配有争议而产生的买卖合同纠纷；

8. 因买卖合同中的债权人行使代位权或撤销权而产生的纠纷；

9. 因买卖合同中向第三人履行或由第三人履行，责任由谁承担有争议而产生的纠纷。

（四）因买卖合同的变更和转让而产生的纠纷

1. 因对买卖合同变更的内容约定不明而产生的纠纷；

2. 因究竟是买卖合同内容的变更，还是实质性的更新有争议产生的纠纷；

3. 因对买卖合同权利让与范围、条件及程序等有争议而产生的纠纷；

4. 因买卖合同的债务人转移债务引发争议而产生的纠纷；

5. 因企业合并、分立，买卖合同债权债务主体发生变更而产生的纠纷；

6. 因买卖合同当事人主体资格丧失，债权债务如何承担而产生的纠纷。

（五）因买卖合同的终止而产生的纠纷

1. 因买卖合同的解除有争议而产生的纠纷。主要包括：因买卖合同一方当事人单方行使解除权而引发的纠纷；因对分批交付标的物的买卖合同中买受人行使解除权的形式产生分歧而引发的纠纷；因对合同解除的法律效果有争议而引发的纠纷。

2. 因买卖合同的代物清偿有争议而产生的纠纷。

3. 因买卖合同的清偿抵充有争议而发生的纠纷。

4. 因买卖合同的提存、抵消和免除有争议而产生的纠纷。

5. 因买卖合同当事人的一方预期违约行为而引发的纠纷。

6. 因买卖合同当事人对某些事件是否属于不可抗力，是否能够免责产生分歧而引发的纠纷等。

三、买卖合同案例研究的基本方法及应注意的问题

破解买卖合同案例需要认识和掌握合同体系演绎法，它是解决各种合同案例的基本方法，该方法的核心是厘定合同主体的请求权基础。合同体系演绎法解决合同案例一般分为三个步骤：第一步，是确定具体的合同法律关系，即依照法律规则和法律事实，找出主体之间的所有法律关系，从而进一步明确主体之间存在何种具体的合同法律关系，这是解决合同案例的基础；第二步，是逐级寻求处理包括此种合同法律关系在内的所有法律关系的依据，即依据民法规范体系化的特点，分层级地找寻解决该合同主体之间法律纠纷的依据，

确定合同主体各种请求权的基础,这是解决合同案例的关键;第三步,遴选请求权,即根据已经寻定的请求权基础,探讨每个法律关系中相应的请求权是否成立及其内容,最终选择该合同法律关系中主体相应的请求权,确定当事人的权利和义务,得出法律适用结果。

合同体系演绎法的实质就是在处理合同纠纷时,建立一个找法的规律,遴选请求权得出结论。以买卖合同为例简要讲解,面对现实生活中的法律纠纷,运用合同体系演绎法处理案例。第一步,根据本案的法律事实,依照基本的民法原理和规则找出主体之间的所有法律关系,按照买卖合同的定义及特征正确判定该案中是否有合同法律关系,若存在合同关系,应进一步明确合同的性质,即该合同是否是买卖合同,这是基础环节。第二步,分层级地找寻解决该合同主体之间法律纠纷的依据,确定合同主体各种请求权的基础,这是关键环节。具体过程如下:第一,面对买卖合同纠纷,纠纷的事项如果当事人依法在合同当中有约定,则以当事人在合同中的特别约定为请求权基础。第二,如果当事人没有约定,但愿意协商并达成补充协议,处理纠纷的请求权基础是补充协议。第三,如果达不成补充协议,那就对双方订立的买卖合同文本依法进行解释,解释的结果作为解决买卖合同双方纠纷的基础。第四,该买卖合同若有特殊交易习惯,按特殊交易习惯处理。第五,经过审查发现谁都不能证明有交易习惯存在,就看《合同法》关于买卖合同的具体法律规定,以具体法规内容作为主体请求权的基础。第六,如果买卖合同的具体法条里没规定,就从《合同法》总则所涉及的一般规则里找;如果还找不着,就从民法通则关于民事行为制度的规定里找;若没有找着,就需要法官运用民法的基本原则进行法律漏洞的填补,需要法官造法,来解决双方的买卖合同。第三步,根据已经找到的本案中各种法律关系的请求权基础,对包括该合同法律关系请求权在内的所有请求权进行比较,遴选出合同主体相应的请求权,最终确定当事人的权利义务,得出法律适用结果。这是核心内容。应当注意在适用法律的范围和规则遴选请求权的问题上,还要注意到《民法通则》、《合同法》、《担保法》、《拍卖法》、《城市房地产管理法》等法律、法规的之间的关系,应仔细审查有关法律、法规对相关问题的规定是否与《合同法》相抵触、相矛盾。在一般情况下,应遵从特殊法优于普通法、新法优于旧法的原则来处理。

研究买卖合同纠纷案例除遵循上述合同体系演绎法的一般方法和规律外,还应注重买卖合同纠纷自身的一些特点及某些特殊规则的适用。具体来讲,还应注意以下问题。

(一)买卖合同订立纠纷案件

订立书面买卖合同应注意包括哪些条款?买卖合同就有关内容未作约定或约定不明确的如何处理?这里要特别注意必备条款与主要条款的区别。买卖合同的主要条款如当事人名称、姓名、标的、数量和质量、价款或酬金、履行期限、履行地点、履行方式、检验标准和方法、结算方式、违约责任、争议解决方法。依据最高人民法院关于适用《中华人民共和国合同法》若干问题的解释(二)(以下简称《合同法》司法解释二)第1条的规定,当事人对合同是否成立存在争议,人民法院能够确定当事人名称或者姓名、标的和数量的,一般应当认定合同成立。但法律另有规定或者当事人另有约定的除外。对合同欠缺的前款规定以外的其他内容,当事人达不成协议的,人民法院依照《合同法》第61条、第62条、第125条等有关规定予以确定。可见,在买卖合同的主要条款中,只有当事人名称或姓名、标的和数量条款是其必备条款,欠缺此种条款可能导致买卖合同不能成立,而欠缺其他主要条款一般并不影响买卖合同的成立。

(二)买卖合同效力纠纷案件

分析买卖合同纠纷案件应注意正确区分合同有效、无效、部分无效、效力待定、可撤销、可变更等情况。注意它们之间的一些细微区别。还应注意《合同法》意义之外的合同或其他民事法律行为仍应适用《民法通则》、《劳动合同法》等法律法规,在效力问题上不能机械依照或参照《合同法》的条文处理。同时,应当注意多重买卖合同的效力问题,《合同法》司法解释二第15条规定,出卖人就同一标的物订立多重买卖合同,合同均不具有《合同法》第52条规定的无效情形,买受人因不能按照合同约定取得标的物所有权,请求追究出卖人违约责任的,人民法院应予支持。因此,在司法实务中将承认多重买卖合同的有效性。另外,应特别注意"损害国家利益"这一表述中"国家利益"的定位。这里的国家利益,是指公法意义上的国家利益,不包括国有企业的利益。损害国有企业法人利益的,应当作为侵害对方当事人的利益或者侵害第三人的利益,不能作为损害国家利益的期诈对待。

(三)买卖合同履行纠纷案件

买卖合同履行纠纷案件涉及的问题很多,其中最主要的问题包括:(1)标的物所有权转移和标的物毁损、灭失风险的承担问题。应注意《合同法》所采用的交付主义的原则及特殊情况下此原则的变通性条款《合同法》第143~149条的规定。(2)出卖人就买卖合同的标的物应承担何种瑕疵担保责任的问题。应注意瑕疵担保责任是一种法定责任,不以当事人的约定为前提。但法律关于瑕疵担保责任的规定属于任意性而非强制性规定,因此,买卖合同的当事人也可以就其进行特别约定。

另外,应当注意在权利瑕疵担保责任中,买受人有相应价金支付的拒绝权和单方解除合同的权利;在物的瑕疵担保责任中,买受人有适时检验的义务和按时通知的义务,但若要解除合同,质量瑕疵须达到影响合同目的实现的程度。

(四)买卖合同变更、转让和担保纠纷案件

应注意法律对买卖合同债权人转让债权和债务人转让债务的不同要求。转让主债权的从债权也随之转让,债权人只须尽通知义务即可使转让生效;转让主债务的,必须征得债权人和担保人的书面同意,否则其转让无效。实务中经常出现因企业合并分立使债权债务关系主体发生变更的情况,应注意权利义务概括移转原则在其中的运用。

(五)买卖合同终止纠纷案件

1. 应注意买卖合同解除的一些特别规定,如主物合同解除与从物合同解除的关系问题,数物合同解除问题,连续供货合同的解除问题,分期付款合同的解除问题,等等。

2. 应注意预期违约的适用条件及与不安抗辩权的关系。

3. 应注意不可抗力范围的确定。当事人虽无约定,但属于我国现行规定的不可抗力范围的,可以免责;当事人虽有约定,但明显不属于不可抗力范围的,不能免责;虽不属于我国现行法明文规定的不可抗力范围,但在实践中公认为不可抗力且当事人又明确在买卖合同中作出约定的,可以作为免责事由。

4. 应注意孳息归属原则在买卖合同无效被撤销或被解除时的适用问题。我国合同法的孳息归属原则采交付主义,其前提是买卖合同有效,若买卖合同出现上述情形时,接受标的物的买受人应当将其返还,标的物的孳息也应当同时返还。

(六)买卖合同案例研究所涉及的相关法律法规主要有:

1.《中华人民共和国合同法》;

2.《最高人民法院关于适用〈中华人民共和国合同法〉若干问题的解释(一)》;

3.《最高人民法院关于适用〈中华人民共和国合同法〉若干问题的解释(二)》;

4. 最高人民法院关于审理商品房买卖合同纠纷案件适用法律若干问题的解释。

第二节 买卖合同典型案例研究

一、案情介绍

姚某与王某、富源房产中介公司于2009年6月19日签订了《房屋买卖协议书》,约定内容有:(1)姚某将其所有房屋一套卖给王某,价款为64万元。(2)王某分三次付清:第一期在合同签订生效时付定金3万元;第二期在2009年7月19日交付房屋时支付购房款44万元;第三期在完税及新房产证出证时再支付17万元。(3)中介费由王某支付。协议签订后,王某查看了姚某的房产证和身份证明,并向姚某支付了定金3万元,也支付了中介费。随后在房产局查询时王某才发现该房已经抵押给银行,王某于2009年7月19日向姚某支付了购房款4万元,姚某交付了所卖房屋的钥匙,但要求其依约再支付40万元。为能顺利办理过户,7月20日王某代姚某还清了所欠银行的债务40万元,双方为此发生争议无法办理过户手续。王某以姚某未告知抵押为由,于2009年11月2日起诉请求解除房屋买卖合同,要求姚某返还代偿的银行欠款,并双倍返还定金,赔偿损失。而姚某却提出反诉,要求王某继续履行合同义务,支付购房款,并给付逾期付款利息。

二、本案的争执的焦点

对于本案如何处理,有三种观点。

第一种观点认为,姚某和王某签订房屋买卖合同时,讼争房屋已经办理了抵押登记,但房屋所有权人姚某却故意不告知这一重要事实,构成欺诈,该房屋买卖合同属于可撤销的合同,本案不符合解除条件,王某应当请求撤销合同。姚某应当返还王某代偿的银行欠款;但定金只返还即可,无须双倍返还,因为合同被撤销,按无效的后果来处理,定金合同也无效;并应承担缔约过失责任赔偿王某的损失。

第二种观点认为,姚某和王某签订房屋买卖合同时,讼争房屋已经办理了抵押登记,抵押人姚某既未通知抵押权人,也未告知买受人王某。依据《担保法》第49条,抵押期间,抵押人转让已办理登记的抵押物的,应当通知抵押权人并告知受让人转让物已经抵押的情况;抵押人未通知抵押权人或者未告知受让人的,转让行为无效。因此,该房屋买卖合同属于无效的合同,姚某应当返还王某代偿的银行欠款;因为房屋买卖合同无效,定金这一从合同也无效,只返还定金即可,无须双倍返还;并应承担缔约过失责任赔偿王某的损失。

第三种观点认为,姚某违反权利瑕疵担保义务,依据《合同法》第150条、

第152条的规定,出卖人就支付的标的物负权利瑕疵担保义务,买受人有确切证据证明第三人可能就标的物主张权利的,可以中止支付相应的价款。由此王某享有了抗辩权,有权中止支付尚欠的购房款。所以,应当驳回姚某的反诉请求,姚某应当承担权利瑕疵担保责任。根据《物权法》第191条第2款的规定,抵押期间,抵押人未经抵押权人同意,不得转让抵押财产,但受让人代为清偿债务消灭抵押权的除外。因为受让人王某代为清偿债务消灭了抵押权,所以讼争房屋买卖合同合法有效。同时,王某代为清偿后,可以向姚某行使追偿权,由此王某可以将其对姚某的代偿欠款追偿权与姚某对其的房屋价款请求权,行使法定抵销权,形成王某已经支付房屋价款的后果。据此,王某可以要求姚某承担权利瑕疵担保责任,鉴于姚某无正当理由的极度不配合导致合同目的不能实现,构成根本违约,所以王某可以要求解除合同,姚某应当返还王某代偿的银行欠款,并可要求双倍返还定金和赔偿损失。

三、本案的事实与法律分析

本案的争执点涉及买卖合同中的权利瑕疵担保责任问题。所谓权利瑕疵担保,是指卖方应保证对其所售的标的物享有合法的权利,没有侵犯任何第三人的权利,而且任何第三人都不会向买方提出任何权利要求。权利瑕疵担保责任是指出卖人就标的物的所有权不能完全移转于买受人而应承担的责任。

构成权利瑕疵担保责任要满足以下要件:

(一)权利瑕疵在买卖合同成立之时即已存在。因权利瑕疵而不能履行合同的,属于自始不能,不是事后不能或客观不能。如果合同成立后才出现权利瑕疵,则是出卖人违约,应承担违约责任,而不是瑕疵担保责任。

(二)权利瑕疵在买卖合同成立后履行时仍存在。若权利瑕疵仅于合同成立时存在,但在履行前已除去,则不须承担瑕疵担保责任。

(三)买受人不知有权利瑕疵存在。买受人知道或应当知道存在权利瑕疵的,事后即不能追究出卖人的瑕疵担保责任。《合同法》第151条规定:"买受人订立合同时知道或者应当知道第三人对买卖标的物享有权利的,出卖人不承担本法第150条规定的义务。"

(四)因权利瑕疵而使买受人遭受损失。即使存在权利瑕疵,但第三人未主张权利且不能主张权利的,买受人也不能追究出卖人的权利瑕疵担保责任。

在本案中,姚某是否应该承担瑕疵担保责任,应看其是否符合以上条件。首先,在姚某与王某订立合同时,该房屋就已抵押,存在权利瑕疵;其次,在合同订立后,交付房屋之时并未除去权利瑕疵;再次,王某在订立合同时看过姚某的房产证,上边未记载抵押事项,故不知道该房屋已被抵押;最后,王某在依约交付定金和代为清偿欠款后，因姚某的阻止不能办理过户手续，导致受有损失。综上，姚某应对王某承担权利瑕疵担保责任。

四、合同体系演绎法在分析本案中的运用

第一步，找寻法律关系，确定具体合同关系。本案中的法律关系如下：一是姚某与王某的房屋买卖合同关系，二是姚某与王某的定金合同关系，三是姚某与银行的抵押合同关系，四是王某与中介公司的居间合同关系。

第二步，逐级寻求依据，确定主体请求权基础。本案中的请求权基础主要有：

一是房屋买卖合同关系中有关合同无效、可撤销、解除权利瑕疵担保责任，后履行抗辩权和缔约过失责任等具体法律规定，由此可确定买卖合同主体相应的请求权；二是定金合同成立与房屋买卖合同的关系，由此可以确定定金合同主体相应的请求权；三是抵押合同关系中抵押人擅自处分抵押物的具体规定，《担保法》和《物权法》对此都有规定，由此可以发现在不同的法律关系中同一主体相应的请求权基础不尽相同。四是，居间合同关系与本案诉争无关可以不讨论，但其中因为买卖合同被解除或无效等导致最终未能实现合同目的是否影响中介费的支付，以及与中介公司的关系如何界定的确有理论与实务探讨的必要。

第三步，遴选请求权，确定最终结果。本案的请求权可以这样遴选：

第一，依据《合同法》第 150 条、第 152 条的规定，出卖人就支付的标的物负权利瑕疵担保义务，买受人有确切证据证明第三人可能就标的物主张权利的，可以终止支付相应的价款。产生王某主张姚某承担权利瑕疵担保责任的请求权，同时产生王某可以中止支付相应价款的抗辩权，这样就消灭了姚某要求王某继续履行的请求权。第二，根据《物权法》第 191 条第 2 款的规定，受让人王某代为清偿债务消灭了抵押权，房屋买卖合同合法有效，此处《物权法》优先于《担保法》的规定。同时，王某可以行使与姚某互负债务的抵销权，形成王某已经支付姚某房屋价款的结果。鉴于姚某无正当理由的极度不配合导致合同目的不能实现，构成根本违约，由此产生王某的单方解除买卖合同的权利，遂引发因解除合同而主张的返还请求权、损害赔偿请求权以及适用定金罚则的请求权。第三，根据《合同法》第 54 条第 2 款的规定，姚某构成欺诈，房屋买卖合同属于可撤销合同，由此产生王某撤销合同的权利，遂引发因撤销合同而主张的返还请求权、主张姚某承担缔约过失责任的请求权，但基于定金合同是买卖合同的从合同原理，主合同被撤销按自始无效处理，故定金合同也自始无效，无适用定金罚则的可能。

王某的合同解除权与合同撤销权发生竞合,只能主张其一,因主张的不同最终会产生不同的请求权。因为本案中王某选择了合同解除权,因此应当以解除合同为前提,产生相应的请求权和最终的法律效果。当然,因为王某行使抵销权后,其已完成对房屋价款的交付义务,故王某也可以向姚某主张继续履行合同的权利,似乎这是对王某最为有利的选择,只不过本案中王某没有选择此项请求权而已。

第三节 买卖合同习作案例

案例一

甲养鱼场和乙副食品批发公司于5月20日签订了购买活鱼5000千克的合同,约定在6月10日以前,乙至甲处取货。甲为方便取货遂将乙所需之鱼放入一临河的大水池中,但6月10日乙未取货,后因连降暴雨,致使池中的鱼纷纷跃入河中,鱼因连日跃入河中无数,共计损失2000千克,价值4万元。

6月底甲与乙协商达成协议,由甲将所剩3000千克的鱼代办托运,交承运人丙公司送至乙处,但因当日狂风大作,损失了近$\frac{1}{6}$的鱼,乙很不高兴,不愿取货扬长而去。对此甲、乙发生争议,因此甲诉至法院要求乙承担标的物的风险责任。

法律问题

1. 6月10日乙未取货是否构成违约,产生何种后果?
2. 对因多日降雨而鱼跃入河中的损失,甲是否有过错?
3. 对跃入河中的鱼的风险损失,如何承担责任?为什么?
4. 6月底乙发现甲代办托运的鱼意外损失,扬长而去拒绝受领全部给付,是否妥当?
5. 对代办托运的鱼意外损失,甲对此是否违约?
6. 对此,承运人丙公司是否承担责任?
7. 对代办托运的鱼意外损失,谁来承担风险责任?

案例二

2008年3月10日,白某与中机公司签订胶粉成套设备买卖协议,协议约定:白某购买中机公司的胶粉成套设备一套,设备价款150,000元;设备质量保证期一年,交货后白某提出设备异议的检验期间为10天,异议应当书面提交给中机公司，如无异议，则为设备验收合格。3月12日，白某向中机公司支付了货款150,000元。4月1日，白某收到中机公司交付的设备。4月15日和4月18日，白某将部分设备送交某电动工具维修店进行修理。7月7日，白某向中机公司住所地发出特快专递，专递内件品名为文件。7月9日，该特快专递被签收。10月20日，某市质量技术监督协会出具鉴定报告，称胶粉成套设备存在多项设计和制造加工方面的质量缺陷，致使用户无法正常投产。中机公司提交另一市产品质量监督检验所检验报告，称胶粉成套设备为合格产品。双方对设备质量是否有瑕疵产生争议，协商未果，白某诉至法院要求中机公司赔偿其经济损失和支付鉴定费用。

法律问题

1. 中机公司和白某在本案中主要有哪些义务？
2. 本案中白某的检验期间如何计算？白某是否构成怠于通知？
3. 本案应如何处理？为什么？
4. 若本案没有约定检验期间，那么白某不履行异议通知义务最晚至何时就视为质量符合约定？
5. 如果质量有瑕疵，中机公司也知道，那么本案应如何处理？

案例三

甲汽车修理厂与乙机械设备公司于2010年3月15日签订了一份汽车修理设备购买合同。约定，甲厂购买乙公司两套设备，价款18万元；甲厂应在3月底之前交付10万元，其余8万元在货物交付时支付；乙公司应当在10月底前交付设备，由甲厂自提。合同签订后，甲厂按约支付10万元。然而9月间乙公司经营不善进入破产清算阶段，在8月时，乙公司就已经生产出了约定设备，甲厂遂要求提前交货。但清算小组认为不能交付，要求解除双方的买卖合同，而且甲厂先前交付的10万元应当作为破产债权参与分配。甲厂随即起诉，要求清算小组继续履行合同交付约定设备。

法律问题

1. 乙公司破产，甲厂能否行使本案标的物的取回权？
2. 甲厂已交付的10万元是否成为破产财产参与破产分配？
3. 乙公司要求解除合同是否合法？为什么？
4. 如果本案约定8月交货，因为甲公司迟延履行，后来甲公司破产，那么本案该如何处理？
5. 本案双方当事人能否在签订合同时约定，设备一旦生产出其所有权即转移至甲厂？

6. 若本案乙公司已交付货物,但约定在甲厂未付清价款前,所有权仍属于乙公司,那么随后甲厂破产时,乙公司能否行使取回权?

案例四

甲、乙签订一份买卖合同:

1. 甲向乙购买包括船桨在内的渔船一艘。在该合同中,如果乙交付的渔船不符合约定,船桨符合约定,甲如何解除合同?如果船桨不符合约定,而渔船符合约定,那么甲如何解除合同?

2. 甲向乙购买两对翡翠耳环。在该合同中,如果乙交付的耳环其中有一对不符合约定,另一对符合约定,甲如何解除合同?如果仅有一只不符合约定,而其他耳环均符合约定,那么甲如何解除合同?

3. 甲向乙购买5头黄牛,价款10,000元半年内支付,双方约定在甲付清价款前,乙保留5头黄牛的所有权。然后乙向甲交付5头黄牛,在牛款付清前,牛生下了1头小牛,小牛的所有权归谁?若在牛款付清前,牛生下了1头小牛,但随后买卖合同被认定无效,小牛的所有权归谁?

案例五

2008年3月,何某与刘某签订房屋买卖合同,何某将自己的住房30万元卖给刘某。约定刘某预付20万元,何某将房屋交付刘某使用,待何某从国外回来交付余款10万元后,再办理过户手续。后刘某依约支付预付款,但何某2009年1月回国后直接明确表示不想卖给刘某了,转而以34万元的价格,将该房卖给了史某,并于2月2日与史某办理了过户手续。因此,何某要求刘某搬出腾房,双方发生争议,刘某诉至法院,请求确认该房屋归其所有。

法律问题

1. 刘某与何某的房屋买卖合同是否有效?
2. 史某与何某的房屋买卖合同是否有效?
3. 何某是否有权请求刘某腾房?
4. 史某是否有权请求刘某腾房?
5. 何某向刘某承担何种责任?如何承担?
6. 何某是否有权解除他与刘某的房屋买卖合同?
7. 若何某在将房屋转让史某之前,与刘某签订了租赁合同,史某是否还有权请求刘某腾房?

第十五章　借款合同案例研究

第一节　借款合同案例研究的内容和方法

一、借款合同概述

依据《合同法》第 196 条的规定，借款合同是借款人向贷款人借款，到期返还借款并支付利息的合同。其中，提供货币的一方是贷款人，接受货币的一方是借款人。借款合同不仅调整金融机构与自然人、法人、其他组织间的借款关系，而且也调整自然人之间的借款关系。借款合同一般是有偿合同、双务合同，但依据《合同法》第 211 条的规定，自然人之间的借款合同对支付利息没有约定或者约定不明确的，视为不支付利息。故自然人之间的借款合同通常是无偿的。借款合同的标的物为货币，其目的就是转移货币所有权，因为货币一经占有即取得所有权。

借款合同案件研究涉及的基本法律问题有以下五个方面。

（一）借款合同成立

1. 借款合同一般为诺成性合同，即只要双方当事人的意思表示达成一致就可成立。但依据《合同法》第 210 条的规定，自然人之间的借款合同，自贷款人提供借款时生效。可见，自然人之间的借款合同为实践性合同，即自然人之间的借款合同仅有当事人双方的合意还不能成立，必须在贷款人将借款交付给借款人后才能成立生效。

2. 借款合同一般为要式合同，应当采用书面形式。但根据《合同法》第 197 条的规定可知，自然人之间的借款合同为不要式合同，可由当事人自由选择合同形式。

（二）提供借款

1. 由于自然人之间的借款合同是实践性合同，只有在贷款人将借款交付给借款人时合同才成立生效，因而，在借款合同生效后，贷款人并不负担义务。

2. 金融机构为贷款人的借款合同为诺成性合同，自合同成立生效后，贷款人负有按合同约定向借款人提供借款的义务。基于此，《合同法》第 200 条规定了利息预扣禁止，即贷款人提供给借款人的借款金额应当符合合同约定，不得从中预先扣除借款违约金或保证金或利息。利息预先扣除的,借款数额按照实际借款数额计算。

(三)借款使用

1. 贷款人根据贷款用途来确定借款人的偿还能力,如果借款人擅自改变借款用途,可能会导致贷款人到期不能收回贷款。所以,《合同法》第199条规定了借款人的附随义务,即订立借款合同,借款人应当按照贷款人的要求提供与借款有关的业务活动和财务状况的真实情况。

2. 金融机构为贷款人的,某些贷款是根据国家的宏观调控政策、信贷政策、产业政策发放的,如果借款人不按照借款的用途使用借款,就会造成信贷资金的使用不符合国家的政策。所以《合同法》第202条规定了贷款人的监督检查权,贷款人按照约定可以检查、监督借款的使用情况。借款人应当按照约定向贷款人定期提供有关财务会计报表等资料。与之对应,《合同法》第203条的规定了合理使用贷款的义务,即借款人不按照约定的借款用途使用借款的,贷款人可以停止发放借款、提前收回借款或者解除合同。

(四)偿还借款

借款合同明确约定借款期限的,借款人未按照约定的期限偿还借款的,有两种情形。其一是迟延还款。借款人未按照约定的期限返还借款的,应当按照约定或者国家的有关规定支付逾期利息。《合同法》第209条规定,借款人可以在还款期限届满之前向贷款人申请展期。贷款人同意的,可以展期。借款人到期不能偿还担保借款时,贷款人依法享有要求保证人归还借款本金和利息或者就该担保物优先受偿的权利。其二是《合同法》第208条规定的提前还款。当事人对提前还款有约定的,按照约定办理;当事人在合同中对提前还款没有约定的,提前还款不损害贷款人利益的,可以不经贷款人同意提前还款,利息按照实际借款期间计算,提前还款损害贷款人利益的,贷款人有权拒绝借款人提前还款的要求。

(五)支付利息

借款人应当按照约定的期限支付利息。对支付利息的期限没有约定或约定不明确,依照《合同法》第61条的规定仍不能确定的,根据《合同法》第205条的规定,借款期间不满一年的,应当在返还借款时一并支付;借款期间一年以上的,应当在每届满一年时支付,剩余期间不满一年的,应当在返还借款时一并支付。民间借贷可以适当高于银行的利率,但最高不得超过银行同类贷款利率的4倍(包含利率本数),超过此限度的利息不予保护。

二、借款合同纠纷案件的种类

从借款合同自身的特点来讲，借款合同纠纷主要有以下几种：

1. 因借贷主体不适格而引发的纠纷。主要是企业之间拆借或名为联营、实为借款的无效借款合同纠纷。

2. 因贷款人预扣利息或计算复利而引发的纠纷。

3. 因借款人擅自改变借款用途而引发的纠纷。

4. 因瑕疵担保条款而引发的纠纷。

5. 因贷款人自行扣划借款人账户存款抵贷而引发的纠纷。

三、借款合同案例研究的基本方法及应注意的问题

借款合同从本质上讲是移转标的物所有权的合同，合同纠纷案例研究的一些基本方法或规则也适用于此类合同。上文介绍的合同体系演绎法同样适用于借款合同。同时要注意借款合同纠纷不仅会涉及《合同法》的有关规定，还会涉及《民法通则》、《商业银行法》、《贷款通则》、《利率管理暂行规定》及最高人民法院司法解释的一些规定，除此之外，研究借款合同纠纷案例还应注意金融机构借款合同与民间借款合同的区别。我国现行法律对贷款主体限定的非常严格，一般来讲只有银行或非银行金融机构才有贷款发放权，而作为非金融机构的普通企业是无权发放贷款的。贷款人是否适格往往会直接影响到借款合同的效力，企业之间的拆借是无效的。《合同法》对自然人之间的借款合同和金融机构借款合同在合同的成立以及效力等方面作了不同的规定，要注意区分和把握。

借款合同案例研究所涉及的相关法律法规主要是：

1.《中华人民共和国合同法》；

2.《中华人民共和国商业银行法》；

3.《贷款通则》；

4.《利率管理暂行规定》；

5.《最高人民法院关于使用〈中华人民共和国合同法〉若干问题的解释（一）》；

6.《最高人民法院关于使用〈中华人民共和国合同法〉若干问题的解释（二）》；

7.《最高人民法院关于人民法院审理借贷案件的若干意见》；

8.《最高人民法院关于超过诉讼时效期间借款人在催款通知单上签字或者盖章的法律效力问题的批复》；

9.《国家工商行政管理总局关于股东借款是否属于抽逃出资行为问题的答复》；

10.《最高人民法院关于如何确认公民与企业之间借贷行为效力问题的批复》;

11.《最高人民法院关于对企业借贷合同借款方逾期不归还借款的应如何处理问题的批复》;

12.《最高人民法院关于企业相互借贷的合同出借方尚未取得约定利息人民法院应当如何裁决问题的解答》;

13.《最高人民法院关于正确确认企业借款合同纠纷案件中有关保证合同效力问题的通知》;

14.《最高人民法院关于如何确定借款合同履行地问题的批复》。

第二节 借款合同典型案例研究

一、案情介绍

2001 年 12 月 29 日,宁波分行与顺风公司签订一份贷款合同,约定:顺风公司向宁波分行贷款人民币 5 亿元,贷款期限为 8 年,贷款期限自贷款实际发放之日起开始计算,发放日期以借款借据为准;贷款年利率为 8.073%;贷款用于收购 37.39 省道公路经营收费权;结息方式为每季结算一次,结息日为每季第三个月的 20 日;顺风公司在贷款到期之日归还全部贷款本息。同日,宁波分行与顺风公司的法定代表人李某签订了一份《贷款保证担保合同》,约定:李某自愿为顺风公司的债务承担连带偿还责任,保证范围为本金、利息及罚息、实现债权的费用,保证期限为主合同履行期限届满之日起 2 年。合同签订后,宁波分行于 2001 年 12 月 30 日、2002 年 1 月 4 日先后向顺风公司发放贷款 1 亿元、4 亿元。此后,顺风公司多次向宁波分行出具还款承诺书或函件。2004 年 10 月 26 日,宁波分行与顺风公司签订《还款协议》约定,顺风公司积极配合宁波分行对 37.39 省道收费资金的监管,保证收费资金专款专用;顺风公司承诺在 2004 年 12 月 20 日之前,除按合同约定支付贷款利息外,归还宁波分行贷款本金 1.2 亿元。顺风公司于 2005 年 6 月 7 日归还本金 260 万元,6 月 17 日归还本金 150 万元,合计 410 万元。2005 年 6 月 16 日宁波分行向法院起诉,请求顺风公司归还贷款本金 1.2 亿元;李某对顺风公司的债务承担连带清偿责任。

二、本案的争执焦点

本案争议的焦点有三:

其一,贷款合同约定的利率是否过高?

其二,顺风公司在贷款合同签订后,向宁波分行出具的承诺书、函件及双方达成的还款协议,是否为当事人的真实意思表示,其效力如何?

其三,宁波分行提起诉讼,要求顺风公司支付本金1.2亿元,李某承担连带责任,是否应予支持?

三、分析本案应注意的问题

(一)关于本案贷款合同约定的利率是否过高的问题

本案贷款合同约定的利率为年息8.073%,而合同签订当时中国人民银行确定的中长期贷款利率为年息6.21%,该利率比规定的利率标准上浮了30%,但仍在中国人民银行规定的利率浮动区间内。1999年8月25日,中国人民银行在《关于进一步扩大对中小企业贷款利率浮动幅度等问题的通知》[银传(1999)39号]中已明确规定,各商业银行、城市信用社对中小企业贷款(短期贷款和中长期贷款)利率上浮幅度扩大为30%。从2004年10月29日起,中国人民银行已放开了贷款利率浮动区间,不再设定利率上限管理。据此,2001年12月29日宁波分行与顺风公司签订的贷款合同中将利率上浮30%并未违反中国人民银行的规定。

(二)顺风公司出具的承诺书或函件及还款协议的效力问题

顺风公司为履行还款义务向宁波分行作出的归还1.2亿元贷款的意思表示明确、真实,而且该意思表示宁波分行予以认可,承诺函内容不违反法律法规的规定,故应认定为有效。关于2004年10月26日宁波分行与顺风公司签订的《还款协议》的效力问题,双方当事人该项约定意思表示清楚、真实,应认定为有效。

四、本案的事实与法律分析及其处理

宁波分行的起诉请求有两项:一是要求顺风公司归还贷款本金1.2亿元;二是李某对顺风公司的债务承担连带清偿责任。2004年10月26日,宁波分行与顺风公司法定代表人李某签订《还款协议》,现顺风公司未按还款协议约定履行支付借款本金义务,宁波分行提起诉讼,要求顺风公司归还部分借款,符合还款协议约定,但在确定归还贷款数额时,应扣除顺风公司在审理期间已归还的410万元。保证人李某作为顺风公司法定代表人、顺风公司与宁波分行签订还款协议的经办人,对顺风公司与宁波分行变更贷款合同的借款期限知情,在顺风公司不履行债务时,应承担连带责任。

综上,宁波分行与顺风公司于2001年12月29日签订的贷款合同、2004年10月26日签订的《还款协议》以及2001年12月29日宁波分行与李某签订的《贷款保证担保合同》、顺风公司出具的承诺函或函件,均系当事人的真实意思表示,内容合法,均依法确认有效;根据《合同法》第 208 条的规定,借款人提前偿还借款的,除当事人另有约定的以外,应当按照实际借款的期间计算利息;以及《担保法》第 18 条第 2 款的规定,连带责任保证的债务人在主合同规定的债务履行期届满没有履行债务的,债权人可以要求债务人履行债务,也可以要求保证人在其保证范围内承担保证责任。判令顺风公司归还宁波分行借款本金,并由李某对顺风公司的上述债务承担连带责任。

第三节　借款合同习作案例

案例一

甲、乙均是自然人,甲向乙借款 10 万元,签订了书面借款合同,约定借期 1 年,年利率为 8%(设中国人民银行同期贷款利率为 2.5%)。但乙总担心这笔借款无法收回,迟迟不向甲提供借款。经协商,甲、乙达成协议,乙可以预先扣下利息 0.8 万元。此后,乙还是不放心,仍然未向甲提供借款。甲无奈诉至法院,请求判令乙承担违约责任,履行借款义务。

法律问题

1. 甲、乙之间必须要签订书面的借款合同吗?
2. 甲、乙之间在借款合同中可以约定利率吗?
3. 甲、乙之间在借款合同中约定利率有限制吗? 法律依据是什么?
4. 乙可以预先扣除利息吗? 如何承担责任?
5. 甲、乙之间的借款合同何时生效? 本案该如何处理?

案例二

2006 年 6 月 29 日,康达厂以新贷归还旧贷的方式与某信用社签订了五份保证担保借款合同,贷款总额分别为 30 万元、30 万元、26 万元、22 万元、3 万元,共计 1,110,000 元。双方约定月息 9.3‰,定于 2007 年 6 月 29 日归还。并约定:借款方不能按期偿还贷款,应在贷款至期前 10 天内提供书面申请,经贷款人同意,签订展期协议书后方可延长还款期限。还约定:借款人不按期偿还贷款利息,贷款人对未支付的利息计收复利。以上五份借款均有振兴厂加盖公章提供保证。合同约定:(1)保证人承担连带保证责任;(2)保证期间自借款之日至借款到期后 2 年。如贷款展期后,保证期间延至展期借款到期日之后 2 年。

合同签订后，该信用社按约放款。2007年6月5日，康达厂申请展期还款，经同意展期延至2008年3月30日。2007年7月3日，康达厂主管部门某村委会决定注销康达厂，并委托康达厂法定代表人耿某负责清算，最终经工商局核准，依法办理了注销登记。但耿某没有告知该信用社注销事宜，并也未对该笔1,110,000元的贷款偿还。

某信用社于2010年3月22日诉至法院，要求耿某、某村委会和振兴厂归还借款本金1,110,000元及利息464,535元。

法律问题

1. 某信用社与康达厂以新贷还旧贷的方式签订的借款合同是否有效？
2. 振兴厂对借款合同提供保证是否合法有效？
3. 某信用社起诉时，保证期间是否届满？
4. 某信用社起诉时，是否已经超过借款合同的诉讼时效？
5. 借款合同中约定可以计算复利是否合法？
6. 借款合同中约定申请展期条款是否合法？
7. 康达厂已被注销，现在应当由谁承担还款责任？如何承担责任？

案例三

2006年10月6日，小张想要盖房找老刘借款，老刘告诉小张咱俩关系甚好，他膝下也并无子嗣，就算送给小张的，并拿出了10万元塞到小张手上，小张连连摆手，坚决不肯接受。同月26日，老刘登门送钱，碍于情面小张最终收下，但不停地说这是借的一定要还的。

法律问题

1. 小张与老刘之间形成哪种合同法律关系？何时生效？
2. 老刘能否要求小张还钱？何时可以要求还款？能否主张利息？
3. 老刘能否要求小张提供担保？
4. 小张如果将这笔款项用于买车，老刘享有什么权利？为什么？

案例四

2003年6月6日，孙某发现生产40石板(40×40)利润可观，因缺乏资金而对外发出合伙要约，吕某有意提供资金。同月16日，孙某为证明其所揽业务绝对赚钱而向吕某出具“保证”一份，其内容为“保证：加工40板第一个货柜608平方米的销售由孙某负责，盈利共分，如果亏本由孙某将投入本金捌万陆仟元(86,000)翻壹番赔偿吕某。以上保证只限第一个货柜608平方米。

孙某2003年6月16日”。基于此,吕某将86,000元现金分批转交孙某。其间,吕某为孙某垫支电费768.26元,孙某请客借吕某现金300元。

由于孙某生产的石板质量不符合要求,造成该批货物销路不畅,也导致吕某所投资金不能及时收回。此后,吕某多方联系买方,经孙某同意将其剩余部分出售,所得货款归吕某。2005年2月15日,吕某依据孙某出示结算清单要求返还其投资剩余部分11,700元,偿还其垫支的1068.26元,并依据保证书赔偿其86,000元,三项共计98,768.26元及利息。孙某则以协议中关于亏本翻一番赔偿的约定违法、不受法律保护为由拒绝支付吕某的各项请求。

法律问题

1. 孙某所写的“保证”是否合法?该“保证”产生担保合同关系吗?

2. 孙某所写的“保证”法律性质如何?是合伙合同关系的证明还是借款合同关系的凭证?

3. “如果亏本由孙某将投入本金捌万陆仟元(86,000)翻壹番赔偿吕某。”这句话怎么定性?

4. 孙某能否请求法院减少“亏本翻一番赔偿”的数额?为什么?

5. 吕某是否有权请求孙某偿还其垫支的1068.26元费用?其请求权基础是什么?

6. 吕某能否请求孙某偿还其垫支的1068.26元的利息?为什么?

7. 本案应如何处理更为适法妥当?

案例五

1996年10月17日,某兽药厂与某地税局签订了支农周转金借款协议一份,约定由地税局借给兽药厂人民币10万元,利率为月息1.8%,借款期限至1996年12月25日止。协议签订后,地税局依约放款。1997年1月15日,地税局又与兽药厂签订借款协议,借给兽药厂人民币12万元,利率为月息1.2%,借款期限至1997年4月14日。借款到期后,兽药厂归还了借款本金5.5万元,其余借款本金16.5万元及利息均未按约归还。2007年4月19日,兽药厂负责人王某出具还款计划一份,确认尚欠地税局等三单位借款本金76.5万元,表示愿意在房子、土地处理中逐步归还。地税局将兽药厂诉至法院要求其偿还本金及其利息。

法律问题

1. 地税局与兽药厂的借款合同是否合法有效?为什么?

2. 本案借款合同的诉讼时效如何计算?

3. 地税局的债权请求权是否超过诉讼时效?法律依据是什么?

4. 兽药厂长期占用地税局的资金,其利息损失兽药厂是否应当偿付?

第十六章　租赁合同案例研究

第一节　租赁合同案例研究的内容和方法

一、租赁合同概述

租赁合同是指出租人将租赁物交付承租人使用、收益，承租人支付租金的合同。交付租赁物的一方为出租人，接受租赁物的一方为承租人。租赁合同是转让财产使用权的合同，承租人所取得的仅是对租赁物的使用、收益权，而非租赁物的所有权。这是租赁合同与买卖合同的根本区别。租赁合同是诺成合同、双务合同、有偿合同、不要式合同和继续性合同，具有非永续性，其标的物必须是有体物、特定物和非消耗物。

租赁合同案例研究涉及的基本法律问题有以下七个方面。

1. 租赁合同的期限。租赁合同是出租人将其财产的使用、收益临时转让给承租人，因此，租赁合同具有临时性的特征，不适用于财产的永久性使用，防止出租人的长期被虚置。许多国家和地区的立法都规定了租赁合同的最长存续期限。《合同法》第 214 条规定租赁期限不得超过 20 年，超过 20 年的，超过部分无效。但当事人可以通过数次续订前后相承都不超过法定期限的租赁合同来达到延长租赁时间的目的。续订分为约定的续订和推定的续订，但推定的续订只能是不定期的租赁合同。

2. 租赁合同的形式。不定期的租赁合同和租赁期限不满 6 个月的定期租赁合同均为不要式合同，无须采取书面形式。《合同法》第 215 条规定租赁期限在 6 个月以上的定期租赁合同为要式合同，应当采取书面形式。未采取书面形式，双方当事人对租赁期限有争议的，视为不定期租赁合同。

3. 出租人的主要义务。出租人的主要义务是：(1) 交付租赁物并保持租赁物符合约定用途。交付租赁物是指将租赁物的占有移交给承租人。出租人应当按照约定的时间将租赁物交付给承租人。并在租赁期间保持租赁物符合约定的用途，这是出租人最基本的义务。(2) 瑕疵担保责任。出租人的瑕疵担保责任包括租赁物的瑕疵担保责任和权利瑕疵担保责任。租任物的瑕疵担保责任是指出租人应当担保所交付的租赁物能够满足承租人正常的使用收益,如果租赁物有使承租人不能正常使用收益的瑕疵,出租人应当承担责任。出租人的权利瑕疵担保责任是指出租人应担保不因第三人对租赁物主张权利而妨碍承租人的使用收益。(3)对租赁物的修缮义务。在租赁期间内,当租赁物不符合约定的使用状态时,除当事人另有约定外,出租人有义务对该租赁物进行维修。承租人在租赁物需要维修时可以要求出租人在合理期限内维修。出租人未履行维修义务的,承租人可以自行维修,维修费用由出租人负担。(4)费用返还义务。费用返还义务是指出租人应当偿还承租人为租赁物而支出的费用,包括有益费用偿还义务和必要费用偿还义务。(5)接受租赁物和返还押金、担保物的义务。租赁合同关系消灭后,出租人无正当理由应当受领承租人返还的租赁物,如出租人收取了押金或担保物的,应当予以返还。

4. 承租人的主要义务。承租人的主要义务是:(1)按照约定对租赁物进行使用、收益。承租人应当按照约定的方法使用租赁。对租赁物的使用方法没有约定或者约定不明确的,当事人可以协议补充;不能造成补充协议的,按照合同有关条款或者交易习惯确定;仍不能确定的,应当按照租赁物的性质使用。《合同法》第219条规定,承租人未按照约定的方法或者租赁物的性质使用租赁物,致使租赁物受到损失的,出租人可以解除合同并要求赔偿损失。(2)妥善保管义务。在租赁期间,承租人应当以善良管理人的注意,保管租赁物。因保管不善造成租赁物毁损、灭失的,应当承担损害赔偿责任。(3)不得擅自改善和增设他物的义务。承租人经出租人同意,可以对租赁物进行改善或者增设他物。未经出租人同意,对租赁物进行改善或者增设他物的,出租人可以要求承租人恢复原状或者赔偿损失。(4)不得擅自转租。《合同法》第224条规定,承租人经出租人同意可以转租。承租人转租的,承租人与出租人之间的租赁合同继续有效,第三人对租赁物造成损失的,承租人应当赔偿损失。承租人未经出租人同意转租的,出租人可以解除合同,但承租人与次承租人之间的租赁合同仍可成为有效合同。(5)支付租金的义务。依照《合同法》第226条和第227条的规定,承租人应当按照约定的期限支付租金。对支付租金没有约定或者约定不明确的,依照《合同法》第61条的规定仍然不能确定的,租赁期间不满一年的,应当在租赁期间届满时支付;租赁期间一年以上的,应当在每届一年时支付,剩余期间不满一年的,应当在租赁期间届满时支付。承租人无正当理由未支付或者延期支付租金的,出租人可以要求承租人在合理期限内支付。承租人逾期不支付的,出租人可以解除合同。(6)租赁物返还义务。租赁期间届满,承租人应当返还租赁物,返还的租赁物应当符合按照约定或者租赁物的性质使用后的状态。如果租赁期间届满,承租人继续使用租赁物,出租人没有提出异议的,原租赁合同继续有效,但租赁期限为不定期。

5. 租赁合同的对抗效力。依据《合同法》第 229 条的规定,租赁物在租赁期间发生所有权变动的,承租人的租赁权可以对抗租赁物的新所有权人,承租人与出租人原来在租赁合同中所作的其他约定,租赁物的新所有权人也一并遵循。此所谓"买卖不破租赁",这种租赁合同的对抗效力是租赁权物权化的具体体现。但也有例外情形,《最高人民法院关于审理城镇房屋租赁合同纠纷案件具体应用法律若干问题的解释》(以下简称《房屋租赁司法解释》)第 20 条规定,租赁房屋在租赁期间发生所有权变动,承租人请求房屋受让人继续履行原租赁合同的,人民法院应予支持。但租赁房屋具有下列情形或者当事人另有约定的除外:(1)房屋在出租前已设立抵押权,因抵押权人实现抵押权发生所有权变动的;(2)房屋在出租前已被人民法院依法查封的。

6. 房屋承租人的优先购买权。《合同法》第 230 条规定,出租人出卖房屋的,应当在出卖之前的合理期限内通知承租人,承租人享有以同等条件优先购买的权利。《房屋租赁司法解释》第 21 条对此有明文规定,出租人出卖租赁房屋未在合理期限内通知承租人或者存在其他侵害承租人优先购买权的情形,承租人请求出租人承担赔偿责任的,人民法院应予支持。但请求确认出租人与第三人签订的房屋买卖合同无效的,人民法院不予支持。

7. 房屋租赁权的法定让与。《合同法》第 234 条规定,在房屋租赁合同中,承租人在房屋租赁期间死亡的,其生前共同居住的人可以按照原租赁合同租赁该房屋。当然也享有承租人的优先购买权。同时,《房屋租赁司法解释》将法定让与的范围进一步扩展,第 19 条规定,承租人租赁房屋用于以个体工商户或者个人合伙方式从事经营活动,承租人在租赁期间死亡、宣告失踪或者宣告死亡,其共同经营人或者其他合伙人请求按照原租赁合同租赁该房屋的,人民法院应予支持。

二、租赁合同案件的种类

从合同法原理上讲,《合同法》总则涉及的问题大都可能在租赁合同纠纷中出现,从这一角度讲,租赁合同纠纷又表现为以下类型:

(一)租赁合同订立过程中而产生的纠纷

1. 因订立租赁合同当事人欠缺法定资格或超经营范围而引发的纠纷;
2. 因租赁合同当事人意思表示瑕疵而引发的纠纷;
3. 因代理人代理权存在瑕疵而引发的纠纷;
4. 因租赁合同的主要条款没有约定某些事项或者约定不明确而引发的纠

纷,等等。

(二)租赁合同履行过程中产生的纠纷

1. 因租赁期限约定不明或超过法定最长期限而引发的纠纷;

2. 因出租人不按合同约定交付租赁物而引发的纠纷;

3. 因承租人未按合同约定的方法使用租赁物致遭受损失而引发的纠纷;

4. 因对租赁物维修引发的纠纷;

5. 因租赁物保管不善引起毁损、灭失等而引发的纠纷;

6. 因对租赁物擅自进行改善或增设他物而引发的纠纷;

7. 因承租人擅自转租或转让租赁权而引发的纠纷;

8. 因承租人未按合同约定的期限和标准支付租金而引发的纠纷;

9. 因出租人在租赁期限内转卖租赁物而引发的纠纷;

10. 因出租人在租赁期限内侵害承租人优先购买权而引发的纠纷;

11. 因出租人在租赁期限内违反房屋租赁权法定让与的规定而引发的纠纷;

12. 因不可抗力等导致租赁物毁损、灭失对风险承担有争议而引发的纠纷;

13. 因承租人未依约返还租赁物而引发的纠纷,等等。

三、租赁合同案例研究的基本方法及应注意的问题

租赁合同从本质上讲是移转标的物使用权的合同,合同纠纷案例研究的一些基本方法或规则也适用于此类合同。上文介绍的合同体系演绎法同样适用于租赁合同。同时,我们还应注意租赁合同纠纷案件自身的一些特点及某些特殊规则的适用。具体来讲,主要应注意以下问题:

(一)应特别注意租赁合同形式与期限的关系

实践中,因租赁合同形式方面不合法而引起的纠纷经常发生。从总体上来讲,大部分租赁合同为不要式合同。因此,当事人无论选择口头、书面或其他形式订立合同,均不影响合同的效力。但鉴于口头形式的租赁合同常常造成当事人举证困难,合同管理难度增大等原因,法律对租期不同的租赁合同规定了不同的形式要求。依据《合同法》的有关规定,租赁期限在6个月以下的租赁合同,可以由当事人自己选择合同的形式。只要租赁期限在6个月以上的租赁合同,都应当采用书面形式;如果租赁期限在6个月以上的租赁合同没有采用书面形式,不管当事人对租赁期限作了何种约定,在法律上均视为不定期租赁,双方当事人均可随时在终止合同。《合同法》第232条规定,不定期租赁当事人可以随时解除合同,但出租人解除合同应当在合理期限之前通知承租人。这类租赁合同一方面适应了当事人的自由选择,另一方面也可能会给当事人带来风险或不便,但不会影响合同的成立和效力,只会影响到合同的履行。

(二)应注意转租的问题

转租是指承租人不退出租赁关系,而将租赁物出租给次承租人使用、收益。在转租中,次承租人与承租人之间为租赁关系,而承租人与出租人之间的租赁关系仍继续存在。《合同法》第224条规定:“承租人经出租人同意,可以将租赁物转租给他人。承租人转租的,承租人与出租人之间的租赁合同继续有效,第三人对租赁物造成损失的,承租人应当赔偿损失。”依此规定,承租人非经出租人同意,不得将租赁物转租给他人。由此,转租可分为合法转租与非法转租两种情况。合法转租,即经出租人同意的转租,当事人之间发生如下法律后果:(1)出租人与承租人之间的关系不因转租而受影响,承租人并应就因次承租人应负责的事由所生损害向出租人负赔偿责任;(2)承租人为转租人,其与次承租人之间的关系与一般租赁关系并无区别;(3)在出租人与次承租人之间虽不存在直接的法律关系,但次承租人得直接向出租人履行承租人应当履行的义务,出租人也得直接向次承租行使转租人得行使的权利;(4)转租是以承租人存在租赁权为基础的,在承租人的租赁权因合同解除等原因消灭时,次承租人不能向出租人主张租赁权。

另外应当明确,出租人知道或者应当知道承租人转租,但在六个月内未提出异议,其以承租人未经同意为由请求解除合同或者认定转租合同无效的,人民法院不予支持。因租赁合同产生的纠纷案件,人民法院可以通知次承租人作为第三人参加诉讼。若因承租人拖欠租金,出租人请求解除合同时,次承租人请求代承租人支付欠付的租金和违约金以抗辩出租人合同解除权的,人民法院应予支持。但转租合同无效的除外。次承租人代为支付的租金和违约金超出其应付的租金数额,可以折抵租金或者向承租人追偿。

(三)应注意租赁合同中优先购买权的问题

首先,应注意买卖不破租赁原则的适用。买卖不破租赁原则是指,对于不动产及某些动产的租赁,一般规定在租赁期间出租人将租赁物转让给第三人的,租赁合同对于受让的第三人继续有效。

其次,要注意对承租人优先购买权的保护。出租人在向第三人出卖房屋时,承租人享有优先购买权,在适用法律时务必注意。同时,此项优先购买权也是有限制的,《房屋租赁司法解释》第24条规定,具有下列情形之一,承租人主张优先购买房屋的,人民法院不予支持:(1)房屋共有人行使优先购买权的;(2)出租人将房屋出卖给近亲属,包括配偶、父母、子女、兄弟姐妹、祖父母、外祖父母、孙子女、外孙子女的;(3)出租人履行通知义务后,承租人在15日内未明确表示购买的;(4)第三人善意购买租赁房屋并已经办理登记手续的。另外,应当注意,租赁合同成立后,出租人又在租赁物上设立他物权的,承租人的租赁权优先于他物权。但租赁合同成立前已设立的他物权,承租人的租赁权对此类他物权就不具有优先性了。《房屋租赁司法解释》第20条规定,租赁房屋在租赁期间发生所有权变动,承租人请求房屋受让人继续履行原租赁合同的,人民法院应予支持。但租赁房屋具有下列情形或者当事人另有约定的除外:(1)房屋在出租前已设立抵押权,因抵押权人实现抵押权发生所有权变动的;(2)房屋在出租前已被人民法院依法查封的。

(四)租赁合同案例研究所涉及的相关法律法规主要有:

1.《中华人民共和国合同法》;

2.《最高人民法院关于适用〈中华人民共和国合同法〉若干问题的解释(一)》;

3.《最高人民法院关于适用〈中华人民共和国合同法〉若干问题的解释(二)》;

4.《城市房屋租赁管理办法》;

5.《最高人民法院关于审理城镇房屋租赁合同纠纷案件具体应用法律若干问题的解释》;

6.《最高人民法院研究室关于对租赁合同债务人因欠付租金而出具的"欠款结算单"不适用普通诉讼时效的复函》。

第二节　租赁合同典型案例研究

一、案情介绍

新安街办事处(乙方)与珲春市建行(甲方)签订租赁合同约定:甲方将春城小区欧式10#框架结构的空房(在建工程)租给乙方经营便民市场和大众浴池,租期暂定3年,合同期满后可续签。乙方每年向甲方缴纳年租金8000元。合同签订后,新安街办事处经珲春市建行同意,对租赁物进行了改善和增设,经鉴定,实际投入价值5万元。其中乙方投入的电费保证金、配电贴费、供电管理费、接水费、消防设施建设费等计3万元,其他对空房没有实际效用的费用计2万元。双方同时约定,如果甲方在租赁期间出售该空房,那么,甲方应负责向购买方说明乙方出资情况。在合同到期前,甲方将该空房拍卖给了某食品公司,乙方并未申请竞买。

现乙方以甲方侵害其优先购买权为由,诉至法院请求确认甲方与某食品公司的买卖房屋合同无效,并要求甲方补偿租赁物的改善和增设费用,赔偿其全部损失。

二、本案的争执焦点

第一,甲、乙双方租赁合同的标的物是在建工程,此租赁合同是否合法有效?

第二,对乙方支出的租赁物改善增设费用,甲方如何补偿?

第三,甲方不履行向购买方说明乙方出资情况的义务,是否导致甲与乙的租赁合同可以被解除?

第四,甲方是否侵害了乙方的优先购买权?乙方是否有权主张甲方出售房屋的行为无效?

三、分析本案应注意的问题

对本案的分析应当注意优先购买权的有关法律问题。所谓承租人的优先购买权是指,当出租人出卖房屋时,在同等条件下,承租人依法享有优先于他人而购买房屋的权利。司法实践中,其构成要件有:第一,前提是在承租期间,出租人出卖房屋;第二,出租人有通知义务;第三,在同等条件下,才可行使优先购买权;第四,承租人应当在合理期限内,行使优先购买权。同时,必须注意:出租人出卖租赁房屋未在合理期限内通知承租人或者存在其他侵害承租人优先购买权情形,承租人请求出租人承担赔偿责任的,人民法院应予支持。但请求确认出租人与第三人签订的房屋买卖合同无效的,人民法院不予支持。

四、本案的事实与法律分析及其处理

第一,关于甲、乙双方租赁合同的标的物是在建工程,此租赁合同是否合法有效的问题。甲乙双方之间意思表示真实,没有违反法律规定,即使是在建工程,只要建设规划许可证等手续齐全,依然可认定为合同合法有效。

第二,关于对乙方支出的租赁物改善增设费用,甲方如何补偿的问题。乙方经甲方同意,可以对租赁物进行改善或者增设他物。但租赁合同终止后,出租人享有承租人的投入而增加的价值,没有法律依据。因此,乙方有权请求出租人就租赁物的增值部分,补偿其支出的费用,即有益费用应当甲方补偿。所谓有益费用,是指由承租人支出的而使租赁物价值增加的费用。有益费用的范围仅限于合同终止时租赁物增加的价值额,而不能以承租人支出全部费用为准。其中,其他的改善和增设,乙方无法证明是有益费用,所以,应当承担举证不能的后果。合同双方当事人应当本着公平、诚实信用的原则,确定和行使民事权利,承担和履行民事义务。乙方评估市场前景错误,造成投资在合同有效期内无法收回,应当承担经营风险,符合诚实信用的原则。除有益费用应由甲方给予补偿外,对于乙方的其他改善和增设,只能推定为维持租赁物必要的使用状态所支出的费用,而非有益费用,所有权归乙方所有。甲方要求将添附物拆除并恢复租赁物原状是合理的。乙方逾期拒绝拆除的,可以视为放弃添附物的所有权。

第三,关于甲方不履行向购买方说明乙方出资情况的义务,是否导致甲与乙的租赁合同可以被解除的问题。乙方将租赁合同理解为附解除条件的合同,将甲方不履行向购买方说明乙方出资情况的义务理解为所附的解除条件,这是一种误解。按照合同约定甲方负有向买受人说明乙方对原空房投资情况的义务,甲方未履行向买受人说明的约定义务,应当承担违约责任。但是,说明义务是否履行,与租赁合同的失效无关,不应当是解除租赁合同的条件。

第四,关于甲方是否侵害了乙方的优先购买权的问题。甲方作为租赁物的所有权人,具有对租赁物占有、使用、收益和处分的权利。对租赁物处分权的行使,因合同双方当事人没有禁止性的约定,甲方有权选择随时处置,不受租赁合同的限制。乙方作为承租人,根据合同约定和法律规定,在租赁期限内具有对租赁物的优先购买权。但是,截至拍卖会前,乙方未办理竞买登记,是放弃优先购买权的行为。本案租赁物的最终拍卖是在租赁合同届满后没有续签租赁合同的情况下进行的,此时,乙方已经不具有优先购买权了。故也就不存在侵害乙方优先购买权一说。当然根据《租赁合同司法解释》第21条的规定,出租人出卖租赁房屋未在合理期限内通知承租人或者存在其他侵害承租人优先购买权的情形,承租人请求出租人承担赔偿责任的,人民法院应予支持。但请求确认出租人与第三人签订的房屋买卖合同无效的,人民法院不予支持。故本案中,无论甲方是否侵害乙方的优先购买权,乙方均不得主张甲方的出卖房屋行为无效。

因此,最后可判令甲、乙的租赁合同依法有效,甲方应当给付乙方对租赁物增设他物的有益费用3万元。驳回乙方的其他诉讼请求。

第三节　租赁合同习作案例

案例一

中铁九局因承包某段高速公路工程建设,设立了A8项目经理部。该项目部将该段部分工程分包给通达公司,通达公司又将部分土建工程交由文国伟组织的施工队即土方二队负责施工。2007年5月初,通达公司撤离工地,文国伟继续施工,与被告A8项目部形成直接的建设工程合同关系。文国伟施工过程中,曾租赁栾某的两台路拌机使用,2007年11月4日,文国伟为栾某出具欠条1份,写明:“欠栾某路拌机两台租金(2007年11月4日前)合计肆万陆仟叁佰元整。欠条人:中铁九局A8标土方二队文国伟”,A8项目部在文国伟为原告出具的欠条上加盖了印章。后文国伟又在欠条上注明“2007年11月18日付壹仟元,下欠肆万伍仟叁佰元整”,并将欠条上“合计肆万陆仟叁佰元整”等字样划掉。后栾某索要租赁费未果,将中铁九局和A8项目经理部诉至法院,要求偿还租赁费。

法律问题

1. 在本案所涉及栾某两台路拌机的租赁合同法律关系中主体是谁?该租赁合同是否有效?

2. 如何认定A8项目部在文国伟为栾某出具的欠条上加盖了印章的行为性质?(提示是对租赁合同债务的认可,属于债务承担;还是对租赁合同债务的担保,属于保证行为?)

3. 本案是否应当追加文国伟为共同被告?为什么?

4. 本案偿还租赁费的责任由谁承担?为什么?

案例二

某运输公司由于业务需要租赁了张某的临街门面房三间。2007年3月1日,双方约定租赁期限为2年,每月租金5000元,没有采用书面形式。但是,某运输公司当日搬入后发现房屋侧墙浸水,需要维修,虽多次催告张某修缮,但张某未曾维修。该运输公司无奈只好自行维修,支付费用8000元。2007年8月1日,当地发生洪涝灾害,房屋因此倒塌,也给该运输公司的财产造成损失。另外,运输公司的房租已交至年底,双方为此发生争议,运输公司诉至法院,要求张某返还维修费并赔偿损失。

法律问题

1. 运输公司与张某的租赁合同是否有效?若有效,其签订的合同属于哪种类型的租赁合同?

2. 双方是否可以随时解除合同,为什么?解除合同前应当履行何种义务?

3. 谁应承担房屋修缮的义务?张某是否应当返还运输公司支付的修缮费用?

4. 自2007年8月1日至12月31日,运输公司已交付的房租,张某是否应当返还?

5. 谁应承担房屋毁损灭失的风险责任?运输公司因为房屋倒塌所受的损失,张某是否应当赔偿?

案例三

2005年1月17日,张某与陆某订立房屋租赁协议一份,约定:张某将其所有的两间门面房出租给陆某,承租时间自2005年4月1日至2008年3月31日,每年租金20万元,付款方式为每年必须提前2个月一次性交清下年度租金。签约后,双方各自履行了合同义务,陆某对门面房进行装修后和妻子共同经营鞋帽生意。同年4月,陆某病故,遗下妻子和儿子,由其妻王某继续经营。后张某要求收回房屋,双方为终止租赁协议产生纠纷,张某遂向法院提起诉讼。

法律问题

1. 张某主张收回房屋,陆某之妻王某是否有权拒绝?为什么?

2. 如果陆某租赁房屋是用于家庭居住,现张某主张收回房屋,王某能否拒绝?为什么?

3. 假设张某与陆某签订租赁合同之前就与李某签订了租赁合同,只是后来将房屋交付给陆某使用;在张某与陆某签订了租赁合同之后,又与赵某签订一份租赁合同,并办理了登记备案手续。请问三份租赁合同各自效力如何?对该房屋哪位承租人可以优先主张履行合同?其他承租人有何权利维护自己的利益?

4. 假设在陆某承租的过程中,某公司提出它才是真正房屋所有权人,要求陆某搬出,此时陆某如何维护自己的利益?同时,他应当履行什么义务?

5. 假设此房屋租赁合同期限届满后,王某继续使用房屋,张某未提出异议,问原租赁合同是否继续有效?租赁期限怎样确定?

案例四

2003年11月8日,杨某与某公司签订《租房协议》,约定由杨某向某公司租用厂房(包括厂房六间、宿舍四间、厂房及宿舍以外的所有空地),租期5年(自2004年1月1日至2009年1月1日),年租金30,000元。在该协议履行中,杨某未经该公司同意,在空地上建盖简易房四间,并安装了部分用电设施。2007年1月1日,双方约定解除上述《租房协议》,杨某已搬离上述地点。经评估,杨某在上述地点建盖的房屋及安装的用电设施价值27,329元,现该公司占用着上述建盖的房屋及安装的用电设施。杨某与该公司因补偿问题发生纠纷,杨某诉至法院,请求该公司返还杨某对租赁场地的投资27,329元。

法律问题

1. 对上述建盖的房屋及安装的用电设施所支出的费用,该公司是否应当补偿? 为什么?

2. 该公司是否有权要求杨某拆除房屋及设施,恢复原状? 能否要求杨某赔偿因此造成的损失?

3. 假设本案杨某经过该公司同意,对租用厂房的宿舍经过装修,支出费用 30,000 元,2007 年 1 月 1 日双方解除合同,剩余 2 年租期,双方对装修费用如何承担? 如果双方未解除合同而是一直履行至合同期限届满,那么,对装修费用,杨某能否主张由该公司给予补偿?

案例五

1997 年 1 月 1 日,某中学与袁某签订租房合同一份。合同约定:(1)某中学将其营业房一间出租给袁某,租期从 1997 年 1 月 1 日至 2006 年 12 月 31 日,租期 10 年,每月租金 700 元;(2)被告在租用原告营业房期间,不得私自将房屋转租他人。合同签订后,双方均按合同约定履行了义务。但 2000 年 1 月 1 日,袁某未经同意擅自将房屋转租给李某,同年,某中学就知道转租的情况,但一直未提出异议。2005 年 1 月 1 日,房屋屋顶突然脱落造成次承租人李某受伤,各方就如何承担责任当事人发生争议。

法律问题

1. 某中学现在能否主张解除其与袁某的租赁合同,或者主张转租合同无效? 为什么?

2. 对李某的伤害,某中学和袁某应该如何承担责任?

3. 假设现袁某拖欠某中学的租金,某中学主张解除租赁合同,李某能否代袁某交付以对抗合同解除的请求? 李某代为支付后,可以行使何种权利?

4. 如果本案袁某转租是经过某中学同意的,但转租合同约定租赁期限至 2008 年 12 月 31 日,该转租合同的效力如何认定?

第十七章 建设工程合同案例研究

第一节 建设工程合同案例研究的内容和方法

一、建设工程合同概述

建设工程合同，是指建设工程的发包方为完成工程建设任务，与承包人签订的关于承包人按照发包方的要求完成工作，交付建设工程，并由发包方支付价款的合同。建设工程合同的标的物仅限于基本建设工程，不同于一般的承揽合同，其具有较强的国家管理性，必须采取书面形式，且主体只能是法人。所以建设工程合同是要式合同、有偿合同、双务合同和诺成性合同。

建设工程合同案例研究涉及的基本法律问题主要有以下几个方面：

（一）建设工程合同的种类

建设工程合同一般可分为建设工程勘察、设计合同和建设工程施工合同。

1. 建设工程勘察、设计合同，是建设工程勘察合同和建设工程设计合同的统称。是指工程的建设人或承建人与勘察人、设计人之间订立的，由勘查人、设计人完成一定的勘察设计工作，工程的建设人或承建人支付相应价款的合同。建设人或承建人称为委托人，勘察设计人一方称为承包人。司法实践中应当注意，第一，勘察设计人必须是法人且具有勘察设计证书的勘察设计单位；第二，建设工程勘察设计合同必须符合国家基本建设程序。

2. 建设工程施工合同，是指发包方（建设单位）和承包方（施工人）为完成商定的施工工程，明确相互权利、义务的协议。具体可分为建设工程承包合同和安装工程承包合同。

（二）建设工程合同的订立

订立建设工程合同一般包括建设工程招投标阶段，以及发包、分包等不同情况。

建设工程发包是指工程的发包人将建设工程的勘察、设计、施工一并交由一个工程总承包单位完成或者将建设工程的勘察、设计、施工的一项或几项交给一个承包单位完成的行为。我国严禁肢解发包，《合同法》第 272 条明文规定，发包人不得将应当由一个承包人完成的建设工程肢解成若干部分发包给几个承包人。

建设工程分包是指工程的承包方(含勘察人、设计人、施工人)经发包人同意后,依法将其承包的部分工程交给第三人完成的行为。按照《合同法》和《建筑法》的规定,签订分包合同,必须具备三个条件:一是工程分包须经发包人的同意,第三人就其完成的工作成果与总承包人或者勘察、设计、施工承包人向发包人承担连带责任。二是建设工程主体结构的施工必须由承包人自行完成,禁止承包单位将其承包的全部工程转包给他人,禁止承包单位将其承包的全部工程肢解以后以分包的名义转包给他人。三是分包人必须具备相应的资质条件,且只能分包一次。

(三)发包人的义务

1. 协助义务。发包人应当按照合同的约定提供相关材料、设备、场地、资金、资料等,否则,应承担如下违约责任:顺延工程日期;赔偿停工、窝工等损失;因发包人的原因致使工程停建、缓建的,发包人有义务采取措施弥补或减少损失。

2. 验收义务。建设工程完成后,发包人应及时对工程进行验收,其验收依据为:施工图纸及说明书;国家颁布的施工验收规范;国家颁布的建设工质量检验标准。建设工程未经验收或验收不合格的,不得交付使用。

3. 支付价款并接受建设工程的义务。发包人在对建设工程验收合格后,应按合同的约定,扣除一定的保证金后,将剩余的工程价款支付给承包人。同时,发包人应与承包人办理移交手续,正式接受该项建设工程。

(四)承包人的义务

1. 容忍义务。工程的进度、质量对发包人的利益影响较大,故承包人有义务接受发包人对工程进度和工程质量的必要的监督,对发包人的检查,承包人应予以支持和协助。如果发包人的检查影响工程的正常作业,承包方有权在说明理由的基础上予以拒绝。

2. 通知义务。在隐蔽工程隐蔽前,承包人应及时通知发包人进行检查,以确定工程质量是否符合合同约定和法律法规规定的要求。怠于通知或未及时通知造成的损失,由承包人承担。既使发包人没有及时对隐蔽工程进行检查,承包人也不能自行检查后将工程隐蔽。

(五)承包人的优先权

《合同法》第 286 条规定,发包人未按照约定支付价款的,承包人可以催告发包人在合理期限内支付价款。发包人逾期不支付的,承包人可以与发包人协议将该工程折价,也可以申请人民法院将该工程依法拍卖。建设工程的价款就该工程折价或者拍卖的价款优先受偿。在司法实践中,注意最高人民法院关于建设工程价款优先受偿权问题的批复。

(六)承包人的侵权责任

《合同法》第282条规定,因承包人的原因致使建设工程在合理使用期限内造成人身和财产损害的,承包人应当承担损害赔偿责任。

二、建设工程案例研究的基本方法及应注意的问题

建设工程合同属于承揽合同的一种,属于完成不动产工程项目的承揽合同。但由于承揽完成工程项目与其他承揽工作相比有一定的特殊性,我国法律一直将建设工程合同作为不同于承揽合同的一类合同对待,《合同法》将其单独列为一章。同时,由于建设工程合同与承揽合同都是以完成一定工作为目的,具有一些共同的特点和规则,所以,法律对建设工程没有规定的,可以使用承揽合同的有关规定。

三、建设工程案例研究应注意的问题

注意区分分包与转包。建设工程的分包和转包是两个即有密切联系,又有明显区别的概念。建设工程的分包,是指工程的承包人经发包人同意后,依法将其承包的部分工程交给第三人完成的行为,第三人(即分包人)就其完成的工作成果与承包人承担连带责任。转包是指施工单位以营利为目的,将承包的工程转让给其他的施工单位,不对工程承担任何法律责任的行为。转包时,转让人退出承包关系,受让人成为承包合同的另一方当事人。转让人对受让人的履行行为不承担责任。由于法律对建设工程的承包人有严格的资质要求,一些不具备资质条件的人就从承包人手中转包。《建筑法》第28条明确规定,承包人不得将其承包的全部建设工程转包给第三人或者将其承包的全部建设工程肢解以后以分包的名义分别转包给第三人;禁止分包单位将其承包的工程再分包。

建设工程合同案例研究所涉及的相关法律法规主要有:

1.《中华人民共和国合同法》;

2.《中华人民共和国建筑法》;

3.《最高人民法院关于使用〈中华人民共和国合同法〉若干问题的解释(一)》;

4.《最高人民法院关于使用〈中华人民共和国合同法〉若干问题的解释(二)》;

5.《最高人民法院关于审理建设工程合同纠纷案件的暂行意见》;

6.《最高人民法院关于审理建设工程施工合同纠纷案件适用法律问题的解释》;

7.《最高人民法院关于建设工程价款优先受偿权问题的批复》；

8.《最高人民法院关于如何理解和适用〈最高人民法院关于审理建设工程施工合同纠纷案件适用法律问题的解释〉第二十条的复函》；

9.《最高人民法院关于建设工程承包合同案件中双方当事人已确认的工程决算价款与审计部门审计的工程决算价款不一致时如何适用法律问题的电话答复意见》。

第二节　建设工程合同典型案例研究

一、案情介绍

甲建筑工程公司与乙医院签订了一份建设工程施工合同，约定：甲包工包料为乙建筑一栋12层综合办公大楼，乙在竣工后支付全部工程款。合同订立后，甲将其施工任务包给了丙工程队，乙方驻工地代表发现后也未阻止。工程完工验收时，发现多处漏水，电源不通，地板裂缝。于是，乙要求甲返工，并赔偿损失。

甲认为乙未阻止丙施工，说明乙同意丙作为施工方，因此，应当由丙来承担责任。而且，工程已经完工，甲应当支付工程款，否则将行使优先受偿权。双方对此发生争议诉至法院。

二、本案的争执焦点

第一，甲将建设工程包给丙工程队的行为如何定性，是否合法？

第二，甲是否应当对该建设工程质量不合格承担责任？

第三，乙能否解除双方的建设工程施工合同？

第四，甲能否就该办公大楼行使优先受偿权？

三、分析本案应注意的问题

本案涉及建设工程转包合同的效力认定问题。在处理本案时，必须分清建设工程同有关的几个基本概念。

（一）承包合同与分包合同

承包合同又称单任务承包合同，指发包人将建设工程中的勘察、设计、施工等不同的工作任务分别发包给某一勘察人、设计人、施工人，并与其签订承包合同。承包人就其承包的工程建设中勘察、设计、建筑、安装工作的完成向发包人负责。分包合同则是指经发包人同意，由勘察、设计、施工承包人就其承包的工程建设任务部分工作的完成与第三人签订的合同。在这种合同的联系结构中，各个勘察设计施工工作的承包合同完全是独立的，各个承包人不发生联系。第三人就其完成的工作不仅应向勘察、设计、施工承包人负责,而且与承包人一同向发包人负连带责任。

(二)分包与转包

建设工程的分包和转包是两个即有密切联系,又有明显区别的概念。建设工程的分包,是指工程的承包人经发包人同意后,依法将其承包的部分工程交给第三人完成的行为,第三人(即分包人)就其完成的工作成果与承包人承担连带责任。转包是指施工单位以营利为目的,将承包的工程转让给其他的施工单位,不对工程承担任何法律责任的行为。转包时,转让人退出承包关系,受让人成为承包合同的另一方当事人。转让人对受让人的履行行为不承担责任。由于法律对建设工程的承包人有严格的资质要求,一些不具备资质条件的人就从承包人手中转包。《合同法》第 272 条明确规地规定:"承包人不得将其承包的全部建设工程转包给第三人或者将其承包的全部建设工程肢解以后以分包的名义分别转包给第三人";"禁止分包单位将其承包的工程再分包"。应当注意,转包不以营利目的为必要条件。

(三)承包人的优先受偿权

承包人的优先受偿权是指,发包人未按照约定支付价款的,承包人可以催告发包人在合理期限内支付价款。发包人逾期不支付的,除按照建设工程的性质不宜折价、拍卖的以外,承包人可以与发包人协议将该工程折价,也可以申请人民法院将该工程依法拍卖。建设工程的价款就该工程折价或者拍卖的价款优先受偿。同时,根据《最高人民法院关于建设工程价款优先受偿权问题的批复》的规定可知,建筑工程的承包人的优先受偿权优于抵押权和其他债权,但其就该商品房享有的工程价款优先受偿权不得对抗买受人(指交付购买商品房全部或者大部分款项的消费者),并且,其行使优先权的期限为 6 个月,自建设工程竣工之日或者建设工程合同约定的竣工之日起计算。同时,建筑工程价款包括承包人为建设工程应当支付的工作人员报酬、材料款等实际支出的费用,不包括承包人因发包人违约所造成的损失。

四、本案的事实与法律分析及其处理

第一,甲将建设过程包给丙工程队的行为如何定性,是否合法的问题。此行为应当定为转包行为。《合同法》明文规定严禁转包,因此,转包行为是不合法的,即使乙同意不加制止,此行为依旧不合法。

第二,关于甲是否应当对该建设工程质量不合格承担责任的问题。甲才是建设工程施工合同的当事人,属于承包人(施工方),而丙与乙并无合同关系。甲将施工工作转包给丙,不仅违法而且也是违约行为,因此对于工程质量瑕疵应当由甲向乙承担责任。

第三,关于乙能否解除双方的建设工程施工合同的问题。根据《最高人民法院关于审理建设工程施工合同纠纷案件适用法律问题的解释》第8条的规定,承包人具有下列情形之一,发包人请求解除建设工程施工合同的,应予支持:(1)明确表示或者以行为表明不履行合同主要义务的;(2)合同约定的期限内没有完工,且在发包人催告的合理期限内仍未完工的;(3)已经完成的建设工程质量不合格,并拒绝修复的;(4)将承包的建设工程非法转包、违法分包的。可知,甲非法转包,乙有权请求解除双方的建设工程施工合同。

第四,关于甲能否就该办公大楼行使优先受偿权的问题。依据《合同法》第286条的规定发包人未按照约定支付价款的,承包人可以催告发包人在合理期限内支付价款。发包人逾期不支付的,除按照建设工程的性质不宜折价、拍卖的以外,承包人可以与发包人协议将该工程折价,也可以申请人民法院将该工程依法拍卖。建设工程的价款就该工程折价或者拍卖的价款优先受偿。因为,本案中的医院办公大楼属于公益设施,在性质上属于不宜折价、拍卖的建设工程,因此,甲不能就实验楼行使优先受偿权。故本案乙可以解除合同,由甲承担质量瑕疵的责任并赔偿乙的损失。

第三节 建设工程合同习作案例

案例一

2002年10月28日,设计总院与储备中心签订了一份建设工程设计合同,约定:储备中心将其开发的“木龙滩花园”工程交由设计总院设计,设计人应于2003年4月10日前向发包人交付全套设计方案,设计费为人民币110.1334万元。设计总院承接“木龙滩花园”工程的设计项目后,交由其下属的第二设计院张某负责的项目部完成。2002年12月6日,张某与韩某签订协议,约定:张某委托韩某对“木龙滩花园”项目进行规划与建筑设计,设计深度至报建,方案完成后于2003年1月10日交图,张某应支付韩某设计费人民币30万元。协议签订后,张某预先支付韩某设计费人民币8万元。韩某按约设计并于2003年1月份将设计方案初稿交给张某,张某提出了一些修改意见。2003年3月初,韩某将其完成的设计方案交给张某。张某收到韩某的设计方案后,将该设计方案交给第二设计院及设计总院,第二设计院及设计总院在韩某设计方案的基础上进行了修改,然后将修改好的设计方案交给储备中心,并向张家界市规划管理局报审备案。此后,由于张某未向韩某支付尚欠的设计费,韩某遂诉至法院。

法律问题

1. 本案中张某与韩某所签订合同的性质如何?(提示是建设工程分包合同还是委托设计合同)。

2. 张某与韩某签订的协议是否有效?

3. 本案中张某是否已对韩某构成违约?

4. 若张某对韩某构成违约,应当由谁来承担责任?为什么?

案例二

2002年12月29日,会安装饰公司(乙方)与华兴建筑公司(甲方)签订合同一份,约定:(1)甲方将住宅2号、3号楼的铝合金阳台、窗户连工带料承包给乙方;(2)窗扇安装完毕,甲方付工程总造价的40%(18万元)给乙方,窗扇安装完毕后3天,甲方付工程总造价的40%(18万元)给乙方。剩余款项在工程全部结束验收后扣除16,000元质量保证金,30日内一次付清(质量保证金除外)。保修期12个月,保修期满,甲方将16,000元保修金退给乙方;(3)若因乙方原因导致质量方面的问题,乙方无条件返修,直至符合要求。合同签订后,乙方按约进行了安装。2003年8月16日,中行住宅2号、3号楼验收。此后甲方向乙方支付了部分工程款项,但扣除了16,000元质量保证金及27,173元税金。2005年1月19日,因质量保证金未退回及对所扣税金有异议,乙方诉至法院。

法律问题

1. 甲方与乙方签订的建筑工程安装合同是否合法有效?

2. 甲方认为该质量保证金不应当在12个月保修期满后返还,应当以2年为期返还才合法,是否正确?

3. 关于该工程27,173元的税金,是否可以由甲方代扣代缴?

4. 若安装质量不符合标准,是否可以先交付使用,再承担返修,逾期交付等违约责任?

案例三

昊鼎公司与某焦化厂于2004年3月签订了建设工程施工合同一份,该工程中有项隐蔽工程,名称为:焦化厂化产系统强夯地基处理工程;工程造价:强夯施工经双方协商,按处理面积和技术要求70元/平方米一次包死,按实际完成量以实结算；工程工期:2004年3月19日至2004年4月25日，共计日历工期38天。合同签订后，昊鼎公司依约进行施工。但施工完毕后，在工程隐蔽前焦化厂一直未派人检查。后昊鼎公司只得停工等待，直到2004年5月5日焦化厂才来人检查，结果造成工期届满仍未完工的结果。双方组织人员并委托监理公司检查和鉴定隐蔽工程的质量，最终显示其质量不符合要求标准。双方对此发生争议诉至法院。

法律问题

1. 某焦化厂是否可以委托监理人对工程进行检查和监督?
2. 本案中，昊鼎公司是否可以顺延竣工日期?
3. 昊鼎公司是否可以要求焦化厂赔偿停工损失?
4. 焦化厂能否要求昊鼎公司承担质量不合要求的违约责任?
5. 如果工程结算完毕后，在保修期限内出现质量缺陷，焦化厂应当如何维护权益?

案例四

2002年6月，豪洁公司与阳光公司签订建设工程施工合同，约定阳光公司为豪洁公司建筑楼房一栋。阳光公司与众力公司签订《内部承包协议》，约定将该栋楼房的建设施工交由众力公司承包，并承担全部的法律责任，阳光公司收取工程价款总额7%的管理费。后众力公司将此楼房建成。2006年5月，阳光公司诉至法院要求豪洁公司支付拖欠的工程款并解除双方的建设工程施工合同。豪洁公司则认为阳光公司起诉时已超过了诉讼时效，请求法院驳回其诉讼请求。

法律问题

1. 阳光公司与众力公司签订的《内部承包协议》效力如何?
2. 阳光公司是否有权请求解除双方的建设工程施工合同? 此请求是否适用诉讼时效的规定?
3. 众力公司是否是本案当事人? 它在本案诉讼中处于什么地位?
4. 阳光公司能否向豪洁公司针对工程款行使优先受偿权?

案例五

1995年7月1日，农贸公司与三海建筑公司签订《花卉基地扩建宿舍工程合同书》，工程完工交付使用后，结算工程造价为人民币260万元。该结算书经农贸公司、三海建筑公司盖章予以确认。因该工程由林某垫资所建，2000年1月28日，经农贸公司、林某和三海建筑公司三方协商同意，将承建方享有的债权移转给林某,由林某直接向农贸公司主张债权。经对账,双方当事人确认,尚欠工程款为212万元。因工程款未付,林某于2001年7月11日诉至法院要求支付余款。另查,三海建筑公司虽经工商登记,有企业法人营业执照,但提供不出建筑企业《资质证书》和外来企业施工许可证。

法律问题

1. 农贸公司与三海建筑公司签订《花卉基地扩建宿舍工程合同书》是否合法有效? 林某的垫资行为是否合法有效?

2. 若合同无效,依据什么原则计算工程款?

3. 农贸公司、林某和三海建筑公司三方协商同意,将承建方享有的债权移转给林某的债权让与协议是否有效?

4. 林某主张的权利是否已超过诉讼时效?

5. 若因三海建筑公司的原因导致该工程质量有问题,但在超过质量保证期后,墙体脱落造成行人受伤的,谁应当承担责任?

第十八章 委托合同案例研究

第一节 委托合同案例研究的内容与方法

一、委托合同概述

委托合同是委托人和受托人约定,由受托人处理委托人事务的合同。委托合同以处理他人事务为目的,是不要式合同、诺成性合同、双务合同,可以是有偿合同,也可以是无偿合同。既可以委托人的名义,也可以自己的名义处理委托事务。委托合同案例研究涉及的基本法律问题有以下几个方面:

(一)委托权限的法定种类

《合同法》第397条规定,委托人可以特别委托受托人处理一项或者数项事务,也可以概括委托受托人处理一切事务。前者称为特别委托,后者称为概括委托。司法实践中,如不动产出售、出租或设定抵押权、赠与、和解、诉讼和申请仲裁等一般是特别委托。但具有较强人身性质的事务不在此内。

(二)委托合同对受托人的效力

1. 受托人的忠实义务。《合同法》第399条规定,受托人应当按照委托人的指示处理委托事务。需要变更委托人指示的,应当经委托人同意;因情况紧急,难以和委托人取得联系的,受托人应当妥善处理委托事务,但事后应当将该情况及时报告委托人。

2. 受托人的亲自处理义务。《合同法》第400条规定,受托人应当亲自处理委托事务。经委托人同意,受托人可以转委托。转委托经同意的,委托人可以就委托事务直接指示转委托的第三人,受托人仅就第三人的选任及其对第三人的指示承担责任。转委托未经同意的,受托人应当对转委托的第三人的行为承担责任,但在紧急情况下受托人为维护委托人的利益需要转委托的除外。

3. 受托人的报告义务。《合同法》第401条规定,受托人应当按照委托人的要求,报告委托事务的处理情况。委托合同终止时,受托人应当报告委托事务的结果。司法实践中,注意受托人应当报告而未报告的,应当承担违约责任,委托合同解除或终止的,未处理完毕的情况自然属于应当报告的事务,否则,受托人应承担损害赔偿责任。

4. 受托人转移利益的义务。《合同法》第404条规定,受托人处理委托事务取得的财产,应当转交给委托人。司法实践中,受托人为自己获得的利益不属于处理委托事务取得的财产,无须转交;应当转交的财产还包括财产性权利。

5. 受托人的损害赔偿责任。《合同法》第406条规定,有偿的委托合同,因受托人的过错给委托人造成损失的,委托人可以要求赔偿损失。无偿的委托合同,因受托人的故意或者重大过失给委托人造成损失的,委托人可以要求赔偿损失。

受托人超越权限给委托人造成损失的,应当赔偿损失。

6. 共同委托中受托人的连带责任。《合同法》第409条规定,两个以上的受托人共同处理委托事务的,对委托人承担连带责任。

(三)委托合同对委托人的效力

1. 委托人的支付报酬义务。《合同法》第405条规定,受托人完成委托事务的,委托人应当向其支付报酬。因不可归责于受托人的事由,委托合同解除或者委托事务不能完成的,委托人应当向受托人支付相应的报酬。当事人另有约定的,按照其约定。司法实践中,委托合同中的风险由委托人负担;受托人不得以委托人未付报酬为由,就受托事务的处理行使同时履行抗辩权。

2. 委托人的支付费用义务。《合同法》第398条规定,委托人应当预付处理委托事务的费用。受托人为处理委托事务垫付的必要费用,委托人应当偿还该费用及其利息。

3. 委托人的损失赔偿责任。《合同法》第407条规定,受托人处理委托事务时,因不可归责于自己的事由受到损失的,可以向委托人要求赔偿损失。司法实践中,即使委托人没有过错,只要受托人因不可归责于自己的事由受到损害,也有权请求委托人赔偿损害;若受托人因第三人的原因受到损害,则既可以向第三人要求赔偿,又可以向委托人请求赔偿。

4. 委托人重复委托的责任。《合同法》第408条规定,委托人经受托人同意,可以在受托人之外委托第三人处理委托事务。因此给受托人造成损失的,受托人可以向委托人要求赔偿损失。司法实践中应当注意,必须是将同一事务先后委托不同的人;若原受托人不同意的,重复委托应认定为无效。

(四)委托合同法定终止要件

《合同法》第411条规定,委托人或者受托人死亡、丧失民事行为能力或者破产的,委托合同终止,但当事人另有约定或者根据委托事务的性质不宜终止的除外。

（五）受托事务的继续处理

1. 委托人出现法定终止委托合同情形时，受托事务的继续处理。《合同法》第412条规定，因委托人死亡、丧失民事行为能力或者破产，致使委托合同终止将损害委托人利益的，在委托人的继承人、法定代理人或者清算组织承受委托事务之前，受托人应当继续处理委托事务。

2. 受托人出现法定终止委托合同情形时，受托事务的继续处理。《合同法》第413条规定，因受托人死亡、丧失民事行为能力或者破产，致使委托合同终止的，受托人的继承人、法定代理人或者清算组织应当及时通知委托人。因委托合同终止将损害委托人利益的，在委托人作出善后处理之前，受托人的继承人、法定代理人或者清算组织应当采取必要措施。

二、委托合同案件类型

委托合同作为合同的一种，其纠纷具有合同纠纷的共性，如合同是否成立的纠纷，合同是否有效的纠纷，因行使解除权而引起的纠纷，因行使抗辩权而引起的纠纷，等等，除此之外，委托合同案件类型还有其个性，具体如下：

1. 因受托人违反义务产生的纠纷，包括受托人违反忠实义务、亲自处理义务、报告义务、转移利益义务以及受托人承担损害赔偿责任、共同委托中受托人承担连带责任等原因引发的纠纷。

2. 因委托人违反义务产生的纠纷，包括委托人违反支付报酬义务、支付费用义务以及委托人承担损失赔偿责任和重复委托责任等原因引发的纠纷。

3. 因受托人和委托人的行使合同解除权产生的纠纷。

4. 因受托人以自己的名义与第三人订立合同产生的纠纷。

三、委托合同案例研究基本方法

上文介绍的合同体系演绎法同样适用于委托合同。另外，也要兼顾委托合同的特殊性予以研究：首先，确定委托合同的效力。判断委托合同效力除依据《合同法》总则的规定外，还要依据委托合同与委托代理的区别加以认定。

其次，整理委托合同纠纷的争议焦点。只有明了双方的争议焦点，才能对症下药，寻找所要适用的法律规范。

最后，依据合同规定、交易习惯以及《合同法》规范处理纠纷。

四、委托案例研究应注意的问题

（一）委托合同与委托代理的相互比较

委托代理是以委托合同为基础所产生的代理，委托合同成为委托代理的基础关系，可将委托代理视为履行委托合同的后果。二者的区别是：第一，涉及的主体不同。委托合同涉及双方主体,分别是委托人和受托人;委托代理涉及三方主体,分别是委托人,代理人和第三人。第二,产生的依据不同。委托合同产生于委托人和受托人的意思表示一致;委托代理产生于代理人基于授权与第三人为法律行为。第三,行为的范围不同。委托合同中,委托人处理的事务既包括法律行为,也包括事实行为;而委托代理中,代理人基于授权的代理行为仅限于法律行为。要注意掌握委托合同与委托代理的这几项区别。只有准确地把握二者的区别才能准确地处理委托合同的纠纷。

(二)受托人以自己的名义与第三人订立合同的效力

英美法系称之为隐名代理,大陆法系称之为间接代理,我国《合同法》对此有明确规定,分为两种情形讨论。

1. 第三人在订立合同时知道代理关系。《合同法》第402条规定,受托人以自己的名义,在委托人的授权范围内与第三人订立的合同,第三人在订立合同时知道受托人与委托人之间的代理关系的,该合同直接约束委托人和第三人,但有确切证据证明该合同只约束受托人和第三人的除外。

2. 第三人在订立合同时不知道代理关系。《合同法》第403条规定了两类情况:其一,受托人因第三人的原因对委托人不履行义务,受托人应当向委托人披露第三人,委托人因此可以行使受托人对第三人的权利,但第三人与受托人订立合同时如果知道该委托人就不会订立合同的除外。此时,受托人有披露义务;委托人享有介入权;委托人行使受托人对第三人的权利的,第三人可以向委托人主张其对受托人的抗辩。

其二,受托人因委托人的原因对第三人不履行义务,受托人应当向第三人披露委托人,第三人因此可以选择受托人或者委托人作为相对人主张其权利,但第三人不得变更选定的相对人。此时,受托人有披露义务;第三人享有选择权;第三人选定委托人作为其相对人的,委托人可以向第三人主张其对受托人的抗辩以及受托人对第三人的抗辩。

(三)受托人和委托人的合同解除权

《合同法》第410条规定,委托人或者受托人可以随时解除委托合同。因解除合同给对方造成损失的,除不可归责于该当事人的事由以外,应当赔偿损失。司法实践中,应当注意如下几个问题:一是第三人行使合同解除权应当以明示方式通知,通知到达对方时生效;二是任意解除权可以被双方的约定所排除或限制,但并不影响法定解除权的存在,也不能造成显失公平的情况存在;三是只要是不可归责于提出解除合同一方当事人的,即使是提出解除合同没有正当理由,也不承担赔偿责任。

（四）技术合同案例研究所涉及的相关法律法规主要有

1.《中华人民共和国合同法》；

2.《最高人民法院关于适用〈中华人民共和国合同法〉若干问题的解释（一）》；

3.《最高人民法院关于适用〈中华人民共和国合同法〉若干问题的解释（二）》。

第二节　委托合同典型案例研究

一、案情介绍

甲橡胶公司委托乙进出口公司从美国丙公司进口一套橡胶生产线。乙依据甲的要求与丙签订了买卖合同，约定：丙公司应当在2005年6月25日之前交货，合同价款25万元，交货时支付15万元，安装完毕，检验合格后，10日内支付10万元。后丙公司按约交货并派人指导安装，甲公司依约付款，余款甲交给乙，待检验合格，经甲同意再向丙支付。7月1日开始试运行，但至8月中旬设备运转仍不正常，无法达到合同的技术要求。为找到合适的鉴定机构，乙四处奔走被车撞伤，终于寻到权威的鉴定机构。经鉴定，该设备在生产和设计中有严重缺陷，不可能生产出合格产品。为此，甲告知乙不得支付余款，并要求丙赔偿损失，丙辩称合同主体是乙，甲无权起诉。双方发生争议遂诉至法院。

二、本案的争执焦点

第一，甲与乙所签订的合同属于什么性质的法律关系？

第二，乙在本合同纠纷中有哪些义务？有什么权利？

第三，本案中，甲可以行使什么权利？

第四，本案中，丙可以行使什么权利？

三、分析本案应注意的问题

应当注意委托人甲橡胶公司具有介入权。受托人因第三人的原因对委托人不履行义务，受托人应当向委托人披露第三人，委托人因此可以行使受托人对第三人的权利，这就是委托人的介入权。此权利为形成权，其成立要件是：第一，受托人以自己的名义与第三人签订合同，第三人不知道委托人与受托人的代理关系；第二，当第三人不履行合同义务时，受托人向委托人披露第三人；第三，委托人此时可行使介入权，行使介入权应当通知受托人和第三人，委托人取代受托人的地位；第四，委托人也可以不行使介入权，仍然由受托人处理违约问题。

四、本案的事实与法律分析及其处理

第一,关于甲与乙所签订的合同属于什么性质的法律关系问题。甲与乙所签订的合同是委托合同,属于受托人以自己的名义与第三人订立合同,第三人不知道受托人与委托人之间的代理关系的委托合同。

第二,关于乙在本合同纠纷中有哪些义务和权利的问题。本案中,乙负有披露第三人义务,即因丙公司违约,应向甲公司披露丙的情况;同时,乙还应履行转移利益的义务,即乙应当将处理委托事务时,从甲处获得的剩余货款(余款10万元)移转给甲公司。依据《合同法》第407条的规定,受托人处理委托事务时,因不可归责于自己的事由受到损失的,可以向委托人要求赔偿损失。乙享有的权利是有权就自己在处理委托事务时,所受的伤害请求甲公司赔偿,也可以请求肇事者赔偿。

第三,关于在本案中,甲可以行使什么权利的问题。甲可以行使委托人的介入权,依据《合同法》第403条的规定,受托人以自己的名义与第三人订立合同时,第三人不知道受托人与委托人之间的代理关系的,受托人因第三人的原因对委托人不履行义务。受托人应当向委托人披露第三人,委托人因此可以行使受托人对第三人的权利,但第三人与受托人订立合同时如果知道该委托人就不会订立合同的除外。行使此项权利后,委托人甲就取代了受托人乙的地位,乙与丙的买卖合同就对委托人甲和第三人丙具有约束力了。因此,甲行使介入权可以打破合同相对性,第三人不能以并非合同当事人,主张主体资格不合法了。同时,甲还有建立重复委托关系或共同委托关系的权利。

第四,关于本案中,丙可以行使什么权利的问题。根据《合同法》第403条的规定,可知第三人丙可享有两项权利:一是当受委托人甲行使受托人乙对第三人的权利时,如果第三人丙可以证明其与受托人乙订立合同时如果知道该委托人是甲就不会订立合同,那么可对抗委托人甲的介入权,使其无法向第三人丙主张权利。二是委托人甲行使受托人乙对第三人的权利的,第三人丙可以向委托人甲主张其对受托人乙的抗辩。

故本案,应当由丙向甲承担违约责任,乙应当将货物余款转移给甲,并且,乙也可以向甲请求人身伤害的损害赔偿。

第三节　委托合同习作案例

案例一

2005年3月,亚豪公司作为乙方与甲方八大处公司签订一份《委托代理合同》,约定:甲方委托乙方代理甲方合法开发住宅楼项目的策划、推广、销售及售后服务工作;乙方应得的销售策划代理费按乙方完成销售额为计算依据;代理费由甲方按照各销售阶段进度的完成情况支付乙方。2007年6月26日,甲方向乙方发出一份关于解除《委托代理合同》的通知书,甲方单方解除《委托代理合同》给乙方造成的预期利益损失达394万元。乙方遂起诉要求支付其因此所受预期利益损失。

法律问题

1. 甲、乙双方签订的《委托代理合同》是否合法有效?

2. 甲方单方解除《委托代理合同》是否合法? 若甲方解除合同并无正当理由,解除行为是否有效?

3. 解除《委托代理合同》通知何时生效? 生效后,能否予以撤销?

4. 甲方单方解除《委托代理合同》给乙方造成预期利益损失是否属于法律规定的损失范围?

5. 因甲方解除合同给乙方造成的预期利益损失,甲方是否应当承担赔偿责任?

案例二

甲公司与乙签订运输合同,由乙运输一车苹果到银川,运费3000元。甲公司同时委托乙以甲公司的名义在银川将苹果出售,约定其价格不得低于每公斤4元,按销售额的5%给乙提成。乙在行车途中,突然胃病发作,无法前行只得停留路边,两天仍未好转。地处偏僻也无信号,乙无法联系到甲公司,为防止甲公司因此蒙受损失,乙请求丙帮助,双方签订合同约定丙将苹果运输至银川,运费2000元,提成是销售额的3%,其他条款没有变化。丙依约将苹果运至银川,但因其着急探家,便以每公斤3元的价格全部出售。

法律问题

1. 丙是谁的代理人? 为什么?

2. 甲公司能否要求乙承担损害赔偿责任?

3. 甲公司能否要求丙承担损害赔偿责任?

4. 甲公司能否要求乙与丙的承担连带责任? 为什么?

5. 甲公司能否要求乙为丙的行为承担责任? 为什么?

案例三

生产电器的恒发公司与德昌公司订立委托合同,约定由德昌公司以自己的名义向森海公司销售恒发公司的电器。之后,德昌公司依约而行,森海公司购买了200台电器,未约定履行先后顺序。因恒发公司的原因一直未交货,故德昌公司也无法向森海公司履行交货义务,森海公司也未支付货款。此时,森海公司要求德昌公司承担违约责任,为此双方发生争议诉至法院。

法律问题

1. 德昌公司应向森海公司履行什么义务?

2. 森海公司能否选择要求恒发公司或德昌公司承担违约责任? 为什么?

3. 恒发公司能否拒绝森海公司的交货请求? 为什么?

4. 森海公司能否在选择承担违约责任的公司后,因为追究责任未果,再变更选定的相对人?

案例四

2003年3月21日,刘某与某证券公司签订指定交易协议书,约定:在指定交易期间,王某的交易业务均通过某证券公司办理,证券公司依指令办理,保证王某的权益不受侵犯,如一方违约导致对方损失,由责任方承担责任。5月21日,王某向证券公司发出指令,但由于证券公司交易员操作失误,误将卖出点为买进,造成王某严重损失,证券公司发现后未告诉王某,直至事发后也未告知具体损害情况。双方为赔偿事宜发生争议,遂诉至法院。

法律问题

1. 刘某与某证券公司签订指定交易协议书是什么性质的合同?

2. 在本案中,证券公司违反了哪些义务?

3. 王某的损失是否应当由证券公司全部赔偿?

4. 若王某依照合同约定已事先预付了报酬,能否要求返还所付报酬?

5. 假设证券公司在未接到王某指令的情况下,擅自做主进行交易,结果使王某获利颇丰,其行为是否有效?

案例五

某甲委托某乙为其销售西瓜,乙在销售西瓜的途中,不幸遇车祸身亡。乙的儿子丙到现场处理后事时发现西瓜受损严重，遂立即通知甲，但甲未予答复。由于天气炎热，如不及时出售恐受损的西瓜可能容易变质，于是，丙将西瓜出售。

法律问题

1. 甲与乙之间是哪种合同关系？

2. 甲与乙之间的合同关系是否终止？

3. 丙是否有通知甲的义务？

4. 丙是否有对受损西瓜采取必要措施的义务？

5. 假设，本案委托人甲不幸病逝，甲、乙的合同终止，甲的继承人在遥远的外地无法及时赶回，乙是否应当继续处理委托事务？

第四编　人格权案例研究

人格权是民事主体客观固有的、以人格利益为内容的、作为法律意义上的人所必需的权利。人格权作为基于人的存在而须臾不分的权利，只要自然人出生、法人成立，无需任何意思表示或进行任何行为，就当然取得并受到法律保护。生命健康、肖像、姓名、名称、名誉等各种民事主体享有的人格利益，是民事主体维系其存在，进行民事活动的前提。

人格权分为一般人格权和具体人格权两类。一般人格权是以民事主体全部人格利益为标的的概括性权利，通常包括人身自由、人格尊严、人格独立与人格平等。具体人格权包括生命权、健康权、身体权、姓名权（名称权）、肖像权、名誉权、隐私权等。本编仅对具体人格权案例进行研究。

第十九章　生命健康权案例研究

第一节　生命健康权案例研究的内容和方法

一、生命健康权概述

本章中的生命健康权是生命权、健康权、身体权三项物质性人格权的统称。生命权是指自然人维持自己生命延续、不受他人非法剥夺的权利。生命权的内容主要表现为:(1)维护生命延续的权利;(2)维护生命安全的权利;(3)自主支配生命利益的权利;(4)请求司法保护生命权的权利。健康权是指自然人依法维护自己的生理机能正常活动的人格权,健康权是以生命权为前提和基础的人格权。健康权的内容主要表现为:(1)维护人体生理机能正常的权利;(2)维护健康安全的权利;(3)自己支配健康利益的权利;(4)请求司法保护健康的权利。身体权是指自然人依法维护身体组织完整并自主支配其身体组织的人格权。身体权的主要内容表现为:(1)维护身体组织完整的权利;(2)维护身体安全的权利;(3)自己支配身体器官及其他组织的权利;(4)请求司法保护身体权的权利。

根据《民法通则》和有关司法解释的规定,侵害自然人身体造成伤害的,应当赔偿医疗费、因误工减少的收入、残废者生活补助费等费用;造成死亡的,并应当支付丧葬费、死者生前扶养的人必要的生活费等费用。同时,根据特别法优先于普通法的原则,当自然人以消费者的身份遭受损害,或遭受不合格产品伤害,或因道路交通事故遭受人身损害则应分别适用《消费者权益保护法》、《产品质量法》、《道路交通事故处理办法》的规定。

二、生命健康权案件的种类

按照权利标的不同,生命健康权案件可分为生命权、健康权、身体权三类案件,当然在有的案件中,可能会同时包含几种类型。按照权利受损害所处的法律关系可分为:侵权法律关系、合同法律关系、其他民事法律关系、非民事法律关系四大类。

三、生命健康权案例研究的基本方法

生命健康权案例研究大多集中在生命健康权受损害时如何得到损害赔偿

的问题。

首先，确认是不是生命健康权受到损害，从权利标的来确认是比较简单的。

其次，这是解决这类案件最关键的一步，即确定从什么样的法律关系入手来获得损害赔偿。在生命健康权损害赔偿的案件中通常可能包含以下几种法律关系，应按法律关系分析法确定其中一种。

1. 侵权行为法律关系。由侵权行为引起的生命健康权损害赔偿案件是实践中最多见的一种，其中又包括一般侵权行为和特殊侵权行为两种法律关系。在侵权行为须承担刑事责任的场合，还包括刑事附带民事诉讼中的侵权损害赔偿。

2. 合同法律关系。在有些合同法律关系中，可能会引起生命健康权的损害赔偿，如在住宿、餐饮、娱乐等合同关系中，经营者未尽合理限度范围内的安全保障义务致使他人遭受生命健康权损害；再如在雇佣合同关系中，雇员在从事雇佣活动中遭受生命健康权损害的情形等。

3. 其他民事法律关系。如在无因管理、制止侵害、紧急避险等法律关系中引起的生命健康权损害赔偿。

4. 非民事法律关系。例如生命健康权受到损害，属于《国家赔偿法》赔偿事由的，依照《国家赔偿法》的规定处理。属于《工伤保险条例》调整的劳动关系和工伤保险范围的，应依劳动法及《工伤保险条例》的规定处理。

最后，按所选择的上述法律关系确定当事人的损害赔偿请求权能否得到支持，如应支持，则按法律规定详细计算确定损害赔偿数额。

四、生命健康权案例研究应注意的问题

1. 在生命健康权受到损害要求赔偿的案例中，在确定具体法律关系时，可能会存在侵权行为法律关系和合同法律关系竞合的情形。此时当事人应注意区别侵权责任与违约责任的不同，选择对自己有利的法律关系予以主张。此外还存在侵权法律关系与合同法律关系并存的情形，如消费者在住宿、餐饮、娱乐场合因第三人侵权而遭受人身损害时，可依侵权行为法律关系要求第三人承担赔偿责任；同时，可依合同法律关系，要求有过错的安全保障义务人（住宿、餐饮、娱乐等经营者）承担相应的补充赔偿责任。

2. 生命健康权损害赔偿案件中，区别于其他人身权损害赔偿案件之处在于损害赔偿的项目、数额计算比较复杂。如受害人遭受人身损害，因就医、治疗支出的各项费用以及因误工减少的收入，包括医疗费、误工费、护理费、交通费、住宿费、住院伙食补助费、必要的营养费，赔偿义务人应当予以赔偿。受害人因伤致残的,其因增加生活上需要所支出的必要费用以及因丧失劳动能力导致的收入损失,包括残疾赔偿金、残疾辅助器具费、被扶养人生活费,以及因康复护理、继续治疗实际发生的必要的康复费、护理费、后续治疗费,赔偿义务人也应当予以赔偿。受害人死亡的,赔偿义务人除应当根据抢救治疗情况赔偿本条第1款规定的相关费用外,还应当赔偿丧葬费、被扶养人生活费、死亡补偿费以及受害人亲属办理丧葬事宜支出的交通费、住宿费和误工损失等其他合理费用。受害人或者死者近亲属遭受精神损害,赔偿权利人还可请求赔偿精神损害抚慰金。

上述具体赔偿项目数额的计算,目前应根据《最高人民法院关于审理人身损害赔偿案件适用法律若干问题的解释》、《最高人民法院关于确定民事侵权精神损害赔偿责任若干问题的解释》来确定。(1)医疗费根据医疗机构出具的医药费、住院费等收款凭证,结合病历和诊断证明等相关证据确定。赔偿义务人对治疗的必要性和合理性有异议的,应当承担相应的举证责任。医疗费的赔偿数额,按照一审法庭辩论终结前实际发生的数额确定。器官功能恢复训练所必要的康复费、适当的整容费以及其他后续治疗费,赔偿权利人可以待实际发生后另行起诉。但根据医疗证明或者鉴定结论确定必然发生的费用,可以与已经发生的医疗费一并予以赔偿。(2)误工费根据受害人的误工时间和收入状况确定。误工时间根据受害人接受治疗的医疗机构出具的证明确定。受害人因伤致残持续误工的,误工时间可以计算至定残日前一天。受害人有固定收入的,误工费按照实际减少的收入计算。受害人无固定收入的,按照其最近三年的平均收入计算;受害人不能举证证明其最近三年的平均收入状况的,可以参照受诉法院所在地相同或者相近行业上一年度职工的平均工资计算。(3)护理费根据护理人员的收入状况和护理人数、护理期限确定。护理人员有收入的,参照误工费的规定计算;护理人员没有收入或者雇佣护工的,参照当地护工从事同等级别护理的劳务报酬标准计算。护理人员原则上为一人,但医疗机构或者鉴定机构有明确意见的,可以参照确定护理人员人数。护理期限应计算至受害人恢复生活自理能力时止。受害人因残疾不能恢复生活自理能力的,可以根据其年龄、健康状况等因素确定合理的护理期限,但最长不超过20年。受害人定残后的护理,应当根据其护理依赖程度并结合配制残疾辅助器具的情况确定护理级别。(4)交通费根据受害人及其必要的陪护人员因就医或者转院治疗实际发生的费用计算。交通费应当以正式票据为凭;有关凭据应当与就医地点、时间、人数、次数相符合。(5)住院伙食补助费可以参照当地国家机关一般工作人员的出差伙食补助标准予以确定。受害人确有必要到外地治疗,因客观原因不能住院,受害人本人及其陪护人员实际发生的住宿费和伙食费,其合理部分应予赔偿。(6)营养费根据受害人伤残情况参照医疗机构的意见确定。(7)残疾赔偿金根据受害人丧失劳动能力程度或者伤残等级,按照受诉法院所在地上一年度城镇居民人均可支配收入或者农村居民人均纯收入标准,自定残之日起按20年计算。但60周岁以上的,年龄每增加1岁减少1年;75周岁以上的,按5年计算。受害人因伤致残但实际收入没有减少,或者伤残等级较轻但造成职业妨害严重影响其劳动就业的,可以对残疾赔偿金作相应调整。(8)残疾辅助器具费按照普通适用器具的合理费用标准计算。伤情有特殊需要的,可以参照辅助器具配制机构的意见确定相应的合理费用标准。辅助器具的更换周期和赔偿期限参照配制机构的意见确定。(9)丧葬费按照受诉法院所在地上一年度职工月平均工资标准,以6个月总额计算。(10)被扶养人生活费根据扶养人丧失劳动能力的程度,按照受诉法院所在地上一年度城镇居民人均消费性支出和农村居民人均年生活消费支出标准计算。被扶养人为未成年人的,计算至18周岁;被扶养人无劳动能力又无其他生活来源的,计算20年。但60周岁以上的,年龄每增加1岁减少1年;75周岁以上的,按5年计算。被扶养人是指受害人依法应当承担扶养义务的未成年人或者丧失劳动能力又无其他生活来源的成年近亲属。被扶养人还有其他扶养人的,赔偿义务人只赔偿受害人依法应当负担的部分。被扶养人有数人的,年赔偿总额累计不超过上一年度城镇居民人均消费性支出额或者农村居民人均年生活消费支出额。(11)死亡赔偿金按照受诉法院所在地上一年度城镇居民人均可支配收入或者农村居民人均纯收入标准,按20年计算。但60周岁以上的,年龄每增加1岁减少1年;75周岁以上的,按5年计算。(12)精神损害赔偿由人民法院根据以下因素确定:侵权人的过错程度,法律另有规定的除外;侵害的手段、场合、行为方式等具体情节;侵权行为所造成的后果;侵权人的获利情况;侵权人承担责任的经济能力;受诉法院所在地平均生活水平。

3. 生命健康权案例研究所涉及的相关法律法规主要有:

(1)《民法通则》;

(2)《消费者权益保护法》;

(3)《产品质量法》;

(4)《道路交通事故处理办法》;

(5)《最高人民法院关于确定民事侵权精神损害赔偿责任若干问题的解释》;

(6)《最高人民法院关于审理人身损害赔偿案件适用法律若干问题的解释》。

第二节　生命健康权典型案例研究

一、案情介绍

原告:王英

被告:某市市中区园林局

被告:某市阳光路街道办事处

法院查明的事实:2004年8月6日早7点40分许,原告王英骑自行车上班途中,行至市中区阳光路28号时,路东边一棵枯死的加杨树（直径约三十厘米,长为六米,在该树周围有阳光路街道办事处所建之房,将树干封在内。该树系何人所有,因时间年久,无法考证),干枝突然从树干上断裂坠下,砸在原告王英背部和自行车前架上,致其当场昏迷,自行车及筐子被损坏。后其被过往行人送往医院抢救。诊断结果为,头皮裂伤四至五厘米,脑震荡,双侧四条肋骨骨折,第四、五、六胸椎粉碎性骨折,第五椎体完全性滑脱,脊髓完全横断,胸部以下完全性截瘫。伤残评定为一级伤残。1998年6月22日法院委托省林业科学研究所对此杨树死因进行鉴定,结论是该树树龄较大,死亡数年,树枝上有较多的虫孔,初步判断该树生长年久,树势衰弱,加之管理不善,遭受病虫危害是死亡的主要原因。另查明,被告阳光路办事处曾向被告市中区园林局提出申请,建议将该树伐掉。

原告要求两被告赔偿人身损害带来的损失,包括医疗费、误工费、住院护理费、交通费、伙食补助费、营养费、财产损失费、残后基本生活费、残后护理费、子女抚养费、残后用具费、取钢夹手术费、精神损失费等共计人民币705,874元。

被告市中区园林局辩称,造成原告伤害的原因是枯树掉下的树干所致,我局不负任何责任,应由树的所有人负责。该树枯死后,被告阳光路办事处不及时报我局批准砍伐,所造成的后果理应由阳光路办事处负责。被告阳光路街道办事处辩称,我单位将树盖在屋内属实,但原因是为防止附近居民将垃圾倒在树下,我单位既不是砸伤原告树的所有人亦不是管理人,对原告造成的人身伤害不负赔偿责任。

二、本案争议焦点问题

本案事实非常清楚简单:原告被枯死的行道树断枝砸伤,身体权、健康权受到严重损害。原、被告各方争执的焦点问题是:谁应对原告承担损害赔偿责任?

三、本案的事实与法律分析

本案原告在上班途中被枯死的行道树断枝砸伤,造成胸部以下完全性截瘫,给其自身带来终生痛苦,也给其家庭带来无法弥补的痛苦与损失。对于原告所遭受的这一损害事实,应由何人来承担法律责任?

《民法通则》第126条规定:“建筑物或者其他设施以及建筑物上的搁置物、悬挂物发生倒塌、脱落、坠落造成他人损害的,它的所有人或者管理人应当承担民事责任,但能够证明自己没有过错的除外。”《最高人民法院关于审理人身损害赔偿案件适用法律若干问题的解释》第16条规定:“下列情形,适用民法通则第一百二十六条的规定,由所有人或者管理人承担赔偿责任,但能够证明自己没有过错的除外:(一)道路、桥梁、隧道等人工建造的构筑物因维护、管理瑕疵致人损害的;(二)堆放物品滚落、滑落或者堆放物倒塌致人损害的;(三)树木倾倒、折断或者果实坠落致人损害的……”

可见,本案中树枝折断给原告带来损害,应由该树的所有人或者管理人承担赔偿责任。这是特殊侵权责任中的一种,从法律规定看,树的所有人或管理人承担的是过错责任,采用的是过错推定原则。即只要树木倾倒、折断或者果实坠落致人损害的,法律推定树的所有人或管理人有过错,应承担赔偿责任。树的所有人或管理人免责的条件是能够证明自己没有过错。

本案中,从法院调查看,致原告损害的树系何人所有,因时间年久,已无法考证。即树的所有人已无法认定。而树的管理人,根据该市城市管理办法,应是被告市中区园林局。被告市中区园林局对该树有管理义务,但该局对这棵枯死多年的行道树没有实施及时有效地管理,亦未采取任何安全保护措施,因此,被告市中区园林局对该事故负有不可推卸的责任。被告阳光路街道办事处违章建房,将该树树干圈盖在房内,妨碍了对该树的正常维护管理,故对该事故应承担与其过错相应的民事责任。

此外,应注意的一点是,通过上述分析,被告市中区园林局和被告阳光路街道办事处对原告都应承担损害赔偿责任,但其二者之间是承担连带责任还是就自己的过错分别承担相应的责任?《最高人民法院关于审理人身损害赔偿案件适用法律若干问题的解释》第3条规定:“二人以上共同故意或者共同过失致人损害,或者虽无共同故意、共同过失,但其侵害行为直接结合发生同一损害后果的,构成共同侵权,应当依照民法通则第一百三十条规定承担连带责任。二人以上没有共同故意或者共同过失,但其分别实施的数个行为间接结合发生同一损害后果的,应当根据过失大小或者原因力比例各自承担相应的赔偿责任。”本案中,市中区园林局对致害树木负有管理义务而疏于管理,阳光路街道办事处违章建房将树木圈盖在房中，这两者之间没有共同故意或共同过失，但两个行为间接结合发生了枯枝坠落砸伤受害人的损害结果，因此应根据过失大小或原因力比例各自承担相应的赔偿责任。本案中园林局的疏于管理显然过失大，因为园林局的疏于管理是树木枯死致人损害的直接原因，且对阳光路街道办事处将树木圈盖在房中的过错行为未加制止也是园林局疏于管理的一个表现。因此，园林局应承担较大比例的责任，阳光路街道办事处应承担较小比例的责任，二者之间无过错联系，不必承担连带责任。

四、处理

法院经审理作出判决：被告市中区园林局赔偿原告医疗费、误工费、住院护理费、交通费、伙食补助费、营养费、财产损失费、残后基本生活费、残后护理费、子女抚养费、残后用具费、取钢夹手术费、精神损失费等合计499,720元，被告阳光路街道办事处赔偿原告其他经济损失10,000元。

从判决结果看，被告市中区园林局、被告花园居委会分别承担约98%、2%的赔偿责任。法院的判决是符合我国法律及司法解释精神的，至于双方承担的具体比例应属于法院“自由裁量”的范畴，并无不当。

第三节　生命健康权习作案例

案例一

2003年2月4日晚8时许，小张来到重庆某车站某旅店住宿。该旅店房屋的所有权人是重庆某公司长途汽车站，长途汽车站将房屋租赁给甲用以经营旅店，长途汽车站没参与管理，也没有向旅客收取住宿费用。凌晨3时左右，旅店的房屋燃起大火，小张全身被多处烧伤，被送往市急救中心救治，经医院诊断，小张颜面、双手、双足烧伤15%，经重庆法医学会伤残鉴定，小张的伤残程度为2级和10级伤残。后经公安部门侦查认定，大火是由一位旅客乙携带汽油入住该旅店人为纵火造成的，后乙被法院判处承担纵火罪的刑事责任。

法律问题

1. 如果你是小张的代理律师，你会要求谁承担小张身体权健康权受到损害的赔偿责任？

2. 如果你是小张的代理律师，你会要求赔偿义务人对小张承担怎样的赔偿责任？具体列举赔偿的项目及计算方法。

3. 小张向法院起诉甲、乙、长途汽车站要求三被告承担损害赔偿责任，如果你是法官，你认为谁该对小张承担损害赔偿责任？为什么？

案例二

王老太经常在宿舍院门口和邻居们聊天休闲。宿舍院大门旁边，钱某建一小木亭开了一个配钥匙的小商亭，钱某将一个写有“配钥匙”大字的广告木牌挂在宿舍院的大门上。2003 年 9 月的一天，王老太和几个邻居正在大门口聊天，邻居张某 5 岁的孩子也在攀爬大门玩耍，突然钱某的广告牌坠落，将站在大门口的王老太头部砸伤，后到医院治疗，花去医药费 2000 元。王老太向张某和钱某索赔，但二者都认为是对方的责任，拒不赔偿。无奈，王老太向法院起诉，要求张某和钱某共同赔偿其损失。

法律问题

1. 请作为王老太的代理人说明王老太诉讼请求的事实与法律依据。
2. 请作为张某孩子的代理人发表代理意见。
3. 请作为钱某的代理人发表代理意见。
4. 作为法官，该案应如何判决？

案例三

1997 年 8 月 6 日，司机杨华驾驶中巴客车由 JN 市驶往 DY 市(杨华是受雇于车主王强驾驶中巴车，所驾中巴车挂靠在 JN 市汽车运输总公司名下)。15 时 25 分，当车行至 JQ 高速公路某段时，杨华突然发现前面一辆半挂油罐车翻倒在下行线上，油罐倾翻在护栏上，罐内原油大量泄漏，顺护栏沿地势流至上行线路面及沟内。杨华急忙减速停车。此时，一辆丰田牌子弹头汽车行驶过流散原油的路面，该车消声器排污静电引起路面原油起火，火势迅速向四周蔓延。杨华见状果断地将车往后猛倒，但倒了 20 米便被后面的车辆挡住。杨华打开车门，让乘客立即下车，脱离危险。当乘客下完后，中巴车已被大火包围，杨华跌入正在燃烧的原油中被烧伤，被送往医院救治。医院的诊断结论为：烧伤面积 92%，其中三度烧伤 70%。后经伤残评定为 1 级伤残。杨华遂状告 JQ 高速公路管理局、DY 市政府、JN 市汽车运输总公司、雇主王强，要求四个被告共同承担自己身体健康权受到损害的赔偿责任。

法院除查明上述事实外，另查明肇事油罐车没有按有关规定办理《道路运输经营许可证》和《道路运输营运证》，司机也未取得《道路危险货物运输操作证》；此油罐车的载重量为 10 吨，而当时其装载的原油却多达 17 吨，严重超载。事故发生时，油罐车登记在燕翔经济发展公司的名下，“燕翔”公司早在

1996年12月被吊销营业执照,其主管部门并未对其财产进行处理,其主管部门是DY市人民政府驻京联络处,该处无法人资格,系DY市政府的派出机构。

法律问题

1. 杨华被烧伤发生在什么样的法律关系中?我国法律对该法律关系当事人的权利义务是怎样规定的?

2. 杨华起诉高速公路管理局,理由是高速公路管理局在此案中有明显的过错,对两证全无、严重超载的油罐车不加阻挠,让其进入高速公路,应当承担相应的过错责任。而高速公路管理局答辩称自己是行政管理机关,是行政诉讼的主体,不应承担民事赔偿责任。你认为在该案中,杨华与高速公路管理局是否是平等民事主体?高速公路管理局应否承担赔偿责任?

3. 请作为JN市汽车运输总公司的代理人说明抗辩理由。

4. 请作为雇主王强的代理人说明抗辩理由。

5. 作为法官,本案应如何处理?

案例四

2004年11月19日凌晨0时10分许,西安市某小区42岁居民白某回家途经小区门口时,听人讲自己的侄子与邻居小柳争吵拉扯,遂前往现场劝架,没想到她的出现引来对方一片辱骂。由于事发街坊邻里之间,许多附近住户闻讯前来劝架,有人还拨打了110报警电话。数分钟后,西安市公安局新城分局中山门派出所民警及时出警,赶到现场予以制止并疏散围观群众,当事人双方也各自离开现场。白某转身走了10余米后,小柳之妻突然又追了上来,双方再次发生争吵。突然,患有先天性心脏病的白某在精神受到巨大刺激后,眼前一黑,栽倒在地,后经120送西安市第四医院抢救无效死亡。2005年元月5日,公安机关作出法医鉴定:"综合分析,白某同他人发生争吵,诱发心脏病猝死,结论为心肌病死亡。"

法律问题

1. 白某的家人到法院起诉小柳,要求其承担白某死亡的损害赔偿责任。作为其代理人,你认为可以主张哪些项目的赔偿?说明计算方法。

2. 本案中白某同他人发生争吵,诱发心脏病猝死。对其进行辱骂的小柳是否构成侵权?请说明理由。

3. 小柳应否承担白某死亡的赔偿责任?为什么?

案例五

1999年10月7日,陕西某小学11岁的小学生王某从同学的文具盒里拿走了10元钱,班主任崔某知道后,竟用锥针在他左脸颊上刻了个“贼”字,并涂上红墨水,以示“训诫”。

法律问题

1. 教师在学生脸上刻字侵害了学生的何种权利?应承担怎样的法律责任?
2. 作为小学生王某的代理人,说明王某应如何实现损害赔偿?

第二十章　其他人格权案例研究

第一节　其他人格权案例研究的内容与方法

一、其他人格权概述

本章着重研究除生命健康权外的具体人格权案例，主要包括姓名权与名称权、肖像权、名誉权、隐私权等方面的案例。

姓名权是自然人依法享有的决定、使用、改变自己姓名并排除他人侵害的权利。名称权则是法人、个体工商户、个人合伙等社会组织依法享有的决定、使用、改变其名称，并排除他人侵害的权利。姓名权的内容主要体现在以下三个方面：(1)姓名决定权；(2)姓名使用权；(3)姓名变更权。名称权的内容包括以下几个方面：(1)命名权；(2)使用权；(3)变更权；(4)转让权。人格权具有专属性，一般不得转让，名称权的转让是人格权的一个例外。企业法人、个体工商户、个人合伙有权使用、依法转让自己的名称。

自然人的姓名权、法人的名称权受到侵害的，有权要求停止侵害，恢复名誉，消除影响，赔礼道歉，并可以要求赔偿损失。自然人或者法人要求赔偿损失的，赔偿数额应根据侵权人的过错程度、侵权行为的具体情节、后果和影响确定。如果侵害他人的姓名权、名称权而获利的，侵权人除应适当赔偿受害人的损失外，其非法所得应当予以收缴。

肖像权是指自然人享有的拥有、制作、使用自己肖像的人格权。肖像权的内容主要包括形象制作权和肖像使用权。依我国现行法律规定，对自然人肖像权的侵犯需具备两个构成要件：其一，使用自然人肖像未经其同意。其二，以营利为目的进行使用。对自然人肖像权的保护也有一定的限制，为了社会公共利益的需要，或为了科学艺术上的目的，或为了宣传报道而制作和使用自然人的肖像，可以不征得自然人同意，不属于侵权之列，但同时不应侵害自然人的合法权益。自然人肖像权受到侵害的，有权要求停止侵害，恢复名誉，消除影响，赔礼道歉，并可以要求赔偿损失。

名誉权是由民事法律规定的民事主体所享有的获得和维持对其名誉进行客观公正评价的一种人格权。民事主体享有维护自己获得公正社会评价的权利,是其参与社会关系、进行正常社会经济活动的重要保障,法律禁止侵犯他人的名誉权。自然人、法人的名誉权受到侵害的,有权要求停止侵害,恢复名誉,消除影响,赔礼道歉,并可以要求赔偿损失。

隐私权又称个人生活秘密权,是指自然人享有的对其个人的、与公共利益无关的个人信息、私人活动和私有领域进行支配的具体人格权。一般而言,自然人的隐私权包括隐私隐瞒权、隐私利用权、隐私维护权和隐私支配权。对自然人的隐私权构成侵害的,可以要求加害人停止侵害,恢复名誉,消除影响,赔礼道歉,并可以要求赔偿损失。

二、其他人格权案件的种类

1. 姓名权、名称权案件。侵犯他人姓名、名称权的情况主要有以下几种形式:(1)干涉。包括干涉他人姓名、名称的决定,强迫他人改变其姓名或名称;干涉他人姓名、名称的使用,强迫他人使用或不使用某个姓名、名称,如要求他人放弃其笔名或艺名;干涉他人姓名名称的变更,强制他人改变姓名或名称等。(2)盗用。不经他人同意,也无法律许可,使用他人的姓名或名称即构成盗用行为。如盗用他人姓名发布非法言论,盗用他人名称参加社会活动等。盗用他人姓名或名称进行活动,往往会损害他人的合法利益或社会公共利益,同时也有可能构成对他人名誉权的侵害。(3)假冒。所谓假冒他人姓名或名称,是指冒名顶替,冒充他人的姓名或名称,或利用与他人相同或近似足以引起混淆的姓名或名称参与民事活动,以牟取私利。如假冒他人姓名发表作品、假冒他人名称缔结合同等。

2. 肖像权案件。侵害肖像权的行为在司法实践中主要有以下几类:(1)以营利为目的未经自然人同意侵害他人肖像权的行为,如以他人之肖像直接作商品广告、以他人之肖像作书刊纸封面、将他人肖像用于展览橱窗或者其他营利性的陈列等;(2)虽不以营利为目的,但也应被视为侵害肖像权的行为或是以他人肖像为侵害对象的侵害他人名誉权、隐私权的行为,如侮辱、损毁他人肖像、非法制作和拥有他人肖像等。

3. 名誉权案件。侵害自然人、法人名誉权的行为主要有:(1)以侮辱方式侵犯他人名誉。即以口头、书面或暴力方式,对他人进行人身攻击,贬损他人人格。(2)以诽谤方式侵犯他人名誉。即以隐瞒真相、捏造事实并加以传播的方式诋毁他人名誉,损害他人尊严。在现实生活中比较常见的侵犯他人名誉权的行为主要有:传播谣言对他人进行侮辱;新闻采访报道中,严重失实造成当事人名誉损害的;文学作品中虚构事实,对他人进行诽谤的;在向司法机关或有关部门检举揭发中,捏造事实、陷害他人的等。侵犯名誉权的表现形式可以是各式各样的，既可以是口头或书面的方式，也可以是以行为动作的方式，既可以表现在电视、报纸上，也可以体现在电脑网络中。

4. 隐私权案件。侵害隐私权行为最常见的有：刺探、调查个人情报、资讯；干涉、监视私人活动；侵入、窥视私人领域擅自公布他人隐私；非法利用隐私等行为。

三、其他人格权案例研究的基本方法

在姓名权（名称权）、肖像权、名誉权、隐私权等具体人格权受到侵害的案例中，通常要研究是否符合一般侵权行为责任构成的4个要件：侵权的违法行为、损害事实、侵权行为与损害事实之间有因果关系、侵权的主观过错。（详见第二十一章"一般侵权行为民事责任案例研究"）即认真分析案件事实，如果能够分解出与侵权行为民事责任构成要件一一相符的4个事实要件，就应确定侵权行为成立，侵权人应承担相应的民事责任。

四、其他人格权案例研究中应注意的问题

1. 在考察侵权的违法行为这一构成要件时，应注意各具体人格权侵权行为形式各不相同，如在名誉侵权案件中，重点是对侮辱、诽谤行为的认定，此外应注意把对名誉权的侵害与正当的舆论监督、自然人言论自由权的正当行使区别开来。在肖像权侵权案件中，重点是对"未经同意"和"以营利为目的"两要件的认定。另注意按目前法律规定的要件，有些未经同意但不以营利为目的的使用他人肖像虽不构成侵害肖像权，但权利人可按侵害隐私等人格利益为由要求侵害人承担民事责任。还应注意分清肖像权和肖像著作权的区别。

2. 对于人格权受到侵害的受害人提出精神损害赔偿的，在考察侵权造成的损害事实时，不需要受害人举证证明自己到底受是否受到、受到多大的精神损害，对于侵害人格权的精神损害赔偿直接是由法律推定的，即法律推定任何人在人格权受到侵害时都会受到精神损害，至于精神损害赔偿的数额，不是当事人主张多少就赔多少，而是由人民法院根据以下因素确定：侵权人的过错程度，法律另有规定的除外；侵害的手段、场合、行为方式等具体情节；侵权行为所造成的后果；侵权人的获利情况；侵权人承担责任的经济能力；受诉法院所在地平均生活水平。

3. 其他人格权案例研究所涉及的相关法律法规主要有：

（1）《民法通则》；

（2）《最高人民法院关于确定民事侵权精神损害赔偿责任若干问题的解释》；

（3）《最高人民法院关于审理人身损害赔偿案件适用法律若干问题的解释》。

第二节　其他人格权典型案例研究

一、案情介绍

13 岁的张华、陈立均是某市农村一所中学初二年级五班的学生。1999 年 5 月 14 日,他们到镇医院参加学校组织的新生入校例行体检。在为张华做胸透的过程中,医生发现她的身上有一处阴影,遂问张华,张华说她在衣服上别了个卡子。出了透视室,有个同学跑过来问张华:“你身上有个卡子吗?”张华回答说“是”。这时男生陈立好奇地跑过来说:“什么,什么,她肚子里有小孩?”张华气愤地说:“我在衣服上别了个卡子,你别乱讲。”陈立大声嚷道:“有,有,就是有,我这就给五班的同学说去。”随即,陈立便告诉了五班的同学。

到了下午放学时,关于张华怀孕的事已在校内传得沸沸扬扬,很快全校半数以上的学生知道了这事,张华却浑然不觉。6 月 2 日,先后有几个同学对张华说“你体检出的那件事,大家都知道了。”张华意识到了问题的严重性,遂将陈立造谣的事告诉了班主任。班主任问清事情的缘由后,对陈立进行了批评教育,并在班上澄清了这件事,同时将有关情况向校长作了汇报。由于当时正面临放麦假,学校也没有进一步采取措施防止谣言继续扩散。

此时关于张华怀孕的谣言已经在校外传播,而且越传越难听。6 月 4 日下午 5 时左右,张华的母亲从街坊那里听说了这件事后,气得差点儿昏了过去。张华的母亲带着她来到镇上的医院作了检查,证明传说张华怀孕是谣言。6 月 7 日,张华的家长就此事找了学校,要求给张华恢复名誉,消除影响。校方意识到了此事的严重性,赶紧召开全校师生大会,当众澄清事实。但此时关于张华怀孕的谣言已传得满城风雨。6 月 24 日,张华愤然向法院提起诉讼。张华要求陈立和学校公开赔礼道歉,并在谣言传播区内为其恢复名誉,消除影响,赔偿其精神损失 3 万元。

被告陈立辩称,张华并未说明他告诉了哪些同学,再说半数以上的学生都知道,是否都是陈立传播的?

学校方面认为,张华、陈立均是 13 周岁,属限制行为能力人,而不是无行为能力人,学校没有过错,不应承担责任。校方提出,张华及其法定代理人应负有告知学校的义务,而张华在事隔半个月后才向班主任汇报,其家属在得知情况后也没有及时向校方反映,是自己拖延了时间。学校还认为,事发后,张华在 5 月 19 日参加了舞蹈节目,期末考试成绩由第一学期的第 35 名升为第二学期的第24名，因此她并没有受到实质性的精神损害。

二、本案争执的焦点问题

本案当事人对于谣言传播给原告造成名誉权的侵害这一事实没有争执。争执的焦点在于原告陈立是否应对所有谣言的传播行为承担全部的责任？被告学校应否承担责任？原告是否受到精神损害？

三、本案的事实与法律分析

本案是典型的名誉权侵权案例。被告陈立在原告明确告知其“我在衣服上别了个卡子，你别乱讲”的前提下故意捏造原告张华怀孕的消息并四处传播，而学校未及时处理此事，造成了原告张华社会评价的降低，给其带来精神损害，构成了名誉权侵权。

虽然学校超过半数的学生知道这一谣言可能不全是陈立直接传播的，但陈立作为故意捏造事实的谣言制造者、传播者仍应承担相应的侵权责任。而其他不知实情的重复传播者可能不是故意也不是恶意，在原告不能举证的情况下则不追究其侵权责任。被告学校属事发当时现场活动的组织者，在处理过程中，其拖延行为是有过错的，一定程度上造成了对原告精神的进一步损害。

原告是年仅13岁的女中学生，“体检中发现其怀孕”的谣言，在原告生活的农村地区显然会造成其社会评价的降低，并给原告造成精神损害。这种社会评价的降低主要适用“事实上的推定”的方法确认其存在。即当受害人的名誉权等人格权受到侵害时，一般性地推定存在社会评价之降低的损害后果，而不要求当事人予以举证和证明。至于原告所受到的精神损害，主要表现在因社会评价的降低导致其心理上（精神上）的痛苦，如感到愤怒、恐惧、焦虑、沮丧、悲伤、抑郁、绝望等不良情感。根据我国《民法通则》及《最高人民法院关于确定民事侵权精神损害赔偿责任若干问题的解释》的有关规定的精神，对于名誉权侵权责任的方式包含精神损害赔偿，而对于精神损害的认定，一般也是按照法律上的推定方式，即如果“一般的诚实善良之人”在此种侵权中会受到精神损害则推定受害人精神损害的存在，因此，本案被告学校以事发后原告参加了舞蹈节目及学习成绩有所上升为由认为原告并未受到精神损害的主张不能得到支持。

本案中被告陈立是限制行为能力人，根据《民法通则》第133条规定：“无行为能力人、限制行为能力人造成他人损害的，由监护人承担民事责任”，因此其侵权的民事责任由其监护人承担。

四、处理

法院经过调查认为,被告陈立的行为给原告造成了名誉侵权,应当承担责任。被告学校属事发当时现场活动的组织者,在处理过程中,其拖延行为一定程度上造成了对原告精神的进一步损害,应适当承担责任。

1999 年 12 月 10 日,法院判决:

1. 被告陈立的法定代理人(其父)在学校及原告所在村内以书面形式向原告公开赔礼道歉、消除影响、恢复名誉。

2. 被告陈立的法定代理人赔偿原告张华精神抚慰金 10,000 元。

3. 校方赔偿原告张华精神抚慰金 5000 元。

4. 驳回原告张华要求经济损失赔偿的请求。

一审判决后,被告陈立不服,向市中级人民法院提起上诉。经二审审理,判决驳回上诉,维持原判。

法院的判决是正确的。

第三节 其他人格权习作案例

案例一

甲与乙为某高校大二同宿舍的女学生,平素不睦。一次,甲外出,忘记将自己书桌抽屉锁好,乙借机翻看,见有甲的一本日记,便擅自翻阅。发现甲在日记中记载她对某男生的暗恋之苦,感到陷入苦闷而无力解脱。乙将相关内容复印成多份材料向本班及其他班级同学发放,又在课间在本班同学中宣读其中部分内容,甲内心受到极大伤害。为维护自己的合法权利,甲向法院提起诉讼,要求法院判令被告停止侵害、赔礼道歉、赔偿精神损失。

法律问题

1. 请作为甲的代理人说明甲的诉讼请求及事实与法律根据。
2. 作为乙的代理人发表代理意见。
3. 作为法官,本案应如何处理?

案例二

33 岁的蔡某是某幼儿园女教师,2004 年春节后,其在夜间不断接到好多陌生男子的电话,内容是与其交朋友,有的甚至直接要求约会外出,还有的出语下流。蔡某很吃惊,后经询问他们都是从某网站的某聊天室见到网名为

"蓝色妖姬"的人发出的关于希望"交友"的信息,并有蔡某姓名、电话、工作单位。但蔡某本人并未上网。蔡某的生活受到极大地骚扰,其丈夫对她的感情也受到影响。蔡某不堪其扰,遂向公安机关报案,公安机关通过技术手段,将正在某网吧上网的"蓝色妖姬"抓获,原来是蔡某丈夫的同事张某,因与蔡某丈夫在工作上有矛盾,就上网以蔡某名义发布交友信息。

法律问题

1. 张某的行为是否构成侵权? 为什么?
2. 如果构成侵权,侵害了蔡某的何种权利? 为什么?
3. 蔡某可主张张某承担何种法律责任?

案例三

1999年1月,家住北京市某区的90岁的张老太病逝,去世前的五年间其生活在某关怀医院。1999年5月,张老太的子女发现北京市各处张贴的某广告公司制作的某关怀医院的广告中,有张老太坐在轮椅上的大幅彩色照片。张老太的子女遂找到广告公司和关怀医院,要求停止使用张老太的照片,并赔礼道歉、赔偿损失。但关怀医院认为,照片是张老太在该院住院时拍摄的,虽未事先取得张老太或其子女同意,该院仍有使用权。交涉未果,张老太的子女遂将某广告公司及某关怀医院起诉到法院,要求两被告停止使用张老太的照片,并赔礼道歉、赔偿损失。

法律问题

1. 广告公司和关怀医院未事先取得张老太或其子女同意,是否有权使用张老太生前肖像? 为什么?
2. 广告公司和关怀医院的行为是否构成侵权? 侵害了谁的权利? 侵害的是何种权利? 为什么?
3. 作为法官,本案应如何处理?

案例四

原告范女士诉称,2003年,某杂志社第24期杂志上刊登了署名秦某的文章《现在娶我吧,不再做逃跑新娘》。该文详细叙述了原告的"恋爱"及最终"终成眷属"的过程。但是事实上,原告至今尚未结婚,何来眷属? 文中还称,原告是"萨克斯风第一人",这毁坏了原告在业界谦虚、低调的形象,有自吹自擂之嫌。原告认为,该文未经原告许可发表与事实相悖的内容,虚构捏造了大量的虚假事实,对原告的家庭、事业造成巨大伤害,严重影响了原告的正常生活,故要求某杂志社停止向社会发行,赠送该期杂志,在该杂志上公开赔礼道歉、消除影响、恢复名誉,并赔偿精神损失10万元。

被告某杂志社辩称,范女士陈述不实,该篇文章是范女士策划,并将简介提交给杂志社编辑叶某的。范女士同意公开她的情感故事,"终成眷属"只是感情故事的一种美好结局,原告在采访过程中也曾表示,很快就会结婚,所以不存在刊登虚假信息,给原告造成损害的事实。因此请求法院驳回原告诉讼请求。

经审理查明,范女士系女萨克斯风乐手,未婚。2003年12月,某杂志社在其第24期杂志上刊登了署名秦某的文章《现在娶我吧,不再做逃跑新娘》。文章对范女士学习萨克斯风的成长经历以及她的爱情故事进行了描述。该文引言提到"范女士从小喜爱萨克斯风……终于,成为中国萨克斯风第一人","……她追逐理想时,几次放弃结婚,但男友对她不离不弃,终成眷属"。另查明,在叶某采访原告时,原告曾书面表示"接受某报记者叶某采访,同意刊发稿件"。

法律问题

1. 在叶某采访原告时,原告曾书面表示"接受某报记者叶某采访,同意刊发稿件"。这是否说明杂志社最终所发稿件内容已经范女士审核并同意发表?

2. 被告的行为是否构成侵害原告名誉权?说明理由。

3. 原告的诉讼请求能否被支持?说明理由。

案例五

原告韩某与被告张某同在某国有大公司工作,张某原任该单位分公司党委书记,韩某任分公司工会主席。2001年2月27日晚,被告张某通过电视新闻了解到国务院总理朱镕基痛恨弄虚作假、贪污腐败,自认为该单位一处长刘某在工作安排、竞聘上岗等事项中有意排挤自己,为了收拾一下刘某给自己出一口气,于次日中午在家中用16K绿色方格信纸署名该单位韩某写信给国务院总理朱镕基,捏造事实诬告刘某在申报"全国劳模"时伪造印章,花费几十万元打通关节;私设"小金库",建立"账外账"挥霍公款一千多万元给自己买官、买名誉、买文凭,给亲戚朋友买工、买户口;花费公款十几万元指使他人为自己办私事。所捏造的内容足以使刘某受到刑事追究。后经有关部门调查,该信所反映的问题完全失实。

2001年6月17日,公安局处对此事立案侦查,查明是被告张某为诬告陷害该单位刘某而假冒原告韩某之名写此"举报信",张某亦承认此事实。

法律问题

1. 张某侵害了韩某的何种权利？说明理由。
2. 张某可要求韩某承担何种法律责任？

第五编　侵权责任法案例研究[1]

侵权责任法是民法的基本组成部分，着重解决民事主体的民事权利保护问题，是关于行为人对受害人遭受的损害承担责任的法律。传统大陆法系民法认为侵权行为是债的一种发生原因，将侵权行为法与合同法、不当得利及无因管理法律规范一起作为债法的组成部分。我国1986年颁布的《民法通则》未采取传统立法体例，而是把侵权行为从债权法中独立出来，放在"民事责任"一章中作单独规定，使侵权法具有了相对独立性。

传统大陆法系民法将侵权法置于债法之中，符合侵权行为产生的权利义务的本质，但是20世纪以来侵权法发展迅猛，内容不断扩张，具体侵权行为形式不断发展变化，在这种现实情况下，只有赋予侵权法在民法体系中的独立地位，才能更好地发挥其作用和功能。正是基于这样的考虑，2009年颁布的《侵权责任法》脱离了债法体系，成为一部具有独立地位的民事基本法。

《侵权责任法》首要解决的问题是其保护对象的范围问题，即哪些权益可以作为侵权行为的客体，获得《侵权责任法》的保护。我国《侵权责任法》第2条规定的保护对象范围极其宽泛，不仅保护民事权利和民事利益，并且具有开放性。但是，虽然《侵权责任法》未对作为其保护对象的权利和利益的条件作出限制，根据侵权法的基本法理，并不是所有的民事权利和民事利益均可以作为《侵权责任法》的保护对象，因此需要在理论及司法实务中对《侵权责任法》的保护对象予以限制。大陆法系民法根据保护对象的不同将民事责任分为两

---

〔1〕　本部分参考文献：王胜明主编：《〈中华人民共和国侵权责任法〉条文解释与立法背景》，人民法院出版社2010年版；杨立新：《侵权责任法》，法律出版社2010年版；程啸：《侵权行为法总论》，中国人民大学出版社2008年版；高圣平、管洪彦：《侵权责任法典型判例研究》，中国法制出版社2010年版；《最高人民法院公报》。

类,即违约责任和侵权责任。违约责任主要保护作为相对权的合同债权,侵权责任主要保护绝对性权利和利益,原则上不保护债权,只有在行为人明知债权人的债权而故意侵害时,侵权法才提供救济。同时《侵权责任法》保护的绝对权须是法律明确规定的权利。作为《侵权责任法》保护对象的民事利益,由于未上升为权利须受到更多的限制,一般只有被告故意侵害民事利益,方能要求其承担侵权责任;单纯过失侵害民事利益,一般不产生侵权责任。

侵权责任归责原则,是侵权责任法理论的核心,也是司法实务中处理侵权纠纷的基本准则。侵权责任归责原则解决的是依何种根据使加害人对受害人的损害负责的问题,这一根据体现了法律的价值判断。我国《侵权责任法》确立的归责原则体系包括过错责任、过错推定责任和无过错责任。过错责任是一般侵权责任的归责原则,是指行为人的主观过错是承担民事责任的根据,除法律另有规定外,没有过错不承担侵权责任的归责形式。过错推定责任是指只要加害行为与损害后果之间存在确定的因果关系,法律就推定行为人具有过错,行为人如果不能证明自己没有过错就须承担侵权责任的归责形式。无过错责任是指行为人致人损害,虽然主观上没有过错,但法律规定需要承担侵权责任的,则须依法承担侵权责任。相对于过错责任原则,过错推定责任和无过错责任是特殊归责原则,只有法律有明确规定时方能适用。除此之外,公平责任是否是侵权责任归责原则是一个争议较大的问题。根据《民法通则》及《侵权责任法》的规定,公平责任是指受害人和行为人对损害的发生都没有过错的,可以根据实际情况由双方分担损失。需要指出的是,理论界多数人认为公平责任不是归责原则,而是一项损失分担规则。

第二十一章 一般侵权责任案例研究

第一节 一般侵权责任案例研究的内容和方法

一、一般侵权责任概述

一般侵权责任是指适用过错责任归责原则的侵权责任。一般侵权责任的产生应同时具备以下四个要件:(1)加害行为必须具有违法性;(2)必须有损害事实的存在;(3)违法行为与损害事实之间必须有法律上的因果关系;(4)行为人必须具有过错。

行为人的行为造成了受害人的损害,如果存在免责事由,则行为人不须承担侵权责任。免责事由是被告针对原告的诉讼请求提出的证明原告的诉讼请求不成立或不完全成立的事实,也叫作抗辩事由。《侵权责任法》规定的免责事由包括:(1)受害人过错,包括受害人故意和受害人过失;(2)第三人过错;(3)不可抗力;(4)正当防卫;(5)紧急避险。除《侵权责任法》的规定外,学理还总结了其他免责事由:(1)依法执行职务;(2)自助行为;(3)受害人同意;(4)自甘冒险;(5)意外事件等。

侵权责任主要包括以下几种方式:停止侵害;排除妨害;消除危险;返还财产;恢复原状;赔偿损失;消除影响、恢复名誉;赔礼道歉等。这些方式可以单独适用,也可以合并适用。对于赔偿损失的项目及计算方法,《侵权责任法》及《人身损害赔偿解释》作了比较详细的规定。

二、一般侵权责任案例的种类

根据侵权责任保护客体的不同,一般侵权责任可以分为侵害人身权益的侵权责任、侵害财产权益的侵权责任、侵害知识产权的侵权责任和侵害其他权益的侵权责任。

(一)侵害人身权益的侵权责任

人身权益包括人身权利和人身利益,人身权利包括人格权和身份权。《侵权责任法》第2条明确列举的人格权包括生命权、健康权、姓名权、名誉权、肖像权、隐私权、婚姻自主权。除此之外,身体权、名称权等也应包括在内。

理论界提出一般人格权亦应成为《侵权责任法》保护的对象。所谓一般人格权，是与生命权等具体人格权相对应的概念，是法律采取高度概括的方式赋予民事主体享有的具有权利集合性特点的人格权，包括人格独立、人格平等、人格尊严、人格自由等内容。我国现行法律未明确规定一般人格权，司法实务也未确立这一权利，不过因为我国《民法通则》及《侵权责任法》一体保护民事权利和民事利益，作为一般人格权内容的各项利益可以直接作为人格利益予以保护，司法实务也大多采用这种方法。

《侵权责任法》第2条明确列举的身份权包括荣誉权、监护权。除此之外，有观点认为配偶权、亲权、亲属权等也应包括在内，不过当前司法实务对这些权利是否应予以保护做法并不一致。除人身权利外，人身利益也是《侵权责任法》保护的对象，如果受到侵害，行为人也应承担侵权责任。

（二）侵害财产权益的侵权责任

财产权益包括财产权利和财产利益。财产权利包括物权、债权和继承权。根据《物权法》的规定，物权包括所有权、用益物权和担保物权，用益物权包括建设用地使用权、土地承包经营权、宅基地使用权、地役权，担保物权包括抵押权、质权和留置权。这些物权受到侵害，受害人均有权要求行为人承担侵权责任。

继承权作为与人身密切相关的财产权，亦是侵权责任法的保护对象。如前文所述，只有行为人明知债权人享有债权而故意侵害的，才承担侵权责任。除财产权利之外，商业秘密等财产利益、占有等事实状态也是《侵权责任法》保护的对象。

（三）侵害知识产权的侵权责任

根据我国法律规定，知识产权包括著作权、专利权、商标专用权、发现权等权利，侵害知识产权，行为人须承担侵权责任。

（四）侵害其他权利的侵权责任

《侵权责任法》保护其他权利主要是社员权，股权是一项重要的社员权。股权，又称股东权，是股东基于股东资格享有的从公司获取经济利益并参与公司经营管理的权利，具有财产权和人身权双重属性。《侵权责任法》明确将股权列为保护对象，侵害股权的，行为人须承担侵权责任。

三、一般侵权责任案例研究的基本方法

研究一般侵权责任案例，大体上应按以下三个步骤：第一步是从一般侵权责任的四个构成要件入手，研究是否构成侵权行为；第二步是审查是否存在免责事由；第三步是结合具体案情确定行为人应承担的具体侵权责任方式。具体内容如下：

1. 查明损害事实。损害事实作为确定责任的一个因素,是侵权责任构成的前提,在民事案件中,无损害即无赔偿。无论何种类型的损害都必须具备两方面条件:一为事实方面的条件,即损害具有客观性;二为法律方面的条件,即损害具有法律上的可救济性,不仅损害需要达到一定程度,更为重要的是《侵权责任法》将该损害列入了可以赔偿的范围。

损害分为财产损害和非财产损害。财产损害是指财产的减少和经济利益的丧失,可以用一定数额的金钱来衡量,又可以区分为侵害财产权益的财产损失和侵害人身权益的财产损失。非财产损害又称精神损害,是指精神上的痛苦以及肉体上的疼痛等不具有财产价值,不能用金钱加以计算的损害。对于财产性损害,无论是因侵害人身权益所致还是侵害财产权益所致,加害人均应全部赔偿。精神损害赔偿的适用范围往往受到限制,根据《侵权责任法》的规定,只有行为人侵害了受害人的人身权益并造成了严重精神损害的情况下,受害人方有权要求赔偿。

2. 查明违法行为。违法行为包括行为和违法性两个要素。首先,侵权行为中的"行为"必须是人的意识可以控制的人的活动,如果不是人的活动,而是自然界的活动,虽然也可能引起一定的法律效果,但是未涉及人的活动,就不构成侵权行为。同时,这种活动必须是人的意识所能够控制和支配的。其次,侵权行为必须是具有违法性的行为。违法性是指行为在客观上与法律规定相悖,主要表现为三种情形:(1)违反法定义务;(2)违反以保护他人为目的的法律;(3)违背善良风俗。

违法行为包括作为行为和不作为行为,凡是法律禁止的行为,如果违反法律作为,便是作为的违法行为;凡是法律要求人们在某种情况下必须行为,如果负有该义务的人不履行义务,就是不作为的违法行为。不作为违法行为的前提是行为人负有某种特定作为义务,作为义务的来源主要有:法律的直接规定、职务上或者业务上的要求、合同、行为人先前的行为、善良风俗等。

3. 确定因果关系。《侵权责任法》上的因果关系是指加害行为与损害结果之间的引起与被引起的客观联系。因果关系是困扰理论界及司法实务的难点。当前司法实务及理论界摒弃了曾经在我国盛行的必然因果关系理论,引入国外比较成熟的理论,包括德国法的相当因果关系理论和英美法的事实因果关系和法律因果关系二分法等。分析具体的侵权责任案例时亦应借鉴这些成熟的理论。

4. 确定行为人的主观过错。过错是一种主观状态,包括故意和过失。故意是指行为人明知其行为的后果或者行为违反了某种义务而仍然有意为之的一种主观心理状态。过失是指行为人应注意并且能注意而不注意，或者对构成侵权责任的事实虽然预见其发生，但确信不会发生的一种主观心理状态。一般侵权责任案件中，过错是确定行为人是否承担侵权责任的最终要件。

我国理论界及司法实务界已形成共识，对过失的判断应采客观标准，即认定行为人是否具有过失时不再探究其内心意思，也不因行为人的年龄、性别、健康、知识水平等个人因素的不同而有差异，而是统一采纳某种基于社会共同生活需要而提出的客观标准（合理的人或善良管理人的标准），根据行为人的外在行为进行判断。

5. 注意有无免责事由。分析是否存在正当防卫、紧急避险、受害人过错等免责事由。如果有免责或减责事由，则应免除或减轻行为人的侵权责任。

6. 确定行为人应承担的侵权责任方式。依据一般侵权责任的构成要件和免责事由的法律规范及学理，结合具体案情，判断行为人是否应承担侵权责任。如果行为人须承担侵权责任，则要解决行为人承担何种方式的侵权责任，以及如何承担的问题。例如行为人侵害受害人的健康权，行为人应承担损害赔偿的侵权责任，赔偿的范围可能包括医疗费、护理费、交通费等必要费用以及误工收入；造成残疾的，还应当赔偿残疾生活辅助具费和残疾赔偿金；造成死亡的，还应当赔偿丧葬费和死亡赔偿金。如果给受害人造成严重精神损害的，还须进行精神损害赔偿。

四、一般侵权责任案例研究应注意的问题

（一）共同侵权行为的认定及连带责任问题

《侵权责任法》颁布之前，共同侵权行为一直是一个有较大争议的问题，《人身损害赔偿解释》将共同侵权行为界定为具有共同过错的主观共同侵权行为和虽然没有共同过错，但是数个行为直接结合在一起造成受害人同一损害的客观共同侵权行为两类。不过司法实务中，对于数个行为的结合到底是直接结合还是间接结合没有确定的标准。《侵权责任法》摒弃了《人身损害赔偿解释》的做法，将直接结合的数人侵权行为排除在了共同侵权行为之外。根据《侵权责任法》的规定，共同侵权行为包括：

1. 共同加害行为，是指二人以上共同造成他人损害，承担连带责任的侵权行为。理论界普遍认为《侵权责任法》规定的共同加害行为限于具有共同过错的数人侵权，其中共同过错包括共同故意和共同过失。

2. 教唆、帮助行为。教唆、帮助他人实施侵权行为造成受害人损害的，由教唆人、帮助人与行为人承担连带责任。需要注意的是，被教唆人和被帮助人是完全民事行为能力人的，才构成共同侵权；如果被教唆人和被帮助人是无民

事行为能力人或限制民事行为能力人，则由教唆人、帮助人承担侵权责任，该无民事行为能力人、限制民事行为能力人的监护人未尽到监护职责的，承担相应的责任，不构成共同侵权。

3.共同危险行为，是指二人以上实施危及他人人身、财产安全的行为，其中一人或数人的行为造成受害人损害，不能确定具体侵权人，由行为人承担连带责任的情形。

4.叠加的共同侵权行为，是指二人以上分别实施侵权行为造成受害人同一损害，每个人的侵权行为都足以造成全部损害，行为人承担连带责任的情形。

共同侵权行为人对受害人承担连带责任，意味着他们都有义务向受害人承担全部赔偿责任，受害人有权请求部分或者全部连带责任人承担责任。连带责任人对外承担整体责任，不分份额，对内应依其主观过错程度和行为的原因力不同，对自己的责任份额负责。难以确定责任大小的，平均承担赔偿责任。支付超出自己赔偿数额的连带责任人，对其他连带责任人享有追偿权。需要注意的是，连带责任人内部基于共同协议免除或减轻某些行为人的责任，对受害人不产生效力，不影响连带责任的适用。

(二)过失相抵问题

过失相抵，又称与有过失、混合过错，是指当受害人对于损害的发生或者损害结果的扩大具有过错时，依法减轻或者免除行为人的侵权责任的制度。《侵权责任法》在免责和减责情形部分规定，受害人对于损害的发生也有过错的，可以减轻行为人的责任；损害是由受害人的故意造成的，行为人不承担责任。《人身损害赔偿解释》第2条规定，受害人对同一损害的发生或者扩大有故意、过失的，可以减轻或者免除赔偿义务人的赔偿责任。但行为人因故意或者重大过失致人损害，受害人只有一般过失的，不减轻赔偿义务人的赔偿责任。在适用无过错责任原则的案件中，受害人有重大过失的，可以减轻赔偿义务人的赔偿责任。

(三)损益相抵问题

损益相抵，是指损害赔偿请求权人因同一赔偿原因事实受有利益时，应当将所受利益从所受损害中予以扣除，进而确定损害赔偿范围的一项制度。需要注意的是，人身伤亡损害赔偿案件中，工伤保险待遇、保险赔偿金、慰问金、抚恤金等不属于赔偿权利人获得的利益，不得扣除。侵害财产权益的案件中，被侵害物的残余体、节省的费用、因损害赔偿事实原因得以避免的损失或者获得的利益应当在赔偿范围中予以扣除。

(四)侵害胎儿利益问题

对于未出生的胎儿的人格利益,例如身体,进行侵害,很多国家和地区的立法或司法都予以保护。我国《民法通则》规定,自然人的民事权利能力始于出生,胎儿并不具有民事权利能力,因此其受到侵害,是否有权要求行为人赔偿是一个有争议的问题。《侵权责任法》第2条第2款保护的“民事权益”中,是否包括胎儿的人格利益,条文中亦未明确规定,不过专家学者均认为该款包括胎儿的人格利益。当然,对于胎儿人格利益保护的具体规则仍需要学理或司法实践予以明确。理论界获得较多支持的观点是:如果胎儿在母体中因他人侵权受到损害,在胎儿出生后,可作为独立的诉讼主体提出请求,要求赔偿;如果胎儿因侵权而流产或变成死体,只能由母亲提出赔偿请求。

(五)侵害死者利益问题

《民法通则》规定自然人的民事权利能力终于死亡,因此死者不是民事权利主体。但是死者的人格利益仍应当在一定程度上受到保护,因为对死者人格利益的侵害,将会直接导致与死者具有特定关系的生者的人格利益受损。同时,为了避免对人们行为自由的不当限制,法律又须对死者利益的保护进行必要的限制。《精神损害赔偿解释》第3条规定:“自然人死亡后,其近亲属因下列侵权行为遭受精神痛苦,向人民法院起诉请求赔偿精神损害的,人民法院应当依法予以受理:(一)以侮辱、诽谤、贬损、丑化或者违反社会公共利益、社会公德的其他方式,侵害死者姓名、肖像、名誉、荣誉;(二)非法披露、利用死者隐私,或者以违反社会公共利益、社会公德的其他方式侵害死者隐私;(三)非法利用、损害遗体、遗骨,或者以违反社会公共利益、社会公德的其他方式侵害遗体、遗骨。”《侵权责任法》第2条第2款保护的“民事权益”中,虽然没有明确规定包括死者利益,但是专家学者均认为死者利益包括在内。

(六)精神损害赔偿问题

哪些损害是法律上承认的具有可补偿性的精神损害,各国立法及司法实践有不同认识。《精神损害赔偿解释》规定,精神损害赔偿适用侵害自然人以下权益的情况:生命权、健康权、身体权;姓名权、肖像权、名誉权、荣誉权;人格尊严权、人身自由权;隐私和其他人格利益;监护权;死者的姓名、肖像、名誉、荣誉、隐私、遗体、遗骨;具有人格象征意义的特定纪念物品。根据该司法解释,法人没有精神损害问题,并且侵害具有人格象征意义的特定纪念物品的,也可以请求精神损害赔偿。《侵权责任法》规定侵害他人人身权益,造成他人严重精神损害的,受害人可以请求精神损害赔偿。该规定将精神损害赔偿的范围限于侵害他人人身权益,侵害财产权益不在精神损害赔偿范围之内。

根据《精神损害赔偿解释》,赔偿数额的认定应当根据以下因素确定:侵权人的过错程度;侵害的手段、场合、行为方式等情节;侵权行为所造成的后果;侵权人的获利情况;侵权人承担责任的经济能力;受诉法院所在地的平均生活水平。

一般侵权责任案例研究涉及的主要法律法规:

1.《侵权责任法》;

2.《民法通则》;

3.《最高人民法院关于贯彻执行〈中华人民共和国民法通则〉若干问题的意见(试行)》(以下简称《民通意见》);

4.《最高人民法院关于确定民事侵权精神损害赔偿责任若干问题的解释》(以下简称《精神损害赔偿解释》);

5.《最高人民法院关于审理人身损害赔偿案件适用法律若干问题的解释》(以下简称《人身损害赔偿解释》)。

第二节　一般侵权责任典型案例研究

一、案情介绍

2004年8月18日晚5点左右,出租车司机小张载着两个40岁左右的中年男乘客在抚顺市的马路上行驶,突然,乘客把一把尖刀架到了小张的脖子上,小张尽量跟他们周旋,把钱全给了他们。但是,劫匪看到没有多少钱,就又提出让他把车往远处开。小张惊恐万状。他假装答应,却走走停停,四处观望。一辆迎面驶来的警车让小张眼前一亮,小张怕警察注意不到自己,就迎着警车撞了上去,撞车后,从警车上跳下几名民警,将劫匪抓获。事后小张才知道,原来那辆被他撞的警车,正是接到另一出租车司机的报警后赶来营救他的。但这一切,处于危急之中的小张无从得知。

事后,抚顺市公安局交巡支队望花区交巡大队按照普通交通事故处理标准对"出租车撞警车"进行了处理。事故中,出租车负有100%责任,赔偿了警车的修理费用共计700元。半个月后,事发时警车的驾驶员警察以在事件中受伤为名向出租车主小张索要医药费470元,小张拒绝支付这笔费用,认为自己用撞车的方式报警属于紧急避险,不应承担该费用。最后,在抚顺市交巡大队的大队长出面"协调"后,小张给了这名警察500元,在签订的《交通事故结案甲乙双方当事人协议书》中标明:小张支付的500元为“情意费”,此后该事故一次性结案,并且双方今后不再反悔。

二、本案争执焦点问题

本案中,被劫匪劫持的出租车司机小张以撞车的方式报警,撞伤驾驶警车的警察,受伤警察以“出租车撞警车为普通交通事故,出租车在此事故中负100%责任”为由要求小张承担医药费,而小张认为在自己生命及财产安全面临危险时迫不得已以撞警车方式报警,属于紧急避险,是合法行为,不应承担警察的医药费。可见,本案争执焦点问题有二:一是小张开车撞警车的行为是何性质?即该行为是警察主张的机动车交通事故这一侵权行为还是小张主张的紧急避险这一合法行为?二是警察在事故发生时受伤,应由谁来承担责任?该问题只有解答前一问题后才能作出判断,即如果撞车行为属于侵权行为,则小张应承担侵权责任;如果认定为紧急避险,紧急避险属于免责事由,则小张不需承担责任,应由相应的责任人承担责任。

三、本案的事实与法律分析

机动车交通事故责任是机动车驾驶人在道路上驾驶机动车造成他人人身或者财产损失应承担的侵权责任。机动车交通事故责任中,机动车之间的交通事故责任适用过错责任原则,按一般侵权责任处理,因此其构成要件包括:(1)行为必须具有违法性,即行为人有违反交通规则的行为;(2)必须有损害事实的存在;(3)违法行为与损害事实之间必须有因果关系;(4)行为人必须有过错。

紧急避险是为了使公共利益、本人或者他人人身、财产权益免受正在发生的危险不得已采取损害他人权益的行为。紧急避险不能超过必要限度,这个限度是紧急避险所引起的损害要小于所避免的损害。因此,紧急避险须具备三个条件:险情客观存在、为了避险不得已采取加害行为、不能超过必要限度。

本案中,从表面看似乎具备了交通事故责任的构成要件:出租车司机撞车的行为违反了交通规则,直接造成警车被损、警察受伤的损害结果,并且出租车司机具有主观故意。但同时我们应注意到,出租车司机故意撞警车不是为了故意去撞坏警车、撞伤警察,而是在劫匪的尖刀架在脖子上、拿出的钱不足以满足劫匪而面临被劫车害命的危险情况下,为保护自己的生命而撞车报警,这种情形符合紧急避险的条件,即险情客观存在、为了避险不得已采取撞车报警行为、避险所引起的损害比所避免的损害轻(为避险造成的警车损坏带来的700元修理费损失和受伤警察470元医药费的损失要远远小于所避免的损害——生命的丧失)。因此,本案中出租车撞警车的行为构成紧急避险,不是侵权行为。

案件发生当时的法律《民法通则》第129条规定:“因紧急避险造成损害的,由引起险情发生的人承担民事责任。”本案中出租车司机在紧急避险中造成的警车及警察的损失应由引起危险发生的人即劫匪承担,不应由紧急避险的出租车司机承担。(《侵权责任法》对紧急避险作了与《民法通则》相同的规定)

实际上,警察作为国家公务员,对处于危险中的人予以救助是其应履行的职责。本案中,警察接到报警后前去救助被劫持的出租车司机,在此过程中受到的损害,属于在执行公务中受到的伤害,应当依据我国关于国家公务员的有关法律法规或政策,由所在单位予以救济,警察向出租车司机索赔于法无据。

四、处理

本案中出租车司机赔偿了警车的修理费700元,并由不自愿到“自愿”支付给受伤警察500元“情意费”。通过上述分析可以看到,从法律上来讲,出租车司机的行为属于紧急避险,不构成侵权,因此对警察的损失没有赔偿责任。当然现实生活中,如果出租车司机自愿支付“情意费”,可以认定为赠与行为,在法律上当然许可并承认其行为的法律效力,但是如果出租车司机不是自愿支付,而是受胁迫所为,或公安局有其他使出租车司机违背真实意思的行为,则出租车司机可以根据民事行为的相关法律规定维护自己的权益。

第三节 一般侵权责任习作案例

案例一

2002年8月,某小区为集中安装太阳能热水器,在楼顶堆放一些建筑材料。一天夜晚,小区内四个成年男性居民到楼顶边喝啤酒边乘凉。酒喝多后,他们开始在楼顶上扔石子玩,开始向上扔,后来又往楼下丢。恰巧居民马某从此经过,其中一个石子砸在头上,当即昏倒。后马某住院治疗,发生各种费用达6万元。马某无法确定四个人中是哪个人扔下的石子砸中他,而当时四个人都扔过石子,于是便把四个人全部告上法庭,要求他们承担连带赔偿责任。

法律问题

1. 其中一名被告如能证明自己不是致害人,但是不能确定具体致害人,他是否仍要承担赔偿责任?

2. 谁应向马某承担赔偿责任? 为什么?

3. 如果能确定具体致害人,致害人能否以自己喝醉酒没有意识免责? 为什么?

案例二

2004 年 4 月 28 日,李老太在回家经过北京朝阳区某 25 层高楼南侧的消防通道时,清洁工魏某从楼上跳楼自杀,正好砸在李老太头上,二人当场死亡。经调查,案发楼的部分楼层通往南阳台的门没有上锁,使魏某能走到南阳台跳楼;此外南消防通道没有塑料顶棚等任何安全防护措施。该楼属朝阳区国土资源和房屋管理局所有,委托朝阳区物业管理公司管理。李老太的两个子女认为该楼的产权及管理单位未对物业存在的危及人身的重大安全隐患进行及时维修和安全管理,对魏某跳楼砸死李老太负有责任,起诉至法院要求朝阳区物业管理公司、朝阳区国土资源和房屋管理局左家庄房管所和朝阳区国土资源和房屋管理局连带赔偿经济损失和精神抚慰金共计 14 万余元。

对李老太亲属的要求,朝阳区物业管理公司表示,李老太的死是魏某自杀造成的,魏某不是自己的员工,与该公司没有关系,不同意赔偿。左家庄房管所称,事发地不在自己辖区内,自己没有修缮义务。朝阳区国土资源和房屋管理局表示,既然前两个被告都不承担责任,自己就更不该有什么责任。三方都认为,自杀是个社会问题,任何单位和家庭都难以预防。

法律问题

1. 三被告应否对李老太的死亡承担赔偿责任? 为什么?

2. 魏某应否对李老太的死亡承担赔偿责任? 如应承担,魏某已死亡,该赔偿责任如何承担?

3. 如果你认为魏某、三被告中有两人以上应承担责任,应否承担连带责任?

案例三

2004 年,林某和周某先后在一条街上相邻的位置开了快餐店,林某经营有方,生意红红火火。周某则门庭冷落,生意无法继续下去,他于是决定改开花圈店。因周某对林某生意红火有气,便在开店后,将样品花圈放在与林某饭店相邻的一侧。林某发现后,为了不影响自己的生意,用一张薄席拦在自己这边,使来店吃饭的客人不致直接看到摆放的花圈。但是周某随即架高花圈,林某只得随之架高薄席。周某最后将样品花圈吊在屋檐上,使林某无法继续遮挡。林某的生意日渐萧条,遂起诉周某恶意摆放花圈,影响其正常经营,要求法院判决周某停止侵害,赔偿损失。

法律问题

1. 周某的行为是否构成侵权？为什么？

2. 如果构成侵权，周某的行为侵害了林某的何种权益？应承担怎样的法律责任？

案例四

1940年，吉文贞以"荷花女"的艺名参加天津"庆云"戏院成立的"兄弟剧团"演出，从此便以"荷花女"艺名在天津红极一时，1944年病故，年仅19岁。魏某自1986年开始，以"荷花女"为主人公创作小说，同年2月至6月，曾先后三次到吉文贞母亲陈某家了解其生平。魏某随后创作完成小说《荷花女》，小说使用了吉文贞的真实姓名和艺名，其母在小说中被称为陈氏。小说虚构了吉文贞从17岁到19岁两年间，先后同三人恋爱、商谈婚姻，并三次接受对方聘礼，并且其中一人已婚，吉文贞"百分之百地愿意"做妾的情节。小说还虚构了吉文贞先后被当时的两个天津帮会头头、大恶霸奸污而忍气吞声不予抗争的情节。小说最后影射吉文贞系患性病打错针而死。同时，小说虚构了陈某同意女儿做妾和接收聘礼的情节。小说完稿后，魏某未征求陈某等吉文贞亲人的意见，即投稿《今晚报》。《今晚报》自1987年4月18日开始在副刊上连载该小说，并加了插图，截至同年6月12日刊登完毕，共计连载56篇。

小说连载过程中，陈某及其亲属以小说插图及虚构情节有损吉文贞的名誉为理由，先后两次到《今晚报》报社要求停载。《今晚报》报社对此表示，若吉文贞的亲属写批驳小说的文章，可予刊登；同时以报纸要对读者负责为理由，将小说题图修改后，继续连载。

陈某于1987年6月向天津市中级人民法院提起诉讼，称被告魏某未经原告同意，在其创作发表的小说《荷花女》中故意歪曲并捏造事实，侵害已故艺人吉文贞和原告的名誉。《今晚报》报社在原告要求其停止刊载时未予停载。故要求魏某及《今晚报》报社赔礼道歉、消除影响、赔偿精神损害及经济损失。被告魏某辩称：《荷花女》为小说体裁，作者有权虚构。创作小说的目的，是通过对荷花女悲惨命运的描写，使读者热爱新社会、痛恨旧社会。小说并未损害荷花女形象，而是美化抬高了她的形象，故不构成侵权。且吉文贞本人已故，原告陈某与本案无直接利害关系，无权起诉。被告《今晚报》报社辩称：报社不负有核实小说内容是否真实的义务，如该小说构成侵权，按"文责自负"原则，责任应由作者本人承担。并且吉文贞早已死亡，保护死者名誉权没有法律依据。

法律问题

1. 死者的人格利益是否应受到保护?

2. 如果死者的人格利益应受到保护,本案中原告陈某是否有权提起诉讼?

3. 如果死者的人格利益应受到保护,本案中被告魏某是否应承担侵害死者名誉的侵权责任? 为什么? 本案中被告报社是否应承担侵害死者名誉的侵权责任? 为什么?

案例五

杨某系被告上海某公司员工。2000 年 10 月 16 日,被告公司某职工在工作过程中违规作业,从高处抛掷钢管,将正在现场作业的杨某头部砸伤,导致其高度颅脑外伤、外伤性尿崩症等。经有关机构鉴定,杨某伤残程度 4 级。杨某与被告公司发生工伤保险赔偿纠纷,经劳动仲裁和法院判决,被告公司已就杨某的工伤事故承担了一定的费用。根据有关医院证明,杨某须长期服用药物,根据司法部作出的司法鉴定结论,杨某需要护理 12 个月、营养 8 个月。杨某之子尚 8 周岁,杨某之母 57 周岁,系肢体残疾人。杨某起诉要求被告公司赔偿护理费、因伤残造成的收入损失、长期服药费用、被抚养人(杨某之子)及被赡养人(杨某之母)生活费、精神抚慰金。被告公司辩称:原告系因工受伤,已获得工伤保险赔偿,要求再行赔偿缺乏依据。

法律问题

1. 被告是否有权以原告已享受工伤保险赔偿拒绝赔偿? 为什么?

2. 被告是否应承担赔偿责任?

3. 如果被告应承担赔偿责任,是否应赔偿杨某主张的各项赔偿项目?

案例六

徐某于 1983 年 8 月到被告上海某公司工作,双方签有正式劳动合同,1996 年双方签订无固定期限劳动合同。2001 年 1 月 4 日,徐某向其主管领导提交书面辞职报告,主管领导于同年 1 月 8 日在辞职报告上签字同意,徐某按要求进行了工作交接。徐某离开被告公司后,在求职过程中多次遇到用人单位起初同意录用,但随后又以各种理由拒绝录用的情况。2005 年 2 月,徐某又到上海某公司应聘,面试合格后,该公司以徐某曾因违反劳动纪律被原单位解除劳动合同为由,拒绝录用原告。徐某此时才知道被告公司在为自己办理退工手续时,注明是因违纪被解除劳动合同。

徐某认为双方解除劳动合同后,被告公司对已不属于其职工的自己再以违反劳动纪律为由作出解除劳动合同的决定无效,并且徐某事实上也根本没有违反劳动纪律的行为,被告公司的行为侵害了自己的名誉权,并对自己的求职造成影响,因此起诉请求法院判令被告公司停止侵害自己的名誉权,向自己书面赔礼道歉、消除影响,并赔偿经济损失和精神损害。被告公司辩称:徐某的辞职申请应向公司劳动人事部门提出,并由劳动人事部门决定是否与其解除劳动合同。原告在向其主管领导提出辞职后,被告曾两次发函通知原告前来办理有关手续,但原告未来办理,故被告未与原告解除劳动合同。直到2004年5月,因原告持续旷工,被告以原告违纪解除了与原告的劳动合同,因此请求驳回原告的诉讼请求。

法律问题

被告是否侵害了原告的名誉权？为什么?

第二十二章　特殊责任主体的侵权责任案例研究

第一节　特殊责任主体的侵权责任的内容和方法

一、特殊责任主体的侵权责任概述

《侵权责任法》第四章是"关于责任主体的特殊规定",主要规定责任主体与行为主体相分离的特殊侵权责任,即替代责任问题。替代责任是指责任人因与致害人之间存在的某种关系而需要对致害人造成的损害承担的侵权责任。自己责任是《侵权责任法》的基本原则,因此如须对他人的行为承担替代责任,就必须在《侵权责任法》上有法律的明确规定。

替代责任的构成要件包括:

1. 替代责任人与致害人之间存在特定关系。一般表现为监护、隶属、雇佣、代理等关系。

2. 替代责任人应处于特定的地位。这种特定地位表现为替代责任人在其与致害人的特定关系中所处的带有支配性质的地位,它决定了替代责任人为致害人的损害后果负责的义务的产生。

3. 致害人应处于特定状态。分为两种基本情况:一是当致害人属于责任人事业或组织的成员的时候,致害人的特定状态是执行职务;二是当致害人是被监护人时,其特定状态是在监护人的监护之下。

二、替代责任的种类

(一)监护人责任

监护人责任,又称法定代理人责任,是指无民事行为能力人或者限制民事行为能力人致人损害,由其监护人承担赔偿责任的特殊侵权责任。《侵权责任法》明确规定了监护人责任,即无民事行为能力人和限制民事行为能力人造成他人损害的,由监护人承担民事责任。同时规定造成损害的被监护人有财产的,从本人财产中支付赔偿费用,不足部分,由监护人补足。

(二)用人者责任

根据《侵权责任法》的规定,用人者责任包括用人单位责任、劳务派遣责任和个人劳务责任。

用人单位责任是指用人单位的工作人员因执行工作任务造成他人损害，由用人单位作为赔偿义务人承担赔偿责任的特殊侵权责任。用人单位包括企业、事业单位、国家机关、社会团体，也包括个体经济组织等。

劳务派遣责任是指在劳务派遣期间，被派遣的工作人员因执行工作任务造成他人损害的，由接受劳务派遣的用工单位承担责任，劳务派遣单位有过错的情况下承担相应补充责任的特殊侵权责任。

个人劳务责任是指在个人之间形成的劳务关系中，提供劳务一方在执行劳务过程中，因劳务活动造成他人损害，由接受劳务一方承担替代责任的特殊侵权责任。需要指出的是，《侵权责任法》未规定个人劳务责任是否限于个人之间的有偿劳务关系，理论界对此有争议。立法部门出版的条文解释著作中认为个人劳务责任限于有偿劳务关系，这种解释不具有法律约束力，不过具有较高的参考价值。

(三)网络服务提供者责任

网络侵权责任包括网络用户和网络服务提供者的一般侵权责任和网络服务提供者的连带责任，前者属于一般侵权责任范畴，后者属于特殊侵权责任，也是本部分研究的内容。网络服务提供者承担连带责任，适用两种情形。

1. 提示规则。网络用户利用网络服务实施侵权行为，被侵权人知道后向网络服务提供者提示，告知侵权情形，通知其采取删除、屏蔽、断开链接等必要措施，网络服务提供者接到通知后未及时采取措施的，对损害的扩大部分与该网络用户承担连带责任。

2. 明知规则。网络服务提供者知道网络用户利用其网络服务侵害他人民事权益，未采取必要措施的，与该网络用户承担连带责任。

(四)安全保障义务人责任

安全保障义务人责任，是指对他人负有安全保障义务的人，违反该义务，直接或间接造成他人人身或财产权益损害应承担的侵权责任。根据《侵权责任法》的规定，安全保障义务人包括两类主体：宾馆、商场、银行、车站、娱乐场所等公共场所的管理人和群众性活动的组织者。

安全保障义务的目的是为了保护他人的人身和财产安全，其主要内容是作为，即要求义务人采取一定的行为来维护他人的人身或者财产免受侵害。这种义务可能来源于法律的明确规定，也可能来源于合同约定，还可能基于诚实信用原则产生。安全保障义务分为两类。

1. 防止他人遭受义务人侵害的义务。指安全保障义务人负有的不因自己的行为直接使得他人受到侵害的义务。未尽到该义务造成损害的，义务人应当承担侵权责任,这一责任属于一般侵权责任。

2. 防止他人遭受第三人侵害的义务。指安全保障义务人负有的不因自己的不作为而使他人的人身或者财产遭受自己之外的第三人侵害的义务。未尽到该义务,第三人造成受害人损害的,安全保障义务人须承担相应的补充责任。这一责任属于替代责任。

(五)教育机构责任

教育机构责任是指无民事行为能力或者限制民事行为能力的学生在幼儿园、学校或者其他教育机构学习、生活期间,受到人身损害,教育机构承担赔偿责任的特殊侵权责任。《侵权责任法》规定了三种情形。

1. 无民事行为能力的学生在教育机构学习、生活期间受到人身损害的,教育机构承担侵权责任,但能够证明尽到教管职责的,不承担责任。

2. 限制民事行为能力的学生在教育机构学习、生活期间受到人身损害,教育机构未尽到教管职责的,承担侵权责任。

3. 无民事行为能力或者限制民事行为能力的学生在教育机构学习、生活期间受到第三人人身损害的,由侵权人承担侵权责任,教育机构未尽到管理职责的,承担相应的补充责任。

三、替代责任案例研究的基本方法

相较于一般侵权责任案例,替代责任案例分析方法有自己的特点。首先需要判断案件类型,即根据当事人之间的关系判断该案件属于何种替代责任类型,其次依据法律规定的该替代责任的归责原则、构成要件及免责事由等判断被告是否承担侵权责任,最后确定责任人须承担的侵权责任的方式。具体内容如下:

1. 确定替代责任类型。替代责任是不同于一般侵权责任的特殊侵权责任。每一种替代责任的归责原则、构成要件、免责事由及责任性质均有所不同,因此分析此类案例,须首先确定该案件不属于一般侵权责任案件,而是替代责任案件,然后确定该案件属于何种具体替代责任类型。

2. 确定被告是否承担替代责任。每一类型的替代责任均有自己的归责原则及构成要件,例如用人单位为其工作人员行为承担替代责任,首先须看作为致害人的工作人员的行为是否构成侵权行为,如果工作人员的致害行为属于一般侵权行为,则该行为须满足一般侵权责任的构成要件;如果属于特殊侵权行为,则该行为须满足特殊侵权责任的构成要件,并且不存在免责事由。只有工作人员的致害行为构成侵权行为,用人单位才可能承担替代责任。其次,工作人员造成损害的行为必须是执行工作任务的行为,如果是个人行为,用人单位不须负责。用人单位承担的是无过错责任,因此用人单位不能通过证明自己没有过错免责。

3. 确定责任性质。不同类型的替代责任,责任人承担的责任性质不同。例如监护人和用人者承担的替代责任是单独责任;网络服务提供者承担的替代责任是连带责任;安全义务保障人承担补充责任;教育机构对内部人员的致害行为承担单独责任,对第三人的致害行为承担补充责任。确定被告承担替代责任后,须依法确定其承担何种性质的责任。

4. 确定责任的方式。确定被告承担替代责任后,最后须确定替代责任人承担的责任方式以及如何承担的问题。例如被监护人的行为导致受害人财产损失,监护人承担替代责任,须向受害人赔偿财产损失,以损失发生时的市场价格或以其他方式确定赔偿数额。

四、应注意的问题

(一)替代责任的性质

不同类型的替代责任案件中替代责任人承担的责任性质不同,分析替代责任案例,必须掌握不同替代责任中责任人承担的责任性质。

根据《侵权责任法》的规定,一般情况下监护人对被监护人的致害行为承担单独责任,致害的被监护人不承担责任;如果被监护人有财产的,监护人承担补充责任。

用人单位对工作人员的致害行为承担单独责任,工作人员不承担责任,至于用人单位是否有权向工作人员追偿,法律未作明确规定,须具体情况具体分析。并且用人单位即使享有追偿权,也是内部责任问题,工作人员不对原告直接承担责任。劳务派遣关系中,一般情况下用人单位对被派遣者的致害行为承担单独责任,劳务派遣单位有过错的,用人单位仍须承担责任,劳务派遣单位承担相应的补充责任。个人劳务关系中,劳务接受者对劳务提供者的致害行为承担单独责任,劳务提供者对受害人不承担侵权责任。

网络服务提供者对网络用户的致害行为承担的替代责任是连带责任,即对于网络用户的致害行为,符合法律规定的条件时,网络服务提供者和网络用户一起对原告承担连带责任。

安全保障义务人对第三人的致害行为承担的替代责任是补充责任,即第三人致害的,首先由第三人承担侵权责任,无法找到第三人或第三人没有能力承担全部赔偿责任时,未尽安全保障义务的义务人承担相应的补充责任。

教育机构对第三人的致害行为承担的替代责任亦是补充责任,即第三人造成无民事行为能力或限制民事行为能力的学生损害的,首先由第三人承担侵权责任,找不到第三人或第三人没有能力承担全部赔偿责任时,未尽管理职责的教育机构承担相应的补充责任。需要注意的是,教育机构内部的学生、教职工等内部人员对无民事行为能力或限制民事行为能力的学生致害的,教育机构对受害人承担的责任也是替代责任,教育机构承担的这一替代责任是单独责任。

(二)归责原则

相较于一般侵权责任,替代责任的特殊性不仅体现在责任人与行为人的分离上,也体现在归责原则上。不同类型的替代责任,归责原则也不同。

监护人责任不能简单地归为无过错责任或过错推定责任。因为监护人如果能够证明自己尽到监护责任的,只能减轻其侵权责任,不能免除责任,所以不同于一般的过错推定责任,也有别于无过错责任。

用人单位责任的归责原则为无过错责任,即只要其工作人员执行工作任务的行为构成了侵权行为,用人单位就须承担替代责任,并不要求用人单位对工作人员的选任、监督存在过错,用人单位即使能够证明自己在选任、监督上尽了相当的注意义务也不能免责。劳务派遣关系中,用工单位对工作人员的致害行为承担的替代责任适用无过错责任原则,劳务派遣单位承担的则是过错责任。个人劳务责任适用的是无过错责任原则,即接受劳务一方不能通过证明自己没有过错免责。

网络服务提供者承担的替代责任适用过错责任原则,网络服务提供者只有具有过错,才对网络用户的侵权行为承担替代责任。不过网络服务提供者的过错采客观判断标准,经受害人提示仍不采取必要措施,或知道网络用户的侵权行为仍不采取必要措施的,就可以认定网络服务提供者具有过错,应与侵权的网络用户承担连带责任。

安全保障义务人对第三人侵权承担的替代责任适用过错责任原则,第三人致害的,安全保障义务人只有未尽到安全保障义务才承担补充责任。

教育机构对自己的学生、教职工等内部人员侵害无民事行为能力学生的致害行为,承担的替代责任适用过错推定责任;侵害限制民事行为能力的学生,适用过错责任。教育机构对第三人侵权承担的替代责任适用过错责任原则,即第三人致害未成年学生的,教育机构只有未尽到管理职责才承担补充责任。

五、特殊责任主体的侵权责任案例研究涉及的主要法律法规

1.《侵权责任法》;

2.《民法通则》;

3.《民通意见》;

4.《人身损害赔偿解释》。

第二节 特殊责任主体的侵权责任典型案例(一)

一、案情介绍

曙光学校是民办寄宿制小学,对在校学生实行封闭式管理。2004 年 6 月 13 日,吴凯与朱超的父母分别与曙光学校签订入学协议书,送吴凯、朱超入学。同年 9 月,吴凯和朱超成为曙光学校一年级一班学生,在同一宿舍住宿。同年 12 月 17 日晚 10 时许,学校已进入熄灯就寝时间,吴凯和朱超在宿舍内各自床上并未入睡,学校老师未注意到学生未按规定就寝。朱超将一枚橘子扔到吴凯右眼上,导致吴凯右眼受伤。吴凯受伤后哭泣,老师发现后立即送吴凯到校医务室治疗,但是一直未带吴凯到其他正规医院诊治。12 月底,曙光学校将吴凯受伤一事通知其父母。吴凯的父母带吴凯先后到几家医院治疗,花去医疗费、交通费、住宿费等共计 4 万余元,吴凯的眼睛仍留下残疾。为给吴凯治疗,朱超的父母垫支过 500 余元,曙光学校垫支过 1 万元。

吴凯的父亲作为法定代理人代理吴凯起诉要求朱超和曙光学校共同赔偿吴凯的各项损失。朱超的父亲作为法定代理人代理朱超答辩,认为朱超是无民事行为能力人,在校期间父母对其无法履行监护职责,监护职责已经转移给学校。曙光学校实行封闭式管理,对在校寄宿的学生负有监护职责,应当对原告在校期间遭受的损害承担赔偿责任。另外,吴凯受伤后,曙光学校救治不力,延误了治疗,扩大了损失,据此也应承担责任。曙光学校辩称,未成年人的监护人是其父母,只有监护人才对未成年人负有监护职责。监护职责不能随便转移给学校。原告吴凯是因被告朱超的行为受伤,受伤后得到学校的及时救助,学校对寄宿学生已尽到保护、照顾和管理的职责,对原告的伤害没有任何过错,不应承担赔偿责任。

二、本案争执的焦点

吴凯和朱超同为无民事行为能力的小学生,朱超的行为直接导致吴凯的人身损害,吴凯要求朱超和曙光学校共同承担赔偿责任,朱超的法定代理人辩称监护职责已转移给曙光学校,曙光学校辩称监护职责未转移,并且自己已经尽到管理职责,不应负责。因此本案争执的焦点问题有两个:一是朱超进入寄宿学校就学,其监护职责是否转移至学校?如果监护职责转移,则朱超的行为应由学校承担责任。二是对原告的损害到底应由谁承担责任?

三、本案的事实及法律问题分析

本案中，原告吴凯的伤害由朱超的直接致害行为造成，但是朱超是无民事行为能力人，其侵害行为应由其监护人承担赔偿责任。我国《民法通则》对监护人责任适用的归责原则是介于无过错责任和过错推定责任之间的一种责任，即只要被监护人造成了他人损害，监护人就要承担侵权责任，但是监护人尽了监护职责的，可以减轻其责任，《侵权责任法》沿袭了这一规定。

根据《民法通则》的规定，未成年人的父母是其当然法定监护人。本案中，直接致害人朱超的监护人是其父母。但是，朱超的父母将朱超送入寄宿制小学学习、生活期间监护责任是否转移给学校？《民法通则》规定了未成年人的监护人范围，包括未成年人的父母、亲属朋友，以及父母所在单位或其住所地的居民委员会、村民委员会、民政部门，学校不是未成年人的监护人，因此未成年学生进入学校学习，监护人的监护职责并未转移给学校。本案中虽然曙光学校是寄宿制小学，但是也只是在学校内部的管理上有所扩展，并不导致监护职责的转移。《民通意见》规定监护人可以将监护职责部分或者全部委托给他人，本案中曙光学校与学生家长签订的入学协议中，没有家长委托学校对未成年学生履行监护职责的约定，因此，曙光学校不负有监护职责，不是朱超的监护人，对朱超的致害行为不承担监护人责任。朱超的父母应承担监护人责任，对吴凯的伤害承担赔偿责任。

本案中，曙光学校对未成年学生不承担监护人责任，但是作为教育机构，根据案件发生时的《人身损害赔偿解释》的规定，应承担教育、管理职责。《人身损害赔偿解释》规定对于未成年学生在学校期间遭受人身损害，或者导致他人人身损害的，学校承担与其过错相应的赔偿责任。(《侵权责任法》作了进一步规定，对于无民事行为能力的学生在校期间受到损害的，学校承担过错推定责任，即学校不能证明自己尽了教管职责的，须承担侵权责任；对于限制民事行为能力的学生受到损害的，学校承担过错责任。)本案中曙光学校专门负责学生生活的老师应当对未成年学生的就寝情况进行巡视，对吴凯、朱超等人超过规定时间未入睡这一情况，曙光学校没有及时发现并管理，以致本可避免的伤害事故发生。伤害事故发生后，曙光学校没有给吴凯提供及时有效的治疗措施，且滞后 10 多天才向吴凯的父母告知情况，以致吴凯的伤情加重。由以上事实可知，曙光学校没有尽到教育、管理和保护的职责，主观上具有一定过错，因此也应承担侵权责任。

对于吴凯的损害，曙光学校和朱超的监护人之间不可能存在共同过错，所以他们的行为不构成共同侵权行为，不承担连带责任，而是承担按份责任。本案中,曙光学校对未成年学生负有教育、管理和保护的义务,其未充分履行此项义务,并且学校实行封闭式管理,朱超的监护人履行监护职责受到一定限制,因此对于吴凯的损害,曙光学校的主观过错较大,应承担主要责任,朱超的监护人应承担次要责任。

四、处理

法院对本案的一审判决是,对吴凯的医疗费、护理费等合计6万余元的损失,朱超的监护人承担30%的赔偿责任,学校承担70%的赔偿责任。原被告均未上诉。

需要指出的是,法律已经明确规定无民事行为能力人或限制民事行为能力人致害的,由监护人承担替代责任,即赔偿义务人是监护人,而不是被监护人,只有在被监护人有财产的情况下,才可能作为共同被告。司法实务中的操作方法与法律规定相悖,通常是在判决书中首先确认无民事行为能力人、限制民事行为能力人的被告地位,而监护人只以监护人的身份列入其中,判决主文中却判决监护人承担赔偿责任,实际列的被告不承担任何责任。本案的判决书也是采这一做法,将朱超列为被告,但是判决朱超的监护人承担赔偿责任,朱超不须负责。这种理论与实务相矛盾的状况,理论界早有异议,但是多数法院在实务中始终沿袭这样的操作。

第三节 特殊责任主体的侵权责任典型案例(二)

一、案情介绍

原告王某原系华牧公司职工。2001年5月,华牧公司派原告到大连市参加畜牧展会。新发公司亦同时派其副经理马某及职工孙某参加展会,新发公司的展位位于展会举办地星海会展中心西区的A194号。2001年5月15日上午,王某将华牧公司的广告画张贴到新发公司的A194号展位上,同日上午11时30分左右,孙某发现王某张贴的广告画后将其从展位上撕去。同日下午2时许,王某就其上午在新发公司展位上张贴广告画一事征求新发公司副经理马某的意见,马某同意王某张贴。同日下午3时30分,王某又将广告画张贴到新发公司的A194展位上。同日下午5时许,王某因孙某再次撕去其张贴的广告画而同孙某于新发公司展位附近发生争执,马某未能采取有效措施制止,双方在展厅内进而发生厮打,厮打过程中,孙某用拳击打王某面部,致王某左眼球受伤。事发当日,王某即被送到大连某医院住院治疗,左眼球被摘除,后到北京某医院镶治义眼,且须每隔三年到北京检查左右眼眼囊组织变化和义眼光泽,须每隔八年到北京根据好眼变化另行镶配义眼。

因孙某将王某左眼致伤,被大连市沙河口区人民法院于 2001 年 8 月 23 日以故意伤害罪判处有期徒刑 5 年。在大连市沙河口区人民法院对该案进行刑事审理过程中,王某曾提起刑事附带民事诉讼,要求孙某承担人身损害赔偿责任,后来撤诉,向新发公司所在地法院提起民事诉讼,要求新发公司承担人身损害赔偿责任,理由是孙某伤害王某是在工作过程中的职务行为。新发公司认为孙某的伤人行为不是执行职务行为,自己不应承担责任,应由孙某自己承担侵权责任。

二、本案争执的焦点问题

本案原、被告对原告受孙某伤害的事实没有异议,争执的焦点在于被告新发公司应否承担责任?而解决该焦点问题的前提是孙某伤害原告的行为是否属于执行职务行为;如果是职务行为,被告应承担替代责任;如果不是,原告只能要求孙某承担侵权责任。

三、本案的事实与法律分析

案件发生时的《民法通则》第 121 条规定:"国家机关或者国家机关工作人员在执行职务中,侵犯公民、法人的合法权益造成损害的,应当承担民事责任。"《民通意见》第 152 条规定:"国家机关工作人员在执行职务中,给公民、法人的合法权益造成损害的,国家机关应当承担民事责任。"2004 年实施的《人身损害赔偿解释》第 8 条规定:"法人或者其他组织的法定代表人、负责人以及工作人员,在执行职务中致人损害的,依照民法通则第一百二十一条的规定,由该法人或者其他组织承担民事责任。"2010 年实施的《侵权责任法》第 34 条第 1 款规定:"用人单位的工作人员因执行工作任务造成他人损害的,由用人单位承担侵权责任。"执行工作任务与执行职务只是表述方法不同,其实质内容是一致的。工作人员只有在执行工作任务过程中造成损害的,才是职务行为,用人单位才对其造成的损害负责;工作人员虽然造成他人损害,但如果不是职务行为,用人单位就不承担责任,只能由行为人自己负责。因此工作人员的行为是否是执行工作任务的行为,是用人单位承担替代责任的决定性因素。对这一问题法律并未作出明确界定,而是留给理论和司法实务予以明确。

对于职务行为的认定有主观说和客观说两种观点,主观说是以用人单位或工作人员的主观意思为标准,客观说则以行为的外在表现为标准。多数学者主张应采客观说,即如果行为在客观上表现为与用人单位指示办理的事件要求相一致,就应当认定为属于执行职务的范围。如果工作人员在执行职务中,故意致害他人,只要其行为与职务有内在的联系,也应认定是执行职务行为。

本案原告王某被孙某伤害的事实已由生效的大连市沙河口区人民法院刑事判决书认定,原、被告双方争议的焦点在于孙某伤害原告的行为是否是职务行为。从案件事实来看,孙某因与原告发生争执斯打而致伤原告左眼的起因是原告在被告展位上张贴自己公司的广告宣传画,孙某因该广告宣传画非本公司所有,出于维护公司利益的目的而将广告宣传画撕下,从而导致伤害事件的发生。因此,根据案件事实可以认定孙某在工作时间为了维护本单位即被告的利益与原告发生争执斯打从而致伤原告的行为,属于职务行为,其行为导致的损害应由被告新发公司承担替代责任。

四、处理

受理本案的一审法院认为,孙某系因维护本单位利益而与原告发生争执斯打从而致伤原告,因此该伤害事件的民事赔偿责任应由被告承担。判决被告承担全部赔偿责任。

被告不服提起上诉,二审法院认定"孙某之行为,与维护其单位利益有关,上诉人作为孙某的工作单位,应对孙某的行为造成他人的损害负相应的民事责任。""上诉人的副经理因同意被上诉人贴宣传画一事内部协调不够且在孙某与王某发生纠纷时制止不力,对该纠纷的发生应负有对孙某管理不当的责任,原审法院判令上诉人承担责任并无不当,但判令其承担全部责任于法于理相悖,本院予以纠正。本院据情责令上诉人赔偿被上诉人全部损失的30%。"

本案是替代责任的典型案例,应由用人单位承担全部赔偿责任。一审、二审法院对于事实认定一致,但是令人遗憾的是,对于责任的承担,一审法院的正确判决却被二审法院错误地改判。虽然案件发生时只有《民法通则》和《民通意见》,但是《民法通则》规定了国家机关对其工作人员的替代责任,理论界多年的研究也已明确了国家机关以外的单位对于其工作人员的职务行为亦应承担替代责任。当然,随着《人身损害赔偿解释》和《侵权责任法》的颁布,法律已经明确规定了用人单位责任,相信法院不会再作出类似的错误判决。

第四节　特殊责任主体的侵权责任习作案例

案例一

张某是广东省某县城关镇超顺装卸队的装卸工。2006年12月25日,超顺装卸队与宝供物流公司签订了为期一年的装卸合同。合同约定由超顺装卸队向宝供物流公司提供装卸服务,宝供物流公司按照合同支付费用。

叉车司机李某是广州市红侨劳务公司的雇员,双方签有劳动合同。2007年4月3日,红侨劳务公司与宝供物流公司签订了委托劳务协议,约定红侨劳务公司提供劳务人员给宝供物流公司使用,宝供物流公司依约定支付劳务费和管理费。根据委托劳务协议的约定,红侨劳务公司派遣李某到宝供物流公司从事装卸工作。

2007年1月15日,张某在宝供物流基地2号仓库装卸货物时,李某驾驶叉车进行装卸作业。虽然知道张某在叉车前方活动,但是由于叉车前面有遮蔽物,视线受到遮挡,李某驾驶叉车时从背后将张某左脚碾伤,经鉴定,张某构成10级伤残。张某起诉要求宝供物流公司和红侨劳务公司承担赔偿责任。

法律问题

1. 宝供物流公司应否向张某承担赔偿责任?为什么?
2. 红侨劳务公司应否向张某承担赔偿责任?为什么?
3. 如二被告均应承担赔偿责任,是否应承担连带责任?

案例二

1998年8月23日,王某为参加药品交流会去上海,入住银河宾馆。下午2时40分左右王某经宾馆服务总台登记后,由服务员领入1911客房,下午4时40分左右在该客房被犯罪分子仝瑞宝(已被判死刑并执行)杀害,随身携带的人民币及港币和价值人民币7千余元的手表一块被劫走。事后查明,仝瑞宝于当日下午2时零2分进入宾馆伺机作案,在按1911客房门铃待王某开门后,即强行入室将其杀害并抢劫财物,下午4时52分离开宾馆。期间,银河宾馆未对其作访客登记,且对其行踪也未能引起注意。

银河宾馆是四星级涉外宾馆,有规范的内部管理规章制度,安装了安全监控设施。银河宾馆制定的《银河宾馆质量承诺细则》置放于客房内,该细则中有“24小时的保安巡视,确保您的人身安全”、“若有不符合上述承诺内容,我们将立即改进并向您赔礼道歉,或奉送水果、费用打折、部分免费,直至赔偿”等内容。

王某的父母起诉要求银河宾馆承担赔偿责任,称银河宾馆的电视监控系统形同虚设,保安和安全巡检人员严重失职,犯罪分子在该宾馆内逗留长达三个小时,都无人查验其证件和按照规定进行访客登记,以致对犯罪分子的行为毫无察觉。由于被告对宾馆的安全不负责任,致使王某在入住宾馆期间被犯罪分子杀害,财物被劫,因此被告应承担赔偿责任。

被告辩称:被告与王某之间存在着以租赁客房为主和提供相应服务为辅的合同关系,宾馆内部的各项管理规章制度并非该合同条款,宾馆对旅客所作的服务质量承诺,只是相对出租的客房和提供的服务而言。被告已按约履行了出租客房和提供相应服务的义务,并未违约。被告内部有必要的规范的各项规章制度及相应设施,不存在对犯罪分子作案有利的客观条件。王某遇害及其财物被劫,是犯罪分子所为,与被告的管理没有因果关系。被告对王某既未侵权,也不违约,故应当驳回原告的诉讼请求。

法律问题

1. 原告是否有权要求仝瑞宝承担赔偿责任?

2. 原告是否有权要求银河宾馆承担赔偿责任? 如果有权,被告应承担何种性质的责任?

3. 原告是否能同时要求被告承担侵权责任和违约责任? 为什么?

案例三

王某与姜某于2006年2月22日登记结婚,2007年12月29日,姜某从自己居所的24层楼跳楼自杀。姜某生前在网络上注册了博客,以日记的形式记载了自杀前两个月的心路历程,将王某与东某的合影照片贴在博客中,认为二人有不正当两性关系。姜某的日记显示出了王某的姓名、工作单位地址等信息。

姜某的博客日记被一名网民阅读后转发到天涯网上,后又不断被不同网民转发到其他网站。很多网民认为王某的"婚外情"是姜某自杀的原因,一些网民在进行评论的同时,在天涯论坛、大旗网等网站上发起对王某的人肉搜索,王某的工作单位、家庭住址等个人详细信息被披露。一些网民在网络上对王某进行谩骂,部分网民到王某及其父母住处进行骚扰,在王家门口刷写标语。

2008年1月10日,天涯网上刊出"大家好,我是姜某的姐姐"一帖,讲述了姜某死亡的发展经过。2008年3月15日天涯网将该帖及相关回复帖子删除。

王某认为天涯网所属天涯公司侵犯自己的名誉权、隐私权,起诉要求天涯公司承担侵权责任。审理中王某提出曾于2008年1月10日向天涯网进行投诉,要求删除包括"大家好,我是姜某的姐姐"一帖在内的相关信息,但是未提供相关证据。

法律问题

天涯公司应否对王某承担侵权责任？为什么？

案例四

沈某和顾某原是好朋友,2002 年 12 月 29 日,顾某搬家,找了包括沈某在内的一些亲友来帮忙。中午,搬家快结束之时,顾某家还剩下两根晾衣服用的竹竿和一些铝合金窗帘杆尚未搬走,考虑到这些东西都有四米多长,从楼道里搬下去较为困难,沈某就将晾衣竿直接从窗口向外扔下,由楼下的人拣起运走。随后,他将窗帘杆也同样从窗口抛掷出去,不料,顾某家窗口下有一条与之平行的 10 千伏输电线路,掷出的窗帘杆正好穿插在电线之间并搁置在电线上,引发了电线的短路。电力公司为维修电线支付了 24 万余元维修费用,随后电力公司将顾某夫妇和沈某告上法庭,要求赔偿。

顾某夫妇辩称,自己确实邀请了沈某帮忙搬家,但向外抛掷窗帘杆的行为是沈某擅自所为,沈某作为直接行为人,理应对造成的损坏后果承担赔偿责任,自己不应负责。沈某辩称,自己作为朋友,完全是无偿帮助顾某搬家,况且抛掷窗帘杆的行为事先也征得了顾妻蔡某的同意,她当时并未加以阻止。因此搬家造成的损失与自己无关,由此产生的所有赔偿只能由顾某夫妇自己承担。

法律问题

1. 顾某夫妇应否对原告承担赔偿责任？为什么？
2. 沈某应否对原告承担赔偿责任？为什么？

第二十三章　特殊侵权责任案例研究

第一节　特殊侵权责任的内容和方法

一、特殊侵权责任概述

《侵权责任法》第5章至第11章规定了各种具体的特殊侵权责任类型，这些侵权责任的特殊性大多体现在归责原则上，与一般侵权责任适用过错责任原则不同，有的适用过错推定责任，有的适用无过错责任。也有的侵权责任虽然适用过错责任原则，但是由于其行为或活动本身的特殊性，也单独予以规定，例如医疗技术损害责任。

在特殊侵权责任中，由于各类型均有自身的特点，所以立法上对各类特殊侵权责任列专章规定，规定了各自的构成要件和免责事由。总结各特殊侵权责任的构成要件可以发现，不论适用过错推定责任，还是适用无过错责任，特殊侵权责任均须具备三个构成要件：(1)违法行为；(2)损害事实；(3)违法行为与损害事实之间存在因果关系。

适用过错推定责任的特殊侵权责任，与适用过错责任原则的一般侵权责任的不同之处，不在于被告不需要具有主观过错，而在于一般侵权责任中需要原告证明被告具有过错，而过错推定责任中原告不须证明，而是直接推定被告具有过错，被告如不能证明自己没有过错，则须承担侵权责任。

适用无过错责任的特殊侵权责任，主观过错不是侵权责任的构成要件，被告是否具有过错不影响其侵权责任的承担，因此此类案件中，被告的违法行为与原告的损害后果之间的因果关系就是关键性的构成要件。一般情况下，因果关系要件需要原告证明，但是特殊案件适用因果关系举证倒置规则，例如环境污染损害责任案件，需要由被告证明自己的行为与损害后果之间不存在因果关系，如果不能证明，则推定有因果关系。

二、特殊侵权责任的种类

(一)产品责任

产品责任是产品生产者、销售者承担的缺陷产品致人损害或有致人损害之虞的特殊侵权责任。产品责任包括两种情形，一是缺陷产品造成他人人身、财产损害的，生产者、销售者对受害人承担的赔偿责任；二是缺陷产品危及他人人身、财产安全的，生产者、销售者承担的排除妨碍、消除危险等侵权责任。

（二）机动车交通事故责任

机动车交通事故责任是指由于机动车发生交通事故造成损害而产生的侵权责任。根据《道路交通安全法》的规定，机动车交通事故责任包括两种类型：一为机动车之间发生交通事故的侵权责任，适用过错责任原则，双方根据各自的过错程度负责；二为机动车与非机动车驾驶人、行人之间发生交通事故的侵权责任，机动车一方承担过错推定责任。

（三）医疗损害责任

医疗损害责任包括三种类型：一为医疗技术损害责任，是指医务机构及其医疗人员在诊疗活动中对患者造成损害，医疗机构承担的医疗损害责任，适用过错责任原则。二为医疗伦理损害责任，是指医疗机构或医务人员违背医疗伦理的告知和保密义务，造成患者损害，医疗机构承担的医疗损害责任，适用过错推定责任。三为医疗产品损害责任，是指医疗机构在医疗过程中使用有缺陷的药品、消毒药剂、医疗器械以及血液及制品等医疗产品，造成患者损害，医疗机构承担的医疗损害责任，适用无过错责任。

（四）环境污染责任

环境污染责任是指因污染环境造成损害，污染者承担的特殊侵权责任。环境污染责任的特殊性不仅在于污染者承担无过错责任，还在于因果关系推定，即污染者应当就其行为与损害之间不存在因果关系承担举证责任。

（五）高度危险责任

高度危险责任是指行为人实施危险活动或者管领危险物，造成他人损害，应承担的特殊侵权责任。根据危险活动和危险物的不同，高度危险责任包括数种具体类型，例如民用核设施发生核事故损害责任，民用航空器损害责任，占有或者使用危险物损害责任，高危作业损害责任，遗失、抛弃高危物损害责任等。高度危险责任适用无过错责任原则，但是需要注意的是，各种具体类型的高危责任的免责事由并不相同。

（六）饲养动物损害责任

根据归责原则的不同，饲养动物损害责任包括两种类型，一为适用无过错责任的一般饲养动物损害责任，二为适用过错推定责任的动物园动物损害责任。

（七）物件损害责任

物件损害责任是指物件的所有人、管理人或使用人对自己管领下的物件造成他人损害承担的特殊侵权责任。《侵权责任法》规定了七种物件损害责任,有的适用过错推定责任,如建筑物、构筑物及其搁置物、悬挂物脱落、坠落损害责任,林木损害责任等,有的适用比过错推定责任更为严厉的归责原则,例如抛掷物或坠落物损害责任。

三、特殊侵权责任案例研究的基本方法

特殊侵权责任与一般侵权责任在归责原则及构成要件上均有较大不同,并且特殊侵权责任案件种类众多,不同类型的特殊侵权责任在构成要件、免责事由上亦有较大差别,因此必须总结规律,掌握分析特殊侵权责任案例的基本方法。

第一,明确各特殊侵权责任的范围,将具体案例归于具体的特殊侵权责任类型。每一类型特殊侵权责任有其特定范围,但是由于法律概念及法律规范固有的抽象性,很多时候需要借助法理及司法实践对其内涵及外延予以确定。例如“产品”、“高度危险”、“饲养动物”等法律概念必须予以明确。面对一个具体的特殊侵权责任案例,首要工作即是将其归属于具体的特殊侵权责任类型,只有完成了这一工作,才能结合案件事实和法律规定进行具体分析。

第二,掌握各类型特殊侵权责任的归责原则。特殊侵权责任的特殊性主要体现在其适用的归责原则与一般侵权责任不同。后者适用过错责任原则;前者可能使用过错推定责任,可能适用无过错责任。归责原则对双方当事人举证责任的负担,以及行为人责任的确定具有至关重要的意义,甚至是特殊侵权责任案例分析中的核心问题,因此必须明确各类型特殊侵权责任的归责原则。

第三,掌握各特殊侵权责任的构成要件。特殊侵权责任的构成要件有其特殊性,除基本的构成要件外,不同的特殊侵权责任还具有自身独特性的条件,例如产品有瑕疵,即产品存在不合理危险是产品责任的构成要件。只有掌握了不同类型特殊侵权责任的构成要件,才能对具体案件中被告是否承担侵权责任作出判断。

第四,掌握各特殊侵权责任的免责事由。不同类型的特殊侵权责任的免责事由不同,相互之间的差异较大,同时在特殊侵权责任中,还存在一般免责事由和特殊免责事由的区分问题,只有精确掌握各类型特殊侵权责任的免责事由,才能最终作出正确判断。

四、特殊侵权责任案例研究应注意的问题

(一)归责原则

特殊侵权责任的特殊性主要体现在归责原则上,不同类型的特殊侵权责

任适用的归责原则并不相同。

产品责任中,生产者和销售者对受害人承担的是无过错责任,生产者和销售者的内部关系中,生产者最终承担的是无过错责任,销售者承担的是过错责任。

机动车交通事故责任中,机动车相互之间发生交通事故的,适用过错责任原则,机动车与非机动车驾驶人、行人发生交通事故的,机动车一方的责任适用过错推定责任,但是这一过错推定责任比一般的过错推定责任严厉,即机动车一方即使完全没有过错,也须承担不超过10%的责任。

医疗损害责任中,医疗技术责任适用过错责任原则,但是《侵权责任法》第58条规定了推定医疗机构具有过错的法定情形,实际上加重了医疗机构的过错责任。医疗伦理责任适用过错推定责任。医疗产品责任适用无过错责任。

环境污染责任、高度危险责任及饲养动物损害责任均适用无过错责任。

物件损害责任中,大多数适用过错推定责任,仅有《侵权责任法》第87条规定的抛掷物、坠落物损害责任适用比一般过错推定责任更严厉的归责规则,即除非能够证明自己不是侵权人,否则可能加害的建筑使用人都要对受害人予以补偿(也有学者认为第87条不存在归责问题,而是损失分担的问题)。

(二)免责事由

即使适用无过错责任的特殊侵权责任,行为人承担的也不是绝对责任,只要有免责事由,行为人就不须承担侵权责任。不同类型的特殊侵权行为的免责事由差异较大,只有精确的掌握,面对具体案件最终才能作出正确判断。特殊侵权责任的免责事由包括三类。

1.《侵权责任法》在各特殊侵权责任部分明确规定的适用于该特殊侵权责任的免责事由。例如《侵权责任法》第78条规定,饲养动物损害责任中,受害人故意或重大过失是行为人的免责或减责事由。

2.《侵权责任法》在一般条款中规定的免责事由。例如《侵权责任法》第29条规定不可抗力是侵权责任的一般免责事由。但是需要指出的是,并不是所有的一般免责事由适用于所有的特殊侵权责任。例如不可抗力适用于大多数特殊侵权责任,但是不适用于民用核设施及民用航空器损害责任,民用核设施损害责任的免责事由限于战争和受害人故意,民用航空器损害责任的免责事由限于受害人故意。

3.特别法中规定的免责事由。例如《产品质量法》第41条第2款规定了产品责任中生产者责任特有的免责事由。

(三)特别法的适用

除《侵权责任法》及《民法通则》外,调整特殊侵权责任的还有民事特别法。当这些法律的规定与《侵权责任法》及《民法通则》不一致产生法律冲突时,基于特别法优于普通法的原则,应优先适用特别法。

例如《民法通则》规定一般诉讼时效为 2 年,最长诉讼时效为 20 年,《产品质量法》规定赔偿权利人的损害赔偿请求权在造成损害的缺陷产品交付最初消费者满 10 年丧失,尚未超过明示的安全使用期的除外;《环境保护法》规定环境污染损害赔偿请求权的诉讼时效为 3 年。因此产品责任的损害赔偿请求权期限应优先适用《产品质量法》,环境污染损害责任的诉讼时效期限应适用《环境保护法》的规定。再如国家机关工作人员行使公职权造成他人损害,属于《国家赔偿法》的调整范围的,适用《国家赔偿法》的规定,不适用《侵权责任法》的用人单位责任。

(四)程序法的适用

为保护特殊侵权责任案件中处于弱势地位的受害人的权益,《最高人民法院关于民事诉讼证据的若干规定》第 4 条规定了在某些特殊侵权诉讼中有别于一般"谁主张谁举证"原则的举证责任。该条有些规定已由《侵权责任法》明确规定,有的规定已被《侵权责任法》摒弃,例如医疗损害责任中,该司法解释规定由医疗机构就医疗行为与损害结果之间不存在因果关系及不存在医疗过错承担举证责任,而《侵权责任法》作了不同的规定。虽然《侵权责任法》已经颁布并实施,但是该司法解释对分析处理侵权责任案件仍有重要的意义。

五、特殊侵权责任案例研究涉及的主要法律法规

1.《侵权责任法》;

2.《民法通则》及《民通意见》;

3.《产品质量法》;

4.《道路交通安全法》;

5.《环境保护法》;

6.《最高人民法院关于民事诉讼证据的若干规定》。

第二节　特殊侵权责任典型案例研究(一)

一、案情介绍

2002 年 10 月 3 日,61 岁的万家林一家 5 口人来到山东济南市长清区的莲台山公园游玩。5 人分乘两辆摩托车,万家林开着一个月前刚买、还没出保修期的三轮摩托车,老伴顾小青揽着 1 岁半的小孙女飞飞坐在后座上,飞飞的父母万旭、靳凤莲乘一辆两轮摩托车。购票开车上山后,他们把摩托车存放在山上的宾馆后步行到山上景点游览。下午 4 点,五人从宾馆取出摩托车下山。

从宾馆出门下山后是段非常陡峭的由东向西延伸的盘山公路,先是一个向左方向的拐弯,紧接着又是一个向左方向的急拐弯,整个拐弯路段为"U"字形。两辆摩托车刚开动时,万旭在父亲后面,驶下陡坡即将拐弯时他超过了父亲。刚超过车,万旭就听见父亲在身后大喊:"坏了! 坏了!"他回头发现,父亲的车急冲下来。万旭见势不好,情急之中来不及细想,赶快扔下自己的摩托车,想抓住父亲的车后座,事情的发生前后不过几秒钟,万旭没能抓住后座,他和妻子眼睁睁地看着三轮摩托车冲出急拐弯处的路基,坠入路南的深沟。万家林、顾小青当场死亡,刚学会说话不久的飞飞当时尚有微弱呼吸,紧急送往医院后,也因抢救无效于 10 月 5 日死亡。

经交警部门现场勘察和调查,认定万家林驾车造成 3 人死亡事件不属于交通事故。处理完丧事后,回想起父亲摔下山沟前,车速极快冲下路基的细节,万旭找出三轮摩托车维护说明书,发现说明书上有关数据和摩托车实际状况存在不相符合的可能。万旭聘请了律师进行调查。律师调查中发现在该型号由西南地区某公司(下称某公司)生产的摩托车说明书中,有一条"敬请注意"的说明:"本说明书所反映的是至出版本说明书时的技术状态及要求,由于产品不断改进,车辆可能与说明书略有不同,敬请谅解。"律师将说明书和摩托车对照后,进一步对说明书所标数据与摩托车实际状况是否相符产生疑问,遂委托山东产品质量司法鉴定中心对该型号车的发动机参数是否与说明书一致进行鉴定。2003 年 4 月 24 日,该中心作出鉴定:该型号车发动机汽缸缸径为 49.90 毫米,活塞行程为 49.50 毫米,与说明书中所标缸径 39 毫米、活塞行程 41.4 毫米不符。

具备机动车专业知识的人知道,根据说明书中所标缸径、活塞行程,可算出汽缸工作容积(也就是生活中人们通常说的排气量)。根据说明书算出的摩托车的排气量为 49.43 毫升;而根据司法鉴定结果计算,该车实际排气量为 96.8 毫升,也就是说,发动机产生的动力比说明书几乎大了一倍。说明书和车的实际状况不符,车的动力系统、轮胎刹车装置与整体其他配置也随之都不匹配,这就造成"大马拉小车"的情况。并且根据我国于 2002 年 5 月 1 日起实行的《强制性产品认证管理规定》,"发动机排气量超过 50 毫升的摩托车"属于强制性认证产品。该型号车实际排气量远远超过国家规定的 50 毫升,却并未通过强制认证。

除对摩托车质量调查外,律师还到出事现场取证,发现出事地点"U"字形弯路急拐弯处未设置急拐弯警示标志,仅有的一个"慢"行标志也已模糊不清。弯路一侧是山体,另一侧是深约5米的深沟,深沟一侧仅有约20厘米高的路基,除此未设置其他任何防护设施,路基有一处豁口,而万家林正是驾车从此豁口冲出坠入深沟。

2003年9月25日,万旭夫妻和妹妹万华将生产摩托车的该公司、销售摩托车的东方商场以及莲台山度假村一起告上法庭。法院经调查认定以下事实:(1)三轮摩托车未上牌照,万家林无证驾驶,并且根据相关规定,已满60岁者不能申请学习三轮摩托车驾驶证。(2)某公司说明书中宣传此款三轮摩托车"是老年人和残疾人最理想、最实用的交通工具"。

二、本案争执的焦点

本案属于产品责任案件,产品责任的条件是产品有瑕疵,即产品存在不合理危险,本案争执的焦点问题之一即为被告公司生产的摩托车是否存在瑕疵?产品责任中,生产者和销售者对受害人承担的责任性质不同,因此焦点问题之二为如果该摩托车被认定为瑕疵产品,由于产品瑕疵导致顾万林一家三口的死亡,生产摩托车的公司和销售摩托车的东方商城是否均应承担赔偿责任?本案中由于莲台山度假村和受害人对损害的发生均存在过错,所以焦点问题之三在于莲台山度假村是否须承担赔偿责任?以及受害人的过错是否可以减轻被告的赔偿责任?

三、本案的事实及法律问题分析

产品责任是指产品的生产者和销售者对瑕疵产品造成他人人身、财产损害所承担的特殊侵权责任。对于产品责任来说,重要的是认定产品是否具有瑕疵。《侵权责任法》没有对产品缺陷作出定义性的规定,实践中一般以《产品质量法》第46条的规定为标准,即缺陷是指"产品存在危及人身、他人财产安全的不合理的危险;产品有保障人体健康和人身、财产安全的国家标准、行业标准的,是指不符合该标准。"具体如何运用这项标准判断产品是否存在缺陷,必须根据每一案件、每一产品的具体情况分析。

本案中三轮摩托车发动机的实际排气量为九十多毫升,远远超过50毫升,必须进行强制认证,通过认证后才能出厂销售,而被告公司并未进行强制认证。三轮摩托车发动机的实际排气量与说明书不符,发动机的功率比说明书的大出接近一倍,构造却没有进行相应变更,存在不合理危险。并且该公司的广告宣传此款三轮摩托车是老年人、残疾人最理想、最实用的交通工具,也存在误导。因此可以认定该款三轮摩托车系瑕疵产品，该瑕疵产品造成受害人死亡的严重后果，作为生产者的该公司应承担赔偿责任。根据案发时的《民法通则》及《产品质量法》的规定（《侵权责任法》作了相同的规定），销售者承担过错责任，本案中销售者不存在过错，所以应由生产者赔偿，销售者东方商场不承担赔偿责任。

本案中万家林等人购票进入莲台山公园游玩，莲台山度假村对游人人身安全负有安全保障义务。事发地点山路外侧未设置防护栏（墩），路基仅有20厘米高，并且有一豁口，万家林正是驾车从此豁口冲出坠入深沟。事发的急拐弯处未设置急拐弯警示标志，仅有的一个"慢"行标志也已模糊不清，根据这些事实可以认定莲台山度假村未尽到安全保障义务，对万家林等人的死亡负有过错，应承担赔偿责任。

根据相关规定，已满60岁的老人不能申请三轮摩托车驾驶证，本案中受害人顾家林61岁，属于无证驾驶，因此顾家林对事故的发生也存在过错。虽然《产品质量法》及《民法通则》没有在产品责任部分规定受害人过错是免责和减责事由（《侵权责任法》也未规定），但是受害人过错作为一般免责事由，应适用于产品责任和安全保障义务人责任，所以本案中受害人顾家林的过失应当作为被告的减责事由。

四、处理

法院认定受害人的损害系由受害人、被告某公司、被告莲台山度假村三方的混合过错造成，各方承担责任的比例为3∶3.5∶3.5。因此判决被告某公司和莲台山度假村分别赔偿原告死亡补偿费、精神损害抚慰金、购车款、医疗费、鉴定费、丧葬费等21万余元。

需要指出的是，本案中法院认定销售者没有过错，因此不承担责任。而在很多产品责任案件中，法院判决销售者和生产者承担连带责任。没有过错的销售者是否要和生产者承担连带责任，法律没有明确规定，仅规定被侵权人可以向生产者请求赔偿，也可以向销售者请求赔偿。至于被侵权人如果同时向二者请求赔偿，二者是否承担连带责任，还是此时销售者对原告承担过错责任，理论界有不同认识。司法实务中有的法院判决没有过错的销售者不负责，例如本案；有的判决没有过错的销售者仍然要与生产者承担连带责任。这一问题须等待相关司法解释或此后的立法予以解决。

第三节 特殊侵权责任典型案例研究(二)

一、案情介绍

2003年8月17日晚,郑喜林吃了黄德卫生院医生杨洲开出的中药后,出现药物反应,后被送到黄德卫生院进行抢救。黄德卫生院在对郑喜林注射强心针后,郑喜林的亲属将郑喜林从医院拉回家中,郑喜林继发休克死亡。事后经担保人郑玉学担保,杨洲向郑喜林的亲属出据字据一份,字据上写明杨洲愿意一次性支付5万元赔偿费,以了结死者郑喜林死后的各项赔偿费,支付期限为15天。

后杨洲拒绝支付赔偿费。郑喜林的亲属到法院要求判令杨洲、黄德卫生院赔偿原告因郑喜林死亡造成的各项损失5万元整,判令郑玉学承担担保责任。并且提出如法律规定高于5万元,则按法律规定判;低于5万元则判被告按约定的5万元赔偿。

被告杨洲辩称:第一,原告所说不符合事实。2003年8月16日上午郑喜林到黄德卫生院就医,当时我坐诊,开了处方,郑喜林到药房拿药。8月17日夜里原告家人及亲戚到我家说病人出现异常,要我去看一下,我出于医生救死扶伤的人道主义,随原告家人去了原告家中,但到原告家中,他们告诉我郑喜林已经死亡,要我赔钱。我说有什么问题找医院协商,他们便不让我走,逼迫我打了一赔偿5万元的条,才放我回去。我从原告家中出来已是8月18日凌晨5点,在没有回家的情况下,便去找院长汇报情况。因院长外出后找到叶书记作了汇报。所以原告及家人逼迫我打的5万元字据无效。第二,我是黄德卫生院的正式职工,是在8月16日上午11点坐诊期间为郑喜林看的病,开的处方,死者是在卫生院拿的药,我的行为是职务行为,原告起诉我不符合法律规定。第三,我给郑喜林开的处方是河南省卫生厅推广南阳气管炎小组处方。第四,郑喜林家有突然死亡病史。

被告黄德卫生院辩称:黄德卫生院治疗行为没有过错,使用处方是推广使用的处方,病人的死亡与卫生院的治疗行为没有因果关系。死亡后原告没有要求对尸体进行尸检,导致死亡原因无法查清,要求法院驳回诉讼请求。

被告郑玉学辩称:2003年8月18日凌晨,经过本家族的人及亲戚与杨洲商谈,杨洲承认是吃了他开的药方死亡的,他本人承担医疗责任,还主动要求私自解决这个事情,并说你们有什么要求尽管提出来,患者家属提出要求赔偿

5万元钱，杨洲自愿签下字据。患者家属要求有人担保，杨洲就叫我作他的担保人（因杨洲与我岳父家有亲戚，杨洲的儿媳妇是我本家侄女），我也没法推托，就成了杨洲这张欠条的中间担保人。并且是杨洲要求把死者埋了，导致不能做尸检。

二、本案争执的焦点

本案属于医疗损害责任案件，争执的焦点问题是：(1)医生杨洲的行为是否是职务行为？是否须由其工作单位黄德卫生院对其行为承担替代责任？(2)被告是否须负医疗损害责任？即是否须对原告承担赔偿责任？(3)杨洲写下的字据的效力如何认定？

三、本案的事实及法律问题分析

《侵权责任法》颁布前，在医疗损害责任领域司法实务实行的是医疗事故责任和医疗过错责任二元化结构，《侵权责任法》结束了这种状况，统一规定医疗损害责任。本案发生在《侵权责任法》颁布之前，应属于当时二元化体系下的医疗过错责任。如果适用《侵权责任法》，则属于医疗损害责任中的医疗技术损害责任。

患者在诊疗活动中受到损害，医务人员作为医疗机构的工作人员，其行为由医疗机构承担赔偿责任。本案中杨洲作为黄德卫生院的医生，其在坐诊期间为郑喜林看病开处方的行为属于职务行为，郑喜林服药后死亡，这一损害后果应由黄德卫生院承担赔偿责任，郑喜林不应对原告承担侵权责任。

2002年实施的《最高人民法院关于民事诉讼证据的若干规定》第4条第8项规定："因医疗行为引起的侵权诉讼，由医疗机构就医疗行为与损害结果之间不存在因果关系及不存在医疗过错承担举证责任。"该条规定了医疗过错责任中医疗机构的过错和因果关系的双重推定及举证责任倒置。根据该司法解释，本案中被告黄德卫生院应对诊疗行为与损害后果之间不存在因果关系及医疗机构或医务人员不存在过错承担举证责任，不能证明的，则应承担赔偿责任。

需要注意的是，《侵权责任法》的规定与《最高人民法院关于民事诉讼证据的若干规定》的规定不同，其明确规定医疗技术损害责任适用过错责任原则，即原告要证明被告行为与损害后果之间存在因果关系以及被告具有主观过错，原告不能证明的，被告不负侵权责任。不过对于患者来说，很多情况下按照一般侵权责任的标准证明因果关系及过错要件非常困难，因此如果患者由于技术等原因无法证明因果关系要件，可以在证明到一定程度后，推定有因果关系，实行举证责任缓和，由医疗机构一方承担举证责任，证明诊疗行为与损害后果之间不存在因果关系。对于过错要件,患者也仅承担初步的举证责任,患者能够初步证明医疗机构或医务人员可能有过错后,就实行举证责任转换,由医疗机构证明自己没有过错,医疗机构不能证明的,应当承担侵权责任。

四、处理

法院经审理后认定,郑喜林与黄德卫生院存在医患关系,郑喜林经黄德卫生院诊治后死亡,根据《最高人民法院关于民事诉讼证据的若干规定》第 4 条第 8 项的规定,本案适用举证责任倒置,黄德卫生院未能提供相应证据证明其医疗行为与损害结果之间不存在因果关系,也不能证明不存在医疗过错,故其应对郑喜林的死亡负赔偿责任。

被告杨洲没有证据证明所打字据系受胁迫所为,该字据实际是对其过错的认可,但杨洲系黄德卫生院工作人员,其过错应由黄德卫生院承担,杨洲无赔偿责任,因此郑玉学的担保也不具有法律效力。杨洲所打字据对黄德卫生院没有约束力,不过杨洲的过错行为应由黄德卫生院负责。因此判令黄德卫生院向原告赔偿丧葬费、精神抚慰金、间接受害人抚养费及教育费等经济损失共计 3 万 8 千余元。

第四节　特殊侵权责任习作案例

案例一

2003 年 9 月 10 日,王某邀了几个朋友去附近的一鱼塘钓鱼。由于该鱼塘上空架设了 1 万伏的高压电线,在钓鱼过程中,王某手持的鱼竿与高压线相触,导致王某当场被电击死亡。事后,由于双方就赔偿问题达不成一致意见,王某的家属便将鱼塘的所有人某村村民委员会,承包人张某及高压输电设施的产权人某供电公司告上法庭,要求他们共同赔偿王某的医疗费、丧葬费、死亡补偿费、未成年子女的生活费等共计 10 余万元。

供电公司认为,供电公司在供电协议中已经告知村民委员会不得在高压线下挖鱼塘,其已尽了提醒义务,而且该鱼塘上方的高压线距离地面的高度符合法定标准,故供电公司对事故的发生不具有过错,不应承担赔偿责任。

法律问题

1. 村委会应否承担王某死亡的赔偿责任? 为什么?
2. 承包人张某应否承担王某死亡的赔偿责任? 为什么?
3. 供电公司应否承担王某死亡的赔偿责任? 为什么?

案例二

2003年7月11日早晨,浙江省某县农民郎某骑摩托车带着猎狗去打猎,途经港口村路段时,猎狗突然从摩托车上跳下,追咬港口村村民张某拴在路边田里吃草的耕牛,耕牛挣扎时将拴牛的竹桩拔出,窜上公路狂奔,撞倒骑摩托车路过的村民邱某。经诊断,邱某属外伤性脾破裂,做了脾脏切除手术,共花去医疗费1万余元,因误工造成损失近2000元。经司法鉴定,邱某构成5级伤残。事后,张某、郎某只分别赔偿了1000元和2000元。邱某索赔无果,遂向法院起诉,要求张某、朗某对自己的损失承担连带赔偿责任。

法律问题

1. 郎某应否向邱某承担赔偿责任?为什么?
2. 张某应否向邱某承担赔偿责任?为什么?
3. 如果郎某和张某均应向邱某承担赔偿责任,是否须承担连带责任?

案例三

2004年6月,A市公路管理局所属工作人员在该市某公路工人医院东100米处(该处路段系东西方向公路,柏油路面)维修路面进行施工。至同月15日止,已在超车道上挖好一东西走向长5.1米、宽2.6米、深40公分沟槽。施工过程中,施工人员上班时在施工现场设慢行牌,下班后即收走,夜间从未设置任何警示标志。

6月16日凌晨1时许,吴某骑二轮摩托车带邵某路过此地时,骑行进入沟槽翻倒,摩托车前轮撞坏,吴某受轻伤,邵某受重伤。吴某、邵某此前吃饭时喝了一杯酒。吴某受伤醒后即报案,A市公安交通警察大队到现场勘查,并于2004年6月30日作出了道路交通事故责任认定书,认定吴某违反《中华人民共和国道路交通管理条例》第26条第6项"饮酒后不准驾驶车辆"、第34条第5项"在道路上划有超车道的,机动车超车时可以驶入超车道,超车后须驶回原车道"等项规定,应负本事故的主要责任;A市公路管理局负本事故的次要责任;邵某无责任。吴某不服,申请事故责任重新认定,A市公安交通警察支队予以维持。

事故发生后,邵某被送往医院。经医院诊断,邵某重度颅脑损伤后多发脑软化、脑积水,伤后痴呆,生活不能自理。经法医学鉴定为3级伤残。各项经济损失共计20余万元。为此,邵某诉至A市人民法院要求A市公路管理局、吴某予以赔偿。

法律问题

1. A 市公路管理局应否对邵某承担赔偿责任？为什么？

2. 吴某应否对邵某承担赔偿责任？为什么？

案例四

1997 年,卞某在新疆自治区三道坝镇政府指定的养殖区内创办了康牧种鸡养殖场,经过几年努力,养殖场逐渐发展壮大,截至 2002 年投入资金超过 100 万元。2002 年 6 月,经市政府批准,由三道坝镇政府引进的雅宝陶瓷有限公司在距鸡舍 20 米处开始施工建厂房,开工生产过程产生噪音较大。养殖场种鸡产蛋量明显下降,产下的种鸡蛋中,也有大量的软蛋壳,同时由于种鸡受精率下降,合格种蛋明显减少,后来有些种鸡干脆不产蛋了。

2002 年 11 月,州畜牧局和动物防疫站组成专家组前往养殖场进行现场调查,对鸡场的饲料配给、疫病防治程序、环境卫生保护进行了勘验。专家们认为,鸡场出现的种鸡产蛋率下降、软壳蛋增多,属于噪音超标所致。卞某又委托新疆自治区环境监测中心站对鸡场周围噪音情况进行了监测:雅宝公司与鸡场相距 22 米,雅宝公司厂界外一米处白天噪音最高为 79.5 分贝,夜间最高为 80.1 分贝;种鸡场场界内白天噪音最高为 73.5 分贝,夜间最高为 73.1 分贝。

新疆农业大学动物科学系对噪音给鸡群造成的影响作了鉴定:因强噪音刺激,影响了康牧种鸡场三群种鸡的健康和生产功能。三群种鸡的最高产蛋率分别为 63.4 %、46.49 %、40.7 %,而在 2001 年该鸡场正常高峰产蛋率达到 85 %左右。这么低的产蛋率使种鸡失去了原有的种用价值。

中国农业大学两教授认为,虽然《畜禽场环境质量标准》规定,家禽舍内噪音标准为 80 分贝,但是由于康牧养殖场的场址比较僻静,当外来噪音突然提高,鸡群在尚未适应时会出现不良反应。农业部畜牧环境质量监督检验测试中心作了如下答复:此行业标准中规定的噪音标准为 80 分贝,但如果畜禽长期处于较高噪音(如 60 分贝以上)的环境中,则会对其生理机能产生影响,如出现体重下降、产蛋率降低等现象。

自治区兽医防疫总站的有关专家认为这些种鸡已无法恢复正常生产功能,失去种用价值,建议淘汰,卞某不得不提前淘汰 7500 套种鸡。卞某起诉至法院,要求雅宝陶瓷公司承担赔偿责任。

法律问题

1. 原告起诉需要证明的事项包括哪些？本案中原告是否已经达到了证明要求？

2. 对于被告公司生产产生的噪音与原告损害之间是否存在因果关系，应由谁承担证明责任？

3. 被告如证明自己生产过程中产生的噪音符合国家标准，是否可以免责？为什么？

案例五

2007 年 3 月 27 日，许某与陈某达成口头协议，约定陈某承租许某自有楼房的第三层，双方没有约定租赁期间由哪方承担房屋的维修义务。当日，陈某向许某支付了半年租金并开始实际使用承租房屋。2007 年 9 月 9 日，陈方圆在该楼房下被坠落的窗玻璃砸伤，经查，伤人的窗玻璃系陈某承租的房间的玻璃。事发后，陈方圆被送往某医院住院治疗，支出治疗费用 1 万余元，同年 9 月 14 日，陈方圆由于急性硬膜下血肿脑疝于该医院死亡。陈方圆的父母起诉至法院要求陈某、方某对陈方圆的死亡承担连带赔偿责任。

法律问题

1. 方某应否对陈方圆的死亡承担赔偿责任？为什么？
2. 陈某应否对陈方圆的死亡承担赔偿责任？为什么？
3. 原告是否有权要求方某和陈某承担连带赔偿责任？

案例六

2004 年 6 月 4 日，张某驾驶出租车行至北京东三环辅路时，与醉酒骑车逆向进入机动车道的吴某相撞，伤情严重的吴某经抢救无效当日死亡。经交通管理部门认定，这起交通事故吴某负全部责任。2004 年 7 月，死者吴某亲属将出租车公司及张某告到法院，要求赔偿死亡赔偿金、丧葬费、被抚养人生活费等费用。

法律问题

1. 张某应否对原告承担赔偿责任？为什么？
2. 出租车公司应否对原告承担赔偿责任？为什么？
3. 如果被告应承担赔偿责任，应否承担全部赔偿责任？为什么？

案例七

2004 年 6 月 15 日，四川省成都市某临街小百货店的老板魏某准备回家吃午饭，刚刚迈出店门，突然有一个东西砸在他的头上，头部被当场砸伤。砸伤魏某的东西是从楼上掉下来的一只圆盘大小的乌龟。魏某的小百货店在小区的一楼，上面的 2 到 7 层是居民住宅，掉下来的乌龟肯定是住在 2 至 7 层的某家住户在阳台上饲养的，但是 2 到 7 楼的住户都不承认自己饲养乌龟。魏某无奈报警。魏某表示,希望养龟的住户能够自觉承认,承担责任,如果无人承认,他将向2至7楼住户集体索赔。

法律问题

1. 本案应适用饲养动物损害责任还是抛掷物、坠落物损害责任?为什么?

2. 如果无人承认,魏某起诉,2至7楼全体住户应否对魏某承担责任?为什么?

第六编　婚姻家庭案例研究

婚姻家庭法是广义民法的组成部分,婚姻家庭自其产生时起,便是人类社会中最普遍、最广泛的社会关系。在我国社会发展的现阶段,以婚姻为基础的家庭是社会的细胞,担当着多方面的社会职能,运用法律手段调整婚姻家庭关系涉及男女老幼、家家户户的切身利益和全社会的利益。《婚姻家庭法》以公民之间特定的人身关系、财产关系为其调整对象,它主要通过规定婚姻家庭关系发生、变更和终止的法律事实以及婚姻家庭主体之间的权利和义务,实现其调整作用。《婚姻家庭法》与其他法律相比,其最大的特点在于其调整的婚姻家庭关系具有鲜明的伦理性,婚姻家庭法所规定的主体之间的权利义务关系,都是以该社会所存在的伦理道德为基础。

我国婚姻家庭法所规定的围绕婚姻家庭发生的纠纷表现表式是多种多样的,从《婚姻法》学科自身的内容体系讲,主要应以《婚姻法》调整对象的范围予以区别。我国《婚姻法》的调整对象从范围上来看包括婚姻关系和家庭关系。民事案例研究的婚姻家庭法案例部分可以分为两大类:婚姻关系案例研究和家庭关系案例研究。

《婚姻法》案例研究具有自身的特点。

一是婚姻家庭法学就其主要性质而言是身份法学。在婚姻家庭领域中人身关系是主要的、起决定作用的方面,财产关系虽然也很重要,但它是从属于人身关系的;而婚姻家庭领域中的人身关系,不同于其他民事领域中的人身关系,它是存在于具有特定亲属身份的主体之间的,如夫妻、父母子女、祖孙、兄弟姐妹之间的人身关系,都是以特定的亲属身份为依据的,而财产关系是以人身关系为基础,不能脱离人身关系而独立存在,它随着人身关系的发生而发生,随着人身关系的终止而终止,其内容也是与人身关系相适应的,具有发生上的从属性、终止上的从属性、内容上的从属性。例如夫妻共同财产因结婚而创设、因离婚而分割,扶养、抚养、赡养等以夫妻、父母子女、祖孙、兄弟姐妹间的人身关系为前提,可以说,财产关系无非是人身关系所引起的相应的法律后果,因此,研究婚姻家庭法领域的财产关系时,还必须注意人身性研究。

二是在研究婚姻家庭法领域中的财产性时,还要注意研究《婚姻法》领域里的财产关系与民法领域里的财产关系的区别。民法领域里的财产关系具有等价、有偿的特点;而婚姻家庭法领域里的财产关系是基于一定的身份关系而发生的,不具有等价、有偿的特点,如夫妻间互相扶养、父母子女间的抚养和赡养等,这不是民法中的债权债务关系,而是一种法定义务。但是婚姻家庭法所调整的某些财产关系,也适用民法的某些规定,如未成年人致他人以损害的赔偿责任问题,《婚姻法》规定由父母负责赔偿,具体如何赔偿,则适用民法中损害赔偿的有关规定,再如夫妻间、父母子女间的遗产继承问题,婚姻家庭法只作了原则性的规定,而具体的继承顺序、遗产份额和分配等问题,则适用民法中的法定继承的有关规定。

三是我国的婚姻家庭法是一个以《宪法》和《民法通则》中的有关规定为依据,以《婚姻法》为基干,由各种处于不同层次、具有不同法律效力的规范性文件组成的规范体系。《婚姻法》中的多数规范都比较原则,不够具体,因此在研究婚姻家庭案例时,不能仅研究《婚姻法》,还应当同时研究其他有关的规范性文件,例如在结婚登记、离婚登记问题上就同民政部颁布的《婚姻登记条例》结合起来研究;在收养问题上就同《收养法》结合起来研究;在继承权问题上应当同《继承法》的有关条款结合起来研究。此外研究最高人民法院的司法解释是《婚姻法》案例研究的必然要求和必要补充,例如在研究结婚制度案例时,应当同时研究《关于人民法院审理未办结婚登记而以夫妻名义同居生活案件的若干意见》;研究离婚案例时,应当同时研究《关于人民法院审理离婚案件如何认定夫妻感情确已破裂的若干意见》、《关于人民法院审理离婚案件处理子女抚养问题的若干具体意见》、《关于人民法院审理离婚案件处理财产分割问题的若干具体意见》;另外,在研究所有婚姻家庭案例时,都应同时研究最高人民法院关于适用《中华人民共和国婚姻法》若干问题的解释(一)、最高人民法院关于适用《中华人民共和国婚姻法》若干问题的解释(二)。

婚姻家庭法案例研究虽然确定两个方面的研究内容,实际生活中两个方面的问题常常相互交错存在,因此,应将婚姻家庭法的规则从基本原则到一般规定及特殊规定系统、全面地分析研究。只有这样,才能保证每个婚姻家庭案件分析研究的质量。

第二十四章　结婚制度案例研究

第一节　结婚制度案例研究的内容和方法

一、结婚制度概述

结婚制度案例研究所涉及的基本法律问题有以下四个方面。

(一)结婚条件

结婚条件有必备条件和禁止条件两类。

1. 必备条件包括:必须男女双方完全自愿;必须达到法定婚龄(男22周岁,女20周岁);必须符合一夫一妻制,即男女双方必须都没有配偶。

2. 禁止条件包括:直系血亲和三代以内的旁系血亲禁止结婚;患有医学上认为不应当结婚的疾病禁止结婚。

(二)结婚程序

结婚登记的程序,分为申请、审查和登记三个环节,当事人取得结婚证,婚姻即告成立,夫妻间的权利义务从此开始。复婚也要履行上述结婚登记程序。没有办理结婚登记的,应当补办登记。补办登记的效力,从双方均符合结婚的实质要件时起算。

(三)婚约

订婚不是结婚的必经程序,婚约不具有法律约束力,只有双方完全自愿才能实际履行。解除婚约无须通过任何手续,双方要求解除,即可自行解除;一方要求解除的,不必征得他方同意,只要通知对方即可。

(四)无效婚姻和可撤销婚姻

1. 无效婚姻。下列婚姻无效:重婚的;有禁止结婚的亲属关系的;婚前患有医学上认为不应当结婚的疾病,婚后尚未治愈的;未达法定婚龄的。

2. 可撤销婚姻。因胁迫结婚的,受胁迫的一方可以向婚姻登记机关或人民法院请求撤销该婚姻。受胁迫的一方撤销婚姻的请求,应当自结婚之日起1年内提出。被非法限制人身自由的当事人请求撤销婚姻的,应当自恢复人身自由之日起1年内提出。上述"1年"的规定,不适用诉讼时效的中止、中断或者延长的规定。

3. 无效婚姻、可撤销的法律后果。无效或被撤销的婚姻,自始无效。当事人不具有夫妻的权利和义务。同居期间所得的财产,由当事人协议处理;协议不成时,由人民法院根据照顾无过错方的原则判决。对重婚导致的婚姻无效的财产处理,不得侵害合法婚姻当事人的财产权益。当事人所生的子女,适用《婚姻法》关于父母子女的规定。

二、结婚制度案件的种类

结婚制度案件的类型主要有两种:一是婚姻关系是否有效的纠纷,二是因婚约引起的纠纷。

1. 因婚姻关系有无效力而发生的纠纷,存在着一方或双方不符合结婚条件引起的纠纷和结婚登记程序不符合法律规定引起的纠纷。

(1)不符合结婚条件引起的纠纷,主要包括缺乏结婚合意而结婚引起的纠纷,又分为:受欺骗建立的婚姻纠纷,假结婚引起的纠纷,受恐吓、胁迫、暴力干涉而建立的婚姻纠纷。未达法定婚龄而结婚引起的纠纷。因重婚引起的婚姻纠纷。因近亲婚引起的纠纷。因疾病婚引起的婚姻纠纷。

(2)因结婚登记程序不符合法律规定而引起的纠纷,主要包括未办理结婚登记手续而以夫妻名义同居生活引起的纠纷、一方当事人未到登记机关办理登记手续引起的纠纷、冒名顶替办理结婚登记引起的纠纷、由当事人以外的第三人代办登记手续引起的纠纷。

2. 因婚约引起的纠纷,主要有两类,一类是婚约本身,即婚约引起的人身关系,一方要求解除,另一方坚持不同意解除而发生矛盾;另一类是解除婚约引起的财物纠纷。

三、结婚制度案例研究的基本方法

1. 在分析因重婚导致的婚姻无效案件时,对重婚要作实质意义上的理解,重婚有两种:一种是法律上的重婚,是指有配偶者又与他人登记结婚而形成的重婚,只要双方办理结婚登记手续,不论是否同居,是否举行婚礼,重婚即已形成;另一种是事实上的重婚,是指有配偶者又与他人以夫妻名义同居生活,未办理结婚登记手续而形成的重婚。另外要把握事实上的重婚和姘居的区别:两者都是同居生活,但事实上的重婚是以夫妻名义同居,而姘居不以夫妻名义同居。因此既不要将事实上的重婚视为姘居,也不要将姘居视为事实上的重婚,更不能将无配偶者婚前与人姘居当作婚姻关系,而将以后的合法婚姻当作重婚。如果一方被宣告死亡,另一方当事人与他人登记结婚,即使被宣告死亡的一方重新出现,死亡宣告被撤销,另一方的婚姻仍受法律保护,不能按重婚处理,即前婚姻一方当事人撤销死亡的宣告,不是另一方当事人后婚姻无效的原因。

2. 拟制直系血亲之间也不得结婚。按《婚姻法》规定，养父母与养子女，继父母与受其抚养教育的继子女间的权利义务，适用法律对亲生父母子女关系的规定，因此法律对直系血亲禁止结婚的规定，同样也应适用于拟制直系血亲。至于拟制旁系血亲之间，如养兄弟姐妹、继兄弟姐妹，只要不存在禁止结婚的血缘关系，是可以结婚的。我国《婚姻法》目前没有禁止姻亲结婚的规定，所以旁系姻亲间，只要相互之间无禁止结婚的血缘关系，是可以结婚的。而直系姻亲间的结婚问题，1953 年最高人民法院曾作过一个批复，对直系姻亲间要求结婚的指出"最好说服他们不要结婚"，但最终如果他们还是坚持要求结婚，则不能认为他们的婚姻无效。

3. 法律对禁止结婚的疾病只作了概括性的规定，在认定当事人是否患有医学上认为不能结婚的疾病时，要有充分可靠的根据，必要时当事人须进行医学上的鉴定，能否结婚，以医学鉴定为准。医学上认为不应当结婚的疾病，在司法实践中主要有以下几种：未治愈的性病；麻风病；正处于发病期间的精神分裂症；躁狂抑郁症患者；重度智力低下者；正处于发病期间的法定传染病，如艾滋病、甲型肝炎、开放性肺结核疾病等。

4. 在分析未办结婚登记而以夫妻名义共同生活而引起的纠纷案例时，首先要根据最高人民法院 2001 年司法解释规定的时间界限，认定他们的关系是事实婚姻还是同居关系。1994 年 2 月 1 日民政部《婚姻登记管理条例》公布实施以前，男女双方已经符合结婚实质要件的，按事实婚姻处理；1994 年 2 月 1 日民政部《婚姻登记管理条例》公布实施以后，男女双方符合结婚实质要件的，人民法院应当告知其在案件受理前补办结婚登记；未补办结婚登记的，按解除同居关系处理。其次是根据认定结果作出不同的处理，凡认定为事实婚姻关系的，实际上是确认其婚姻有效，审理事实婚姻关系的离婚案件，应当先进行调解，经调解和好或撤诉的，确认婚姻关系有效，发给调解书或裁定书；经调解不能和好的，应调解或判决准予离婚。对于同居关系，一方要求离婚，应一律判决予以解除。

5. 在分析当事人的结婚登记是否合法有效时，要把握必须双方亲自向婚姻登记机关提出申请，如果冒名顶替，只有一方当事人到场，委托他人代理而登记的婚姻，都是无效婚姻。

6. 在分析因婚约引起的纠纷案例时，如果当事人要求人民法院保护或解除他们间的婚约，法院不受理。而对解除婚约引起的财物纠纷，人民法院应当受理，根据双方交付财物的思想动机、目的以及财物的价额来判断财物的性质,分别情况,区别对待。

(1)对于借订婚而进行的买卖婚姻的财物,应依法没收上缴国库。

(2)对以订婚为名诈骗钱财的,除构成诈编罪依法追究刑事责任外,无论哪一方提出解除婚约,原则上都应将诈骗所得的财物全部归还受害人。

(3)对于以订婚为名,以赠送财物为手段,玩弄异性者,无论由何方提出解除婚约,其财产不予退还。

(4)对于赠与物应视不同情况,分别处理。男女在恋爱、订婚期间,为增进感情自愿赠送的财物,在婚约解除后,凡属共同外出游玩的花费和价值不高的衣物等,一般都是双方为增进感情的无条件赠与,受赠人无返还义务;按照习俗给付的彩礼的,有三种情形,应予以返还:双方未办理结婚登记手续的;双方办理结婚登记手续但确未共同生活;婚前给付并导致给付人生活困难。其中后两项应以双方离婚为条件。

由于男女双方在订婚期间的财物往来情况十分复杂,有时候对是男女双方为增进感情的自愿赠与,还是按照习俗给付的彩礼难以区别,应从交付财物的场所、价值以及双方的经济实力上作出分析。一般来说,凡是迫于社会旧习惯势力交付给对方的财物,支付人往往选择公开场合,或者让介绍人转交,交付钱物的价值也往往较高,甚至超过了支付人所能承受的经济实力,对于这样的"钱物",虽非接受人直接、公开地索讨,亦应视为按照习俗给付的彩礼。对于借婚姻索取的财物,处理时可参照最高人民法院1993年的司法解释"借婚姻关系索取的财物,离婚时,如结婚时间不长,或者因索要财物造成对方生活困难的,可酌情返还"的精神来处理。

四、结婚制度案例研究应注意的问题

1. 在确定结婚当事人是否达到法定婚龄时,要注意法律规定的是周岁,而不是虚岁,因有些当事人习惯用虚岁表示自己的年龄。还要注意法定婚龄和晚婚年龄的关系。法定婚龄是强制性的,人人都要遵守,而晚婚年龄(一般是男25周岁,女23周岁)是提倡性、鼓励性的,而不是强制性的规定,不能以晚婚年龄代替法定婚龄,更不能强制推行晚婚。凡要求结婚的当事人达到法定婚龄的,都可以申请结婚,任何单位和个人都不得干涉。根据《婚姻登记条例》第5条规定,办理结婚登记的内地居民应当出具下列证件和证明材料:本人户口簿、身份证;本人无配偶以及与对方当事人没有直系血亲和三代以内旁系血亲关系的签字声明。取消了内地居民办理结婚登记需要由单位或村(居)民委员会出具证明的规定。

2. 离婚后双方未再婚,未履行复婚登记手续,又以夫妻名义共同生活,按同居关系对待。另外,还要注意解除同居关系时,如涉及非婚生子女抚养和财产分割问题,应一并予以解决。非婚生子女由哪方抚养,双方协商,协商不成时,应根据子女的利益和双方的具体情况判决;同居生活期间双方共同所得的收入和购置的财产,按一般共有财产处理,这期间各自继承和受赠的财产,一般按个人财产对待,同居生活期间,一方死亡,另一方要求继承死者遗产,如认定为事实婚姻关系,可以配偶身份按《继承法》的有关规定处理;如认定为同居关系,而又符合《继承法》第 14 条规定的,可根据相互扶助的具体情况,作为法定继承人以外的人分得适当遗产。

3. 在分析因婚约引起的纠纷案例时,要注意对于订婚花费的钱财,亦即订婚宴的花费,退婚时,一般不得要求对方补偿;退婚时一方要求对方赔偿所谓的"青春损失费"于法无据,不予支持。民间还有"谁先提出解除婚约,谁就得在财产上作出让步"的风俗,这是民间传统习惯,人民法院在处理案件时,不能按照此习惯处理,只能依照法律规定处理;另外,对借婚姻索取的财物的"酌情返还"问题,存在着不确定的因素,到底该返还多少,由人民法院根据公平原则及诚实信用原则确定。

4. 婚姻被宣告无效或被撤销后,当事人同居期间所得财产,按共同共有处理,但有证据证明为当事人一方所有的除外。人民法院审理重婚导致的无效婚姻案件时,涉及财产处理的,应当准许合法婚姻当事人作为有独立请求权的第三人参加诉讼。

5. 结婚制度案例研究所涉及的相关法律法规主要有:

(1)《中华人民共和国婚姻法》第 5 条~第 12 条;

(2)《婚姻登记条例》第 2 条~第 9 条;

(3)最高人民法院关于适用《中华人民共和国婚姻法》若干问题的解释(一)第 4 条~第 16 条;

(4)最高人民法院关于适用《中华人民共和国婚姻法》若干问题的解释(二)第 1 条~第 10 条;

(5)最高人民法院《关于人民法院审理未办结婚登记而以夫妻名义同居生活案件的若干意见》。

第二节　结婚制度典型案例研究

一、案情介绍

某汽车制造厂男青年杨某与同事张某自由恋爱,因双方家庭都在外地,两人想早点结婚,以便在生活上互相照顾。于是两人计划在2001年1月1日举行婚礼,以做“世纪新人”。2000年12月,杨某23周岁,张某22周岁,两人要求单位出具婚姻状况证明,以便去办理结婚登记。该厂主管计划生育的干部考虑到他们未达到“女年满23周岁,男年满25周岁”的晚婚年龄,怕他们结婚会使单位达不到晚婚晚育指标,影响单位的文明单位评比,就以未达晚婚年龄为由,拒绝为他们出具写明出生年月、婚姻状况的证明。杨某与张某认为,没有单位出具的介绍信,婚姻登记机关就不给他们办理结婚登记,所以两人决定不办理结婚登记,于2001年1月1日举行了隆重的婚礼,大宴宾朋,亲朋邻里纷纷前来祝贺,之后两人即以夫妻名义共同生活。两年后双方生育一女孩,取名杨洁。杨某及其父母重男轻女思想非常严重,嫌弃张某生了个女孩子。杨某拒绝抚养女儿并建议将其送给他人收养。为此,夫妻感情迅速恶化。杨某经常外出打麻将、跳舞、夜赌不归。2003年3月,杨某在舞厅结识了女青年孙某,在杨某的追求下,两人成为恋人。2003年11月,杨某与孙某到婚姻登记机关办理了结婚登记,之后与孙某同居生活,从此对张某母女不管不问。2004年9月张某向人民法院起诉,要求依法追究杨某的重婚罪,并要求杨某负担女儿的生活费,而杨某则要求与张某离婚。另外,杨某与张某同居生活期间,共同积攒了2万元,张某父亲去世,张某继承了1万元。2002年杨某姑妈从美国回国探亲,赠与给杨某3000美元。

问:

1. 某汽车制造厂主管计划生育的干部以晚婚为由,拒绝出具介绍信的行为是否合法?没有该厂的介绍信,婚姻登记机关能否为杨某与张某办理结婚登记?

2. 2001年1月1日杨某与张某在众人面前举行结婚仪式,是否说明他们已成为合法夫妻?

3. 杨某是否构成重婚?

4. 对杨某与张某的婚姻关系应如何处理?

5. 杨某与张某所生女儿杨洁的法律地位如何?杨某是否应承担其女儿的生活费用?

6. 共同存款2万元、张某继承其父1万元、杨某接受赠与的3000美元分别是什么性质的财产?应如何处理?

二、本案的争执焦点

本案的争执焦点主要包括以下几个方面:

1. 晚婚年龄是否必须遵守

2. 结婚仪式能否代替结婚登记

3. 对事实婚姻如何对待

三、分析本案应当注意的问题

对本案的分析除应当注意上述争议焦点问题以外，还应当注意以下几个方面的问题：

1. 明确法定婚龄与晚婚年龄的关系

2. 合法婚姻成立的标志

3. 目前法律对事实婚姻的态度

4. 构成重婚的前提

5. 解除同居关系时子女如何抚养，财产如何分割

四、本案的事实与法律分析

1. 法定婚龄也称适婚年龄，是法律规定的男女结婚的最低年龄，我国《婚姻法》规定的法定婚龄是男 22 周岁，女 20 周岁，不到法定婚龄，任何人都不能申请结婚。一旦达到法定婚龄即具有了结婚的行为能力，如果符合结婚的其他条件，即有权要求结婚，任何人都不得以任何方式加以限制或干涉。法定婚龄具有强制性，一经制定任何部门都不能再规定一套与之相抵触的结婚年龄，强迫人们遵守，但法定婚龄不是结婚的最佳年龄，也不是必须结婚的年龄。而晚婚年龄（一般是男 25 周岁，女 23 周岁）是指在法定婚龄的基础上，适当推迟实际结婚的年龄。晚婚年龄和法定婚龄的性质不同，国家积极鼓励和倡导晚婚，晚婚年龄是提倡性、鼓励性的，而不是强制性的规定，是属于任意性的规范，不能以晚婚年龄代替法定婚龄，更不能强制推行晚婚，只能通过宣传教育和采取一定的鼓励措施，来引导人们遵守。本案中杨某与张某已达法定婚龄，符合结婚条件，单位可以向他们进行一定的晚婚晚育的宣传教育，但在他们坚持要求结婚的情况下，应当为他们出具婚姻状况证明。因此某汽车制造厂主管计划生育的干部以晚婚为由，拒绝出具介绍信的行为是不合法的。

2. 1994 年 2 月 1 日实施的《婚姻登记管理条例》规定，当事人申请结婚登记时，应当持下列证件和证明：户口证明；居民身份证；所在单位、村民委员会或者居民委员会出具的婚姻状况证明。但同时该条例第 13 条规定，申请结婚登记的当事人受单位或他人干涉，不能获得所需证明时，经婚姻登记机关查明确实符合结婚条件的，应当予以登记。因此即使当事人不能获得所需证明，婚姻登记机关应查明其是否符合结婚条件，如符合则应当予以登记，不能仅因为当事人无证明而拒绝为其登记。另外特别需要注意的是，本案是发生在 2003 年 10 月 1 日以前，上述分析的依据是 1994 年 2 月 1 日实施的《婚姻登记管理

条例》,若本案发生在2003年10月1日以后,根据《婚姻登记条例》第5条规定,办理结婚登记的内地居民不再需要单位证明。

3. 根据《婚姻法》规定,要求结婚的男女双方必须亲自到婚姻登记机关进行结婚登记,取得结婚证即确立夫妻关系。也就是说,在结婚程序上,我国实行的是结婚登记制度,男女双方的婚姻是否成立取决于婚姻登记机关是否予以登记,而不取决于是否经过了其他程序。因此,举行婚礼不是婚姻关系成立的程序要件。本案中杨某与张某在众人面前举行结婚仪式,不能说明他们已成为合法夫妻。

4. 重婚是指有配偶又与他人结婚,或明知他人有配偶而与之结婚的行为。先缔结的婚姻叫前婚,后缔结的婚姻叫后婚。在理论界对重婚的构成有不同的观点:有的认为,已经成立合法婚姻的男女,在婚姻关系存续期间不得再行结婚,否则便构成重婚,受法律制裁;有的认为,已经有了一个合法的婚姻关系,后又与他人缔结了第二个婚姻关系,后一个婚姻关系对前一个婚姻关系来说,就是重婚;有的认为,已经有一个合法的婚姻关系,后又与别人缔结第二个婚姻关系,前者叫前婚,是合法行为;后者叫后婚,也叫重婚,是违法行为。上述关于重婚的具体论述虽然略有差异,但对重婚内涵的揭示在本质上是一样的,那就是前婚必须是合法婚姻,后婚才能构成重婚。也就是说,判断是否构成重婚,应以前婚是否合法有效为要件。

我国实行一夫一妻制的婚姻制度,由于重婚是对一夫一妻制的严重破坏,所以,《婚姻法》第2条、第3条明确规定:"实行一夫一妻的婚姻制度,禁止重婚、禁止有配偶者与他人同居。"针对构成重婚罪的情况,我国《刑法》第258条规定:"有配偶而重婚的,或者明知他人有配偶而与之结婚的,处二年以下有期徒刑或者拘役。"这些立法都是以前婚有效为前提的。现实生活中,由于复杂的原因和情况造成的形式上的第二个婚姻,并不能一概而论地直接认定为重婚,而应以前婚是否有效作为判断标准。如果前婚无效,就不该承认和保护。

对未办理结婚登记而以夫妻名义同居生活的男女,起诉到人民法院要求离婚的,应按最高人民法院2001年婚姻法司法解释(一)的规定,确定他们的关系是事实婚姻还是同居关系(最高人民法院1989年11月21日颁布的《关于人民法院审理未办结婚登记而以夫妻名义同居生活案件的若干意见》称为非法同居):1994年2月1日民政部《婚姻登记管理条例》公布实施以前,男女双方已经符合结婚实质要件的,按事实婚姻处理;1994年2月1日民政部《婚姻登记管理条例》公布实施以后,男女双方符合结婚实质要件的,人民法院应当告知其在案件受理前补办结婚登记;未补办结婚登记的,按解除同居关系处理。本案中杨某与张某的同居时间是 2001 年 1 月 1 日,是在 1994 年 2 月 1 日以后,所以他们的关系应认定为同居关系,两人并不存在合法有效的婚姻关系。杨某因前一个婚姻关系无效,不被视为有配偶者,不能作为重婚关系主体。他和孙某登记结婚时,属于无配偶者,双方均符合结婚的法定条件,并履行了结婚的法定手续,他们的婚姻是合法婚姻,故杨某不构成重婚。

5. 对同居关系的处理,最高人民法院 1989 年 11 月 21 日颁布的《关于人民法院审理未办结婚登记而以夫妻名义同居生活案件的若干意见》规定:

(1)未办结婚登记而以夫妻名义同居生活的男女,一方要求"离婚"或解除同居关系,经查确属非法同居关系的,应一律判决予以解除。

(2)解除非法同居关系的案件,如涉及非婚生子女抚养和财产分割问题,应一并予以解决。具体分割财产时,应照顾妇女、儿童的利益,考虑财产的实际情况和双方的过错程度,妥善分割。

(3)非法同居所生子女为非婚生子女。解除非法同居关系时,由哪一方抚养,双方协商;协商不成时,应根据子女的利益和双方的具体情况判决。哺乳期内的子女,原则上应由母方抚养,如父方条件好,母方同意,也可由父方抚养。子女为限制民事行为能力人的,应征求子女本人的意见,一方将未成年的子女送他人收养,须征得另一方的同意。

(4)解除非法同居关系时,同居生活期间双方共同所得的收入和购置的财产,按一般共有财产处理;同居生活期间双方各自继承或受赠取得的财产,一般应按个人财产处理。

本案中,杨某与张某的关系是同居关系,法院应判决予以解除。双方所生女儿杨洁为非婚生子女,因杨洁不满 2 周岁,判归张某抚养为宜。杨某作为杨洁的生父,应承担女儿的抚养费。对于共同存款 2 万元,按一般共有财产处理,具体分割时张某应多于杨某,以体现照顾妇女、儿童利益的原则,同时也考虑到了杨某的过错程度。张某继承其父 1 万元、杨某接受赠与的 3000 美元是个人财产,应归本人所有,不予分割。

第三节　结婚制度习作案例

案例一

女青年王某与男青年孙某经人介绍相识,后在介绍人的主持下,举行了订婚仪式。订婚时,孙某按当地习俗,通过介绍人将祖传的金戒指1枚、金项链1条、时装两套、裘皮大衣一件转交给王某,订婚宴花去1000元。在王、孙恋爱期间,孙送给王母电风扇一台。两年后,王母以孙某性情暴躁,并有酗酒赌博等恶习为由反对王、孙来往,并介绍高某与王某相识,经过一年的接触,王某感到高某才是自己的理想人选,便通过介绍人口头通知孙某解除婚约。当王某与高某向婚姻登记机关提出结婚申请时,孙某诉至人民法院。原告诉称:自己与被告王某订婚在先,既然已经按照当地风俗,在介绍人的主持下订了婚,被告就必须按照约定,与原告结婚,被告单方终止婚约无效,已形成的未婚夫妻关系应予保护;自己与王某订婚已近三年,亲戚朋友都知道自己订婚,现王某不与自己结婚,让其在外人面前抬不起头来,如退婚王某必须赔偿其"青春损失费",并返还订婚时给付的彩礼;王某母亲有干涉婚姻自由和包办强迫婚姻的行为,要加以惩处。被告辩称:法律明确规定实行婚姻自由,跟谁结婚自己说了算,法院应解除两人的婚约,上述彩礼是原告自愿给的,坚决不返还。法院认为:谁不履行婚约,谁"应在财产上适当让步"。

法律问题

1. 王母的行为是否构成干涉婚姻自由和包办强迫婚姻?为什么?如果王某与孙某感情很深,准备结婚,而王母以孙某性情暴躁,有酗酒赌博等恶习为由反对王孙来往,并把王某锁在家里,不让她与孙某见面,王某设法从家中逃出,刚见到孙某,就被王母带领的族人绑回家,王母带领的族人还把孙某打伤。王母强迫王某与高某结婚,并向高某索取5万元财物。设你是审判人员,对王母的行为应如何认定?如何处理?

2. 王母收受孙某一台电风扇属什么性质?应如何处理?如果王母同意王某与孙某结婚,但孙某必须给王母3万元财物,否则就不让王某与孙某结婚,设你是孙某的委托代理人,请说明你的代理意见。

3. 王某与孙某的婚约是否应予保护?为什么?王某接受孙某的金戒指、金项链等物是否应予返还?如果孙某家境贫寒,因给付王某上述财物导致了生活困难,王某与孙某已办理结婚登记手续,但还没有共同生活。现孙某要求王某返还上述财物。设你是审判人员,对孙某的诉讼请求是否应予支持?请说明法律依据。

4. 孙某提出的"青春损失费"是否应予赔偿,订婚花费是否应予补偿?为什么?

5. 婚姻登记机关是否应为王某与高某办理结婚登记手续?

案例二

李某(男)读高一时学校失火,同班几个要好的同学不幸烧死,李某虽侥幸逃离火场,但精神受到严重刺激,从此患有精神分裂症。2003年住精神病医院治疗,2005年又转入另一个精神病医院诊治。虽经多方治疗,但一直未能彻底治愈。随着年龄的增长，李某已到了谈婚论嫁的年龄。其父母即托人给他介绍对象，经人介绍与女青年刘某相识，婚前李某父母对介绍人和刘某隐瞒了李某患有精神病的情况，刘某与李某仅见过一面，未发现李某的病情，也未从其他途径知道实情。2008 年 1 月登记结婚。婚后不久刘某即发现李某有精神病，刘某带李某到上海某精神病医院就诊，经专家会诊，认为李某受到刺激太大，治愈希望极少。从此，李某一直住在精神病医院里。刘某尚抱着希望，在生活上照顾李某，配合医生治疗。但三年多下来，李某的病情未见好转。医生也认为无法治愈。刘某于 2010 年 5 月 15 日向法院起诉，要求与李某离婚。原告诉称：结婚时，介绍人没告诉我被告有精神病，现被告病情严重，要求离婚。李某法定代理人生父李某某辩称：李某患精神分裂症是事实，但婚前已将李某的病情告知原告，现原告在被告发病的情况下提出离婚是不道德的，不同意离婚。法院经审理后认为，被告长期以来患有精神分裂症，目前仍在治疗中，原告要求离婚，应予准许，于是 2010 年 8 月判决准予刘某与李某离婚。

法律问题

1. 法院判决准予刘某与李某离婚是否正确？法律依据是什么？
2. 设刘某婚前已知李某患有精神病，这一情节对本案的处理是否会产生影响？

案例三

王某和曲某是在广东一家玩具厂打工的老乡，两个人经常来往，互有好感，不久确立恋爱关系开始同居生活。2007 年年底，王某发现自己怀孕，遂将此事告诉曲某和自己的父母。王某和她的父母都希望生下这个孩子，因此王某执意要曲某跟她一起过年回去结婚，曲某虽不情愿但还是同意了。因为王某还差 5 个月才满 20 周岁，王某的父母托人送礼才于 2008 年 1 月为两人办理了结婚证。

由于曲某的父母对未婚先孕的儿媳不满意，所以结婚以后王某和曲某一直住在王家，直到王某在 8 个月后生下一个女儿。“入赘”本来就让曲某觉得颜面扫地，盼望的儿子又变成了女儿，这让曲某感到极度的失望和不满，争吵成了家常便饭。两人在一次大吵大闹之后，曲某便收拾东西回到自己的父母家中，为了排解儿子的烦恼，曲某的父母立即着手为儿子物色对象，同时要儿子与王某离婚。曲某虽然不愿意回到王某家中，但顾念夫妻情分并没有考虑离婚。这使得曲某的父母对不听话而“一错再错”的儿子又气又急。

有熟人听说曲某与王某结婚时，王某没有达到法定婚龄，就出主意让曲某的父母去人民法院申请宣告他们的婚姻无效，这样就不需要曲某的同意，可以省去不少的麻烦。此事被王某的父母得知,他们则认为,虽然结婚时王某未达法定婚龄,但现在已经达到了法定婚龄,所以曲某和王某的婚姻是有效的。而曲某的父母则更认为,既然没有达到法定婚龄的婚姻是无效婚姻,那么不用去法院申请宣告,曲某和王某的婚姻也是无效的。因此逼迫曲某与物色的对象立即结婚。双方为此事大打出手,各自找到律师咨询。

法律问题

1. 假如向法院提出申请宣告曲某和王某的婚姻无效,则曲某的父母是否属于适格的申请人?为什么?

2. 曲某父母认为,既然没有达到法定婚龄的婚姻是无效婚姻,那么不用去法院申请宣告,曲某和王某的婚姻也是无效的。如何评价曲某父母的想法?

3. 王某现在已经达到了结婚的年龄,其婚姻是否仍然无效?为什么?

案例四

黄某是农村妇女,50岁,丈夫于1990年病故,无子女,生活艰难。韩某,56岁,在距黄某不远的小镇上做小生意,妻子于1991年去世,有一子已成家独立生活。韩某有平房3间,存款5万元,但生活上缺人照顾。1993年,经人介绍,黄某与韩某相识,双方均愿一起共度晚年。黄某受农村封建思想的影响,不愿再去结婚登记。两人经协商,决定不办理结婚登记手续,于1993年5月8日在介绍人的主持下,邀请亲朋好友举行婚礼,此后即以夫妻名义共同生活,周围群众也认为他们是夫妻。2001年7月12日,因天气炎热,韩某突发心肌梗塞死亡。遗有平房3间,存款5万元。韩某死后,黄某要求继承韩某的遗产,但韩某之子不承认这个继母,不同意黄某继承韩某的遗产,双方发生纠纷。2001年8月20日黄某诉至法院。原告诉称:自己与韩某以夫妻名义同居生活8年,早已形成夫妻关系,对韩某的遗产自己有权继承。被告辩称:原告与其父亲同居时没办理结婚登记手续,他们之间没有合法婚姻关系,自己是父亲唯一的法定继承人。法院经审理后认为:黄某与韩某是1994年2月1日《婚姻登记管理条例》发布以后向法院起诉的,不存在事实婚姻问题,黄某与韩某是同居关系。

法律问题

1. 请说明分析本案应用的法律原理及法律条文。

2. 如果你作为原告的委托代理人,你将提出什么代理意见?

3. 如果你作为被告的委托代理人,你将提出什么代理意见?

4. 如果你作为审判人员,你认为黄某对韩某的遗产是否享有继承权?法律依据是什么?

5. 设黄某与韩某于1995年6月15日公开举行婚礼后以夫妻名义同居生活,之后一直未办理结婚登记手续,黄某对韩某的遗产是否享有继承权? 理由是什么?

案例五

吴胜利与高玉是夫妻,两人未对财产作出约定。吴胜利经营着一家公司,身为公司老总的吴胜利喜欢上了女秘书王丽,王丽明知吴胜利有妻子,但经不住吴胜利的诱惑与之同居,两人在王丽的家乡又进行了结婚登记。吴胜利以自己的名义购买了一套价值60万元的商品房,供自己和王丽居住。吴胜利之妻高玉发现了丈夫与王丽的同居事实,控告两人的重婚罪,并提出宣告吴胜利与王丽婚姻无效的申请。在处理婚姻无效的诉讼过程中,王丽提出商品房是吴胜利与她同居期间买下并供两人居住的,她应有一半产权。法院受理后,查明了吴胜利与王丽重婚及商品房是用吴胜利钱买的事实。

法律问题

1. 请说明分析本案应用的法律原理及法律条文。
2. 请分析吴胜利与王丽行为的性质,如何处罚?
3. 请分析吴胜利购买的商品房的性质,王丽是否有权主张?
4. 高玉在审理婚姻无效的诉讼过程中出于什么样的诉讼地位?

第二十五章　家庭关系案例研究

第一节　家庭关系案例研究的内容和方法

一、家庭关系概述

家庭关系案例研究所涉及的基本法律问题有以下三个方面。

(一)夫妻关系

1. 人身关系。夫妻人身关系的内容有:夫妻双方都有各用自己姓名的权利;夫妻双方都有参加生产、工作、学习和社会生活的自由,一方不得对他方加以限制或干涉;夫妻双方都有实行计划生育的义务。

2. 财产关系。夫妻财产关系的内容有:夫妻财产制、夫妻有互相扶养的义务、夫妻有互相继承遗产的权利。夫妻财产制有法定夫妻财产制和约定夫妻财产制两种形式。其中法定夫妻财产制又包括夫妻共同财产制和夫妻个人特有财产制两种。夫妻在婚姻关系存续期间所得的财产,除双方另有约定外,归夫妻共同所有,包括:工资、奖金;生产、经营的收益;知识产权的收益,是指婚姻关系存续期间实际取得或者已经明确可以取得的财产性收益;继承或赠与所得的财产,但遗嘱或赠与合同中确定只归夫或妻一方的财产除外;其他应当归共同所有的财产,有以下几种:一方以个人财产投资取得的收益,男女双方实际取得或者应当取得的住房补贴、住房公积金,男女双方实际取得或者应当取得的养老保险金、破产安置补偿费。个人特有财产包括:一方的婚前财产;一方因身体受到伤害获得的医疗费、残疾人生活补助费等费用;遗嘱或赠与合同中确定只归夫或妻一方的财产;一方专用的生活用品及其他应当归一方的财产。当然,夫妻可以书面约定婚前财产以及婚姻关系存续期间的财产归共同所有或各自所有,或部分共同所有、部分各自所有,没有约定或约定不明确的,适用法定财产制的规定。

(二)父母子女关系

父母子女间的权利和义务包括:父母对子女有抚养教育的义务;父母有保护和教育未成年子女的权利和义务,在未成年子女对国家、集体或他人造成损害时,父母有承担民事责任的义务;子女对父母有赡养扶助的义务;父母和子女有相互继承遗产的权利。

1. 继父母继子女关系。继父母与继子女间并不当然产生父母子女间的权利和义务,只有在形成了抚养教育关系的情况下,才会产生父母子女间的权利和义务。

2. 养父母子女关系。收养关系一经合法成立,养父母子女间即形成拟制血亲关系,其法律地位即等同于自然血亲的父母子女关系。

(1)收养关系的成立。收养关系的成立,必须具备法律规定的条件和程序。《收养法》第4条至第14条明确规定了收养关系各方当事人(被收养人、收养人、送养人)所应具备的条件,包括一般收养的条件以及发生在特殊主体之间的特殊收养条件。同时,《收养法》第15条规定了收养的程序:收养应当向县级以上人民政府民政部门登记,收养关系自登记之日起成立。收养查找不到生父母的弃婴和儿童的,办理登记的民政部门应当在登记前予以公告;收养关系当事人愿意订立收养协议的,可以订立收养协议;收养关系各方或一方要求办理收养公证的,应当办理收养公证。

(2)收养的效力。自收养关系成立之日起,养父母与养子女间的权利义务关系,适用法律关于父母子女关系的规定;养子女与养父母的近亲属间的权利义务关系,适用法律关于子女与父母的近亲属关系的规定。养子女与生父母及其他近亲属间的权利义务关系,因收养关系的成立而消除。但养子女与其自然血亲间的血缘关系是客观存在的事实,并不因收养关系的成立而消灭。

(3)收养关系的解除。收养人在被收养人成年以前,不得解除收养关系,但收养人、送养人双方协议解除的除外。养子女年满10周岁以上的,应当征得本人同意;收养人不履行抚养义务,有虐待、遗弃等侵害未成年养子女合法权益行为的,送养人有权要求解除养父母与养子女间的收养关系;送养人、收养人不能达成解除收养关系协议的,可以向人民法院起诉;养父母与成年养子女关系恶化,无法共同生活的,可以协议解除收养关系;不能达成协议的,可以向人民法院起诉。当事人协议解除收养关系的,应当到民政部门办理解除收养关系的登记。

收养关系解除后,养子女与养父母及其他亲属间的权利义务关系即行消除,与生父母及其他近亲属间的权利义务关系自行恢复,但成年养子女与生父母及其他近亲属间的权利义务关系是否恢复,可以协商确定。收养关系解除后,经养父母抚养的成年养子女,对缺乏劳动能力又缺乏生活来源的养父母,应当给付生活费;因养子女成年后虐待、遗弃养父母而解除收养关系的,养父母可以要求养子女补偿收养期间支出的生活费和教育费;生父母要求解除收养关系的,养父母可以要求生父母适当补偿收养期间支出的生活费和教育费,但因养父母遗弃、虐待养子女而解除收养关系的除外。

(三)祖孙、兄弟姐妹关系

有负担能力的祖父母、外祖父母,对于父母已经死亡或父母无力抚养的未成年的孙子女、外孙子女,有抚养的义务;有负担能力的孙子女、外孙子女,对于子女已经死亡或子女无力赡养的祖父母、外祖父母,有赡养的义务。有负担能力的兄、姐,对于父母已经死亡或父母无力抚养的未成年的弟、妹有扶养的义务;由兄、姐扶养长大的有负担能力的弟、妹,对于缺乏劳动能力又缺乏生活来源的兄、姐,有扶养的义务。

二、家庭关系案件的类型

家庭关系案件的类型主要有两种:一是有法定扶养义务的人不履行扶养义务而产生的纠纷;二是因扶养义务多少的确定问题而产生的纠纷。

1. 因有法定扶养义务的人不履行扶养义务而产生的纠纷。主要有夫妻间的扶养纠纷;父母子女间的扶养纠纷,又分为婚生父母子女间的扶养纠纷、非婚生父母子女间的扶养纠纷、继父母子女间的扶养纠纷、养父母子女间的扶养纠纷;祖孙以及兄弟姐妹间的扶养纠纷。解决这类纠纷应严格按照《婚姻法》、《收养法》关于家庭关系的规定,确定当事人的法律地位,然后再判断当事人之间是否有扶养义务。

2. 因扶养义务多少的确定问题而产生的纠纷。这类纠纷发生在负有法定扶养义务的当事人之间,因扶养义务的多少如何确定,不能达成一致意见,从而引起争执,互相争抢或互相推诿。解决这类纠纷要根据被扶养人的实际需要、各扶养义务人的负担能力、当地的实际生活水平确定。

三、家庭关系案例研究的基本方法

家庭关系案例的分析、判断和处理要完全依据法律规则来进行,要于法有据。虽然家庭关系涉及的案例有很多种类,但是,对这类案件的分析研究除应遵循法定主义的基本原则以外,还应注意把握以下的方法:

1. 在分析夫妻处理共同财产的案例时,首先要对共同财产的性质有正确的认识,夫妻对共同财产的共有是共同共有,而不是按份共有。在这种共有关系终止以前,其财产权利是不确定份额的一个整体,夫妻在婚姻关系存续期间,无论是双方或一方的收入,无论各自收入的多少,也无论其中一方有无收入,双方都对共同财产享有平等的占有、使用、收益和处分的权利。其次要正确把握"夫妻对共同所有的财产有平等的处理权"的含义,即夫或妻在处理共同财产上的权利是平等的。因日常生活需要而处理夫妻共同财产的,任何一方均有权决定;夫或妻非因日常生活需要对夫妻共同财产作重要处理决定,夫妻双方应当平等协商,取得一致意见,他人有理由相信其为夫妻双方共同意思表示的,另一方不得以不同意为由对抗善意第三人。

2. 父母抚养子女的期限是到子女能独立生活为止。父母对未成年子女的抚养是无条件的,对成年子女的抚养是有条件的,即虽成年但尚在校接受高中及其以下学历教育,成年子女丧失或未完全丧失劳动能力但其收入无法维持正常生活的,亦即残疾成年子女。

3. 在分析继父母子女间是否有权利义务关系时,最关键的是要确定他们之间是否形成抚养教育关系。未形成抚养教育关系的继父母子女间无法定的权利义务,已形成抚养教育关系的继父母子女间有法定的权利义务。形成抚养教育关系的条件是:继子女与继父母长期共同生活,继父或继母负担了继子女全部或部分生活费和教育费;继子女的生活费和教育费由生父或生母供给,但与继父或继母长期共同生活,继父或继母对继子女进行了生活上的照料和教育。在生父与继母或生母与继父离婚时,如果继子女未成年,继父或继母不同意继续抚养的,仍由生父母抚养,双方已形成的拟制血亲关系就此解除;如果继子女由继父母抚养教育成年并已独立生活,在生父与继母或生母与继父离婚后,继子女对于年老体弱、生活困难的继父母,应当承担赡养扶助的义务。

4. 非婚生子女与婚生子女享有同等的权利。非婚生子女是指没有合法婚姻关系的男女所生的子女,其法律地位与婚生子女完全相同,享有与婚生子女同样的身份上、财产上的权利。

5. 在分析人工授精所生子女法律地位案例时,要区分两种情况:一是精子由要求人工授精的妇女的丈夫提供,所生子女和双方有血缘关系,应视为婚生子女,适用《婚姻法》有关父母子女关系之规定。二是精子由非丈夫的他人提供,这种情况比较复杂,在亲子关系认定上容易发生纠纷,因为男方和所生子女无血缘关系,所以他们之间的亲子关系只能视情况而定,即如果在婚姻关系存续期间,男方不同意人工授精的,所生子女和男方无父子关系;而在婚姻关系存续期间,双方一致同意进行人工授精的,所生子女应视为夫妻双方的婚生子女。

6. 在分析与收养有关的案例时,认定收养行为是否有效,是正确处理有关案件的必要前提。收养因收养人、送养人不具有相应的民事行为能力而无效;因违反法律和社会公共利益而无效;因欠缺收养的合意而无效;因违反《收养法》规定的法定条件和法定程序而无效。对1992年4月1日以前形成的事实收养,如符合下列条件,按收养关系对待:亲友、群众公认,有关组织证明确以养父母与养子女关系长期共同生活;1992 年 4 月 1 日以后形成的事实收养,为无效的收养关系,不再承认其效力。收养人收养他人为孙子女,确已形成养祖父母与养孙子女关系的,应予承认;解决收养纠纷和有关权益纠纷时,应注意养孙子女与养祖父母之间的权利义务关系,适用父母子女关系的规定,而不适用祖孙关系的规定。成年养子女与养父母依法解除收养关系后,与生父母的权利义务是否恢复,由他们协商确定。

7. 先析产、后继承。这是处理家庭财产纠纷应把握的原则,家庭财产纠纷虽然复杂,但并不是说这类案例无章可循。解决这类纠纷,首先要析产,即分清个人财产和家庭共同财产,个人财产归个人所有,家庭共同财产由家庭成员按照有关法律规定来划分,如某个家庭成员死亡,再按照《继承法》的有关规定来继承,这样才能保证不侵犯家庭成员的合法权益。

四、家庭关系案例研究应注意的问题

1. 夫妻之间相互继承遗产应注意以下问题:

(1)夫妻相互继承遗产时,应先对夫妻共同财产进行分割,然后再继承,防止将夫妻共同财产全部作为死者的遗产,侵犯生存一方的合法权益。

(2)夫妻间的继承权因结婚而发生,因离婚而消灭。一方在离婚诉讼过程中死亡,他方仍享有配偶继承权。

(3)对未进行结婚登记即以夫妻名义同居生活的男女双方当事人,在同居期间一方死亡,另一方要求继承死者遗产的,如认定为事实婚姻关系,则有继承权,可以配偶身份按《继承法》的有关规定处理;如认定为同居关系,则无继承权,但可以根据《继承法》第 14 条的规定,分得适当遗产。

(4)夫妻登记结婚后尚未同居生活或同居时间很短,一方死亡,另一方享有继承权。对遗产份额的划分,应根据时间的长短、尽义务的多少,酌情处理。

(5)1950 年《婚姻法》颁布前被继承人所纳之妾,如果在被继承人死亡前一直与被继承人共同生活,当被继承人死亡时,她与被继承人的妻子享有同等的继承权。

2. 夫妻一方所有的财产,不因婚姻关系的延续而转化为夫妻共同财产,但当事人另有约定的除外。

3. 与继父母形成抚养教育关系的继子女具有双重身份关系。首先,父母子女关系不因父母离婚而解除。因而,继子女与生父母仍然存在生父母子女关系,这是第一重身份关系。其次,生父或生母再婚后,如果继母或继父对继子女进行了抚养教育,则继子女又与继母或继父形成了具有法律效力的拟制血亲关系,这是第二重身份关系。因此,继子女既有赡养生父母的义务,也有赡养继父母的义务;既有继承生父母遗产的权利,也有继承继父母遗产的权利。在分析家庭关系案例时要时刻明确这一点,否则极易侵犯继父母、继子女或生父母的合法权益。

4. 养子女具有单重身份关系。养父母子女关系一旦形成,养子女与生父母之间的权利义务关系解除,因而养子女只有一个单个的父母子女关系,即只与养父母存在权利义务关系。

5. 父母因生活困难或其他客观原因,对子女没有进行抚养教育,子女独立生活后,对父母仍有赡养扶助义务;犯有杀害、虐待、遗弃子女罪的父母,或犯有奸污女儿罪的父亲,原则上丧失了要求被害子女赡养的权利;赡养父母不能以分家析产为条件。子女对父母的赡养义务,不因父母的婚姻关系变化而终止。

另外在研究家庭关系案例时还应注意,法律在规定家庭关系中各成员的权利和义务时,存在着不确定的因素。这种不确定反映着立法者的本意,由裁判者根据公平原则进行裁量和确定,当然,这种确定要符合权利义务相一致及养老育幼、照顾病残的基本原则的要求。

6. 家庭关系案例研究所涉及的相关法律法规主要有:

(1)《中华人民共和国婚姻法》第13~30条;

(2)最高人民法院关于适用《中华人民共和国婚姻法》若干问题的解释(一)第17~21条;

(3)最高人民法院关于适用《中华人民共和国婚姻法》若干问题的解释(二)第11条~13条;

(4)《中华人民共和国收养法》。

第二节　家庭关系典型案例研究

一、案情介绍

于某(男)与林某(女)于1995年登记结婚,两人都是知识分子,思想观念比较前卫,所以结婚时订立了书面协议,约定两人的所有收入均归个人所有,家庭日常生活费用包括抚养子女、赡养老人、一方或双方治疗疾病等由两人平均负担。1997年林某生育一子,取名于浩。2005年于某遇车祸身亡,当时于某有个人存款10万元,于某的父母也已死亡。2008年3月,林某与赵某再婚,赵某有一女赵亚娟,17岁。于浩和赵亚娟都是独生子女,个性都很强。赵某担心他们相处不好,会影响到夫妻感情,不同意于浩同他们一起生活。而于浩的祖父母、外祖父母都已去世,林某无奈之下,把于浩送给他人收养。并与收养人依法办理了收养登记。赵亚娟已在某公司担任会计,因不同意其父再婚,在赵某与林某再婚后,便在外租房自住,很少回其父处。赵某与林某结婚时对财产问题未作任何约定。2009 年 5 月,林某发明某项专利技术,该项技术转让后,得费用 6 万元,另因发明得奖牌(金牌)一块。2010 年 4 月,林某因公受伤,经鉴定为 5 级伤残,为此,林某获得医疗费、生活补助费共计 15 万元,其所在单位职工为林某捐款 7 万元,各捐款人均称是捐给林某本人的。2008 年 6 月,赵某父亲病危,由于赵某与林某结婚时间不长,在赵父病重期间,林某亦未给予应有的关心,赵父对林某的翁媳之情很淡,故赵父临终前当着众人的面立下一口头遗嘱:自己所有的两室一厅住房一套由赵某一人继承,另外赵父死亡后,赵某依照法定继承分得其父遗产 1 万元。赵某与林某的婚后感情本来就一般,自林某伤残后,赵某经常向单位一女同事丁某诉说心中的苦闷,丁某非常同情赵某的遭遇,时常在生活上、精神上关心赵某,后两人的关系渐渐密切,超出了一般同事关系,赵某经常夜不归宿,后林某知道了此事,夫妻由此便经常吵架,矛盾越来越大,经双方所在单位调解,丁某自愿付给林某精神损失费 2 万元。尽管如此,矛盾并没有真正解决。林某于 2011 年 3 月诉至法院要求与赵某离婚。此时林某再婚时带来的 10 万元一直未用。赵某亦同意离婚,但对上述财产的分割发生争执,赵某提出,林某再婚时带来的 10 万元、林某的发明转让费以及所得奖牌、林某的医疗费、生活补助费,职工给林某的捐款、丁某自愿付给林某精神损失费都应当作为夫妻共同财产均分,而自己通过继承所得的财产,应作为其个人财产对待,归其本人所有;林某则认为赵某所述的上述财产是自己的个人所得,不能作为夫妻共同财产分割,而赵某继承其父的遗产,因是在婚姻关系存续期间取得,应是夫妻共同财产。问:

1. 林某与赵亚娟、赵某与于浩之间是什么关系?于浩与其母林某是否还存在父母子女间的权利义务关系?

2. 林某与赵某的个人财产分别有哪些?林某与赵某的共同财产有哪些?

3. 于某的个人财产 6 万元应怎样处理?

二、本案的争执焦点

本案的争执焦点主要包括以下几个方面:

1. 林某与赵亚娟、赵某与于浩是否形成拟制血亲关系,已经送给他人收养的子女与生父母是否还存在权利义务关系

2. 约定财产制与法定财产制的效力如何确定,如何正确认定夫妻共同财产和个人财产的范围

三、分析本案应当注意的问题

对本案的分析除应当注意上述争议焦点问题以外，还应当注意以下几个方面的问题：

1. 明确继父母子女关系的形成条件、收养的效力
2. 约定财产制的效力高于法定财产制
3. 婚姻法对夫妻共同财产和个人特有财产范围的规定

四、本案的事实与法律分析

1. 继父母子女关系是因子女的生父或生母再婚而形成的，继父或继母和受其抚养教育的子女间的权利义务，适用法律对父母子女关系的有关规定。这就是说，继父母与继子女之间，只有在一起共同生活，形成抚养教育关系，才产生父母子女间的权利和义务，具有拟制血亲的法律效力。在实际生活中，继父母子女关系，大体有两种情况：(1)生父或生母再婚时，子女已经成年并独立生活；或者生父或生母再婚时，未成年子女与祖父母或外祖父母等共同生活，未受过继父母抚养教育，在这种情形下，继父母与继子女仅产生姻亲关系，彼此不产生父母子女间的权利和义务。(2)生父或生母再婚时，继子女未成年或尚未独立生活，该子女受到继父或继母的抚养教育，这种情况下，继父母与继子女之间形成拟制血亲关系，双方产生父母子女间的权利和义务。本案中赵某与林某结婚时，于浩被送给他人收养，从未与赵某共同生活，赵某未对其进行抚养；赵亚娟虽未成年，但已参加工作，依靠自己的收入能够维持日常生活所需，不需要林某对其抚养，亦未与林某共同生活。所以林某与赵亚娟、赵某与于浩之间未形成抚养关系，相互之间不是拟制血亲，只是姻亲关系。

养子女与生父母的关系因收养关系的成立而消除，所以于浩与其母林某之间已不存在父母子女间的权利义务关系。

2. 夫妻财产制，从狭义的角度理解是指在婚姻关系存续中有关夫妻财产所有权的制度。在我国，夫妻财产制有两种，即法定夫妻财产制和约定夫妻财产制。

(1)法定夫妻财产制是法律直接规定适用的夫妻财产制度，法定夫妻财产制又包括夫妻共同财产制和夫妻个人特有财产制两种。①夫妻共同财产制。夫妻在婚姻关系存续期间所得的财产，除双方另有约定外，归夫妻共同所有，包括以下范围：工资、奖金；生产、经营的收益；知识产权的收益，是指婚姻关系存续期间实际取得或者已经明确可以取得的财产性收益；继承或赠与所得的财产，但遗嘱或赠与合同中确定只归夫或妻一方的财产除外；其他应当归共同所有的财产，有以下几种：一方以个人财产投资取得的收益，男女双方实

际取得或者应当取得的住房补贴、住房公积金,男女双方实际取得或者应当取得的养老保险金、破产安置补偿费。②个人特有财产制。个人特有财产的范围包括:一方的婚前财产;一方因身体受到伤害获得的医疗费、残疾人生活补助费等费用;遗嘱或赠与合同中确定只归夫或妻一方的财产;一方专用的生活用品及其他应当归一方的财产。

(2)约定财产制是指夫妻以契约的形式对婚前、婚后财产的归属、处分以及债务的清偿、离婚时的财产清算等事项作出约定的法律制度。

夫妻间的财产约定应具备以下要件:①婚姻关系当事人须具有完全民事行为能力。②双方意思表示必须真实、自愿,任何一方不得以欺诈、胁迫或乘人之危等手段,使对方在违背自己意愿的情况下达成财产协议,任何第三人也不得把自己的意志强加于当事人。③约定的内容必须合法,不得超越当事人双方所享有的财产权利范围。不得规避法律,不得损害国家、集体和他人的合法权益。④约定应当采用书面形式。

约定财产制的效力:①约定财产制具有优先的效力。②对内效力,夫妻对婚前以及婚后财产的约定,对双方具有约束力,这是约定财产制最基本、最直接的效力,只要夫妻财产约定成立并生效,就在配偶间发生财产契约的物权效力,夫妻间的财产关系就应按照约定办理。如要变更或撤销,必须经婚姻当事人双方同意,一方不得依自己的意思表示为变更或撤销。③对外效力,夫妻对婚姻关系存续期间所得的财产约定归各自所有,夫或妻一方对外所负的债务,第三人知道该约定的,以夫或妻一方的财产清偿。

本案中,赵某与林某结婚时对财产问题未作任何约定,因此他们的财产关系只能适用法定财产制的有关规定。林某的发明转让费是知识产权的收益,应是夫妻共同财产。赵某继承其父的遗产,其中依照法定继承分得的遗产1万元是夫妻共同财产;两室一厅住房一套,赵父在遗嘱中明确确定归赵某一人所有,应属于《婚姻法》第18条第3款规定的"遗嘱中确定只归夫或妻一方的财产",应是赵某的个人财产。林某的医疗费、生活补助费符合《婚姻法》第18条第2款规定的"一方因身体受到伤害获得的医疗费、残疾人生活补助费等费用",应是林某的个人财产。林某因发明获得的奖牌,具有一定的身份特点,即属于林某的一种荣誉象征,与林某的身份是分不开的,具有特定的人身性质,属于《婚姻法》第18条第5款规定的"其他应当归一方的财产",故应属于林某的个人财产。单位职工给林某的捐款,是林某的同事基于林某受伤致残的事实,出于爱心自愿赠送给林某的,因此该款应属于《婚姻法》第18条第3款规定的"赠与合同中确定只归夫或妻一方的财产",应认定为林某的个人财产。丁某自愿付给林某精神损失费不属于共同财产的范围,夫妻关系存续期间的共同财产的取得必须是合法的,这2万元可以说是一种"遮羞费",这种费用属于不当得利,是非合法取得的财产,不能认定为夫妻共同财产。

本案中林某与于某结婚时订立了书面协议,约定两人的所有收入均归个人所有,该约定合法有效,在婚姻关系终止时,按约定处理,于某死亡时的存款10万元是于某的个人财产,亦即于某的遗产,由其法定继承人继承,于某的法定继承人有配偶林某、子于浩。所以林某结婚时带来的于某的个人财产10万元应由林某和于浩继承,而林某继承的遗产的所有权发生在与赵某结婚前,因而属于林某的婚前个人财产,在林某与赵某离婚时不参加分割。

第三节　家庭关系习作案例

案例一

李某(女)与王某(男)于2002年结婚。结婚时双方未对夫妻财产制进行约定。李某为一公司高级职员,于2008年间经营期货买卖,获利甚多,故李某出资以王某之名购买1套高级公寓,出租给赵某,每月租金4000元。王某为职业篮球选手,于2011年间参加职业篮球比赛获得冠军后而得丰田轿车1辆、国家体委颁发的金牌一块。后李某经营的其他买卖失利,欠债甚多。债权人冯某诉至法院,要求李某偿还债务。原告冯某诉称:被告家有高级公寓、汽车,具有偿还能力,所欠原告的债务应该偿还。被告李某辩称:所欠原告债务属实,但家中住房是以丈夫王某的名义购买,是王某的个人财产,汽车也是王某的个人财产,被告无偿还能力。法院认为:原被告的债权债务关系明确,被告应以家庭住房、汽车、金牌偿还其债务。

法律问题

1. 李某以王某之名购买的房屋能否作为王某的个人财产?出租应否征得王某同意?出租房屋的租金能否作为王某的个人财产?设李某以自己经营期货买卖的收益且以自己的名义购买1套高级公寓,该公寓是否属于李某的个人财产?

2. 王某比赛获得的汽车、金牌的性质如何认定?法律依据是什么?设王某为非职业篮球选手,应邀参加某篮球比赛获得冠军后而得丰田轿车1辆,该轿车的性质如何认定?

案例二

李某在一周岁时,父亲因犯罪被判刑20年,母亲不久就和父亲离婚。家中的房屋、财产都判给了母亲。李某不到三岁时,母亲又与王某再婚,李某也随母亲来到王家,与继父共同生活,并改随继父姓,与生父一直没有来往。生父刑满后,在某劳改农场就业。现因病残疾,生活困难,诉至人民法院,请求法院判令李某履行赡养义务。原告诉称:被告是原告的亲生儿子,现原告因病残疾,生活无着,被告应给付原告赡养费。现年30多岁,身为工程师的被告辩称:被告已承担了赡养继父的义务,不应再承担对生父的赡养义务。更何况从被告一岁时起,原告一直未抚养过他,原告多年遗弃了被告,且犯下罪恶勾当,是继父和生母将被告抚养成人。对自己未尽抚养义务的生父,被告不应有赡养的义务。所以拒绝支付生父的赡养费。法院认为:原告与被告的生母早已离婚,被告与原告多年没有来往,相互之间的父子关系已经脱离,对原告的诉讼请求不予支持。

法律问题

1. 本案涉及的法律关系有哪些?

2. 请说明分析本案应用的法律原理及法律条文。

3. 李某对其生父是否有赡养义务? 设李某生父遗弃李某被判有期徒刑3年,现要求李某给付赡养费,问李某生父是否还享有要求李某赡养的权利?

4. 李某与其继父属于何种法律关系? 他是否有义务赡养其继父? 设李某母亲再婚时,李某随其外祖父母生活,从未与继父共同生活,那么李某与其继父形成何种法律关系? 他是否有义务赡养其继父?

案例三

刘某(女)与王某(男)是夫妻关系,共同开有一经营富康轿车的店面。2009年5月3日,两人因家庭琐事吵架,刘某即驾车离家,数日未归。2009年5月10日,刘某未与王某协商,便以12万元的价钱将自己从家中开出的富康轿车卖与李某,并于当天到交通部门,谎称其丈夫出差在外,已全权委托自己办理卖车事宜,并出示了一份王某同意卖车的书面证明(骗签的),办理了汽车过户手续,把车转到了李某名下。过了几天,王某发现妻子卖车后,要求李某返还汽车,李某不同意,王某遂将刘某和李某列为共同被告,向法院提起诉讼。王某诉称,刘某未经其同意,擅自将夫妻共有的富康轿车出卖给李某,请求确认买卖关系无效,让李某返还他们的轿车。

法律问题

1. 请说明分析本案应用的法律原理及法律条文。

2. 如果你作为审判人员,请认定刘某与李某的车辆买卖行为的效力,法律依据是什么?

3. 王某的损失应由谁承担? 法律依据是什么?

4. 设刘某以 2 万元的价钱将富康轿车卖与李某,李某明知王某不同意,仍然与刘某串通促成该买卖行为,王某的损失应由谁承担? 法律依据是什么?

案例四

王大川在 1980 年 7 岁时,母亲因意外事故死亡,父亲王金陵身有残疾,无力抚养王大川,便把他送给张刚、朱芳夫妇收养,改名张大川。1986 年张刚与朱芳生一子,取名张冰。张刚、朱芳对张大川、张冰都非常疼爱,全家四口互相体贴,关系和睦。1996 年张大川得知王金陵是自己的生父后,与张刚、朱芳关系疏远。2000 年朱芳病故,2002 年张刚因病致残,其收入仅能勉强维持个人生活,无力抚养子女。此时,王金陵生活困难,张冰正在中学读书,张大川经营个体餐馆,收入较多,王金陵要求张大川赡养,张冰要求张大川扶养,均遭到张大川拒绝。2003 年 2 月,王金陵诉至法院,要求张大川给付赡养费。原告诉称:被告是原告的亲生儿子,现原告生活困难,被告应给付原告赡养费。被告辩称:被告在 7 岁时,就被养父母收养,与生父母的亲子关系早已断绝,是养父母把自己抚养长大的,不同意给付原告赡养费。法院认为:虽然被告在 7 岁时送养给他人,但原告是因生活困难无力抚养子女,其主观上并没有过错,遂判决被告每月给付原告赡养费 300 元。

法律问题

1. 请说明分析本案应用的法律原理及法律条文。

2. 被告张大川可以提出的抗辩理由有那些?

3. 张大川对王金陵有无赡养义务? 为什么? 设张刚、朱芳夫妇是张大川生父王金陵的朋友,王金陵因生活困难,把张大川寄放在张刚、朱芳夫妇家中,张大川由张刚、朱芳夫妇抚养至独立生活,问:张大川与张刚、朱芳夫妇形成何种法律关系? 张大川对张刚、朱芳夫妇有无赡养义务? 法律依据是什么?

案例五

王军是王北战的孙子,王北战共有三个儿子,次子王玉(即王军之父)一直与父母共同生活。1999 年王玉与田霞结婚后,田霞与公婆关系不和。2002 年王军 2 岁时,王北战与王玉因故争吵,王玉便带着妻子、儿子到黑龙江安家落户。王北战一气之下声明与王玉断绝父子关系。2003 年王玉患癌症病逝。2004 年 5 月田霞因患肝炎病休,生活困难,无力抚养王军。2005 年 3 月田霞以王军法定代理人的身份诉至王北战所在地法院,要求王北战每月付给王军抚养费200元。法庭审理中,王北战辩称:王玉在世时与家庭关系不和,这和田霞有很大的关系。田霞不尊敬老人,况且在王玉离家出走时,被告早已声明与王玉断绝父子关系,因此被告与王军也不存在祖孙关系,不同意给付王军抚养费。

法律问题

1. 请说明分析本案应用的法律原理及法律条文。

2. 王北战声明与王玉断绝父子关系有法律效力吗?

3. 如果你作为本案的审判人员,你认为王北战对王军是否有抚养义务? 法律依据是什么? 请草拟一份本案的处理意见。

第二十六章　离婚制度案例研究

第一节　离婚制度案例研究的内容和方法

一、离婚制度概述

离婚制度案例研究所涉及的基本法律问题有以下八个方面。

（一）协议离婚

男女双方自愿离婚的，准予离婚。双方必须到婚姻登记机关申请离婚。婚姻登记机关查明双方确实是自愿并对子女和财产问题已有适当处理时，发给离婚证。

（二）裁判离婚

男女一方要求离婚的，可由有关部门进行调解或直接向人民法院提起离婚诉讼。人民法院审理离婚案件，应当进行调解；如感情确已破裂，调解无效，应准予离婚。

（三）诉讼离婚的特别规定

1. 诉讼离婚中对现役军人的特别保护

现役军人的配偶要求离婚，须得军人同意，但军人一方有重大过错的除外。“重大过错”是指，重婚或与他人婚外同居的；实施家庭暴力或虐待、遗弃家庭成员的；有赌博、吸毒等恶习屡教不改的；有其他重大过错行为的。

2. 诉讼离婚中对女方的特殊保护

女方在怀孕期间、分娩后一年内或中止妊娠后六个月内，男方不得提出离婚。女方提出离婚的，或人民法院认为确有必须受理男方离婚请求的，不在此限。

（四）离婚时的财产分割

离婚时，夫妻的共同财产由双方协议处理；协议不成时，由人民法院根据财产的具体情况，照顾子女和女方权益的原则判决。

（五）离婚后子女的抚养问题

父母与子女间的关系，不因父母离婚而消除。离婚后，子女无论由父或母直接抚养，仍是父母双方的子女。离婚后，父母对于子女仍有抚养和教育的权利和义务。

(六)离婚父母的探望权

离婚后,不直接抚养子女的父或母,有探望子女的权利,另一方有协助的义务。行使探望权利的方式、时间由当事人协议;协议不成时,由人民法院判决。父或母探望子女,不利于子女身心健康的,由人民法院依法中止探望的权利;中止的事由消失后,应当恢复探望的权利。

(七)离婚时的债务偿还

离婚时,原为夫妻共同生活所负的债务,应当共同偿还。共同财产不足清偿的,或财产归各自所有的,由双方协议清偿;协议不成时,由人民法院判决。

(八)离婚损害赔偿

有下列情形之一,导致离婚的,无过错方有权请求损害赔偿:重婚的;有配偶者与他人同居的;实施家庭暴力的;虐待、遗弃家庭成员的。

二、离婚制度案件的类型

离婚制度案件的类型主要有三大类,一是当事人的婚姻纠纷,亦即对当事人的离婚请求是准予离婚还是不准予离婚;二是离婚引起的子女抚养纠纷;三是离婚引起的财产分割纠纷等。

(一)当事人的婚姻纠纷

审判实践中常见的离婚纠纷主要有:因封建思想引起的离婚纠纷,包括因包办买卖婚姻而引起的离婚纠纷、因生育问题引起的离婚纠纷;因一方违反忠实义务而引起的离婚纠纷,包括因一方重婚、与他人同居、通奸或卖淫嫖娼而引起的离婚纠纷;因一方违法犯罪而引起的离婚纠纷;因一方患有某种疾病而引起的离婚纠纷;因家庭暴力或家庭成员间的虐待和遗弃而造成的离婚纠纷;因一方有赌博、吸毒等恶习且屡教不改而导致的离婚纠纷,等等。

(二)因离婚引起的子女抚养纠纷

主要包括因子女抚养归属而引起的纠纷;因不直接抚养子女方、负担抚养教育费用的数额、期限、给付方式而引起的纠纷;因抚养费的增加、减少、免除而引起的纠纷;因不直接抚养子女方的探望权而引起的纠纷,等等。

(三)因离婚引起的财产分割纠纷

这种纠纷主要包括:因对某项财产应认定为夫妻共同财产还是个人特有财产而引起的纠纷;因约定财产制是否有效而引起的纠纷;因夫妻共同财产的分配原则及分割方法而引起的纠纷等。

(四)因离婚引起的其他纠纷

主要包括:因离婚时的债务偿还而引起的纠纷;因对生活困难一方的经济

帮助而引起的纠纷;因家务劳动补偿而引起的纠纷;因离婚损害赔偿而引起的纠纷等。

三、离婚制度案例研究的基本方法

离婚纠纷不同于一般民事纠纷,看似简单而实际上却繁杂琐碎,且具有很强的伦理性,一旦处理不好,会对整个家庭,尤其是对子女造成巨大的身心伤害,同时也会对社会造成不良影响。因此分析、研究离婚制度案例,首先要严格依照法律规则来进行,同时要注意养老育幼及照顾弱者等道德规则,其次应根据每个案例的具体情况,注意把握以下方法:

(一)正确理解"确有必要"

在"确有必要"时男方的离婚诉权不受限制,根据审判实践,主要有两种情况,一是双方确实存在不能继续共同生活的重大而急迫的事由,一方对他方有危及生命、人身安全的可能;二是女方婚后与人通奸怀孕,该事实为女方所不争执或经查明属实,男方的诉权不受限制。但女方婚前与他人发生性行为,一般不能作为男方提出离婚的理由。另外还要注意女方早产、产后婴儿死亡的,分娩后一年内,男方不得提出离婚。人民法院未发现女方怀孕时判决离婚,宣判后女方发现怀孕提起上诉的,查明属实后,二审法院应撤销原判决,驳回男方离婚请求,不必发回原审法院重审。

(二)正确把握准予离婚的法定条件

根据《婚姻法》的规定,"感情确已破裂,调解无效"是人民法院准予离婚的法定条件。认定感情确已破裂的方法:

1.《婚姻法》列举了可认定感情确已破裂的五种具体情形:重婚或有配偶与他人同居的;实施家庭暴力或虐待、遗弃家庭成员的;有赌博、吸毒等恶习屡教不改的;因感情不合分居满二年的;一方被宣告失踪,另一方提出离婚诉讼的。

2. 认定夫妻感情确已破裂,还应掌握以下方法:(1)全面分析的方法。在调查研究的基础上对夫妻感情进行全面综合的分析,从婚姻关系的四个层面来进行分析评判(审判实践中称为"四看"),一看婚姻基础,即双方在结婚时的感情状况和相互了解的程度;二看婚后感情,即婚后共同生活期间的感情状况;三看离婚的原因,要查明双方离婚的真正原因,分清是非、明确责任;四看夫妻关系的现状以及有无和好可能。(2)参考《最高人民法院1989年有关司法解释》。该解释凡与修改后的《婚姻法》没有冲突的,仍然有参考价值。

(三)正确处理离婚时的财产分割

离婚时的财产分割解决的是双方所得财产如何分配问题,由于夫妻财产

的分割涉及双方的切身利益,应当依法分割,分析具体案例时需要掌握以下方法:

1. 全面掌握分割财产所适用的法律法规。分割财产所适用的法律法规有:《婚姻法》、1993 年《财产分割意见》、2001 年《婚姻法司法解释(一)》、2003 年《婚姻法司法解释(二)》。

2. 明确两种夫妻财产制的效力。约定财产制的效力高于法定财产制,对双方约定的财产、个人特有财产、夫妻共同财产按以下顺序分配:双方对财产的归属有约定且该约定合法有效的,先适用约定财产制;双方没有约定或约定不明确的适用法定财产制。

3. 明确分割对象。离婚时参加分割的财产仅限于夫妻共同财产。因此正确认定夫妻共同财产的范围,是处理财产分割问题的前提。要把夫妻共同财产与个人特有财产及家庭共有财产加以区分。夫妻个人特有财产是指依照法律规定或根据约定为个人所有的财产,在离婚时不参加分割,仍归个人所有。家庭共有财产是指全体家庭成员的共有财产和各自所有的财产。未成年子女通过继承、受赠及其他合法途径取得的财产,属于其本人所有,在父母离婚时不能列入分割范围,由离婚后抚养方代为管理。如有夫妻之外的家庭成员的财产,首先应当析产,将夫妻共同财产从家庭财产中分割出来后再进行分割。

4. 分割方法。共同财产的分割方法应根据分割对象的不同采取多种分割方法,具体分割方法应依照 1993 年《财产分割意见》、2003 年《婚姻法司法解释(二)》的规定。

(四)分清债务的性质

如果所涉案例中离婚夫妻还有债务需要偿还,首先应依法分清债务的性质,然后根据债务的性质,确定不同的偿还办法:共同债务由双方偿还,个人债务由个人偿还。

共同债务是指婚姻关系存续期间,双方为维持共同生活的需要、抚养子女、赡养老人、夫妻双方或一方治疗疾病以及生产经营所负的债务。债权人就婚姻关系存续期间夫妻一方以个人名义所负债务主张权利的,应当按夫妻共同债务处理,但夫妻一方能够证明债权人与债务人明确约定为个人债务,或者能够证明属于《婚姻法》第 19 条第 3 款规定情形的除外,即夫妻对婚姻关系存续期间所得财产约定归各自所有的,夫或妻一方对外所负的债务,第三人知道该约定的,以夫或妻一方的财产清偿。当事人的离婚协议或者人民法院的判决书、裁定书、调解书已经对夫妻财产分割问题作出处理的,债权人仍有权就夫妻共同债务向男女双方主张权利。一方就共同债务承担连带清偿责任后,基于离婚协议或者人民法院的法律文书向另一方主张追偿的,人民法院应当支持。夫或妻一方死亡的,生存一方应当对婚姻关系存续期间的共同债务承担连带清偿责任。

个人债务,是指夫妻一方在婚前或婚后为满足个人需要所负的与共同生活无关的债务。一方单独所负的债务,由本人偿还。下列债务不能认定为夫妻共同债务,应由一方以个人财产清偿:(1)夫妻双方约定由个人负担的债务,但以逃避债务为目的的除外;(2)一方未经对方同意,擅自资助与其没有抚养义务的亲朋所负的债务;(3)一方未经对方同意,独自筹资进行经营活动,其收入确未用于共同生活所负的债务;(4)其他应由个人承担的债务。债权人就一方婚前所负个人债务向债务人的配偶主张权利的,人民法院不予支持,但债权人能够证明所负债务用于婚后家庭共同生活的除外。

(五)正确把握离婚时对困难方经济帮助的条件

如果所涉案例中离婚夫妻一方生活困难,另一方应予以适当的经济帮助。"一方生活困难"是指依靠个人财产和离婚时分得的财产无法维持当地基本生活水平。一方离婚后没有住处的,属于生活困难。离婚时,一方以个人财产中的住房对生活困难者进行帮助的形式,可以是房屋的居住权或者是房屋的所有权。这种帮助的条件是:(1)被帮助者必须生活困难;(2)经济帮助仅限于离婚时;(3)提供帮助的一方必须有负担能力。

(六)全面掌握法律对离婚损害赔偿的有关规定

如果所涉案例中离婚当事人一方有法定的过错行为,无过错方就可以请求离婚损害赔偿。分析、研究此类案例,必须全面掌握法律对离婚损害赔偿的有关规定。

1. 离婚损害赔偿的法定原因。离婚损害赔偿的法定原因是一方具有法定过错行为,即重婚、有配偶者与他人同居、实施家庭暴力、虐待、遗弃家庭成员。如果配偶一方具有这四种行为之外的其他过错,如吸毒、赌博、通奸、嫖娼等则在离婚时不适用损害赔偿。

2. 离婚损害赔偿的主体。权利主体是无过错方,子女及无效婚姻、被撤销婚姻中的"配偶"等其他人不能提起离婚损害赔偿;义务主体是离婚诉讼当事人中无过错方的配偶。

3. 损害赔偿以离婚为要件。人民法院判决不准离婚的案件,对于当事人提出的损害赔偿请求,不予支持;在婚姻关系存续期间,当事人不起诉离婚而单独提起损害赔偿请求的,人民法院不予受理。

4. 离婚损害赔偿请求权行使的时间。无过错方作为原告向人民法院提起损害赔偿请求的,必须在离婚诉讼的同时提出;无过错方作为被告的离婚诉讼案件,如果被告不同意离婚也不提起损害赔偿请求的,可以在离婚后1年内就此单独提起诉讼;无过错方作为被告的离婚诉讼案件,一审时被告未提出损害赔偿请求,二审期间提出的,人民法院应当进行调解,调解不成的,应告知当事人在离婚后1年内另行起诉。

当事人在婚姻登记机关办理离婚登记手续后,向人民法院提出损害赔偿请求的,人民法院应当受理。但当事人在协议离婚时已经明确表示放弃该项请求,或者在办理离婚登记手续1年后提出的,不予支持。

(七)实行分别财产制的家务补偿

"家务补偿"是"对实行分别财产制从事家务劳动的配偶离婚时的补偿"的简略说法,家务补偿请求权的行使条件是:(1)夫妻对于婚后所得财产进行了分别所有的书面约定;(2)一方因抚育子女、照料老人、协助另一方工作等付出了较多义务;(3)补偿权只能在离婚时行使。

(八)子女抚养问题以"子女最高利益"为原则

1. 离婚后子女的抚养归属

(1)2周岁以下的子女,原则上由母亲抚养。但母亲有下列情形之一的,可随父亲生活:母亲患有久治不愈的传染病或其他严重疾病,子女不宜与其共同生活的;母亲有抚养条件不尽抚养义务,而父亲要求子女随其生活的;因其他原因,子女确无法随母亲生活的。此外,父母双方协议2周岁以下子女随父亲生活,并对子女健康成长无不利影响的,可予准许。

(2)2周岁以上的未成年子女由何方直接抚养,首先应由父母在自愿的基础上达成协议。在有利于保护子女利益的前提下,父母双方可以协议轮流抚养子女。协议不成时,可由法院以判决的方式确定抚养归属。无论是判决还是协议,都应以"子女最高利益"为原则,充分考虑父母双方的思想品质、抚养能力、生活环境、与子女的感情联系等因素。对于这一年龄段的子女,如父方和母方均要求随其生活,一方有下列情形之一的,可予优先考虑:已做绝育手术或因其他原因丧失生育能力的;子女随其生活时间较长,改变生活环境对子女健康成长明显不利的;无其他子女,而另一方有其他子女的;子女随其生活,对子女成长有利,而另一方患有久治不愈的传染病或其他严重疾病,或者有其他不利于子女身心健康的情况,不宜与子女共同生活的。父方与母方抚养子女的条件基本相同,双方均要求子女与其共同生活,但子女随祖父母或外祖父母共同生活多年,且祖父母或外祖父母要求并且有能力帮助子女照顾孙子女或外孙子女,可作为子女随父或母生活的优先条件予以考虑。

(3)对于10周岁以上的未成年子女随父或母生活发生争执的,应考虑该子女的意见。

2. 子女抚养费的负担

(1)抚养费的数额。子女抚养费的数额,可根据子女的实际需要、父母双方的负担能力和当地的实际生活水平确定。具体分为两种情况,一是对于有固定收入的,抚养费一般可按其月总收入的20%至30%的比例给付;二是对无固定收入的,抚养费的数额依据当年总收入或同行业平均收入按上述比例给付。有特殊情况的,可以适当提高或降低上数比例。

(2)抚养费的给付方法。原则上应定期给付,有条件的可一次性给付。通常有工资收入的,应按月或定期给付现金,农民可按收益季节或年度给付现金或实物。对一方无经济收入或下落不明的,可用其财物折抵子女抚养费。父母双方可以协议子女随一方生活并由抚养方负担子女全部抚养费,但前提是抚养方的抚养能力足以保障子女所需费用。

(3)抚养费的给付期限,一般情况下,自父母离婚开始,给付到子女有独立生活能力为止,法律还赋予子女可根据实际情况向父母任何一方提出超过原定数额的要求,只要子女确实需要,父母有能力给付,都应给付。

(九)离婚父母的探望权

1. 探望权的确认。离婚后,不直接抚养子女的父或母,有探望子女的权利,另一方有协助的义务。人民法院作出的生效的离婚判决中未涉及探望权,当事人就探望权问题单独提起诉讼的,人民法院应予受理。

2. 探望权的内容。行使探望权的方式、时间由当事人协议;协议不成时,由人民法院判决。

3. 探望权的中止和恢复。父或母探望子女不利于子女身心健康的,由人民法院依法中止探望权;当事人在履行生效判决、裁定或者调解书的过程中,请求中止行使探望权的,人民法院在征询双方当事人意见后,认为需要中止行使探望权的,依法作出裁定。中止探望的情形消失后,人民法院应当根据当事人的申请通知恢复探望权的行使。

未成年子女、直接抚养子女的父或母及其他对未成年子女承担抚养、教育义务的法定监护人,有权向人民法院提出中止探望权的请求。

4. 探望权的实现。对拒不执行有关探望子女的判决和裁定的,由人民法院依法强制执行,有关个人和单位应协助执行。人民法院对拒不执行有关探望子女的判决进行强制执行,只能采取对拒不履行协助另一方行使探望权的有关个人和单位拘留、罚款等强制措施,不能对子女的人身、探望行为进行强制执行。

四、离婚制度案例研究应该注意的问题

1. 在对当事人婚前、婚后接受的父母赠与进行认定时注意:当事人结婚前,父母为双方购置房屋出资的,该出资应当认定为对自己子女的个人赠与,但父母明确表示赠与双方的除外。当事人结婚后,父母为双方购置房屋出资的,该出资应当认定为对夫妻双方的赠与,但父母明确表示赠与一方的除外。

2. 离婚协议中关于财产分割的条款或者当事人因离婚就财产分割达成的协议,对男女双方具有法律约束力。当事人因履行上述财产分割协议发生纠纷提起诉讼的,人民法院应当受理。

男女双方协议离婚后1年内就财产分割问题反悔,请求变更或者撤销财产分割协议的,人民法院应当受理。人民法院审理后,未发现订立财产分割协议时存在欺诈、胁迫等情形的,应当依法驳回当事人的诉讼请求。

3. 在分析是否应准予当事人离婚时,对符合应准予离婚的法定情形的,不应因当事人有过错而不准予离婚。

4. 在一方行使家务补偿请求权时应注意,请求补偿的财产是从对方个人财产中进行支付。该请求权只能在离婚时行使,不能在婚姻关系存续期间或离婚后提出。

5. 在确定对困难方经济帮助的数额时要注意,应综合考虑双方的财产状况、经济条件、谋生能力、受帮助方的困难程度、帮助方的负担能力等因素,参考当地的一般生活水平及双方婚姻关系存续期间的生活水平。在确定"家务补偿"数额时要注意,应综合考虑双方婚姻关系存续期间的长短、请求权人付出义务的多少、请求权人因此受到的损失、另一方的受益情况、目前的经济情况等因素。在确定离婚损害赔偿数额时要注意,应适用最高人民法院《关于确定民事侵权精神损害赔偿责任若干问题的解释》的有关规定。

6. 离婚损害赔偿的责任主体是离婚诉讼当事人中无过错方的配偶,即只有与无过错方形成有效婚姻关系的配偶,才是赔偿义务主体。其他人,如与有配偶者重婚、同居、通奸的第三人,不是赔偿义务主体。

7. 离婚时对困难一方的经济帮助,与夫妻共同财产的分割是两个不同的法律问题,不能混为一谈,更不能互相代替。分割财产后生活已无困难的,不能要求对方给予经济帮助;但生活确有困难的,有帮助能力的另一方也不得以夫妻共同财产已经分割为由拒绝给予帮助。

8. 子女姓氏改变不影响抚养费的给付。父母不得以子女姓氏变更而拒付抚养费,父或母一方擅自将子女姓氏改为继母或继父姓氏而引起纠纷的,应责令恢复原姓。

9. 离婚制度案例研究所涉及的相关法律法规主要有：

(1)《中华人民共和国婚姻法》第 31 ~ 42 条、第 46 ~ 48 条；

(2)最高人民法院《关于人民法院审理离婚案件如何认定夫妻感情确已破裂的若干意见》；

(3)最高人民法院《关于人民法院审理离婚案件处理子女抚养问题的若干意见》；

(4)最高人民法院《关于人民法院审理离婚案件处理财产分割问题的若干意见》；

(5)最高人民法院关于适用《中华人民共和国婚姻法》若干问题的解释(一)第 22 ~ 32 条；

(6)最高人民法院关于适用《中华人民共和国婚姻法》若干问题的解释(二)第 14 条 ~ 28 条；

(7)《婚姻登记条例》第 10 ~ 14 条；

(8)最高人民法院《关于确定民事侵权精神损害赔偿责任若干问题的解释》第 10 条。

第二节 离婚制度典型案例研究

一、案情介绍

朱某(女)是某制衣厂工人，其父患病多年，在当地有一种"冲喜"的说法，所以在朱某刚满 20 岁时，家人就摧她赶快找个人结婚，以便给父亲"冲冲喜"。不久经朋友介绍认识男青年康某，康某年龄较大，相貌平平，收入不高，家中兄弟三人且家境较差，虽多次相亲，没有哪个姑娘看上他。朱某与康某认识 2 个月后，于 1995 年 5 月结婚，婚后感情一般，一年后生育一子康东。后康某辞职从事服装买卖，生意越做越大，遂要求朱某不要上班了，帮助其料理家务，朱某考虑到孩子尚小，请个保姆照顾孩子，自己也不放心，而康某业务太忙，回家后也需要照顾，于是就听从了康某的安排，从此一心一意照顾家庭和孩子。暴富后的康某，虽然有了钱，思想上却非常空虚，经常在外吃喝玩乐，有时夜不归宿。1998 年年初，康某认识了从事服装行业的离异妇女路某，两人一见钟情，大有相见恨晚之感，从此两人形影不离。1998 年 6 月康某在某高档小区购买一套楼房，从此与路某在此居住。对朱某母子的生活不管不问，不给家里一分钱。1999 年年初，康东大病，为给康东治病，朱某借款 2 万元。后康某染上赌博恶习,为凑赌博本钱,向他人借款5万元。一次酒后驾车发生事故,康某受伤,丧失了生育能力。从此康某的性格变得更加暴躁孤僻,经常酗酒,偶尔回家对朱某母子非打即骂,朱某忍无可忍,2002年2月向法院起诉离婚,要求康东随自己生活,并向康某提出离婚损害赔偿的请求。庭审中,康某不同意离婚,说如果法院判决离婚,康东应归自己抚养,因为康东是康家的唯一男孩,不能跟母亲生活,况且朱某无工作,无能力抚养孩子,而自己又丧失了生育能力。问:

1. 法院是否应准予康某与朱某离婚?

2. 如准予离婚,康东应由谁直接抚养?

3. 如准予离婚,朱某借款2万元、康某借款5万元如何偿还?

4. 朱某的离婚损害赔偿请求能否得到支持?

二、本案的争执焦点

本案的争执焦点主要包括以下几个方面:

1. 康某与朱某的感情是否确已破裂

2. 康东的抚养归属如何确定

3. 朱某与康某的借款是共同债务还是个人债务

4. 朱某的离婚损害赔偿请求是否属于离婚损害赔偿的法定情形

三、分析本案应当注意的问题

对本案的分析除应当注意上述争议焦点问题以外,还应当注意以下几个方面的问题:

1. 把握认定"感情确已破裂"的方法

2. 确定子女的抚养归属以有利于子女的健康成长为原则

3. 正确认定债务的性质

4. 离婚损害赔偿的情形依法确定

四、本案的事实与法律分析

1. 人民法院审理离婚案件准予或不准与离婚的法定条件是夫妻感情是否确已破裂,如果夫妻感情确已破裂,调解无效,应准予离婚。本案中当事人双方虽然是经人介绍自由恋爱,但双方在婚前交往时间不长,对对方的性格、爱好没有深入了解,相识仅两个月就因女方为给其父亲"冲喜"、男方为急于解决婚姻问题而草率结婚,其婚姻基础并不牢固。双方婚后感情一般,特别是康某不珍惜夫妻之间的感情,暴富后不思进取,搞第三者插足。离婚的主要原因是康某与路某的同居行为,属于《婚姻法》第32条第3款规定的"有配偶者与他人同居"的情况,人民法院可先进行调解,调解无效,可判决准予离婚。

2. 在确定子女随谁生活时,首先要考虑的是子女随谁生活对子女的成长更有利,这就需要考虑父母双方的思想品质、抚养能力、生活环境、与子女的感情联系等因素。对2周岁以上的未成年子女,如父方和母方均要求随其生活,一方有下列情形之一的,可予优先考虑:已做绝育手术或因其他原因丧失生育能力的;子女随其生活时间较长,改变生活环境对子女健康成长明显不利的;无其他子女,而另一方有其他子女的;子女随其生活,对子女成长有利,而另一方患有久治不愈的传染病或其他严重疾病,或者有其他不利于子女身心健康的情况,不宜与子女共同生活的。本案中康某与朱某都不同程度地具备优先抚养子女的条件,朱某自结婚以来,一直全身心地照顾家庭和孩子,康东与母亲建立了深厚的感情。而康某却品行不端,不仅与第三者同居,还经常酗酒,打骂孩子,是不宜与子女共同生活的人。康东如与康某一起生活,肯定会对其成长产生不良影响。在确定子女抚养归属问题上,应该考虑双方的经济能力,但不能谁钱多子女就归谁。朱某虽然目前没有工作,但朱某不是丧失劳动能力缺乏经济来源的人,她在婚前是制衣厂工人,拥有一技之长,能据此获取经济收入,完全有能力抚养子女。康某以无生育能力为由要求子女随其生活,虽然有其合理的一面,但更应看到,子女与其感情淡漠,何况康某有酗酒、赌博等恶习,不能为照顾父母的某些要求,而置子女的健康成长于不顾。康某要求履行抚养义务,可以通过给付抚养费的方法来实现。至于康某所说孩子是家中的唯一男孩,应由其抚养,这种封建的传宗接代思想不予支持。故康东由朱某直接抚养为宜。

3. 对离婚时的债务偿还,首先要弄清债务的性质,如是共同债务,则由双方共同偿还,如是个人单独所负债务,则由本人偿还。本案中,朱某借款2万元是为了给康东治病所需,是满足共同生活需要所负的债务,应认定为共同债务,由双方共同偿还;康某借款5万元,是赌博所需,与共同生活无关,应认定为康某的个人债务,由其本人偿还。

4.《婚姻法》第46条规定,有下列情形之一,导致离婚的,无过错方有权请求损害赔偿:(1)重婚的;(2)有配偶者与他人同居的……本案中,康某认识路某后,在某高档小区购买一套楼房,从此与路某在此居住,即属于“有配偶者与他人同居”的行为。如前所述,人民法院应准予朱某与康某离婚,朱某提出的损害赔偿请求,符合法律规定,应得到法律的支持。

第三节　离婚制度习作案例

案例一

石某与唐某于2008年8月办理结婚登记,之后两人在购置婚姻住房时,为交纳30%首付款向唐某父母借款10万元,其余款项向银行贷款,办理了20年住房按揭。买房后,石某用自己的2万元存款装修房屋,唐某用自己的1.8万元购买了家具。2009年10月,两人入住新房,并举行隆重婚礼。婚礼上,唐某父母当众宣布将借出的10万元购房款作为送给两位新人的结婚礼物。石某与唐某共同生活期间因性格不和,争吵不断,直至唐某婚外情事实暴露。石某遂于2011年1月向法院起诉离婚。原告石某诉称:10万元首付款是在原被告结婚后,唐某父母对双方的赠与,况且原告装修房屋还投入了个人存款2万元。被告唐某则辩称:原被告虽然于2008年8月办理结婚登记,但直到2009年10月才举行隆重婚礼,而被告父母在举行婚礼前即已为二人购房出资10万,该出资应当是父母对自己的赠与,原告石某不应享有权利。更何况婚后家具全部是用自己的1.8万元购买的。法院认为,原告石某与被告唐某在共同生活中由于性格差异,争吵不断,造成夫妻感情破裂,且无和好可能。被告唐某违背忠实义务,大搞婚外情,不再对共同财产享有权利。

法律问题

1. 请说明分析本案应用的法律原理及法律条文。
2. 人民法院是否准予孙某与李某离婚?
3. 被告唐某父母借给二人的首付款10万是夫妻共同财产,还是被告唐某的个人财产?试述理由。
4. 设被告唐某父母在原被告办理结婚登记前为双方购置房屋出资首付款10万元,该出资的性质应如何认定?理由是什么?

案例二

孙某(女)的父亲于2005年去世,遗下房屋6间,因与其弟在继承问题上发生纠纷,故遗产未分割。2008年8月,孙某与李某登记结婚,同年10月,孙某分得其父所遗房屋3间,价值2万元。婚后两年内,夫妻感情较好,后因家庭琐事李某经常打骂孙某,致使孙某提出离婚。原告孙某诉称:原告与被告李某的婚姻基础较差,婚后性格不合,彼此对理想、事业、志趣均有所不同,被告将原告打伤住院3次，现感情确已破裂，请求法院判决离婚，财产依法分割。被告李某辩称：被告与原告婚姻基础好，虽然经常打架吵闹，但都是一些鸡毛蒜皮的小事，夫妻感情并没有破裂，不同意离婚。如果法院判决离婚，被告要求分割原告继承的价值2万元的房屋，另外，被告欠别人债务5千元（为其表弟盖房男方未征得女方同意向朋友借款5千元）至今未还，要求平均分担。法院认为：原告孙某与被告李某在共同生活中不能互谅互让，被告经常打骂原告，造成夫妻感情破裂，且无和好可能。原告继承其父的房屋3间，是在婚姻关系存续期间取得，应认定为共同财产；5千元债务亦是在婚姻关系存续期间所欠，应认定为共同债务。

法律问题

1. 人民法院是否准予孙某与李某离婚？

2. 孙某继承的3间房屋如何分割？设孙某的父亲于2008年12月去世，孙某依照法定继承取得其父所遗房屋3间，该3间房屋的性质如何认定？又设孙某的父亲立下一书面遗嘱，明确表示3间房屋只给孙某本人，该3间房屋的性质又当如何认定？

3. 李某所借债务由谁偿还？假设李某为其表弟盖房征得了孙某的同意向朋友借款5千元，该债务如何偿还？

案例三

赵某、杨某于2000年经人介绍自主结婚，婚后感情一般，生有一女，名赵红。2002年赵某、杨某协议离婚，双方达成协议：女儿赵红由杨某抚养，赵某每月支付抚育费200元。杨某于2005年再婚，其新夫黄某不同意赵红与他们共同生活，杨某无奈，遂将赵红送至自己父母家，让赵红与外祖父母共同生活，并将女儿改名为杨红。与此同时，赵某以女儿改姓为由停止支付抚育费，杨某一人独自负担女儿的生活费用。2010年，杨某因车祸不幸身亡，杨某的父母已是年老体弱，抚养杨红发生困难，遂要求赵某支付并提高杨红的抚育费，被赵某拒绝。赵某认为，杨红应由其继父即杨某的再婚丈夫黄某抚养；况且，他已经在5年前停止支付女儿杨红的抚养费，杨某生前没有异议，说明她已放弃该项权利。不久，赵某与人斗殴死亡，遗产折价为3万元。杨某的父母遂决定将杨红送人收养，赵某的父母提出收养请求，杨某的父母予以拒绝。分析案情，给合我国有关法律。

法律问题

1. 杨某是否有权为其女儿改姓？赵某以此为由，停止支付抚育费是否合法？法律依据是什么？

2. 杨某的再婚丈夫黄某是否有义务抚养杨某与前夫之女杨红? 法律依据是什么? 假设杨某再婚后,杨红一直随母亲与继父黄某共同生活,那么黄某对杨红是否有法定抚养义务? 法律依据是什么?

3. 杨某的父母在赵某停止支付抚育费5年之后,能否就杨红的抚育费事宜,向人民法院起诉? 能否要求提高抚育费数额? 法律依据是什么?

4. 杨红能否继承赵某的遗产? 法律依据是什么?

5. 杨某的父母是否有权送养外孙女儿杨红? 赵某父母的收养要求是否合理? 理由是什么?

6. 假设赵某的父母月退休金3000元,家境殷实,赵某的父母对杨红是否应该履行抚养义务?

案例四

董某,某纺织厂工人。10年前,董某与丈夫侯某协议离婚。当时双方达成离婚协议:由董某抚养女儿(6岁),侯某抚养儿子(12岁)。离婚时董某的工资收入与侯某差不多,所以协议约定互不支付所带子女的抚养费。

10年后,侯某抚养的儿子参加了工作。侯某本人两次提工资,而且当了处级干部。董某则因企业不景气下岗待业。女儿在考高中检查身体时被诊断患有先天性心脏病,需要大笔费用治疗。迫不得已,董某作为女儿的法定代理人于2003年向法院起诉。原告诉称:自己患病,急需治疗,而母亲下岗,已无力支付这笔治疗费,请求法院判令被告负担原告部分抚养费。被告辩称:自己当初和董某协议离婚明确约定双方互不给付对方所带子女的生活费,而且自己还要赡养母亲,不同意给付原告抚养费。法院认为:董某与侯某离婚时的协议是自愿达成的,而且公平合理,对原告的诉讼请求不予支持,本案的子女抚养问题,按双方原离婚协议执行。

法律问题

1. 本案涉及的法律关系有哪些?

2. 请说明分析本案应用的法律原理及法律条文。

3. 如果你作为本案审判人员,你认为侯某是否应当支付女儿的抚养费? 法律依据是什么? 请草拟一份本案的处理意见。

案例五

夏卫国系某大学教师,事业心强,32岁仍未结婚,2002年6月经人介绍与22岁的米秀莲相识,一个月后即登记结婚。2003年2月米秀莲生一男孩,体重8斤。母子出院回家时,夏卫国望着白白胖胖的儿子说:“没想到儿子早产还这么胖”。旁边的护士说“什么早产？这孩子是足月产”。夏卫国当时心头一怔，但看着儿子非常可爱，也没多想什么。出院回家后，很多人前来祝贺，其中米秀莲的上司马科长来的次数最多，每次来时都带着许多礼物，并且对孩子特别亲热，有人开玩笑说孩子和马某长得很像，此话引起了夏卫国的猜疑。孩子长到4个月时，确实很像马某。夏卫国提出要做亲子鉴定，并于同年7月向法院起诉离婚。面对鉴定结果，米秀莲只好承认她在婚前已经怀孕。在审理过程中，原告夏卫国坚持离婚，法院经调解无效，判决准予离婚。被告米秀莲对此不服，上诉到中级人民法院。

法律问题

1. 请你设想一下被告米秀莲的上诉理由。

2. 二审法院是否应维持一审法院的判决？法律依据是什么？

3. 假设米秀莲在婚后与马某发生两性关系生育一子，夏卫国以此为理由起诉离婚，法院经调解无效，判决准予离婚。你认为法院的处理是否正确？法律依据是什么？

第七编 继承案例研究

继承法是民法中相对独立的法,它与婚姻家庭制度及民法中的财产权制度具有密切的联系。继承权是具有身份性质的财产权,也是每个自然人生来固有的,具有法定性的民事权利。因此,任何自然人都应当是继承法律关系的主体,无一例外。现实生活当中,鉴于中国传统文化、道德及家庭关系的传统模式的影响,所发生的继承纠纷并不十分普遍,形成诉讼的继承案件并不太多。但近十几年来,随着中国改革开放的深入发展,中国人越来越富有,作为财产的个人财产及家庭财产,无论在数量上还是在结构上均与计划经济时代不同,特别是随着私营经济的蓬勃发展,百万富翁、甚至千万富翁的私营企业主越来越多。这种现状带来了人们继承观念的变化,人们越来越重视对遗产进行继承的权利,与此相关的继承纠纷也呈上升的趋势。

我国《继承法》规定的围绕着继承权所发生的纠纷的表现形式是多种多样的,从继承法学科自身的内容体系讲,主要应依继承方式予以区别。我国《继承法》所规定的继承方式有两种:法定继承和遗嘱继承。继承法理论中有关遗产、继承权、继承开始时间等理论都可以在不同的继承方式中体现出来。民事案例研究的继承案例部分可以分为两大类:法定继承案例研究和遗嘱案例研究。

继承法案例研究具有自身的特点:一是《继承法》虽然以继承权为立法的核心内容,但围绕死者遗产的转移,继承权仅仅是遗产转移方式之一,另外尚有依遗赠、遗赠扶养协议转移遗产及无人继承遗产的转移等遗产转移方式。因此继承法案例研究除重点研究依继承权继承遗产外,还应注意研究依非继承方式转移死者遗产的情况。二是《继承法》规范的是财产关系,继承权是财产权,但是继承关系的确定却是依据特定的身份进行的,因此研究继承的财产性时,还必须注意到继承的人身性研究。作为财产权的继承权,在实践中的行使，还必须注意到遗产的性质和范围、遗产转移的程序、方式问题，还要注意对接受遗产的继承人的身份、法律地位的分析确认。三是鉴于《继承法》所规范的继承关系的复杂性可知，《继承法》是建立于诸多民事法律制度上具有边缘性的法律。如在研究遗产时应依据《物权法》、《债权法》，在确定继承人及其他遗产即受人时应依据民事主体制度、《婚姻法》等法律。因此，继承法案例研究是诸多民商法律知识的运用。三是我国现行继承法虽然条款简便，继承案件的分析处理也具有一定的规律可循，但是由于继承份额无法定比例的规定，因而依据法律原则性的规则为多个继承分别确定应继份额时，其公正性受到分析者的价值观、道德观等主观评价观念及水平的影响。

《继承法》案例研究虽然确定两个方面的研究内容，实际生活中两个方面的问题常常相互交错存在，因此不能孤立地去理解法定继承或遗嘱分配遗产。应将《继承法》的规则从基本原则到一般规定及特殊规定系统全面地分析研究。只有这样才能保证每个继承案件分析研究的质量。

第二十七章　法定继承案例研究

第一节　法定继承案例研究的内容和方法

一、法定继承概述

法定继承是指由法律直接规定继承人的范围、继承顺序及继承遗产份额的继承方式。这是一种无遗嘱继承，即在被继承人生前未立遗嘱或所立遗嘱无效及有效遗嘱有未处分的遗产的情况下，才依照法律的直接规定，确定继承人、继承顺序及继承人应继承份额。在被继承人生前立有有效遗嘱或者与他人订有遗赠抚养协议的情况下，应优先依据遗嘱或遗赠扶养协议分配遗产。

法定继承案例研究所涉及的基本法律问题有以下六个方面。

1. 法定继承人的范围。法定继承人的范围由法律直接规定。我国《继承法》规定的法定继承人的范围是：被继承人的配偶、父母、子女、兄弟姐妹、祖父母、外祖父母，享有代位继承权的孙子女、外孙子女以及对公婆或岳父、岳母尽了主要赡养义务的丧偶儿媳和女婿。

2. 法定继承人的继承顺序。继承顺序是指由法律直接规定的法定继承人参加继承、行使继承权的先后次序。关于继承顺序，我国《继承法》规定的基本规则是：第一，将全部法定继承人分别划分两个继承顺序，即第一顺序继承人是配偶、子女、父母，对公婆或岳父母尽了主要赡养义务的丧偶儿媳和女婿以及享有代位继承权的孙子女、外孙女子；第二顺序是兄弟姐妹、祖父母、外祖父母。第二，有第一顺序继承人，第二顺序继承人不能参加继承；只有在没有第一顺序继承人，或者第一顺序继承人放弃继承或丧失继承权时，第二顺序继承人才能够参加继承。

3. 代位继承。代位继承是指被继承人的子女先于被继承人死亡时，由被继承人子女的晚辈直系血亲代替其继承遗产的法定继承方式。代位继承是孙子女、外孙子女等晚辈直系血亲对祖父母、外祖父母等长辈直系血亲享有继承权的规则，因此在被继承人、被代位继承人及代位继承人之间是一种紧密的直系血亲联系。依照我国《继承法》的规定，代位继承还应遵守以下规则：一是被代位继承人必须具有被继承人的合法继承权，否则不产生代位继承；二是代位继承人只能取得被代位继承人应得的遗产份额；三是代位继承是法定继承中的特殊情形，有关代位继承的规则不适用于遗嘱继承。

4. 转继承。转继承是指在继承开始后，遗产侵害有继承人死亡的，其应继承的遗产份额转由他的合法继承人继承的情形。转继承是对继承人已继承但尚未实际分割的遗产的再次继承，故称为二次继承。转继承涉及两个独立的继承法律关系：一是被继承人与继承人之间的继承关系，二是继承人与转继承人之间的继承关系。从这一角度讲，转继承关系中的转继承人的范围要广于只限于晚辈直系血亲的代位继承人；而且转继承适用的范围更为广泛，既适合于法定继承，又适合于遗嘱继承。

5. 丧偶儿媳和丧偶女婿的继承权。儿媳与公婆、女婿与岳父岳母之间是姻亲，依《婚姻法》他们之间无法定的权利义务关系，因而继承法也并未规定他们之间相互有继承权。但是，我国《继承法》为了鼓励赡养老人，创造性地从权利与义务一致的原则出发，规定了丧偶儿媳和丧偶女婿在对公婆、岳父、岳母尽了主要赡养义务的条件下，有权作为第一顺序继承人继承其公婆、岳父、岳母的遗产。从这一角度讲，与一般法定继承权不同，丧偶儿媳和丧偶女婿的继承权是附条件的；同时在我国《继承法》中确定的继承关系一般强调继承关系的主体双方互享继承，而丧偶儿媳妇和丧偶女婿的继承权是单向继承权。

6. 应继承份额的确定。应继承份额是每位继承人依据《继承法》应分得的遗产份额。决定应继承份额的因素主要包括：一是继承人对被继承人尽赡养或抚养义务的情况，对被继承人尽义务较多的在分配遗产时可以多分。这是我国《继承法》确立的权利与义务一致原则的要求；二是继承人个人的经济状况及收入能力等经济因素，对生活有特别困难缺乏劳动能力的继承人，在分配遗产时，应当予以照顾，这一规则体现了我国继承法养老育幼、照顾病残的原则。一般情况下，也就是在多数继承人中没有特殊的生活困难，对被继承人尽义务情况相当的情况下，每个继承人的应得份额应当是均等的。实际生活中，大多数继承人共同继承时，平均分配遗产的情况是不多见的。

二、法定继承案件的种类

法定继承案件的发生主要涉及两个方面的问题：一是继承权方面的纠纷。二是由继承人之间应继份额的确定问题而产生的纠纷。三是转继承和代位继承纠纷。

1. 因继承权而发生的纠纷，存在着继承权侵权和继承权争议等方面的问题。主张继承权的人有没有继承权是继承纠纷中常见的争议，这里主要涉及继承人范围的确定,其中包括:因无效婚姻而引起的继承权纠纷;养子女的继承权纠纷;继子女的继承权纠纷;私生子的继承权纠纷。继承权侵权纠纷,这大多是建立在继承权有无之争议基础上的否定他人继承权的情况,其中主要包括:丧偶儿媳、丧偶女婿的继承权被非法剥夺;出嫁的女儿的继承权被非法剥夺等等。解决继承权纠纷应严格遵循法定继承人范围的规则,依据《婚姻法》所确定的近亲属关系所要求的实质要件确定其继承资格,然后再判断其继承权的存在。

2. 因继承份额而发生的纠纷。这种纠纷发生在共同继承中,继承人因其继份额难以协商确定,从而引起争执。法定继承中继承的应继承份额皆应依《继承法》第13条、第14条所确立的规则确定。

3. 关于转继承和代位继承纠纷,既存在继承资格方面的争议,也有继承份额方面的问题,有关这两个方面发生的纠纷一般都是较为复杂的。

三、法定继承案例研究的基本方法及应注意的问题

(一)法定继承案例研究的基本方法

法定继承案例的分析、判断和处理当然要完全依据法律规则来进行,亦即要于法有据。虽然法定继承所涉及的案例有很多种类,但是,对这类案件的分析研究除应遵循法定主义的基本原则以外,应注意把握以下方法和分析层次:

第一,遗嘱优先于法定继承的原则。如果所涉案件中有遗嘱的情节,应首先确定遗嘱是否有效,有效则依遗嘱分配遗产;遗嘱无效或者遗嘱尚未处分的遗产的,应依法定继承处理。这也是继承案例分析研究前必须注意把握的一个适用哪一种继承方式的选择问题。

第二,确定继承人的范围和继承资格。继承人范围的确定主要是依据《婚姻法》所确定的相互间具有法定权利、义务关系的近亲属,凡近亲属皆可视为法定继承人,同时要注意,《继承法》规定的特殊法定继承人的认定,其中包括代位继承的孙子女、外孙子女,对公婆、岳父母尽了主要赡养义务的丧偶儿媳和丧偶女婿。要特别注意对几类特殊情形的分析判断:一是继父母女子之间的继承关系,一定是建立在相互间已经形成了事实上的抚养关系的基础上,何谓抚养,则应依据抚养人是否与被抚养人共同生活,抚养人是否在劳务和生活费用等方面提供了帮助。二是配偶的继承资格,《继承法》将其限定在双方具有合法的夫妻关系,即经合法登记形成夫妻关系。事实婚姻及非法同居关系不能依《继承法》形成继承关系。三是养父母子女间的继承关系。养父母子女关系应依据《收养法》规定的收养条件来确定,对于事实收养等现象应实事求是地依法处置。

第三，继承人的继承顺序应按继承法规定确定。

第四，科学准确地确定被继承人遗留财产情况。若无遗产则无继承可言，这是自古以来的继承规则。

第五，确定继承人有无合法的继承权。继承人丧失继承权的情形有两方面：一是自愿放弃；二是依法丧失，被剥夺。无论何种情形，继承权都不复存在，即使在法定继承范围也不得继承遗产。

第六，同一顺序继承人应继份额的确定。原则上同一顺序继承人应平均分配遗产，但是基于权利义务一致及照顾老幼病残的原则，大多数法定继承案例在应继承份额确定时，都不适用平均分配的规则，而应当考虑到：一是继承人是否为生活有特殊困难又缺乏劳动能力；二是继承人对被继承人是否尽到了主要抚养义务或者与被继承人共同生活，或者继承人有抚养能力而不尽抚养义务。

（二）法定继承案例研究应注意的问题

法定继承案例的研究应当注意法定遗产分配规则。整个一部《继承法》，其所追求的不外乎能够公平、合理地为死者遗留的财产找到新的所有权人。法定继承所要求的是遗产由法律直接规定的继承人，依照法律规定的继承顺序及每位继承人应继份额的确定规则进行分配。法律条款是分配遗产的唯一根据。

值得特别提示的问题是，法定继承虽然一切依法定规则行事，但在继承人应继承份额的问题上，则存在不确定的因素。因为《继承法》在规定对部分继承人给予照顾时，并未具体规定照顾的数额或比例，这其间当然存在着由裁判者依据民法的公平及诚实信用原则进行确定的问题，这种确定并非漫无边际的随意，而是要充分考虑立法目的，要通过不同继承份额的确定，反映出权利与义务一致性及养老育幼、照顾病残的《继承法》基本原则的要求。

第二节　法定继承典型案例研究

一、案情介绍

王唯一夫妇有三子一女。大儿子王龙与本村的林小花于1973年结婚，婚后5年无子女。在医院确诊林小花无生育能力后，他们从当地福利院领养了一名孤儿，起名叫王明明。1980年王龙因病死亡。二儿子王虎1978年结婚，同年因夫妻感情不和自愿离婚。1981年王虎经人介绍与带着三岁幼子的寡妇张玲霞结婚，婚后将张玲霞的孩子改名为王亮亮。王唯一夫妇的三儿子王彪患有先天性痴呆症,但是生活可以自理,也能够参加生产劳动。1981 年王唯一夫妇花了 2000 元钱为王彪从外地买了一个媳妇,名叫李红,但是未办理结婚登记手续。王彪与李红同居后生了一个女儿,名叫王丽丽。1983 年李红被家人找回并带走了孩子,从此以后王彪一直跟着父母生活。女儿王红远嫁外省,因结婚问题与父母闹翻,虽生活优裕,但是未尽孝心,基本上与父母断绝往来。大儿子王龙死亡后,大儿媳妇林小花主动与王虎商量,每家每月给两位老人生活费 20 元,从未间断。1986 年的春天,王唯一的老伴王李氏因病去世。王唯一担心自己不在人世后三儿子王彪的生活无着落,便找来王虎和林小花说明,他死后他们老两口的一切财产由他们两家平分,王彪就由他们两家照顾。两人皆点头答应。王家的不幸随之发生,1986 年的 6 月份,王彪骑着自行车带着王唯一赶远集,深夜回家时双双遇车祸死亡,肇事汽车逃逸。王唯一父子的尸体第二天早晨才被人发现。王唯一死亡后遗留下 6 间大瓦房,有一张 3000 元的存折,还有价值 3000 元的生活用品和生产工具。

王虎和林小花按照老人生前的愿望,将上列财产一分为二地分了。他们没有通知远在外地的妹妹王红。1989 年 3 月初,与老家久无联系的王红带着东西回乡探望父母,这才发现父母已经双亡,父母的财产已经被哥嫂瓜分。王红随即向哥嫂提出,自己也是父母的孩子,也有权继承父母的遗产。对于王红的要求王虎和林小花坚决反对,他们认为平分遗产是根据父亲的遗嘱而分,合情合理;王红不尽孝道,不应当享有继承权;再说父亲去世两年多了,这个时候王红才提出分遗产的要求太晚了。王红对哥嫂的说法不服,便起诉到当地的人民法院,请求人民法院依法处理。

二、本案的争议焦点

本案的争议焦点主要包括以下几个方面:

一是,诉讼时效问题,王红在其父母去世后两年多的时间才提出继承父母的遗产,是否超过了诉讼时效?

二是,因王红长时间不尽孝道,其继承权是否还享有?

三是,王唯一所立的遗嘱是否可以作为其遗产继承的根据?

三、本案分析应当注意的问题

对本案的分析除应当注意上述争议焦点问题以外,还应当注意以下几个方面的问题。

一是,明确继承的方式,即按照法定继承还是按照遗嘱继承的问题。

二是,注意多层次继承的问题,即本案有三个被继承人在不同的时间死亡,每个继承人的遗产应当如何分配的问题。在此要确定每个继承人的遗产、继承人的范围、顺序、继承份额等等。

三是,注意王唯一与王彪的死亡时间的确定。

四是,要注意本案中的丧偶儿媳的继承权问题、孙子女的代位继承问题、转继承问题等等。

四、本案的事实与法律分析

1. 按照《继承法》第 11 条的规定,王红作为第一顺序继承人有权继承其父母王唯一夫妇的遗产,依法享有继承权。虽然王红不尽孝道,但是依照我国《继承法》尚不具备剥夺继承权的条件,尽不尽孝道只会影响到继承人的继承份额。

2. 按照《继承法》第 8 条的规定:"继承权纠纷提起诉讼的期限为三年,自继承人知道或者应当知道其权利被侵犯之日起计算。但是自权利被侵犯之日起超过二十年的,不得再提起诉讼。"该法第 2 条规定:"继承从被继承人死亡时开始。" 本案中被继承人王唯一夫妇的死亡时间都没有超过二十年。在王红依法享有继承权的情况下,王虎和林小花不通知王红就分了遗产,侵犯了王红的继承权。虽然自继承开始之日起已超过两年王红才起诉,但是在两年多的时间里王红并不知道自己的继承权被侵犯。所以王红的起诉符合《继承法》第 8 条的规定,人民法院应受理王红的起诉,并维护其继承权。

3. 王唯一生前对王虎和林小花的嘱托意愿,不符合遗嘱的有效条件,不能生效,因此也不能按其嘱托的意思分配遗产。该遗嘱无效的原因有两个方面:一是遗嘱的形式不合法,王唯一的嘱托意愿没有任何书面形式,也没有公证,因此属于口头形式的遗嘱。按照我国《继承法》第 17 条的规定,遗嘱人只有在紧急情况下才能立口头遗嘱,而且口头遗嘱还应有两个以上没有利害关系的见证人在场证明。王唯一的遗嘱不是在紧急情况下所立,而且也没有两个以上的没有利害关系的见证人在场证明。这里的见证人必须是非继承人,而且与继承事务没有利害关系的人,王虎和林小花不具备见证人的资格。二是王唯一的遗嘱中处分了包括其妻王李氏的遗产(这笔遗产应由王李氏的继承人共同继承),这是非法处分。因此说王唯一的遗嘱不能认定为有效遗嘱,本案中的遗产应按照法定继承的规定分配。

4. 关于多层次继承的问题,按照中国的传统习惯,父母一方死亡而另一方仍健在的情况下,子女们一般不马上依继承程序分割遗产,只有在父母双亡时才分割遗产。但是依继承法的规定,父母一方死亡继承开始,在另一方死亡前,先死一方的遗产属于其全体继承人共有,这叫做两次(或者多次)继承一次分割遗产。本案中王唯一夫妇先后死亡,他们的继承人应当分别确定,但是遗产可以一次分割。

(1)王李氏的遗产继承。按照《继承法》第10条的规定,王李氏的继承人有其配偶王唯一、子女王虎、王彪、王红和王龙。因王龙先于其母亲死亡,按照《继承法》第11条的规定:"被继承人的子女先于被继承人死亡的,由被继承人的子女的晚辈直系血亲代位继承。代位继承人一般只能继承他的父亲或者母亲有权继承的遗产份额。"因此王龙应继承的遗产份额应由王龙的子女王明明继承(王明明虽是王龙的养子,但是我国《婚姻法》规定,养子女同亲生子女享有同等的权利)。另外,大儿媳妇林小花对婆婆王李氏的遗产享有继承权,因为我国《继承法》第12条规定:"丧偶儿媳对公婆、丧偶女婿对岳父母,尽了主要赡养义务的,作为第一顺序继承人。"林小花丧偶后与小叔王虎一同赡养两位老人,像亲生女儿,应认定其对公婆尽了主要赡养义务。

(2)王唯一的遗产继承。王唯一的继承人包括王虎、王彪、王红和王龙。王龙的子女王明明仍享有代位继承王龙应继承的遗产份额的权利;王龙的妻子林小花仍享有丧偶儿媳对公婆的继承权,作为第一顺序继承人继承王唯一的遗产。其中应当注意的是,王彪虽然与其父亲因同一事件死亡,依照最高人民法院的司法解释,在这种情况下应推定长辈先死。因此王彪能够继承其父王唯一的遗产。

(3)本案还有一个特殊的问题,即王彪的遗产继承。王彪的遗产除自己个人的财产外,还有他从其父母那里继承的财产,这些财产应由他的女儿王丽丽继承。王丽丽虽然是一个非婚生子女,但是她享有与婚生子女同等的继承权。但是,王丽丽的母亲不能继承王彪的遗产,因其不享有合法的继承权。

(4)关于继承份额。王唯一所留的遗产为其夫妇的共有财产。按照《继承法》第26条的规定,此项财产应一分为二分属王唯一和王李氏。属于王李氏的遗产由王唯一、子女王虎、王彪、王红、王明明和林小花六人分配。但是因为王红基本上未尽赡养义务,按照《继承法》第13条的规定,有扶养能力和有扶养条件的继承人不尽扶养义务的,分配遗产时,应当不分或少分。基于王红的表现可以不分遗产给她。属于王唯一的遗产包括:夫妻共有财产的一半及其从妻子那里继承来的那一份财产,由王虎、王彪、王红、王明明和林小花五人分配。王红的继承份额仍应按照《继承法》第13条的规定处理。同时,按照《继承法》第13条第3款的规定:"对被继承人尽了主要扶养义务或者与被继承人共同生活的继承人,分配遗产时,可以多分。"王虎和林小花尽了主要赡养义务,因而在分配遗产时可以多分。

第三节 法定继承习作案例

案例一

王芳与王峰系叔伯姐弟关系。1970年王芳母亲李氏因丈夫去世,长女王风(养女)已出嫁,次女王芳将出嫁,个人生活没有依靠,遂将侄子王峰(时年12岁)收养。后因家务琐事,李氏与王峰关系不睦,双方解除了收养关系。

此后,李氏的生活即由女儿王风、王芳二人照料。1985年,李氏病逝,王风、王芳将母亲安葬于原籍乡下,并承担了全部安葬费用。1987年10月,王峰生父王三小邀集族人商议,写了一份由王峰承嗣的文书,内容为“嗣子王峰支付李氏去世三周年纪念日的一切费用,李氏所遗留一院土窑五孔及院内所有树木归王峰所有,他人不得干涉。”王芳未表示同意。1988年,王峰据此在自己家中为李氏做了去世三周年纪念活动,并自行承担了各项费用。随后,王峰将李氏遗留一院土窑五孔及院内树木等卖给了第三人张斌。

1989年3月,王芳向人民法院起诉,要求废除王峰与第三人张斌的买卖关系,追回其母的遗产并确认其继承权。王峰辩称,出卖的财产是其依承嗣取得的,有权出卖。

法律问题

1. 原告王芳应当如何确定自己的诉讼请求,她应当如何确定支持自己诉讼请求的事实根据和法律根据?

2. 被告王蜂应当如何提出自己的抗辩理由?

3. 本案中第三人张斌可以怎样发表自己的意见?

4. 本案涉及哪些民事法律关系?

5. 你认为人民法院应当确定怎样的判决意见? 法律根据是什么?

案例二

范某于1988年与吕某结婚,婚后一直未生育,1993年收养一子,取名范甲。1995年吕某因病死亡,范甲由范某一人独自抚养。1999年范某娶许某为妻,婚后生育一女,取名范乙。范某十分喜爱范甲和范乙两个孩子,但与许某的感情却很淡薄。

由于许某偏爱范乙,对范甲经常打骂,加上夫妻原本就缺少共同语言,所以生活中经常为琐事争吵,矛盾一直很大。

2005年范某在工作中认识了林某,俩人情投意合并同居生活,2007年林某怀孕,并不顾范某的反对,于2007年底生下一子,取名范丙。

2009年初,范某外出时遇车祸死亡。范某死后,范某的父亲、范某的弟弟、林某以及在外地工作的范甲都曾找过范某的妻子许某,要求继承范某的遗产,均遭到许某的拒绝。许某认为只有自己和范乙才是合法的继承人,其他人无权继承。

于是范某的父亲、范某的弟弟、林某及范甲联合起诉,告许某侵犯了他们的继承权,要求依法继承。

法律问题

1. 该案中对范某有继承权的人有几个? 分别是什么关系?

2. 如果范某立有遗嘱将全部遗产交由范甲和范乙继承是否可以?

3. 如果范某所立遗嘱仅将部分遗产交由范甲和范乙继承,那么对于剩余的遗产范甲和范乙是否还可以继承?

案例三

原告解福(女)、解淑(女)与被告解铁安为兄妹关系,与被告郭少云为姑嫂关系。原告父母解连甲、唐梅贞共同生育的子女有解福、解启明、解铁安和解淑四人。郭少云为已故解启明之妻。解连甲于1974年1月去世,唐梅贞已于1989年6月去世,解启明于1990年9月去世。

本案争议的遗产是位于某省某市解放街42号房屋,该房屋系土砖结构,建筑面积为223.61平方米,建于1947年上半年。建房时,原告解福(出生于1924年,时年23岁)已结婚出嫁到外省,未出资出力。被告解铁安(出生于1940年,时年7岁)、原告解淑(出生于1947年,时年仅7个月)尚未成年,亦未出资出力。而被告郭少云之夫解启明(出生于1926年,时年21岁)已成年,并与父母共同出力共建该房。该房修建完毕,1947年下半年,解启明与被告郭少云结婚,婚后共生育子女4人。解连甲于1974年1月去世时,未对房屋进行处分。1979年11月,解启明、解铁安私下作出要求变更该房屋所有权人并申请重新进行产权登记。1979年12月,解启明、解铁安领取了该房屋为其共有的私有房屋产权证,即产权登记该房屋为解启明、解铁安共同所有,各拥有50%产权。1989年6月,唐梅贞去世未对该房屋进行处分。1990年9月,解启明去世。1991年2月原告与被告协商要求分割房产,未达成协议,遂于1991年4月起诉。

法律问题

1. 本案有几次继承发生？每次继承发生的被继承人和继承人是谁？请说明理由及相应的法律依据。

2. 应当如何确定本案争议房产的产权归属？为什么？

3. 假设郭少云在解启明去世后又与他人结婚，她能否以继承人的身份参与本案的诉讼？郭少云能否分得财产，为什么？

4. 位于某省某市解放街42号房屋可否作为解连甲、唐梅贞夫妇与其子女们的共有财产来看待？有无相应的法律依据？

5. 请你从法官的角度草拟一份本案的处理意见。

案例四

原告周月（女）、李成（男）与被告李章（男）系同母异父姐弟。周月是其母亲张珍与周卿结婚所生女儿。周卿去世后，张珍与李某结婚生育二子，即李成、李章。李某去世后，张珍于1940年又与宋鸿结婚，未生育子女。1939年，周月出嫁，宋鸿与张珍共同抚养李章、李成至成年。1942年，张珍与宋鸿共同在某县某镇建造一处房产，房屋面积约为54平方米。这处房产一直由张珍夫妇交纳税款，李章夫妇与他们共同居住、使用。1956年，李章被判刑。1959年李成举家迁至江苏南通市定居。1961年，宋鸿死亡，未留遗嘱，其名下遗产也未分割。李章刑满释放后在外地工作，自1964年起，张珍与李章的妻子王玲共同生活。1970年，张珍瘫痪后，主要依靠李章夫妇赡养。1972年6月，张珍死亡，其丧事由李章夫妇负责料理。自此，该房屋由王玲及其子女居住使用、纳税、维修。1987年，李章退休后回到该房居住。1990年，上述原告向李章提出分割房屋的要求。李章认为，是自己将老人养老送终的，上述原告没有尽应尽的义务，故坚决不同意分房给他们。1991年上述原告起诉要求分割遗产。

法律问题

1. 上述争诉的房屋属于谁的遗产，请说明理由。

2. 请确定本案两次继承中的继承人，并提出相应的法律依据。

3. 李章反对分房的意见对否，为什么？

4. 作为李成的代理人，你可以如何为他寻求诉讼理由？

案例五

宋鹏与宋有善系同父异母兄弟。宋鹏的生母张保玲在其出生后的第二个月就因病死亡。第二年宋鹏的父亲宋年冬另娶李玉为妻并生育一子即宋有善。李玉对自己的亲生儿十分溺爱,致使宋有善从小就沾染上了不良习气,经常打架、斗殴。宋鹏对李玉母子十分不满,并对父亲宋年冬不管教宋有善有意见。家庭关系一直就不是太和睦。1993 年宋鹏参加工作,为了避开家里不和谐的气氛,他便搬到自己的工作单位吃住,很少回家。1996 年宋鹏与张晓明结婚,第二年便生了一对双胞胎,两个活泼可爱的男孩。有了家庭的温暖后,宋鹏更是很少与家人来往。宋有善于 2002 年参加工作,第二年也结了婚,但是他仍是旧习不改,经常闹事,后来因一次严重的生产责任事故被所在单位开除。随后便一直在社会上游荡。宋有善的不良行为和习性导致宋鹏、宋有善兄弟之间感情不和。2004 年 11 月 5 日,父亲宋年冬突然患心肌梗塞,生命垂危。其妻李玉叫人打电话通知宋鹏。宋鹏闻讯后立即赶来探视其父病情。在宋鹏得知宋有善没有及时将其父亲送医院医治因而耽误了病情的诊治后,两人便发生了激烈的争吵。在争执过程中,宋有善顺手拉过病房里用来挂吊瓶的铁架将宋鹏砸伤。宋鹏经抢救无效于当天晚上死亡。其父宋年冬得知此事后,病情突然加重,于第二天不治死亡。宋年冬死后留下房屋 6 间,价值 20 万元左右;遗有现金 90,000 元,另有日常家用的物品、图书资料等价值30,000余元。

在分割宋年冬的遗产时,宋鹏的妻子张晓明提出,宋有善凶残地杀害了宋鹏,应当无权继承父亲的遗产。但是宋有善的妻子则认为(宋有善已被公安机关收审),宋有善是误伤致死其兄,与遗产继承无关,应该继承遗产。

法律问题

1. 宋有善对其父宋年冬的遗产有无继承权,为什么?
2. 宋年冬的继承人有哪些人? 法律依据是什么?
3. 宋鹏的继承人有哪些人? 法律依据是什么?
4. 本案应如何处理?

案例六

原告:李南,女,1981 年 12 月出生。

法定代理人:李江河(李南之父)。

被告:张明之。

被告:孙雯雯。

第三人:于文明。

1980 年 11 月,李江河与杨燕玲结婚,1981 年 12 月生一女儿李南。1987 年 11 月 22 日,李江河、杨燕玲经山城市市中区婚姻登记机关登记离婚,双方协议约定：李南随李江河生活。1990 年 8 月，杨燕玲同张明之、孙雯雯之子张坤结婚，婚后双方生育一子张小亮。张坤与其前妻所生一子张晓鹏，随张坤、杨燕玲共同生活。1994 年 4 月 8 日晚 9 时许，张晓鹏在其农村老家的房屋里被丁山水、丁水山兄弟两人枪击死亡。第二天的清晨，张坤、杨燕玲夫妇也在家中被丁山水、丁水山兄弟两人枪击头部死亡。

张坤、杨燕玲夫妇死亡后，其遗产经清理有：张坤有生前所在单位在某保险公司为其投保了人寿保险，其死后获得保险赔产金人民币 12 万元，该保险没有指定受益人；张坤 1989 年 7 月 24 日购买山城市面积为 81 平方米房屋 1 套，价值 25 万元；空调等电器价值 2 万元；张坤与杨燕玲结婚后有人民币存款 63 万元；另有美元、港币、外汇兑换券、某企联股权证等共计 6 万元，家用电器、手表 4 只（其中雷达和梅花表各 1 只）、白金戒指 2 枚、金戒指 7 枚、金项链 8 条、珍珠项链 1 条和望远镜 1 架等财产价值约为 12 万元。以上财产除 12 万元保险金在某保险公司、银行存款 16 万元由受诉人民法院冻结外，其余由张明之和孙雯雯夫妇两人管理。

张坤生前于 1992 年 3 月至 1993 年 7 月分两次向于文明借人民币 67,000 元。张明之和孙雯雯为了料理张坤、杨燕玲等人的后事花去人民币 65,000 元。

李南、张明之、孙雯雯因遗产分割问题发生争执。李南以其母亲杨燕玲与张坤再婚后有 100 多万元的财产，现今已先后死亡，杨燕玲唯一的继承人就是自己，其母亲杨燕玲的遗产应由自己一人继承为理由，于 1994 年 10 月向山城中级人民法院起诉。

被告张明之、孙雯雯答辩称：原告请求分割的份额超出张坤、杨燕玲遗产范围，法院应予驳回。

第三人于文明经申请法院准予参加诉讼，他强调：张坤生前向其先后两次借款 67,000 元人民币，请求法院从张坤的遗产中判归，以保护其合法权益。

法律问题

1. 假设张晓鹏没有遗留财产，如何确定其继承关系？为什么？
2. 张坤的继承人应如何确定？其遗产应如何确定？为什么？
3. 杨燕玲的继承人应如何确定？其遗产应如何确定？为什么？
4. 请明确本案所涉及的遗产应当如何在有关继承人之间进行分配，为什么？

案例七

甲娶妻乙，育有一子一女，女儿丙已出嫁，儿子娶妻丁，生有一子戊。甲的儿子于5年前不幸遇车祸死亡。甲、乙均已年老,无固定生活来源,女儿丙出嫁后,拒不赡养老人,并曾数度虐待甲、乙,甲、乙主要依靠儿媳丁供养。甲于2009年3月死亡,留下房屋4间。甲死亡后,戊表示放弃继承权。

法律问题

1. 丙是否丧失了继承权?
2. 戊能否放弃继承权?
3. 本案中甲的遗产应如何分配?

第二十八章　遗嘱继承与遗赠案例研究

第一节　遗嘱继承与遗赠案例研究的内容和方法

一、遗嘱继承概述

遗嘱继承是与法定继承相对应的一种继承方式,是指于继承开始后,继承人按照被继承人生前所立的合法有效的遗嘱对被继承人遗产进行继承的法律制度。在遗嘱继承中,生前立有遗嘱的被继承人称为遗嘱人,依遗嘱的指定享有遗产继承权的人为遗嘱继承人。与法定继承相比,遗嘱继承更能直接体现财产所有人的意愿,也更能适应当今社会私法自治的理念。

研究遗嘱继承案例所涉及的基本法律问题有以下三个方面。

(一)遗嘱及其形式、内容和效力

遗嘱,是指公民生前按照法律规定的方式处分自己的财产或安排与此有关的事务,并于遗嘱人死亡后发生法律效力的单方民事法律行为。

1. 遗嘱具有以下法律特征:

(1)遗嘱是一种单方的民事法律行为。只要遗嘱人单方意思表示,遗嘱即可成立有效,无须事先征求遗嘱继承人的意见或征得遗赠受领人的同意。遗嘱在遗嘱生效前还可以由遗嘱人按自己的自由意志撤销或变更。

(2)遗嘱是遗嘱人独立的民事行为。遗嘱具有很强的人身属性,必须是遗嘱人真实意思表示的体现,因而只能由遗嘱人独立自主地作出,而不能由他人的意思辅助或者代理,更不能受他人胁迫。

(3)遗嘱是于遗嘱人死亡后才生效的民事法律行为。遗嘱虽是遗嘱人生前因其单独意思表示即可成立的行为,但于遗嘱人死亡之时才能发生法律效力。只要遗嘱人还活着,即使他是靠机器维持心跳与呼吸,任何遗嘱继承人均不得要求遗产的继承。

(4)遗嘱是一种要式民事法律行为。遗嘱必须具备法律规定的形式及有效条件方能发生执行效力。

(5)遗嘱人必须具有完全的民事行为能力,或曰有遗嘱能力。根据我国民法规定,完全行为能力人具有遗嘱能力。此处遗嘱能力应以遗嘱人订立遗嘱时的状况为准。即如果遗嘱人在立嘱时有行为能力,以后由于某种原因丧失了行为能力,则他原先所立遗嘱仍属有效。

2. 遗嘱的形式

遗嘱的形式,是指遗嘱人表达自己处分其财产以及安排有关事务的意思的方式。我国《继承法》第 17 条明确规定了遗嘱的五种形式。

(1)公证遗嘱。公证遗嘱是指经过国家公证机关公证的遗嘱。依照法律规定,遗嘱人必须亲自到公证机关办理公证,而不能委托他人办理。遗嘱人应在所立遗嘱上签名、盖章,注明年、月、日。经公证机关确认遗嘱的有效性后,由公证机关出具遗嘱公证书。由于公证机关代表国家对公民的遗嘱进行事实和法律上的证明,公证遗嘱的证据效力最强,自书、代书、录音、口头等遗嘱不得撤销公证遗嘱。

(2)自书遗嘱。自书遗嘱是指遗嘱人亲自书写的遗嘱, 即遗嘱人亲笔书写遗嘱,并亲自签名,注明年、月、日。如果遗嘱人对先前所立遗嘱要作修改,应由本人特别说明并签名,注明修改时间。另据《最高人民法院关于贯彻执行〈继承法〉若干问题的意见》第 40 条,公民在遗书中涉及死后个人财产处分的内容的,如果确为死者真实意思的表示,并有本人签名以及具体时间,且无相反证据推翻的,可按自书遗嘱对待。

(3)代书遗嘱。代书遗嘱是指遗嘱人因亲自书写有困难而由他人按其口述代为书写的遗嘱。代书遗嘱应当有 2 个以上见证人在场见证,由其中一人代书,注明年、月、日,并由代书人、其他见证人和遗嘱人签名。

(4)录音遗嘱。录音遗嘱是指由遗嘱人口述而以录音方式将其录制下来的遗嘱形式。录音遗嘱也应当有 2 个以上见证人在场见证,并由见证人书写录音遗嘱证明书,在证明书上签名,注明年、月、日,以防止他人伪造或者篡改。

(5)口头遗嘱。口头遗嘱是指遗嘱人用口述的方式表示其对遗产进行处分的意思的遗嘱形式。我国《继承法》规定,遗嘱人只有在危急情况下,如生命垂危、严重自然灾害、意外事故或军事战争等危及其生命的情况下,方能采用口头遗嘱的形式,并且应有 2 个以上的见证人在场见证,将遗嘱人的口头遗嘱作出记录,注明年、月、日。待危急情况消除后,遗嘱人能够用其他几种遗嘱形式的,其所立的口头遗嘱即失去效力。

需要注意的是,遗嘱见证人需要有一定的资格限制。我国《继承法》第 18 条规定下列人员不能作为遗嘱见证人:无行为能力人、限制行为能力人;继承人、受遗赠人;与继承人、受遗赠人有利害关系的人(包括其近亲属或与其有财产上权利义务关系的其他人)。

3. 遗嘱的内容

遗嘱的内容,是遗嘱人在遗嘱中表示出来的对自己财产处分的意思。其内容必须合法,并应尽量具体、明确,不能用易生歧义的语句,以免发生不必要的纷争。一般说来,遗嘱的内容应当包括四个方面。

(1)指定继承人、受遗赠人。我国《继承法》第16条规定:“公民可以立遗嘱将个人财产指定由法定继承人的一个或者数人继承。”在不违反法律规定和社会主义道德准则的前提下,不受法定继承人顺序的限制。公民也可以以遗嘱的方式将个人财产赠给国家、集体或者法定继承人以外的人。

(2)指定遗产的分配办法或具体的继承份额。遗嘱人应当在遗嘱中列明自己留下的财产清单,说明财产的名称、数量以及存放的地方等。遗嘱中应当说明每个指定继承人继承的具体财产,指定由数个继承人共同继承某项遗产的,应当说明指定继承人对遗产的分配办法或者每个人应继承的份额。遗赠财产的,要具体说明将某一财产遗赠给何人、何单位。

(3)对遗嘱继承人、受遗赠人附加的义务。遗嘱中可以对遗嘱继承人或者受遗赠人附加义务,例如,遗嘱中可以指明某继承人或者受遗赠人应当将某项遗产用于特定的用途,也可指定继承人承担其他义务。

(4)指定遗嘱执行人。遗嘱执行人员是于继承开始后执行遗嘱的人。遗嘱人可以在遗嘱中指定遗嘱执行人,但是遗嘱中未指定遗嘱执行人的,不影响遗嘱的成立和执行。

4. 遗嘱的有效条件

遗嘱作为一种民事法律行为,只有具备法律规定的一定条件,才能发生法律效力;不具备法律规定的条件的遗嘱,则不能发生法律效力。遗嘱的有效,是指遗嘱发生法律效力所应具备的条件,包括实质要件和形式要件。依照我国《继承法》的规定,遗嘱有效必须具备以下条件:

(1)遗嘱人需有遗嘱能力。只有有完全民事行为能力的人,才有遗嘱能力。遗嘱是否具有遗嘱能力,以遗嘱设立时为准,而不以继承开始时为准。无完全民事行为能力即使死亡之前已成为完全民事行为能力人,在其不具有完全民事行为能力时所立的遗嘱也仍是无效的,而不能随其具有了完全民事行为能力而有效。

(2)遗嘱是遗嘱人的真实意思表示。根据《继承法》第22条的规定,受胁迫、受欺骗所立的遗嘱以及伪造的遗嘱无效,遗嘱被篡改的,其篡改的部分内容无效。

(3)遗嘱的内容合法。遗嘱的内容是否合法,应以被继承人死亡时为准。

这实际是对遗嘱自由原则的一定限制。也就是说,遗嘱自由不是绝对的,而必须是在法律允许范围之内有条件的自由订立。所立遗嘱不得违背法律和社会主义道德,如遗嘱应当为缺乏劳动能力又没有生活来源的继承人保留必要的遗产份额,否则即会因内容违法而无效。

(4)遗嘱的形式符合法律规定的形式要求。遗嘱是否符合法定的形式,应以遗嘱设立时法律规定的标准为准。

5. 遗嘱的变更、撤销

遗嘱的变更,是指遗嘱人在遗嘱设立后对遗嘱的内容作部分的修改。遗嘱的撤销,是指遗嘱人于遗嘱设立后取消设立的遗嘱。遗嘱的变更和撤销均是遗嘱人所实施的单方民事行为。在遗嘱设立后生效前,遗嘱人可以随时无须有任何事由而变更或撤销遗嘱。我国《继承法》第20条中明确规定,遗嘱人可以撤销、变更自己所立的遗嘱。遗嘱变更的,应以变更后的遗嘱内容来确定遗嘱的效力和执行。遗嘱撤销的,以新设立的遗嘱来确定遗嘱的内容和执行。撤销后未设立新遗嘱的,视为被继承人未立遗嘱。

遗嘱的变更、撤销与遗嘱之订立一样,须依法定方式由遗嘱人亲自为之。遗嘱的变更、撤销可以采用明示方式和推定方式。明示方式,是指遗嘱人以明确的意思表示变更、撤销遗嘱。遗嘱人变更、撤销遗嘱的形式,须具备遗嘱的法定形式,并且"自书、代书、录音、口头遗嘱,不得撤销、变更公证遗嘱"。公证遗嘱的变更、撤销须采用公证的方式为之。

遗嘱的变更、撤销的推定方式,是指遗嘱人未以明确的意思表示变更、撤销遗嘱,而是法律规定从遗嘱人的行为推定其变更、撤销遗嘱的意思。推定遗嘱变更、撤销的,有以下情形:

(1)遗嘱人立有数份遗嘱,且内容相抵触的,推定变更、撤销遗嘱。《继承法》第20条第2款中规定"立有数份遗嘱,内容相抵触的,以最后的遗嘱为准。"但若立有数份遗嘱的形式不同,其中有公证遗嘱的,则应以最后的公证遗嘱为准。

(2)遗嘱人生前的行为与遗嘱内容相抵触的,推定遗嘱变更、撤销。"遗嘱人生前的行为与遗嘱的意思表示相反,而使遗嘱处分的财产在继承开始前灭失、部分灭失或者所有权转移、部分转移的,遗嘱视为被撤销或部分被撤销。"

(3)遗嘱人故意销毁遗嘱的,推定遗嘱人撤销遗嘱。

(二)遗嘱继承与法定继承的关系

遗嘱继承与法定继承作为两种各自独立的继承方式,它们之间的区别还是比较明显的。对于法定继承而言,被继承人死亡是其发生的唯一条件,而遗嘱继承则需要被继承人死亡和被继承人立有合法遗嘱两个条件方可发生;遗嘱继承中有关继承人的范围、顺序以及遗产份额都是由遗嘱人依自己的意志来设置的,这不同于法定继承就上述内容由法律直接规定。

另一方面,遗嘱继承与法定继承之间又是彼此联系的。在司法实践中,不能用有关法定继承的规定去处理遗嘱继承中的法律问题,应当严格适用遗嘱继承优先的选用原则。被继承人虽立有遗嘱,但遇下列情况时被继承人遗产中的有关部分仍应按法定继承办理。

1. 遗嘱继承人放弃继承或者受遗赠人放弃受遗赠的。继承人放弃继承的意思表示应当从继承开始时起到遗产分割之前止,并应以明示方式作出明确肯定的书面形式的表示。口头表示的,必须有充分的其他证据的辅佐证明。

2. 遗嘱继承人丧失继承权的。我国《继承法》第7条规定了继承权丧失的四种情形:故意杀害被继承人的;为争夺遗产而杀害其他继承人的;遗弃被继承人或者虐待被继承人情节严重的;伪造、篡改或者销毁遗嘱情节严重的。确认公民丧失继承权只能由人民法院依法判决。

3. 遗嘱继承人、受遗赠人先于遗嘱人死亡的。此种情形发生后,如果立遗嘱人又未变更这份遗嘱内容,其中所涉遗产应转为按法定继承办理,遗嘱继承人的晚辈直系血亲不适用代位继承的规定。

4. 遗嘱无效部分所涉及的遗产以及遗嘱未处分的遗产部分。此时也应按照法定继承的规定来执行。

(三)遗赠和遗赠扶养协议

遗赠是遗嘱继承的一种特殊形式,是指自然人以遗嘱的方式将其个人合法财产赠与国家、集体或者法定继承人以外的其他人,而于遗嘱人死亡后发生效力的民事法律行为。立遗嘱的自然人称为遗赠人,遗嘱中指定受赠与的人为受遗赠人,指定赠与的财产为遗赠财产或遗赠物。在法律特征上,遗赠是一种单方的要式的民事法律行为,也必须在遗赠人死后才发生法律效力,并且是无偿给予受遗赠人财产利益的行为。在遗赠中,虽然有时也附有某种义务,但这种义务并不是受遗赠人所接领权利的一种对价。遗赠人不能只将财产义务赠与他人,也不能让受遗赠人承受超过其所享权利的过重的义务负担。当然,遗赠人与遗嘱人一样必须有遗嘱能力,这是前提性的基本要求。

遗赠扶养协议,是指遗赠人与扶养人之间订立的关于扶养人承担遗赠人生养死葬义务,遗赠人将财产在其死后转送给扶养人的协议。遗赠扶养协议是在我国农村"五保"基础上发展起来的,当然现在不仅适用于农村地区。可以说遗赠扶养协议是我国继承立法的一大创造,它体现的是“老有所养”的立法本意,符合我国当前国情,对于解决现阶段我国即将面临的人口老龄化问题具有特殊的实践意义。

遗赠扶养协议具有以下法律特征:

(1)遗赠扶养协议是双方的民事法律行为。遗赠人必须是自然人,一般多为无人照顾的孤寡老人。作为另一方的扶养人可以是自然人,也可以是集体组织。是自然人的,必须是法定继承人以外的公民,也即扶养人不能是与遗赠人有法定扶养义务的继承人。

(2)遗赠扶养协议是诺成的要式的民事法律行为。遗赠协议扶养自双方意思表示一致起即成立,不以标的物给付为成立生效要件,故为诺成行为。但遗赠扶养协议要用书面形式,因此为要式行为。

(3)遗赠扶养协议是双务、有偿行为。遗赠扶养协议也是一种合同,双方当事人都负有相互对待给付的义务,任何一方享有权利都是以履行相应义务为对价的,任何一方都不能无偿地取得他方的财产。当然,扶养人付出的代价不一定与取得的遗产价值相等,只要相当即可。

(4)遗赠扶养协议内容的实现有阶段性。扶养人的义务自遗赠扶养协议生效时起即生效,亦即从协议生效时起扶养人就应履行其扶养遗赠人的义务,而关于遗赠的内容只能于遗赠人死后实现。换句话说,遗赠扶养协议是生前法律行为与死后法律行为的统一。

(5)遗赠扶养协议的法律效力优先于遗嘱。根据立法精神,实践中遗赠扶养协议中的遗赠人生前还立有遗嘱的,如果遗赠扶养协议和遗嘱没有冲突,遗产分别按协议和遗嘱处理;如果有冲突,则应按协议处理,与协议相抵触的遗嘱全部或者部分无效。

二、遗嘱继承案件的种类

遗嘱继承本身的法律特点决定了这类案件的种类不同于法定继承。近年来人们生活水平和质量大幅提高,私人财产也不断增加,遗嘱继承的案件随之增多。在司法实践中,遗嘱继承案件常见有以下几类:

1. 涉及遗嘱效力方面的纠纷。具体会涉及诉讼双方对遗嘱人遗嘱能力的有无、遗嘱人的意思表示的真实与否、遗嘱人处分财产行为是否合法以及遗嘱是否具备法定形式要件等会产生认定方面的争议。可以说被继承人所立遗嘱在遗嘱继承案件中至关重要,因为遗嘱一旦无效,会导致法定继承的发生,进而影响法律的具体适用。

2. 涉及遗嘱继承人的资格的纠纷。我国《继承法》虽然规定了遗嘱继承人的资格问题,但实践中如何具体认定也并不是那么简单。遗嘱人以遗嘱的方式确定的继承人是否适格,是否是法定继承人范围中的人,遗嘱继承人放弃或者丧失继承权的法定情形的认定等方面都有可能产生争议。

3. 涉及遗嘱继承与法定继承之间关系的纠纷。遗嘱人用遗嘱的方式处分其财产,而遗嘱继承人放弃继承或者先于遗嘱人死亡、或者被剥夺继承权,其应继承的份额如何继承发生的纠纷以及遗嘱无效或遗嘱未处分的部分财产如何分配而引起的纠纷。这里主要会涉及遗嘱继承向法定继承的转化问题。

4. 涉及遗赠及遗赠扶养协议的效力,受遗赠人、扶养人与继承人的承受财产份额的多少、条件等方面的争议以及扶养人与遗赠人之间未认真履行遗赠扶养协议而引起的争议等。

三、遗嘱继承案件研究的基本方法及应注意的问题

(一)遗嘱继承案例研究的基本方法

研究遗嘱继承案件应重点把握遗嘱继承所特有的规律性的东西,结合案情,根据我国《继承法》的相关规定,进行全面分析。在具体分析这类案件时应当考虑以下方法:

1. 在分析案件时,应首先确定适用何种继承方式。根据我国《继承法》的规定,明确遗嘱人所立的遗嘱是否具备法定的形式要件和实质要件,从而确定案件是属于法定继承还是遗嘱继承。这就要贯彻遗嘱继承优先于法定继承、遗赠扶养协议优于遗嘱的原则。

2. 在确定属于遗嘱继承方式的基础上,根据遗嘱的内容进一步分析哪些人享有继承权,哪些财产属于遗产;如涉及遗赠或遗赠扶养协议时,还应确定协议是否有效,扶养人或遗赠人是否履行了该协议所约定的义务。

3. 特殊考虑"必留份"原则。在继承人中如有无劳动能力又无生活来源的人时,应注意遗嘱是否剥夺了他们的应继份额。

4. 如果遗嘱未处分全部财产或遗嘱部分无效时,应根据《继承法》的相关规定,以法定继承的方式进行遗产分配。

5. 如果遗嘱人死亡时留下多份遗嘱,应注意比较确定遗嘱的效力。首先是公证遗嘱最优;其次,如遗嘱人立有几份内容相抵触的遗嘱,可依法推定最后一份遗嘱是对前面遗嘱的变更或者撤销,应当以最后的遗嘱为准。

(二)遗嘱继承案件研究应注意的问题

1. 确定遗嘱效力时应从遗嘱的有效条件入手,着重分析遗嘱人的行为能力、遗嘱的意思表示、遗嘱的内容是否符合法律规定、遗嘱是否具备法定形式及要求,尤其是遗嘱人采用特殊的遗嘱方式时,应特别注意我国《继承法》规

定的特殊条件,如对无利害关系的遗嘱见证人的要求等。

2. 确定好遗产的范围。应当注意遗嘱中处分的财产是否为遗嘱人所有,尤其要特别注意夫妻共有财产、家庭共同财产与遗产的区别。如果遗嘱人在立有遗嘱处分其财产权利的同时,对其债务未作处理的,应注意区分债务的性质,适用限定继承的原则。

3. 在确定遗嘱中指定的继承人是否有继承权时,要注意遗嘱继承人的权利能力(生存或死亡),有无丧失继承权情形,是否明确表示放弃继承权等等。如果遗嘱人在其遗嘱中对继承人继承遗产或受遗赠人接受遗赠附加条件的,应注意所附条件是否合法。如果遗嘱人在生前有变更、撤销所立遗嘱的行为时,应注意现存遗嘱的效力。遗赠扶养协议中的扶养人承受财产的权利优先于遗嘱继承人和受遗赠人。但是如果扶养人未尽扶养义务或擅自解除扶养协议的,则丧失承受被扶养人遗产的权利。

第二节　遗嘱继承典型案例研究

一、案情介绍

老汉陈清膝下有两子一女。大儿子陈明已经结婚,分家单过;二儿子陈刚在外地上学;女儿陈红是陈老汉收养的(已经办理了有关收养的合法手续),现已出嫁。陈清担心去世后,儿女因分割遗产发生争执,1998 年 7 月 18 日在邻居王某、赵某的见证下,由赵某代笔写下一份遗嘱,“房屋六间和存折上 3 万元,由两个儿子平分,彩电一台给陈明,冰箱给陈刚。”遗嘱后部注明“以上属实,因本人文盲,由我口述,赵某代笔。”并签加印章,注明了日期。8 月 25 日陈清突发疾病住院治疗,女儿陈红闻知后赶到医院,对老汉悉心照料;二儿子陈刚因远地求学,不能返回;而大儿子陈明自将老汉送往医院后就对其不闻不问,这使得老汉很是苦恼。在陈清病重期间,邻家王某觉得陈红自己一人照顾老汉实在太累,于是也经常到医院看望陈清,并帮助陈红一起为老人服侍,对此陈清非常感动。10 月 2 日陈清病情加重,他在医院有一位医生和一位护士在场的情形下,口头订立遗嘱:“房屋六间和存折中的 1 万元留给二儿子陈刚,存折中的 1 万元给女儿,剩余 1 万元赠给邻居王某。”三天后陈清去世。女儿陈红在父亲去世前曾向王某说过将自己应得的份额留给弟弟陈刚,但没有任何书面表示。最后清理遗产还有:人民币 12,000 元,红木家具一套,彩电一台,冰箱一台。

遗产分割时,陈明对父亲的口头遗嘱表示质疑,并坚持认为应当以第一份遗嘱为准继承,并将包括房屋在内的所有财产占为己有。而陈红依然保持沉默,陈刚和王某则表示反对。但同时陈刚也不同意王某参与遗产分割。最后因协调不成,陈刚以原告名义将其兄长告上法庭,请求人民法院确认第二份遗嘱的效力,后人民法院通知王某作为第三人参加诉讼。

二、本案的争议焦点:

1. 老汉陈清所立的两份遗嘱的效力如何?遗产分割应以哪份遗嘱为准?

2. 陈红出嫁后是否有权继承父亲的遗产?如果有继承权,那么是否有权再分得遗嘱中未处分的遗产?

3. 老大陈明是否丧失继承权?

4. 王某在第二份遗嘱中的地位如何?

三、本案分析应当注意的问题:

首先,应当从形式和内容上分析本案遗嘱的法律效力,进而明确继承方式的选择;

其次,应当善于从历史角度考虑遗嘱继承的特殊性,注意不能遗漏适格的继承人;

最后,本案从纠纷性质上看,既有遗嘱继承和法定继承,又存在着遗赠的问题,应当理清各自的法律关系,防止出现思维混乱。

四、案件事实与法律的分析和处理:

1. 遗嘱冲突的效力认定。《继承法》第 17 条就遗嘱的形式作了具体规定,代书遗嘱应当有两个以上见证人在场见证,由其中一人代书,注明年、月、日,并由代书人、其他见证人和遗嘱人签名。本案中陈清所立第一份遗嘱形式上完全符合法律规定,内容上因为没有分给其女儿一定的遗产而存有缺陷。其实陈清并不是因对其有偏见而不分,我想主要还是观念上的固守旧习所致,这可以从其女儿毫无怨言的表现看出。而后由于老大陈明在其父生病住院后的恶劣不作为,导致陈清又立第二份遗嘱。遗嘱人在危急情况下,可以立口头遗嘱。口头遗嘱应当有两个以上见证人在场见证。本案后份遗嘱合法有效,从而取代了前份遗嘱的效力。这是根据《继承法》第 20 条:"遗嘱人可以撤销、变更自己所立的遗嘱。立有数份遗嘱,内容相抵触的,以最后的遗嘱为准"的规定。

2. 遗嘱继承人范围,是指哪些可以作为遗嘱继承人,依照合法有效的遗嘱取得遗产。就本案来看,主要涉及陈红作为养女以及出嫁后能否继承遗产的问题。从各国继承立法来看,多数国家法律规定遗嘱继承人范围比法定继承人的范围宽泛。而我国的继承立法是把遗嘱继承人的范围严格限制在法定继承人的范围内,如子女、父母、配偶、兄弟姐妹、祖父母、外祖父母及对公婆或岳父母尽了主要赡养义务的丧偶儿媳或女婿等。根据《继承法》第10条的规定,上述法定继承人中的子女,包括婚生子女、非婚生子女、养子女和有扶养关系的继子女。因此,本案中的陈红虽为陈清的养女儿,但仍然具有遗嘱继承人的地位。因而有权获得遗嘱中指定的遗产。不给出嫁女儿遗产只是一个过时的旧习而已,我国《继承法》第9条明确规定了继承权男女平等的原则。

3. 遗嘱继承人继承了遗嘱中留下的遗产后,是否有权再就其他遗嘱未处分的遗产进行分配? 从立法角度,我国《继承法》赋予了遗嘱继承人两项基本的权利:第一,完全按照遗嘱内容获取遗产的权利。当然,其前提是遗嘱合法有效,在此前提下,遗嘱继承人有完全按照遗嘱内容取得遗产的权利。遗嘱继承人的第二项基本权利是,遗嘱继承人依遗嘱取得遗产后,仍有权取得遗嘱未处分的遗产。从《继承法》第27条的规定来看,遗嘱未处分的遗产,按照法定继承办理。

4. 根据遗嘱自由原则,老大陈明因自己后期未尽对老人的照管义务而失去了继承遗产的权利。立遗嘱人完全可以根据客观情况的变化改变自己对财产的处分去向,从而体现自己立遗嘱当时的自由意志。另一方面,公民可以立遗嘱将个人财产赠给国家、集体或者法定继承人以外的人。如本案中王某就是作为受遗赠人来接受财产权利。这能够鼓励更多的人去帮扶急需帮助的人,在现实生活中值得提倡。

5. 关于继承权的放弃。《继承法》第25条规定:"继承开始后,继承人放弃继承的,应当在遗产处理前,作出放弃继承的表示。没有表示的,视为接受继承。"继承人放弃继承的意思表示的期限,应当是从继承开始时起到遗产分割前止。并且这种放弃表示一般应以明示方式进行。本案中陈红仅仅口头表示其放弃的意思,不能认为她丧失继承权。

总之,人民法院不会支持原告陈明的诉讼请求。

第三节 遗嘱继承习作案例

案例一

董平和王艳共育三名子女,即长子董浩、长女董丽、次女董芸。董平夫妇于1986年在家乡购买了土瓦结构房屋两间,建筑面积40平方米。董浩于1996年1月结婚,并于同年7月搬出分家另过。同年9月,董平因病去世,其遗产未作分割。董平去世后,王艳与女儿董丽、董芸共同生活。1997 年、1998 年,董丽、董芸相继结婚,并分别搬出另过,王艳独自生活。2001 年 6 月,王艳病故。其病故前,经公证机关公证立下遗嘱:"我将房屋(未曾分割)自己应有的部分都留给我的大女儿董丽。"并将房产证交给了董丽。王艳去世后,其次女董芸声明将自己应有份额房屋产权赠给董丽。董浩因向董丽索要自己应有的部分房屋产权未果,遂向法院起诉。董浩诉称:父母去世后,留下房屋两间,妹妹董丽将房屋产权证拿走,不给我应有的部分,要求分割房屋产权。董丽辩称:母亲临死前立下遗嘱,将房屋留给我,自应全部归我所有。

法律问题

1. 本案适用何种继承方式? 案中公证遗嘱的效力如何?

2. 董平死后如果分割遗产的话,案中所涉房屋应当如何分配?

3. 原告董浩对争议的两间房屋是否享有权利? 是什么性质的权利? 如享有权利,应占多大份额?

4. 被告提出的抗辩理由是否充分?

5 本案法院应如何判决? 请说明依据。

案例二

甲男与乙女于 1989 年结婚。乙女远在美国的姑姑早就表示乙女结婚时将给 1000 美元作为贺礼。1990 年乙女姑姑回国,并实现诺言给乙女 1000 美元。甲男父死于 1980 年,1990 年其母也去世,甲男与弟弟继承了父母遗产,房屋各 4 间。1991 年甲男去海南经商,不久与丁女共同生活,从此未与家中联络,乙女因女儿年幼自己经常生病生活困难,借债 1 万元。1995 年,甲男因车祸去世,甲男与丁女共有财产约 3 万元,个人财产 20 万元。

法律问题

1. 乙女所欠 1 万元债务的性质?

2. 甲男遗产有哪些?

3. 丁女可否继承甲男的财产,原因何在?

4. 设甲男生前立有遗嘱,全部遗产给丁女,此遗嘱是否有效?

5. 设甲男去海南前立一遗嘱,将其祖传宝石一块留给乙女,甲男去海南后,即将其赠与丁女,问乙女可否凭遗嘱索回宝石?

案例三

刘建民与宋丽华于 1957 年结婚,婚后无子女,先后收养刘杰为养子,刘玉为养女。刘杰成年后娶妻韩梅,生女刘甜甜,夫妻俩有积蓄60,000元。刘玉婚前有个人财产3000元,1992年与宋双结婚,生子宋宇。1996年6月刘杰外出时溺水而亡,死后未分割财产。1996年8月刘建民到某公证处立遗嘱一份,其内容为:我与妻共有私房6间,存款20,000元,我死后属于我的3间房由刘玉继承,刘甜甜继承属于我的那10,000元存款。后因刘甜甜生活作风刘建民看不过去,又以公证形式变更遗嘱为:我死后属于我的三间房和10,000元钱全部归刘玉继承。1996年11月,刘建民、刘玉一起死于煤气中毒,但死亡先后时间无法确定。

法律问题

根据《继承法》有关规定回答下列问题:

1. 刘杰死后,其遗产应由谁继承?如何分割?
2. 刘建民死后,其遗产应由谁继承?如何分割?
3. 刘玉死后其遗产应由谁继承?如何分割?
4. 若刘建民自书遗嘱变更前立公证遗嘱,刘甜甜能在刘建民死后遗产中分得遗产?

案例四

孔梅与其丈夫赵大宝(已故)结婚后未能生育子女,年老无人照顾,因此,与邻居胡路签订了遗赠扶养协议,明确了各自的权利与义务。在协议履行初期,胡路对遗赠人孔梅的生活给予照顾,帮助购买食品、洗衣、拖地,还带其到医院治病。孔梅为表示感谢,遂赠送胡路爱人两枚金戒指及现金2000元。后来胡路向孔梅提出由其安排主管家庭经济的要求,但遭孔梅拒绝,对此双方发生争议。之后,胡路另住他处,对孔梅的日常生活起居不闻不问,在孔梅后来两次住院治病期间,胡路也未曾探望,致使双方关系恶化。孔梅为此将胡路诉至法院,诉称胡路一反常态不尽义务反而经常向其索要钱财,当遭拒绝后,胡路竟还对其辱骂,给其精神上造成了很大痛苦,故请求法院解除她与胡路的遗赠扶养协议,并要求胡路退还其金戒指二枚及人民币2000元。

法律问题

1. 孔梅要求胡路退还金戒指和人民币2000元的要求是否合理?
2. 在解除协议的情况下,胡路能否要求赔偿误工费并分割部分协议中的财产?
3. 假如出现胡路先于孔梅死亡的情形,孔梅应当怎么办?

案例五

刘季南与赵玉芬于1982年结婚,生有一子刘裕和、一女刘兰兰。1996年

5月,刘季南因与赵玉芬发生争执而离家出走,一直未有音讯。2001年,赵玉芬向当地法院申请宣告刘季南死亡,法院于2002年8月作出刘季南死亡的宣告。赵玉芬及其子女对刘季南的遗产进行了继承。2005年赵玉芬再婚。刘裕和于2006年7月结婚后,生有一子刘明江。2008年6月,刘裕和外出遇车祸死亡。

2006年12月,赵玉芬接到某市公安局的通知,告知刘季南于2006年11月因心脏病死于该市。经查,刘季南1996年离家出走后,一直给人打工,生活非常困难。1999年开始经商并获得成功,积聚了财产200万元。在经商期间,刘季南与胡柔相识,并于2001年元旦举办了婚礼(未履行结婚登记手续)。2002年4月,俩人生有一女刘冬冬。刘季南于2005年亲笔写了一份遗嘱,指明自己的财产在其死后由胡柔、刘冬冬、赵玉芬和刘裕和4人均分。

法律问题

1. 刘季南的死亡时间如何确定?为什么?
2. 刘季南被宣告死亡后赵玉芬等对刘季南遗产的继承是否有效?为什么?
3. 设刘季南2005年(即被宣告死亡后)所立的遗嘱在内容及形式上均不违反法律的强制性规定,该遗嘱是否有效?为什么?
4. 刘季南2005年所立的遗嘱应如何执行?

案例六

马光的祖母王玉珍系天津市织袜一厂退休工人,其祖父马志安有坐落于天津市红桥区春德街27号私产平房一间,1984年马志安去世后,产权过户在王玉珍名下。马光之父马东来有坐落于天津市红桥区文东街23号私产平房一间。1986年1月马东来去世后,马光及其母孙菊为继承上述房屋与王玉珍发生纠纷,并向天津市红桥区人民法院起诉。经该院调解,双方于1987年5月10日自愿达成协议:马东来所有房屋一间由马光、孙菊继承;在王玉珍名下的私产房屋一间,王玉珍生前享有占有、使用、收益和处分的权利,孙菊不得干涉。1990年初,上述地点之房屋改建楼房,马光、孙菊分得座落于天津市红桥区华兴109号独单元一套。天津市织袜一厂负担房屋改造费后,王玉珍分得同地点103号私产独单元一套。王玉珍自丈夫、儿子去世后,生活无人照顾,难以自理,特别是1988年大腿骨折后行动不便,生活护理全部由天津市织袜一厂承担。王玉珍于1991年1月3日自愿立遗嘱将所有财产赠与天津市织袜一厂。同年2月6日,双方又签订了遗赠扶养协议,并于2月10日经天津市红桥区公证处公证。1991年6月,马光以天津市织袜一厂为被告,向天津市红桥区人民法院起诉,提出王玉珍遗赠的遗产中包括马志安的遗产,要求继承;王玉珍与天津市织袜一厂签订的遗赠扶养协议是无效的。1991年8月,马光祖母王玉珍病故。被告辩称:王玉珍生前居住的私产平房,在1987年经天津市红桥区人民法院调解,已明确归王玉珍个人所有。其生前自愿与我厂签订遗赠扶养协议,并经公证,是合法有效的。我厂已按协议履行了生养死葬的义务,马光、孙菊未尽赡养义务,故不同意马光继承遗产的要求。

法律问题

1. 王玉珍是否在其与天津织袜一厂签订的协议中处分了属于他人的财产?
2. 被告天津织袜一厂的答辩理由是否正确?你认为应当如何写答辩意见?
3. 王玉珍与所在单位签订遗赠扶养协议后,其儿媳、孙子是否还有赡养义务?

案例七

李树纲以打鱼为生,有两层楼房一幢共12间房,有二子一女。其女李玲出嫁多年,常有来往。长子李全喜,用自己经商收入建房4间,并组成家庭。后李全喜前妻早丧,遗子李山,又娶妻任平,生子李林。李山是复员军人,为成立小家庭也用复员费购置新房2间,其妻何慧,生女李洁。李树纲的次子李全兴已病故,妻子王诗带儿子李明星另嫁。李树纲有一好友宋建曾帮助过他,李树纲想赠与宋建一笔钱,但其未接受。

李树纲即写下字据将自己房屋2间待自己死后赠给宋建的儿子宋明。今年初,李树纲、李全喜、李山3人出海打鱼,遇台风船毁人亡,但各人死亡时间不能确定。丧事完毕,死者亲属们为房产分割发生纠纷。李玲认为,其兄已死,她是李树纲唯一子女,要求继承李树纲的房屋12间;任平认为,李玲是出嫁女,不能回娘家分房子,她系李树纲的丧偶儿媳,因此房屋应由她和李林继承;另外她还认为,李山也系其子,他亦有权继承李山房产。何慧不同意他们的意见,她及李洁均请求分割遗产,李明星也要求继承遗产。宋明得知受遗赠后3个月来一直未表示态度,但在发生纠纷时也提出分割遗产要求。

法律问题

1. 请指出本案的被继承人和遗产,并说明被继承人死亡的先后顺序及认定理由。
2. 本案当事人李玲、任平、李林、何慧、李洁、李明星、宋明能否分割遗产?分别说明理由。

案例八

甲于2000年9月6日立下一份公证遗嘱,其内容为:个人所有的房屋一套(价值20万元)由其妹妹乙继承;个人存款20万元中的10万元由其弟弟丙继承,另外10万元给其女友丁。2001年12月8日,甲又立自书遗嘱一份,改变了原公证遗嘱的内容,指定将其房屋给丁。2002年7月8日,甲因车祸严重受伤住进了医院,在住院期间甲在两个医护人员面前立了口头遗嘱,表明前面所立遗嘱全部作废,其死亡后房屋给其弟弟,20万元存款全部给女友丁。后甲因医治无效而死亡。经查,除已成年并独立生活的妹妹乙和弟弟丙外,甲没有其他继承人。甲的遗产包括个人所有的房屋一套,存款20万元,债券6万元。另外,甲尚欠朋友戊14万元借款。

法律问题

1. 甲共立了几份遗嘱？分别是什么形式的遗嘱？每份遗嘱的效力如何？
2. 甲的遗产应如何分配？为什么？
3. 甲欠朋友戊的14万元借款应如何处理？为什么？